本研究由国家自然科学基金课题"区域基础教育均衡发展的机理与模式研究"（项目批准号：71473069）提供资助

区域基础教育均衡发展模式研究

QUYU JICHU JIAOYU
JUNHENG FAZHAN MOSHI YANJIU

李建强　江雪梅　编著

河北出版传媒集团
河北教育出版社

图书在版编目（CIP）数据

区域基础教育均衡发展模式研究 / 李建强，江雪梅编著. -- 石家庄：河北教育出版社，2021.5
　ISBN 978-7-5545-5752-5

Ⅰ.①区… Ⅱ.①李… ②江… Ⅲ.①地方教育－基础教育－发展－研究－中国 Ⅳ.①G639.2

中国版本图书馆CIP数据核字(2020)第066007号

区域基础教育均衡发展模式研究

编　　著	李建强　江雪梅
责任编辑	孙亚蒙　王　哲
封面设计	于　越
出版发行	河北出版传媒集团
	河北教育出版社　http://www.hbep.com
	（石家庄市联盟路705号，050061）
印　　制	河北纪元数字印刷有限公司
开　　本	787mm×1092mm　1/16
印　　张	22.5
字　　数	500千字
版　　次	2021年5月第1版
印　　次	2021年5月第1次印刷
书　　号	ISBN 978-7-5545-5752-5
定　　价	69.00元

版权所有，翻印必究

前　言

为贯彻落实党的十八大关于全面深化改革的战略部署，2013年11月12日，十八届三中全会研究了全面深化改革的若干重大问题，通过了《中共中央关于全面深化改革若干重大问题的决定》，明确提出"推进基本公共服务均等化""深化教育综合改革""大力促进教育公平，……逐步缩小区域、城乡、校际差距。统筹城乡义务教育资源均衡配置"，对我国基础教育的发展提出了新的要求。其中，"推进以人为核心的城镇化……促进城镇化和新农村建设协调推进"更是对我国农村基础教育均衡发展提出了新的机遇和挑战。教育部原部长袁贵仁在随后发表的"深化教育领域综合改革"的讲话中更是明确提出"实现中国梦，教育任重道远"，"促进教育公平，是坚持社会主义制度下教育公益性普惠性的必然要求，是我们党执政为民所必须秉持的基本政策内涵"。教育领域的综合改革要"以促进教育公平、提高教育质量为主线"，"地方要以增强本级教育统筹为重点，制定综合改革方案，落实国家层面重大教育改革任务，体现省域教育改革特征，重在解决本省的实际问题"。

2011年3月9日，河北省教育厅与教育部签署义务教育均衡发展备忘录，承诺到2015年底全省90个县（市、区）实现县域义务教育基本均衡发展，到2020年底全省172个县（市、区）全部实现县域义务教育基本均衡发展，并通过省政府认定。根据河北省加强推进县域义务教育均衡发展规划，从2011年开始至2020年，河北省分三个阶段，按照"政府主导、省市共管、以县为主，统筹城乡、区域推进、分步实施"的原则，推进义务教育均衡发展。

前期研究发现，河北省基础教育发展存在不平衡现象：农村学校，特别是相对落后地区的农村学校，受到经济发展、文化发展、地域分布、资源配置等多方面的限制，教育教学水平比城镇相同级别的学校要落后很多，教师的知识储备和教学水平相对较低，学生的学习条件相对较差等，这些都直接影响了新课程的实施和农村学校的教育质量。通观全省，除了城乡基础教育发展不均衡之外，各地市间、各县之间、学校之间、不同群体之间，也存在着教育发展不均衡的地方。上述这些问题，不仅严重影响了河北省乃至全国基础教育宏观政策的落实和国家基础教育事业的发展，同时也严重制约了我国建设小康社会的进程。

本书是在国家大力促进教育公平、最终实现义务教育资源均衡配置的宏观背景下，结合微观实践领域中河北师范大学在促进师资均衡发展基础上探索出的、并被广泛认可的"大学生顶岗实习"经验，着力解决中观层面以河北省为代表的中等发达地区的基础教育均衡发展问题基础上撰写而成的。

本书是国家自然科学基金课题"区域基础教育均衡发展的机理与模式研究"（项目号：71473069）的成果之一，感谢国家自然科学基金委为本研究提供了研究经费！

由于作者水平有限，错误和不当之处在所难免，恳请读者批评指正。

李建强　江雪梅

2018 年 4 月 30 日于河北师范大学

目 录

河北省阜平县教育人力资源状况的调查研究……001

河北省隆化县基础教育发展状况的调研研究……039

河北省深州市教师人力资源配置及专业发展的调查研究……075

高师院校顶岗实习模式研究……100

高师院校准教师专业素养水平研究……126

复杂理论视角下的学校发展……166

河北省 W 县校长教学领导力研究……194

中小学中层干部执行力要素研究……227

中小学新教师专业发展模式研究……261

县域义务教育教师交流模式研究……291

河北省大学新生核心素养状况研究……325

目录

河北省阜平县教育人力资源状况的调查研究

江雪梅　丁石朵

【提要】 教育是立国之本，强国之基；校长与教师是教育发展的基石。了解教育人力资源发展的基本状况对提高教育质量有着至关重要的作用。本研究通过调查发现，阜平县大多数校长勇于上进，在工作期间不断提升自身学历水平；教师队伍整体水平有所提升，专业发展意识较强。但仍存一些问题，如县域内校长的年龄、性别结构不平衡，专业发展意识薄弱，教师的学缘结构存在一定缺陷，以及"所教非所学"等。

一、问题的提出

为了解阜平县各级各类教育的现状、存在的问题，以提出今后发展的对策建议，进一步促进阜平县教育事业的发展。本研究基于大量的文献研究和理论梳理，结合问卷和访谈的相关数据、材料，对阜平县的教育发展现状进行分析。自2015年4月20日至2015年6月10日，本研究共收集1573份有效问卷，收集443分钟（约7.38小时）的录音，逐字整理出7.5万余字的资料。

（一）问卷数据的处理

1. 数据整理

在问卷回收之后，先对所有问卷进行编号再进行数据录入。为进一步研究打好基础，保证每个数据都有据可查，本研究对问卷进行了单独编号，为后期查询分析，提供了相应的数据基础。然后进行数据筛选，剔除无效数据。

2. 数据分析

为了对数据进行深入分析，本研究使用SPSS统计分析软件，采用频数分析、因子分析、方差分析等多种统计分析方法，得出了相应的差异结论。

（二）访谈数据的处理

1. 访谈录音整理

对所收集到的绝大部分录音进行了逐字整理，共整理出7.5万余字的资料，该资料为保密资料，在本研究的引用过程中进行了相应的技术处理。

2. 访谈信息提取

在进行全部的访谈信息整理之后，对访谈信息进行了相应提取，根据访谈提纲和相应的追问问题,把访谈信息进行了结构式的进一步整理,整理成若干个相应的主题,为进一步分析奠定相应基础。

二、阜平县各级各类学校校长的发展状况

(一)被试校长基本人力资源状况

1. 被试校长所在学校的地域分布情况

表1　被试校长所在校乡镇分布情况

乡镇	频数	百分比(%)
阜平镇	17	17.5
龙泉关镇	4	4.1
平阳镇	17	17.5
城南庄镇	5	5.2
东下关乡	3	3.1
王林口乡	11	11.3
台峪乡	6	6.2
大台乡	8	8.2
史家寨乡	7	7.2
砂窝乡	3	3.1
下庄乡	5	5.2
北果元乡	10	10.3
系统缺失	1	1.0
合计	97	100

本次调研对象基本分布于阜平县12个乡镇,缺吴王口乡校长的数据。

表2　被试校长所在校性质情况

学校性质	频数	百分比(%)
小学附属幼儿园	17	17.5
六年制小学	53	54.6

续表

学校性质	频数	百分比（%）
三年制初中	13	13.4
六年制完全中学	3	3.1
不完全小学	5	5.2
幼儿园	3	3.1
职教中心	1	1.0
其他	2	2.1
合计	97	100

表2中，"其他"项包括1位特殊教育学校的校长和1位包括了九年义务教育中五年级到九年级学校的校长，这表明本次调研对象基本涵盖了阜平县各级各类学校的校长。

表3　被试校长学校所在地情况

学校位置	频数	百分比（%）
县城	6	6.2
乡镇	18	18.6
村庄	73	75.3
合计	97	100

从表3中可以看出，此次调查研究被试校长的抽取情况基本符合阜平县各级各类学校在县城、乡镇、村庄分布的总体概况。

2. 被试校长的任职资格问题

在任职资格上，一部分校长并没有经过专门的培训从而获取相应的任职资格证书，就是说，在阜平县，11.3%的校长是"无证上岗"，需要尽快接受相应的培训（见表4）。

表4　被试校长的任职资格情况

任职资格	频数	百分比（%）
是	83	85.6
否	11	11.3
系统缺失	3	3.1
合计	97	100

3. 被试校长的性别结构与年龄结构等

表5 被试校长的性别结构

性别	频数	百分比（%）
男	85	87.6
女	10	10.3
系统缺失	2	2.1
合计	97	100

表5的数据表明，阜平县各级各类校长以男性为主，女性校长所占比例相对偏低，而各级各类学校中女教师占比较大，形成鲜明对比。

表6 被试校长的年龄结构

年龄	频数	百分比（%）
36~45岁	60	61.9
46~55岁	37	38.1
合计	97	100

表6中可以看出，阜平县各级各类学校校长中暗含年龄偏大的趋势，约38.1%的校长在46岁以上。

表7 被试校长的工龄与教龄结构

工作年限	工龄		教龄	
	频数	百分比（%）	频数	百分比（%）
11~15年	—	—	1	1.0
16~20年	32	33.0	32	33.0
21~25年	27	27.8	26	26.8
26~30年	23	23.7	26	26.8
31年以上	14	14.4	12	12.4
系统缺失	1	1.0	—	—
合计	97	100	97	100

表7显示，绝大多数被试校长的工龄与教龄都在16年以上，这符合原国家教委《全国中小学校长任职条件和岗位要求（试行）》的规定。①

本次调查中也询问了被试校长是否拥有教师资格证及其教师资格证标明的学科两个问题，

---

① 《全国中小学校长任职条件和岗位要求（试行）》校长任职的基本条件：（二）……都应有从事相当年限教育教学工作的经历……

结果表明,被试校长均拥有教师资格证,符合《全国中小学校长任职条件和岗位要求(试行)》的规定,与表4的结论一致。

4. 被试校长的学历结构

表8 被试校长的初始学历与最后学历级别

级别	初始学历		最后学历	
	频数	百分比(%)	频数	百分比(%)
中专	80	82.5	7	7.2
大专	13	13.4	55	56.7
本科	1	1.0	34	35.1
系统缺失	3	3.1	1	1.0
合计	97	100	97	100

表9 被试校长初始学历与最后学历是否符合国家法律规定的情况

学历是否符合家国法律规定	初始学历		最后学历	
	频数	百分比(%)	频数	百分比(%)
低于规定	14	14.4	1	1.0
符合规定	83	85.6	56	57.7
高于规定	—	—	33	34.0
系统缺失	—	—	7	7.2
合计	97	100	97	100

表8和表9表明,被试校长是积极学习、勇于上进的,他们的最后学历与最初学历相比,有很大的提高,由82.5%中专(中师)学历提高到近92%的大专以上学历,最后学历中也有34%的校长高于国家法律规定。

5. 被试校长的学缘结构

表10 被试校长的学缘结构

所学专业是否与所教学科一致	初始学历		最后学历	
	频数	百分比(%)	频数	百分比(%)
是	44	45.4	43	44.3
否	40	41.2	46	47.4
系统缺失	13	13.4	8	8.2
合计	97	100	97	100

表 10 表明，被试校长的学缘结构存在一定的缺陷，47.4% 的校长最后学历与所教学科存在不一致现象，形成"所教非所学"的现状。

6. 被试校长的职称结构

表 11 显示，被试校长的职称呈现纺锤型结构，即中级职称校长占据绝大多数，高达 84.5%，初级和副高级职称的都只占总数的 7.2%。这与被试校长中小学校长占据大多数的情况是一致的，因为在目前的中小学职称体系中，绝大多数小学校长的最高学历止于"小学高级教师"，相当于中级职称；而中学校长的最高学历可以达到"中学高级教师"，相当于副高级职称。

表 11 被试校长的职称结构

职称	频数	百分比（%）
无职称	1	1.0
初级职称	7	7.2
中级职称	82	84.5
副高级职称	7	7.2
合计	97	100

7. 被试校长的上课情况

调查过程中我们发现，阜平县各级各类校长中大约有 90.7% 的校长仍然坚持在教学第一线，83.5% 的校长周课时量在 10 节以内，他们的平均周课时量如表 12 所示；被试校长在学校中所教科目也是涵盖了学校课程的方方面面（见表 13）。

表 12 被试校长的周课时量

周课时量	频数	百分比（%）
不上课	9	9.3
1~5 节	48	49.5
6~10 节	33	34.0
11~15 节	7	7.2
合计	97	100

表 13 被试校长所教科目

所教科目	频数	百分比（%）
不教课	6	6.2
语数外	50	51.5
史地政	17	17.5
其他	18	18.6

续表

所教科目	频数	百分比（%）
系统缺失	6	6.2
合计	97	100

被试校长中50%所教的科目为学校的大三科（语、数、外），被试校长所教的其他课程包括安全、国防教育、科学、思品、书法以及校本课程等。

表14 被试校长周课时量的比较

周课时量比较	与本校其他教师的比较		自我认知	
	频数	百分比（%）	频数	百分比（%）
偏少	63	64.9	18	18.6
平均数	30	30.9	72	74.2
偏多	1	1.0	3	3.1
系统缺失	3	3.1	4	4.1
合计	97	100	97	100

表14表明，在校长们的认知中，如果与本校其他教师进行客观比较的话，64.9%被试校长的周课时量偏少，三分之一的被试校长周课时量达到了学校教师周课时量的平均数；一旦进入主观价值判断阶段，74.2%的被试校长认为自己的周课时量达到了学校教师周课时量的平均数，只有18.6%的被试校长认为自己的周课时量偏少，还有3.1%的被试校长认为自己的周课时量过多。

8. 被试校长的专业发展意向

专业发展的途径包括学历进修和脱产培训两种情况。

表15 近3年内有无学历进修和脱产培训的打算

学历进修、脱产培训打算	学历进修		脱产培训	
	频数	百分比（%）	频数	百分比（%）
有	16	16.5	12	12.4
无	60	61.9	60	61.9
没想过这个问题	19	19.6	23	23.7
系统缺失	2	2.1	2	2.1
合计	97	100	97	100

表15显示，具有专业发展意向的被试校长不是很多，近3年内有学历进修打算的仅占16.5%，有脱产培训打算的仅占12.4%。

（二）阜平县各级各类校长的教学领导力

本研究中，校长教学领导力包括6个维度，即设定教学目标、指导课堂教学、管理学校课程、保障教学时间、促进教师发展、提供教学支持。表16显示了阜平县各级各类校长的教学领导力的状况。总的来说，阜平县各级各类校长的教学领导力水平较高，每题平均分达4.1分（最高分5分），6个维度的得分状况也比较好，其中，每题平均分得分最高的是"指导课堂教学"，达4.46分；每题平均分低分最低的是"管理学校课程"，为3.83分。

表16 阜平县各级各类校长教学领导力及其6个维度的评价得分情况

维度	均值	标准差	题项	每题平均分
教学领导力	127.14	16.50126	31	4.10
设定教学目标	25.09	3.497	6	4.18
指导课堂教学	22.29	2.657	5	4.46
管理学校课程	15.31	2.942	4	3.83
保障教学时间	16.23	2.718	4	4.06
促进教师发展	24.87	3.65	6	4.15
提供教学支持	23.36	3.993	6	3.89

表17 阜平县各级各类校长教学领导力的单个样本T检验（检验值=3）

维度	t	df	Sig.（双侧）	均值差值	差分的95%置信区间	
					下限	上限
教学领导力	74.096	96	0	124.14433	120.8186	127.4701
设定教学目标	62.217	96	0	22.093	21.39	22.8
指导课堂教学	71.488	96	0	19.289	18.75	19.82
管理学校课程	41.212	96	0	12.309	11.72	12.9
保障教学时间	47.935	96	0	13.227	12.68	13.77
促进教师发展	58.994	96	0	21.866	21.13	22.6
提供教学支持	50.225	96	0	20.361	19.56	21.17

将校长教学领导力及其6个维度做单样本T检验（检验值=3=(1+2+3+4+5)/5），结果表明，

校长教学领导力及其 6 个维度与检验值 3 之间存在着非常显著的差异（双侧检验的显著性程度都小于 0.001）。对照表 16 的每题平均分数，可以得出这样的结论：阜平县各级各类校长的教学领导力及其 6 个维度的得分均高于每题平均数的一般数值 3 分，这说明阜平县各级各类校长在教学领导、设定教学目标、指导课堂教学、管理学校课程、保障教学时间、促进教师发展、提供教学支持等方面都做得非常好。

使用独立样本 T 检验的方法考察性别因素以及是否上课等因素对各级各类校长教学领导力及其 6 个维度的影响。结果表明：性别因素对阜平县各级各类校长的教学领导力中"指导课堂教学"和"促进教师发展"两个维度产生了影响，具体表现为在这两个维度上，男性校长的平均得分均低于女性校长的平均得分，也就是说，男性校长在"指导课堂教学"和"促进教师发展"两个方面做得不如女性校长好；是否上课对阜平县各级各类校长的教学领导力中"指导课堂教学"和"提供教学支持"两个维度产生了影响，具体表现为在这两个维度上，坚持上课的校长每题平均得分均高于不再上课的校长，也就是说，坚持上课的校长在"指导课堂教学"和"提供教学支持"两个方面做得比不上课的校长要好（见表 18、表 19）。

表 18 校长教学领导力与性别的独立样本 T 检验

维度	方差齐性	方差方程的 Levene 检验		均值方程的 t 检验					差分的 95% 置信区间	
		F	Sig.	t	df	Sig.（双侧）	均值差值	标准误差值	下限	上限
指导课堂教学	假设方差不相等	5.714	0.019	−3.455	15.192	0.003	−2.076	0.601	−3.356	−0.797
促进教师发展	假设方差相等	0.081	0.776	−1.995	93	0.049	−2.412	1.209	−4.813	−0.011

表 19 校长教学领导力与是否上课的独立样本 T 检验

维度	方差齐性	方差方程的 Levene 检验		均值方程的 t 检验					差分的 95% 置信区间	
		F	Sig.	t	df	Sig.（双侧）	均值差值	标准误差值	下限	上限
指导课堂教学	假设方差相等	0.093	0.761	2.289	94	0.024	2.205	0.963	0.292	4.117
提供教学支持	假设方差不相等	0.689	0.408	2.946	8.691	0.017	3.83	1.3	0.873	6.786

独立样本 T 检验结果表明，年龄、是否拥有校长任职证书、学缘结构（初始学历、最后学历）

等因素均没有对阜平县各级各类校长的教学领导力及其6个维度产生影响。

继而，使用单因素方差分析法考察学校的分布对于阜平县各级各类校长教学领导力的影响。结果表明，县城、乡镇及村庄的学校分布情况对于阜平县各级各类校长的教学领导力及其6个维度并没有产生影响，也就是说，不论是县城学校的校长，抑或是乡镇学校的校长，还是乡村学校的校长，他们的教学领导力及其6个维度的得分是一致的。同理，各级各类校长的教龄因素、最后学历级别、所教学科、职称结构、近3年是否有学历进修的打算以及近3年是否脱产培训的打算等因素都没有对阜平县各级各类校长的教学领导力及其6个维度产生影响。

本研究中，针对阜平县各级各类学校校长的教学领导力，我们也以同样的维度设计了30个题项询问各级各类学校教师。在各级各类学校教师的眼中，校长的教学领导力是非常强的，平均得分与标准差如表20所示。后续的单样本T检验表明，教师眼中的校长教学领导力的得分也显著高于平均分3分（见表21）。这个结论与各级各类学校校长的自我判断是一致的。

表20 教师眼中校长教学领导力

维度	均值	标准差	题数	每题平均数
教学领导力	118.03	22.91	30	3.93
设定教学目标	23.09	5.09	6	3.85
指导课堂教学	20.29	4.38	4	5.07
管理学校课程	15.08	3.48	4	3.77
保障教学时间	15.18	3.30	4	3.80
促进教师发展	23.45	4.78	6	3.91
提供教学支持	21.19	5.10	6	3.53

表21 教师眼中校长教学领导力的单样本T检验（检验值=3）

维度	t	df	Sig.（双侧）	均值差值	差分的95%置信区间	
					下限	上限
教学领导力	189.475	1351	0	118.0318	116.8098	119.2538
设定教学目标	166.615	1349	0	23.08741	22.8156	23.3592
指导课堂教学	170.329	1350	0	20.28868	20.055	20.5223
管理学校课程	159.297	1348	0	15.07709	14.8914	15.2628
保障教学时间	168.907	1346	0	15.18263	15.0063	15.359
促进教师发展	180.203	1347	0	23.44733	23.1921	23.7026
提供教学支持	152.646	1349	0	21.18815	20.9158	21.4604

（三）阜平县各级各类校长的在职培训状况

1. 校长培训主体

表 22　被试校长最喜欢的培训者

培训者	频数	百分比（%）
资深校长	46	47.4
大学或研究机构的专家	9	9.3
各行业管理专家	14	14.4
教育行政领导	3	3.1
校长培训机构的专职培训教师	16	16.5
系统缺失	9	9.3
合计	97	100

从表 22 中可以得知，阜平县各级各类校长最喜欢的培训者是具有中小学管理实践的"资深校长"（47.4%），其次是"校长培训机构的专制培训教师"（16.5%），第三是"各行业管理专家"（14.4%）。在本研究罗列出来的培训者中，校长们最不喜欢的培训者是"教育行政领导"，仅有 3.1% 的校长喜欢这一类的培训者。

被试校长认为目前校长培训的培训者存在的最大问题是培训者"不了解学校工作实际状况"（83.3%），脱离实际；其次是培训者"来源单一"（33.3%）；再次是培训者的"培训经验不足"（10.4%）。

表 23　校长培训者存在的问题

问题	个案数	个案百分比（%）
来源单一	32	33.3
不了解学校工作实际状况	80	83.3
知识与能力不足	7	7.3
培训经验不足	10	10.4
敬业精神不足	3	3.1
总计	132	137.5

a. 值为 1 时制表的二分组。

2. 校长培训内容

表24 各级各类校长目前最需要的培训内容

培训内容	个案数	个案百分比（%）
战略管理	27	28.1
组织与制度建设	38	39.6
学生发展	27	28.1
教师专业发展	69	71.9
课程与教学管理	40	41.7
资源统筹	9	9.4
安全管理	15	15.6
总计	225	234.4

a. 值为1时制表的二分组。

表24表明，在各级各类校长需要培训内容中，占据前三位的是教师专业发展（71.9%）、课程与教学管理（41.7%）和组织与制度建设（39.6%）。已有的培训中，阜平县各级各类校长认为，培训内容方面存在的最大问题是"过分重视理论，应用性不强"（63.5%），次重要问题是"内容缺乏针对性"（54.2%）。

表25 各级各类校长培训内容存在的问题

问题	个案数	个案百分比（%）
过分重视理论，应用性不强	61	63.5
内容陈旧	6	6.3
内容缺乏针对性	52	54.2
没有问题，能够满足需求	16	16.7
其他	1	1.0
总计	136	141.7

a. 值为1时制表的二分组。

3. 校长培训形式

正如表26所示，在本研究罗列出来的11种培训方式中，被试校长认为最为有效的培训形式是"外出考察"（52.6%），其次是"专家驻校诊断"和"挂职锻炼或跟岗学习"（均为27.8%）；最无效的培训形式是"高校教师担任导师"（1.0%），其次是"名校长工作室"和"高校访学"（均为 8.2%）。这个结果为今后校长培训的展开提供了有益的建议。

表 26　校长培训形式

培训形式	个案数	个案百分比（%）
专家讲座	26	26.8
外出考察	51	52.6
课题研究	17	17.5
校长论坛	15	15.5
专家驻校诊断	27	27.8
挂职锻炼或跟岗学习	27	27.8
名校长工作室	8	8.2
高校访学	8	8.2
高校教师担任导师	1	1.0
短期脱产学习	14	14.4
校本教研的引领与管理	20	20.6
总计	214	220.6

a. 值为 1 时制表的二分组。

4. 校长培训经费

表 27　校长培训经费来源

培训经费来源	频数	百分比（%）
上级拨款	28	28.9
学校自筹	53	54.6
参训学校承担一部分、政府承担一部分	13	13.4
参训校长全额负担	1	1.0
系统缺失	2	2.1
合计	97	100

表 27 显示，超过半数的校长，其培训经费来源于"学校自筹"（54.6%），这给阜平县各级各类学校极为紧缺的学校经费增添了一项负担。

5. 校长培训频次

表28　被试校长近年来参加培训频次

培训频次	个案数	均值	标准差
2013年参加区县内培训次数	83	3.05	2.659
2013年参加市内培训次数	74	1.82	5.212
至今参加国内其他城市的培训次数	73	1.22	1.835
至今出国参加培训次数	57	0.04	0.186
有效个案数（列表状态）	54		

如表28所示，被试校长2013年参加区县内培训的平均次数为3.05次，参加市内培训的平均次数为1.82次；相对于出国参加培训的次数0.04次，被试校长参加国内其他城市的培训次数相对较多，平均达到1.22次。

6. 校长培训的改进

表29　校长培训需要改进的方面

改进方面	个案数	个案百分比（%）
增强师资力量	19	19.6
改善硬件设施	11	11.3
加强培训需求调查	34	35.1
增加培训经费	22	22.7
培训方式多样化	54	55.7
提高培训内容的针对性	58	59.8
加强培训评估	1	1.0
总计	199	205.2

a. 值为1时制表的二分组。

表29表明，阜平县各级各类校长认为校长培训最需要改进的是"提高培训内容的针对性"（59.8%），其次需要改进的是"培训方式的多样化"问题（55.7%）。而占据第三的是"加强培训需求调查"（35.1%），其最根本的目的也是提高培训内容的针对性。这说明，校长培训中最为重要的问题是培训内容和培训方式两个方面。

7. 校长培训的评价方式

表30　校长培训的有效评价方式

培训评价方式	频数	百分比（%）
考试	4	4.1
写论文	4	4.1
记出勤率	5	5.2
汇报	20	20.6
写反思总结	51	52.6
其他	1	1.0
系统缺失	12	12.4
合计	97	100

在阜平县各级各类校长的认知中，他们认为最为有效的培训评价方式是"写反思总结"（52.6%），其次是"汇报"（20.6%）。在罗列的培训评价中，最为无效的评价方式包括"考试"（4.1%）、"写论文"（4.1%）和"记录出勤率"（5.2%），而这三种方式恰恰是目前校长培训中采用最多的三种评价方式（见表30）。

三、阜平县各级各类学校教师的发展状况

（一）被试教师基本人力资源状况

1. 被试教师所在学校的地域分布情况

表31　被试教师所在校乡镇分布情况

乡镇	频数	百分比（%）
阜平镇	424	31.1
砂窝乡	66	4.8
吴王口乡	14	1.0
下庄乡	26	1.9
北果元乡	131	9.6
龙泉关镇	17	1.2

续表

乡镇	频数	百分比（%）
平阳镇	195	14.3
城南庄镇	124	9.1
东下关乡	57	4.2
王林口乡	126	9.2
台峪乡	30	2.2
大台乡	91	6.7
史家寨乡	64	4.7
合计	1365	100

本次调研对象基本分布于阜平县 13 个乡镇。

表 32 被试教师所在校性质

学校性质	频数	百分比（%）
小学附属幼儿园	42	3.1
小学	749	54.9
初中	384	28.1
高中	5	0.4
完全中学	9	0.7
不完全小学	38	2.8
幼儿园	54	4.0
职教中心	44	3.2
其他	28	2.1
系统缺失	12	0.9
合计	1365	100

表 32 中，"其他"项包括 24 位九年义务教育中五年级到九年级学校的教师，这表明本次调研对象基本涵盖了阜平各级各类学校的教师。

表 33　被试教师学校所在地情况

学校位置	频数	百分比（%）
县城	286	21.0
乡镇	395	28.9
村庄	651	47.7
系统缺失	33	2.4
合计	1365	100

从表33中可以看出，此次调查研究被试教师的抽取情况基本符合阜平县各级各类学校在县城、乡镇、村庄分布的总体概况。

2. 被试教师的教师资格问题

在是否获取教师资格证书这一问题上，表34表明，7.7%的教师并没有经过专门的培训获取相应的教师资格证书，就是说，在阜平县，7.7%的教师是"无证上岗"，需要尽快接受相应的培训。表35反映了拥有教师资格证教师的城乡分布情况，"无证上岗"的教师中，60%以上分布在乡村。这也间接地说明了阜平县教师城乡分布不均衡。

表 34　被试教师的任职资格情况

是否具有任职资格	频数	百分比（%）
是	1232	90.3
否	105	7.7
系统缺失	28	2.1
合计	1365	100

表 35　教师城乡分布与教师资格证持有情况

学校位置	有教师资格证	无教师资格证	合计
县城	267	17	284
乡镇	364	21	385
村庄	572	63	635
合计	1203	101	1304

3. 被试教师的性别结构与年龄结构等

表36的数据表明，阜平县各级各类教师以女性为主，男性教师所占比例相对偏低，这个比例与各级各类学校中男校长占据绝大多数的情况正好相反。

表 36 被试教师性别结构

性别	频数	百分比（%）
男	359	26.3
女	974	71.4
系统缺失	32	2.3
合计	1365	100

表 37 被试教师的年龄结构

年龄	频数	百分比（%）
20 岁以下	2	0.1
21~25 岁	134	9.8
26~35 岁	315	23.1
36~45 岁	515	37.7
46~55 岁	336	24.6
56 岁以上	49	3.6
系统缺失	14	1.0
合计	1365	100

表 37 中可以看出，阜平县各级各类学校教师年龄结构呈纺锤型结构，目前是比较良好的态势，但是，这也意味着 5 年内阜平县各级各类学校教师的年龄会出现偏大的发展趋势，结合阜平县教师的性别结构，5 年内自然减员的教师会占到四分之一。

表 38 各年龄段教师的城乡分布情况

学校位置	20岁以下	21~25岁	26~35岁	36~45岁	46~55岁	56岁以上	合计
县城	0	7	56	158	58	6	285
乡镇	0	43	122	147	76	6	394
村庄	1	82	130	197	194	37	641
合计	1	132	308	502	328	49	1320

由表 38 可以看出，位于县城和乡镇的学校中，教师年龄相对集中在 26~45 岁之间。而位于村庄的学校，教师的年龄分布相对比较广，25 岁以下的年轻教师和 46 岁以上的教师均相对较多。对照表 33，未来的 5 年内自然减员的教师也大都属于乡村教师。

表 39 显示，被试教师中工龄与教龄分布最广的是 16~20 年（约占被试教师总数的 24.2%、

24.7%）。3年以内工龄和教龄的教师占被试教师总数的16%~17%，这说明新教师相对较多，5年内这一批新教师的专业发展问题应当是阜平县教育局首要重视的问题之一。工龄和教龄在7~15年间的成熟教师在被试教师总数中仅占9%左右，这意味着，5年后，伴随着教师的自然减员，阜平县年富力强、专业发展较好的教师数量将骤减，这将会对阜平县各级各类学校的教师人力资源结构产生较大的影响。

表39 被试教师的工龄与教龄结构

年限	工龄		教龄	
	频数	百分比（%）	频数	百分比（%）
0~3年	223	16.3	233	17.1
4~6年	151	11.1	140	10.3
7~10年	56	4.1	56	4.1
11~15年	66	4.8	69	5.1
16~20年	331	24.2	337	24.7
21~25年	189	13.8	195	14.3
26~30年	177	13.0	180	13.2
31年以上	140	10.3	137	10.0
系统缺失	32	2.3	18	1.3
合计	1365	100	1365	100

4. 被试教师的学历结构

表40 被试教师的初始学历与最后学历级别

级别	初始学历		最后学历	
	频数	百分比（%）	频数	百分比（%）
中专	755	55.3	207	15.2
大专	328	24.0	599	43.9
本科	212	15.5	493	36.1
硕士研究生	2	0.1	3	0.2
博士研究生	0	0	1	0.1
系统缺失	68	5.0	62	4.5
合计	1365	100	1365	100

表 41　被试教师初始学历与最后学历符合国家法律规定情况

学历是否符合	初始学历		最后学历	
国家法律规定	频数	百分比（%）	频数	百分比（%）
低于规定	136	10.0	22	1.6
符合规定	1067	78.2	851	62.3
高于规定	120	8.8	425	31.1
系统缺失	42	3.1	67	4.9
合计	1365	100	1365	100

表 42　被试教师最后学历级别与城乡交叉表

学校位置	中专	大专	本科	硕士	博士	合计
县城	28	145	104	0	0	277
乡镇	40	153	192	1	0	386
村庄	132	286	188	2	1	609
合计	200	584	484	3	1	1272

表 40 和表 41 表明，被试教师的最后学历与最初学历相比，有很大提高，由 55.3% 中专（中师）学历提高到 84.8% 的大专以上学历，最后学历中有 31.1% 的教师高于国家法律规定，拥有硕士研究生以上学历的教师也达 4 人。表 42 表明了阜平县教师最后学历的城乡分布情况：阜平县各级各类学校教师中，最后学历是中专层次的已经不多了（仅占被试教师的 15.2%），但是这部分教师大都分布在乡村学校中。而拥有硕博士研究生学历的教师同时也散布在乡村学校中。这种情况与表 38 显示的乡村学校教师的年龄分布情况密切一致。

5. 被试教师的学缘结构

表 43　被试教师的学缘结构

所学专业与所教学科	初始学历		最后学历	
是否一致	频数	百分比（%）	频数	百分比（%）
是	780	57.1	760	55.7
否	430	31.5	424	31.1
系统缺失	155	11.4	181	13.3
合计	1365	100	1365	100

表 43 表明，被试教师的学缘结构存在一定的缺陷，31% 左右的教师初始学历和最后学历

都与所教学科存在不一致现象，出现"所教非所学"的现状。

6. 被试教师的职称结构

表 44　被试教师的职称结构

职称级别	频数	百分比（%）
无职称	164	12.0
初级	363	26.6
中级	730	53.5
副高级	68	5.0
系统缺失	40	2.9
合计	1365	100

表 44 显示，被试教师的职称呈现纺锤型结构，即"两头小、中间大"，初级职称和中级职称的教师占据绝大多数（约 80%），无职称和副高级职称的教师占总数的 17%。在阜平县教师职称结构中，存在一个不合理的现象，就是中级职称的教师数量远远高于初级职称教师数量，这也侧面印证了表 37 被试教师年龄结构中表现出来的现象，即阜平县各级各类教师面临着年龄偏大、5 年内自然减员较多的现象。

表 45　不同职称教师的城乡分布

学校位置	无职称	初级职称	中级职称	副高级职称	合计
县城	26	50	164	42	282
乡镇	42	133	190	20	385
村庄	92	172	356	6	626
合计	160	355	710	68	1293

表 45 说明了不同职称教师职称的城乡分布情况。县城学校教师职称呈"纺锤状"分布，即初级职称和高级职称的教师比较少，拥有中级职称的教师比较多，占据县城学校总数的一半以上。乡村学校教师的职称相对较低，拥有副高级职称的教师仅有 6 人，而乡村学校被试教师共 626 人，约为 1%；92 名乡村学校教师没有职称。

7. 被试教师的教学情况

调查过程中，我们发现，阜平县各级各类教师的平均周课时量还是很多的，27.1% 的教师每周上课 11~15 节；22.4% 的教师每周上课 6~10 节；10% 的教师每周上课 31~35 节，日平均 6~7 节，这是非常重的课时量。被试教师在学校中所教科目也是涵盖了课程的方方面面（见表 46）。

表46 被试教师的周课时量

周课时量	频数	百分比（%）
0节	14	1.0
1~5节	65	4.8
6~10节	306	22.4
11~15节	370	27.1
15~20节	256	18.8
21~25节	85	6.2
26~30节	88	6.4
31~35节	137	10.0
36~40节	12	0.9
41节以上	3	0.2
系统缺失	29	2.1
合计	1365	100

表47 被试教师所教科目

科目	频数	百分比（%）
不教课	11	0.8
语数外	660	48.4
史地政	108	7.9
理化生	48	3.5
音体美计	95	7.0
包班	93	6.8
其他	47	3.4
系统缺失	303	22.2
合计	1365	100

被试教师中48.4%的教师所教的科目为学校的大三科（语、数、外），被试教师所教的其他课程除幼儿园的课程外，还包括发动机机械制图、科学、礼仪、汽车保险与理赔、汽修、社会、艺术、写字等。

表 48　被试教师周课时量的比较

周课时数比较	与本校其他教师的比较		自我认知	
	频数	百分比（%）	频数	百分比（%）
偏少	51	3.7	24	1.8
平均数	749	54.9	729	53.4
偏多	525	38.5	566	41.5
系统缺失	40	2.9	46	3.4
合计	1365	100	1365	100

表 48 表明，在教师们的认知中，如果与本校其他教师进行客观比较的话，38.5% 被试教师的周课时量偏多，一半以上（54.9%）的被试教师周课时量达到了学校教师周课时量的平均数；进入主观价值判断阶段，53.4% 的被试教师认为自己的周课时量达到了学校教师周课时量的平均数，41.5% 的被试教师认为自己的周课时量过多，只有 1.8% 的被试教师认为自己的周课时量偏少。

8. 被试教师的专业发展意向

专业发展的途径包括学历进修和培训两种情况。

表 49 显示，近 3 年内有学历进修打算的教师占总数的 41.5%，有脱产培训打算的教师占到 21.3%。与前文表 15 显示的近 3 年内有学历进修打算的校长占 16.5%、有脱产培训打算的校长仅占 12.4% 两个数据相比，阜平县各级各类学校教师的专业发展意向要比校长的专业发展意向强。

表 49　近 3 年内有无学历进修和脱产培训的打算

进修、培训打算	学历进修		脱产培训	
	频数	百分比（%）	频数	百分比（%）
有	566	41.5	291	21.3
无	534	39.1	666	48.8
没想过这个问题	224	16.4	351	25.7
系统缺失	41	3.0	57	4.2
合计	1365	100	1365	100

（二）阜平县各级各类教师的专业素养

本研究从专业知识、专业精神与专业能力三个方面考察阜平县各级各类教师的专业素养。

1. 阜平县各级各类教师的专业知识素养

表 50　阜平县各级各类教师最需要提高的专业知识

专业知识	频数	百分比（%）
学生发展知识	380	27.8
学科知识	184	13.5
教育教学知识	682	50.0
通识性知识	95	7.0
合计	1341	98.2
系统缺失	24	1.8
合计	1365	100

从表 50 中可以看出，阜平县各级各类教师中，50% 的人认为自己最需要补充与提高的是"教育教学知识"，其次需要提高的是"学生发展知识"，占被试教师总数的 27.8%。具体到教育教学知识当中，阜平县各级各类教师认为，自己最需要补充与提高的是"课程知识"，包括课程的开发与课程设计等，这部分老师占被试教师总数的 32.4%；其次需要补充和提高的是教育教学知识中的"教学知识"（30.3%），包括教学的组织与课堂上的师生互动等（见表 51）。这些数据，一方面表明阜平县各级各类学校教师认为教育教学知识，尤其是课程设计与实施、课堂教学等知识，是学校教学的核心，是教师专业发展的必备；另一方面也提醒我们，教师培训的内容可以从这几个方面入手，以进一步强化课堂教学，提高课堂教学质量，促进阜平县域内教育均衡发展的实质化进程——课堂教学质量的公平。

表 51　阜平县各级各类学校教师最需要提高的教育教学知识

教育教学知识	频数	百分比（%）
教学知识（教学组织和师生互动）	414	30.3
课程知识（课程开发和课程设计等）	442	32.4
教育教学基本理论	266	19.5
学生评价知识	180	13.2
其他	4	0.3
系统缺失	59	4.3
合计	1365	100

2. 阜平县各级各类教师的专业精神素养

本研究从职业观、学生观和教学观三个方面考察阜平县各级各类教师的专业精神素养。

表 52 阜平县各级各类教师的专业精神素养

专业素养	均值	标准差	题数	每题平均数
专业精神	56.10	8.22841	16	3.51
职业观	24.54	5.257	8	3.07
学生观	16.25	2.401	4	4.06
教学观	15.35	2.932	4	3.84

表52中可以看出，阜平县各级各类教师的专业精神素养得分是非常高的，而且单样本T检验的结果（见表53）也可以印证这个结论，阜平县各级各类学校教师的专业精神素养得分与一般平均分之间存在着非常显著的差异，即在专业精神及其3个维度（职业观、学生观、教学观）上，每题平均分都显著高于一半平均分（3分）。表52和表53的结果表明，阜平县各级各类学校教师的专业精神素养非常符合现代职业观、现代学生观和现代教学观。

表 53 阜平县各级各类教师的专业精神素养单样本 T 检验（检测值 =3）

维度	t	df	Sig.（双侧）	均值差值	差分的95% 置信区间	
					下限	上限
专业精神	237.612	1355	0	53.09513	52.6568	53.5335
职业观	150.922	1355	0	21.545	21.26	21.83
学生观	203.082	1353	0	13.249	13.12	13.38
教学观	154.967	1353	0	12.348	12.19	12.5

3. 阜平县各级各类教师的专业能力素养

本研究从教学准备、课堂教学、教学评价、教学研究和学校管理5个方面考察阜平县各级各类教师的专业能力素养。

表 54 阜平县各级各类教师的专业能力素养

维度	均值	标准差	题数	每题平均数
专业能力	90.85	12.71393	22	4.13
教学准备	16.51	2.80036	4	4.13
课堂教学	20.51	3.3883	5	4.10

续表

维度	均值	标准差	题数	每题平均数
教学评价	12.62	2.12483	3	4.21
教学研究	21.49	3.15363	5	4.30
学校管理	19.81	3.66096	5	3.96

表 55　阜平县各级各类教师的专业能力素养单样本 T 检验（检测值 =3）

维度	t	df	Sig.（双侧）	差分的 95% 置信区间	
				下限	上限
专业能力	254.346	1354	0	87.1712	88.5263
教学准备	177.575	1353	0	13.3647	13.6633
课堂教学	190.204	1354	0	17.3272	17.6883
教学评价	166.458	1352	0	9.5023	9.729
教学研究	215.672	1352	0	18.3226	18.659
学校管理	168.92	1352	0	16.617	17.0075

表 54 和表 55 的数据显示，阜平县各级各类学校教师的专业能力素养及其 5 个维度的平均得分是非常高的，明显高于一般平均分 3 分。这表明，阜平县各级各类学校教师具有较高的专业能力素养，即阜平县各级各类学校教师具有较高的教学准备能力、课堂教学能力、教学评价能力、教学研究能力和参与学校管理能力。

（三）阜平县各级各类教师培训现状

表 56　阜平县各级各类学校教师喜欢的培训主体

培训者	频数	百分比（%）
教育行政领导	25	1.8
中小学校长	33	2.4
大学或研究机构的专家	132	9.7
骨干教师或学科带头人	694	50.8
教师研修机构的专职培训教师	238	17.4
专职教研员	142	10.4
系统缺失	101	7.4
合计	1365	100

表 56 显示，50.8% 的被试教师喜欢的培训主体是骨干教师或学科带头人，这批人可以给教师在教学上带来直接的、看得见的收获；其次，被试教师喜欢的培训主体是教师研修机构的专职培训教师，原因是这批人具有丰富的培训经验，知道一线的教师需要什么，能够结合实际进行教师培训。

关于培训内容，阜平县各级各类学校教师认为其最需要的知识是"教学技能和方法"，其次是"教育理论和新课程改革理念"。表 57 传达的信息与表 50、表 51 显示的信息可以相互印证。

表 57　阜平县各级各类学校教师需要的培训内容

培训内容	频数	百分比（%）
职业规范	19	1.4
学科知识	70	5.1
教学技能和方法	577	42.3
教育理论和新课程改革理念	207	15.2
教学设计	73	5.3
学生评价	59	4.3
教学管理	105	7.7
教育科研知识与方法	71	5.2
系统缺失	184	13.5
合计	1365	100

表 58　有效的培训形式

培训形式	频数	百分比（%）
专题讲座	86	6.3
参观访问	159	11.6
名师上示范课	718	52.6
师带徒	160	11.7
课题研究	45	3.3
说课评课	63	4.6
系统缺失	134	9.8
合计	1365	100

表58显示了阜平县各级各类学校教师观念中的有效培训形式。最有效的是"名师上示范课",教师们可以从这种示范课中直接观摩名师的风范,学习重难点处理技巧、课堂掌控技能,这些都是可以直接拿来用的。次有效的培训形式是"师带徒""参观访问",两种形式都具有直观、操作性强的特点。

经费是教师培训的重要保障。缺少经费,可以说,教师培训是无法进行的。在阜平县各级各类学校教师的培训中,其培训经费近半数是由学校负担的(48.2%),三分之一的费用由上级教育行政机关拨款(31.3%),12%是由受训教师承担部分费用的,这无疑会增加受训教师的经济压力。

表59 阜平县各级各类学校教师培训经费的主要来源

培训经费来源	频数	百分比(%)
参训教师全额负担	39	2.9
参训教师部分负担	164	12.0
学校自筹	658	48.2
上级拨款	427	31.3
系统缺失	77	5.6
合计	1365	100

表60 有效的培训考核方式

培训评价方式	频数	百分比(%)
考试	126	9.2
论文	59	4.3
口头汇报	59	4.3
开展专题研究	498	36.5
反思总结	552	40.4
系统缺失	71	5.2
合计	1365	100

考核与评价是衡量教师培训的一个指标。40.4%的被试教师认为"反思总结"是非常有效的培训考核方式,其次是"开展专题研究"(36.5%)。而在培训过程中最经常采用的"写论文""口头汇报"两种考核方式被阜平县各级各类学校教师认为是效果最差的,起不到促进教师积极参与培训的作用。

表 61　阜平县教师培训工作中存在的问题

问题	县级教师培训工作的问题		校本教师培训工作的问题	
	个案数	个案百分比（%）	个案数	个案百分比（%）
培训机构整合不足	211	15.7	231	17.2
培训内容针对性不强	687	51.2	536	39.9
培训者素质偏低	117	8.7	123	9.2
对培训研究不足	339	25.3	379	28.2
培训投入不足	284	21.2	336	25.0
培训实效性不高	791	58.9	793	59.0
培训监管滞后	196	14.6	201	15.0
培训次数过于频繁	84	6.3	56	4.2
总计	2709	21.9	2655	197.5

a. 值为 1 时制表的二分组。

表61提供的信息是阜平县各级各类学校教师培训中存在的问题。在阜平县组织的教师培训中，问题最严重的是"实效性不高"（58.9%），也就是说，受训教师没有从培训中习得更多的知识与能力，培训流于形式；其次严重的问题是"内容针对性不强"（51.2%），这似乎是对"培训实效性不高"的注解，说明了"实效性不高"是因为培训内容不符合受训教师的教育教学管理实践，不能解决学校教育教学管理中的现实问题，培训内容不接地气。而在阜平县各级各类学校的校本培训中，问题最严重的依然是"实效性不高"（59.0%），次严重的问题也是"内容针对性不强"（39.9%）。县里组织的教师培训与校本培训中存在的问题超级吻合，这说明，培训的组织者缺乏了解教育教学第一线教师的需求。

表 62　阜平县教师培训应当改进的方面

改进方面	县级培训		学校培训	
	个案数	个案百分比（%）	个案数	个案百分比（%）
增强师资力量	231	17.2	414	31.0
改善硬件设施	536	39.9	331	24.8
加强培训需求调查	123	9.2	380	28.5
增加培训经费	379	28.2	226	16.9
减少培训次数	336	25.0	58	4.3
加强培训评估	793	59.0	172	12.9
培训方式多样化	201	15.0	699	52.4

续表

改进方面	县级培训		学校培训	
	个案数	个案百分比（%）	个案数	个案百分比（%）
提高培训内容的针对性	56	4.2	536	40.2
总计	2655	197.5	2816	211.1

a. 值为1时制表的二分组。

基于县级组织的教师培训和校本培训中存在的问题，阜平县各级各类学校教师提出了教师培训应当改进的方方面面。在县级组织的培训中，首先应当改进的问题是"加强培训评估"（59.0%），其次是"改善硬件设施"（39.9%），再次是"增加培训经费"（28.2%）；校本培训中，首先需要改进的问题是"培训方式多样化"（52.4%），其次是"提高培训内容的针对性"（40.2%），再次是"加强培训需求调查"（28.5%）。

（四）阜平县各级各类教师教学研究现状

表63 教研活动引领者统计

引领者	频数	百分比（%）
校长	233	17.1
教学副校长	50	3.7
教学主任或其他中层干部	122	8.9
学科组长或教研组长	250	18.3
骨干教师	276	20.2
普通教师	129	9.5
专职教研员	63	4.6
无	53	3.9
系统缺失	189	13.8
合计	1365	100

表63显示的是阜平县各级各类教师教研活动中的引领者。20.2%的被试教师认为骨干教师是教师教研活动的引领者，18.3%的被试教师认为学科组长或者教研组长是教研活动的引领者。现实中，这两类人也是各级各类学校教学研究中的主导者和组织者。

表 64　教研活动的内容

内容	频数	百分比（%）
教材分析	168	12.3
教学法知识	619	45.3
教育理论	179	13.1
信息技术知识	49	3.6
学生的学习认知特点	119	8.7
作业与考试研究	74	5.4
系统缺失	157	11.5
合计	1365	100

在阜平县各级各类教师教学研究活动中，最主要的内容是"教学法知识"，就是说45.3%的教师都是围绕着教学法展开教研活动的；占据第二位的内容大致是"教育理论"（13.1%）和"教材分析"（12.3%）。这个结论和表50、表51以及表57的内容是相互印证的。

表 65　最被认可的教研活动形式

形式	个案数	个案百分比（%）
集体备课	450	33.7
听说评课	799	59.9
小课题研究	381	28.5
校际教研	183	13.7
网络交流	145	10.9
课后教师间非正式交流	518	38.8
总计	2476	185.5

a. 值为1时制表的二分组。

表65显示了阜平县各级各类学校教师所认可的教学研究活动形式。阜平县各级各类学校教师最认可教研形式是"听课说课与评课"，其次是"课后教师间非正式交流"，再次是"集体备课"。由此可以看出，阜平县各级各类学校教师最关注的还是教学，这也是学校工作的核心。从表66中可以看出，被试教师认为最佳的教研组长形式是"同学科同年级组"（63.7%），这个团队中的人在学校教学中是"最同质的"，对于所教学科最有发言权。

表 66 最佳的教研组织形式

形式	频数	百分比（%）
同学科同年级组	870	63.7
同学科跨年级组	358	26.2
跨学科同年级组	89	6.5
系统缺失	48	3.5
合计	1365	100

表 67 本学期参加的教研活动统计

教研活动参与情况	频数	百分比（%）
没有参加过教研活动	68	5.0
以本校的教研活动为主	1060	77.7
以学区或共同体的教研活动为主	112	8.2
以区里的教研活动为主	27	2.0
以市里的教研活动为主	32	2.3
系统缺失	66	4.8
合计	1365	100

表 67 表明，阜平县各级各类学校教师参加最多的教研活动还是"校本教研"（77.7%），这愈发印证了校本教研对于教师专业发展的重要性与必要性。

表 68 教研活动的作用

作用	频数	百分比（%）
基本没什么作用	44	3.2
理解教材	92	6.7
了解学生	56	4.1
提高课堂教学技巧	750	54.9
提升教学评价能力	126	9.2
提高自我诊断能力	114	8.4
系统缺失	183	13.4
合计	1365	100

对于教学研究活动的重要性的认识，54.9% 的被试教师认为可以"提高课堂教学技巧"，这依然说明阜平县各级各类学校教师关注的是教学这一核心学校工作（见表 68）。

表 69　造成教研效果不理想的最主要原因

原因	个案数	个案百分比（%）
学校对教研的重视力度不够	133	10.0
教研内容不能满足教师的需要	343	25.8
教研形式单一	567	42.7
教研缺乏激励机制	341	25.7
教师教研能力不足	224	16.9
教师工作繁重，没有精力	644	48.5
缺乏指导引领	277	20.9
总计	2529	190.6

a. 值为 1 时制表的二分组。

现实中的教研活动有时候并不能达成目标，真正提升教师的课堂教学技巧。阜平县各级各类学校教师认为，其原因主要是"教师工作繁重，没有精力"认真参加教学研究；其次是"教研形式单一"，无法吸引教师们积极参加教学研究；再次是教研内容缺乏针对性，"不能满足教师的需要"（见表69）。教师们的分析为进一步提高教学研究活动的效率提供了很好的借鉴意义。

四、阜平县各级各类学校学生的一些基本情况

（一）学生的近视率

表70显示，阜平县各级各类学校学生视力状况较好，80.4%的学校，学生近视率在20%以下，这个数据低于《中国少年儿童十年发展状况研究报告（1999—2010）》的调查结果（我国小学生近视率28%）。

表 70　各级各类学校的学生近视率

近视率	频数	百分比（%）
20% 以下	78	80.4
20%~40%	17	17.5
40%~60%	1	1.0
系统缺失	1	1.0
合计	97	100

（二）学生家庭的经济状况

表71　各级各类学校学生家庭的经济状况

家庭经济状况	频数	百分比（%）
非常不好	2	2.1
不太好	35	36.1
一般	51	52.6
比较好	7	7.2
系统缺失	2	2.1
合计	97	100

表71显示的阜平县各级各类学校学生的家庭经济状况不是很好，家庭经济状况显示为"一般""不太好"的家庭占总数的52.6%和36.1%。这表明，阜平县教育发展进程中，家庭的教育投入是非常有限的。

（三）学生家长的教育背景

表72　各级各类学校学生家长的教育背景

教育背景	频数	百分比（%）
初中及以下	90	92.8
高中或中专	5	5.2
大专	1	1.0
系统缺失	1	1.0
合计	97	100

表72显示的是阜平县各级各类学校学生家长的教育背景，其中的数据表明92.8%的学生家长学历仅为"初中及以下"，拥有高中以上学历的学生家长只有6.2%。这表明，阜平县各级各类学校学生的家庭教育背景程度偏低。

五、阜平县教育发展的SWOT分析

（一）阜平县教育发展的成就与经验

时至今日，在阜平县委、县政府的正确领导下，阜平县教育系统以邓小平理论和"三个代表"重要思想为指导，全面落实科学发展观，全面贯彻党的教育方针，大力推进素质教育，继续深化教育改革，按照办好人民满意教育的要求，妥善处理改革、发展与稳定的关系，促进阜平县各级各类教育健康协调发展，沉着应对各种挑战，阜平县教育进入良性发展时期，为"十三五"期间阜平县教育的发展奠定了坚实的发展基础。主要表现在：

1. 教育总体规模适当，受教育机会持续增加

到2015年5月，阜平县基础教育阶段共有完全小学89所、初中15所和高中1所，在校生总数28361人。截至2015年5月，阜平县职业教育学校——阜平县职教中心——的在校生数也达3435人。2012年至2014年，阜平县义务教育毛普及率达96.30%，初中后教育毛入学率达94.1%。

至2015年5月，阜平县还有公立幼儿园11所、特殊教育学校1所，切实保障了残障儿童的入学机会和教育权利，有力地促进了教育公平。

2. 教育投入快速增长，办学条件不断改善

持续、快速增长的教育经费投入为阜平县教育事业的发展提供了有力的资金保障。阜平县学校的总体收入在5年内呈逐渐增长趋势，2010年阜平县各级各类学校平均收入为667748.22元，2014年该数据达1106667.61元，增长了66%。其中，预算内人员经费、预算内公用经费、预算内基建费用等也呈现逐年增长的态势。县财政预算内教育经费实现了"三个增长"：2014年县教育财政拨款的增长高于同年县财政经常性收入的增长，中小学生均教育经费和生均公用经费逐年增长，教职工收入逐年提高。阜平县对于学前教育的重视程度与保障力度也逐步提高，财政投入总量不断加大。阜平县还投入大量资金用于干部队伍和教师队伍的建设，"十二五"期间，阜平县共投入资金3.54亿元用于教师与干部队伍建设，保证了师资队伍建设工作顺利开展。

通过小学规范化建设工程及校舍安全加固工程等一系列重大建设项目的实施，各级各类学校的校园建设、教育教学设施、设备教育基础设施建设和办学条件得到了基本改善。以生均校舍面积、生均运动场地面积、生均图书册数、生均计算机数等指标来衡量的办学条件较"十二五"初期相比均有较大提高。音、体、美等教学器材的达标率也有显著提高。

3. 队伍建设初见成效

经过"十二五"时期的教师继续教育和校长培训，阜平县各级各类学校校长和教师队伍素质得到整体提升，增强了教育核心竞争力。

各类专任教师学历层次有了大幅提升。目前全县1975名专任幼儿教师中，获得本科及以上学历的教师占总数的36.4%，获得大专及以上学历的教师占总数的84.8%，98.4%的教师学历层次达到或者超过国家法律规定的教师学历层次。各类学校拥有硕士研究生以上学历的教师达4人。在阜平县各级各类学校校长中，获得本科及以上学历的校长占总数的35.1%，获得大专及以上学历的校长占总数的92.8%，99%的校长学历层次达到或者超过国家法律规定的教师学历层次。

教师队伍逐步趋于年轻化，35岁以下教师占教师总数的33.4%，36~45岁之间校长占总数的61.9%，45岁以下具有中级职称（包括小学高级和中学一级）的教师占30%，具有中学高级教师职称的教师占2%，层级结构日趋合理，人才基础较扎实。先进教师不断涌现，示范、引领作用不断增强。

4. 办学体制改革稳步推进

"十二五"期间，阜平县不断加大政府对基础教育的投入，坚持义务教育阶段以政府办学为主，13个乡镇配合"新农村建设"之村庄搬迁整合计划，先后盖起了13所寄宿制学校，全面整合了阜平县各乡镇现有的教育资源，提高国有资产运营效益，扩大优质教育规模，办学体制日趋合理。

总之，"十二五"期间，在阜平县教育局的领导下，全县教育系统坚持教育内涵发展战略，积极调整教育布局，改善办学条件，加强队伍建设，提高教育质量，取得了丰硕成果，为阜平县"十三五"期间的教育发展奠定了坚实的发展基础。

"十二五"期间阜平县取得的教育成就是内部努力和外部支持的共同结果。阜平县教育的发展有着良好的外部发展环境，阜平县委、县政府多年来将教育摆在优先发展的战略地位，统筹领导全区教育改革发展，在教育管理、人才培养等方面给予有力的政策支持，政府各部门关心支持教育，社会各界关注支持教育，形成了良好的教育发展环境。

（二）阜平县教育发展面临的机遇与挑战

教育是区域经济社会发展的基石，是提高国民素质、促进人的全面发展的根本途径。2015—2020年，阜平县经济建设、政治建设、文化建设以及社会建设在科学发展观和和谐社会理念的指导下，将全面推进信息化、城镇化、市场化深入发展。人口、资源、环境的压力日益加大，调整经济结构、转变发展方式的要求更加迫切。外部环境的变化，为教育改革与发展提供了难得的机遇，也提出了严峻的挑战。

1. 阜平县城镇化进程、新农村建设对教育发展提出新挑战

农村城镇化的推进，为教育发展提供了巨大的拓展空间。农村城镇化进程的加速，要求重新规划教育布局和资源配置，高起点规划、高水平配置，既整合了优质教育资源，又促进县域校际教育的均衡。

同时，农村城镇化人口对优质教育提出更高需求，老百姓对教育的普惠性与优质化的要求日趋提高。因此，"十三五"期间，阜平县教育的发展在注重提高办学质量和成绩的同时，必须全面推行素质教育，注重体育、艺术、科技等方面的教育，创设和谐的校园文化，为学生的全面发展奠定基础。

2. 经济增长和产业结构调整升级对劳动力受教育水平提出新要求

"十二五"期间，阜平县经济发展水平显著提高，综合经济实力进一步增强，GDP总量由2011年的2700百万元增长到2014年的3253百万元。教育要为社会输送人才，人才的培养要适应经济结构和劳动力就业结构的转变。阜平县经济的迅速增长，在为教育发展提供保障的同时，也对教育质量、人才培养模式以及教育体制提出更高的要求。

因此，单纯应试教育培养出的"应试型"人才已经不能适应未来阜平县经济社会发展对人才资源的需求。这就需要逐渐打破以考试升学为单一目的的应试教育模式，革新教育方法和途径，通过体育、音乐、美术、科技教育以及校园文化的创建为学生的全面发展创造现实条件，培养符合经济社会需求的高端综合型人才资源。

3. 以人为本的科学发展观对于教育提出高要求

随着科学发展观的深入落实，注重学生的全面发展成为教育发展的必然趋势。只重视学生成绩的应试教育已经不能适应时代的要求，阜平县未来5年的教育工作必须紧跟时代的步伐，深化课程改革，重视和谐校园的创建，为培养全面发展的人才探索新路。

随着普及义务教育基本目标的实现，人民群众逐步提出了优质教育资源均衡配置的要求，县域内义务教育校际均衡亟待进一步提高。

（三）阜平县教育发展过程中出现的问题与发展的瓶颈

阜平县教育在"十二五"期间尽管取得了长足的发展，但是面对严峻的外部挑战，尤其是"十三五"期间阜平县经济社会的快速发展和人民群众对于各种优质教育的多样化需求，阜平县当前的教育发展依然存在一些突出问题和制约瓶颈，主要表现在以下几个方面。

1. 优质教育资源总量严重不足且分布不均，不能充分满足人民群众接受良好教育的需求

阜平县是山区县，学校分布广泛，教育总量较大，但优质教育资源在教育资源总量中却相对偏小，而且分布很不均衡，县城、乡镇与村庄之间，学校与学校之间教育发展严重不平衡。城乡优质师资分布不均衡，农村地区学校以教学点和不完全小学为主，师资总量达不到学校正常教学的要求，而且整体上教师队伍呈现出"年龄分化严重、教师职称低、最后学历集中偏低"的态势，导致农村优质教育资源的流失，扩大了城乡、校际的教育不均衡。人民群众对优质教育需求的迫切性与培育优质资源的长期性之间的矛盾，需要尽快破解。优质教育的外延扩张和内涵发展同样艰巨。

2. 素质教育推进困难，教育教学改革亟待深化

招生考试等评价制度改革尚未取得突破性进展，学生课业负担过重的局面还没有根本扭转，"应试教育"倾向仍然存在，教育教学改革任重道远。农村地区体育、艺术及科技教育没有提升到应有的重要地位。传统的知识性传授方法仍占主流，音体美方面师资匮乏，教育水平亟待提高。各级各类学校体育与艺术教育的发展也不够均衡，一些学校的音体美设施设备甚至还未达标。体艺活动普及不足，一些校园的文化氛围还欠生动活泼。与办人民满意的教育、

为学生的终身发展打好基础的迫切需要相比,未来的工作还需要更大的努力。

3. 教育领域优质人力资源短缺,队伍建设不能满足阜平县教育均衡发展的客观需要

农村城镇化的加速推进,需要更多优秀的教师与更加科学的管理方法,但学校管理和教师水平的提高都不是一蹴而就的,需要有优秀的领导以及先进的办学理念等等。

4. 特色与优势不够突出,区域教育竞争力需要进一步提升

经过多年的发展,阜平县基本上实现了义务教育普及化,学前教育、特殊教育和中等职业教育也取得了一定的发展。但在保定市乃至河北省的区域竞争背景下,阜平县教育这些方面的特色和优势均受到极大挑战。在新的发展时期,保持已有的成绩和优势,形成新的特色和比较优势、竞争优势,是阜平教育发展的重要立足点。

河北省隆化县基础教育发展状况的调研研究

江雪梅　郭晓豆

【提要】 本研究通过问卷调查了解分析隆化县教育发展现状，探究隆化县教育发展过程中存在的问题，并为促进隆化县的教育发展与学校发展提供了相关建议。调查发现，隆化县中小学校的科层结构较为合理，校长的专业发展意识较强、领导力水平比较高，教师的教学能力较强、学历水平提升较大等，均有利于促进教育的发展；但也存在县域内学校经费配备差异较大，校长的性别、年龄、学缘结构不合理，教师的专业发展设计意识淡薄等问题，影响教育的均衡发展。

一、问题的提出

为了解河北省隆化县教育发展现状、进一步促进教育发展和学校发展，本研究以大量的文献研究和理论梳理为基础，采用问卷调查的研究方法，于2016年10月选取隆化县中小学校校长、教师和部分学生作为研究对象，发放了中小学校长人力资源状况调查问卷、中小学教师人力资源发展状况调查问卷及中小学生学习状况调查问卷。其中，中小学校长人力资源状况调查回收有效问卷119份，中小学教师人力资源发展状况调查回收有效问卷1832份，中小学生学习状况调查回收有效问卷4017份。通过对问卷进行相关数据处理，进一步分析隆化县教育发展现状。

（一）数据整理

先对回收的问卷进行编码处理，在完成数据录入之后对原始数据备份。为了保证每个数据都有据可查，本研究对每份问卷进行了单独编码，为后期的数据查询分析打下坚实的基础。对数据进行清洗，确保数据的有效性。

（二）数据分析

为了对数据进行深入分析，本研究使用SPSS统计分析软件，采用频数分析、因子分析、方差分析等多种统计分析方法，得到了相应的差异结论，对隆化县的教育发展现状有了初步的了解。

二、隆化县中小学校的基本情况

（一）地理分布

从表1可以看出，本研究选取的120所公立学校的地域分布：22.5%的学校位于隆化县城，51.7%的学校位于乡镇，还有约24.2%的学校位于乡村。

表1　隆化县中小学校的地理位置

学校位置	频数	百分比（%）
县城	27	22.5
乡镇	62	51.7
村庄	29	24.2
系统缺失	2	1.7
合计	120	100

（二）学校性质

表2　隆化县中小学校的性质

学校性质	频数	百分比（%）
小学附属幼儿园	7	5.8
六年制小学	67	55.8
三年制初中	28	23.3
三年制高中	7	5.8
九年一贯制学校	10	8.3
系统缺失	1	0.8
合计	120	100

表2数据表明，隆化县中小学校的性质比较简单，大都属于正常学制的小学、初中和高中；另外，隆化县还有10所九年一贯制学校，约占学校总数的8.3%。九年一贯制是为促进区域教育均衡发展应运而生的学校发展趋势之一。

近3年来，隆化县有13.6%的学校经历了合并与撤并，81.4%的学校没有经历合并与撤并（见表3），这种行为符合了教育部的相关规定。

河北省隆化县基础教育发展状况的调研研究

表3 近3年学校合并、撤并情况

合并、撤并情况	频数	百分比（%）
是	16	13.6
否	96	81.4
系统缺失	6	5.1
合计	118	100

（三）学生数

隆化县中小学校学生数及非本地户籍学生在学生总数中所占的比例不大，这表明在隆化县中小学校里，择校生（非本地户籍学生）数量并不是很多。

（四）学校的组织结构

表4 学校的组织结构

组织结构	频数	百分比（%）
层级明显的科层制	30	25.4
科层与扁平型混合	29	24.6
层级不明显的扁平化结构	36	30.5
系统缺失	23	19.5
合计	118	100

表4表明，隆化县的中小学校大都属于相对扁平化的科层结构，属于正常的学校组织结构。表5显示的隆化县中小学校的干部队伍的配置情况：校级干部中，最多的一个学校配备了5位副校长，最少的一个学校没有副校长；中层干部中，最多的一个学校配备了18位主任，最少的一个学校没有主任。

表5 学校中的副校长及主任数

职务	个案数	极小值	极大值	均值	标准差
副校长数	113	0	5	0.72	1.14
主任数	118	0	18	2.91	2.59
有效的个案数（列表状态）	73				

（五）教育经费

表6 教育经费及事业性经费支出

经费	个案数	极小值	极大值	均值	标准差
教师年均工资（元）	103	25200	66000	39236.80	6912.08
生均经费（元）	93	100	1300	737.25	177.70
2015年预算内教育经费（万元）	87	3.5	698	122.91	173.75
2015年事业性经费支出（万元）	86	0	681	86.59	133.09
有效的个案数（列表状态）	73				

表6显示，在隆化县的不同学校间，其经费配备的差异还是很大的。教师年均工资的差距达40800元，生均经费的差距达1200元；2015年预算内教育经费的差距694.5万元，事业性经费支出的差距达681万元。这组数据说明，隆化县域内教育均衡发展"任重而道远"。

三、隆化县中小学校长人力资源发展状况

（一）隆化县中小学校长的基本配置

本研究从校长的任职资格、性别结构、年龄结构、职称结构、学历结构、学缘结构等方面考察了隆化县中小学校长的人力资源配置问题。

1. 校长的任职资格

调查显示，被试的120名校长都具有规定的教师资格证书，其教师资格证的级别如表7所示。关于教师资格证的类别，除了6名校长未填以外，其他114名校长的教师资格证涵盖了中小学的所有学科，包括化学、历史、美术、数学、思品、体育、物理、信息技术、音乐、英语、语文、政治等学科。

表7 被试校长的教师资格证的级别

级别	频数	百分比（%）
小学	22	18.3
初中	67	55.8
高中	27	22.5
系统缺失	4	3.3
合计	120	100

河北省隆化县基础教育发展状况的调研研究

表8　被试校长教师资格证的学科

学科	频数	百分比（%）
缺失	6	5.0
化学	2	1.7
历史	1	0.8
美术	3	2.5
数学	24	20.0
思品	1	0.8
体育	3	2.5
物理	10	8.3
信息技术	2	1.7
音乐	5	4.2
英语	6	5.0
语文	53	44.2
政治	4	3.3
合计	120	100

按照国家规定，校长资格证书也是中小学校长必须具备的证书之一。但是，从调查结果来看，120名校长中，仅有60%的中小学校长拥有校长任职资格证书，还有36.7%的校长明确表示他们不具备此项证书。

表9　被试校长任职资格情况

任职资格证书	频数	百分比（%）
有	72	60.0
无	44	36.7
系统缺失	4	3.3
合计	120	100

关于校长们的人事档案归属问题，本研究了解到93.3%的校长的人事档案均在本校所属的教育行政部门（见表10）。这显示了县级教育行政部门对于本区域内中小学校长的管理权。

表 10　被试校长的人事档案的归属

是否属于教育行政部门	频数	百分比（%）
是	112	93.3
否	1	0.8
不知道	3	2.5
系统缺失	4	3.3
合计	120	100

2. 校长的性别结构

表 11 显示的是隆化县中小学校长的性别结构，其中男性校长占据绝大多数，约 80.8%，女性校长仅占 17.5%，这个比例与教师性别结构中女性教师占据绝大多数的结果是截然相反的，可以说明，女教师的专业发展道路相较于男教师而言要困难得多。

表 11　被试校长的性别结构

性别	频数	百分比（%）
男性	97	80.8
女性	21	17.5
系统缺失	2	1.7
合计	120	100

需要说明的是，本研究选取的校长不仅指中小学校的正校长，还包括书记、副校长、副书记等其他领导层，且任职年限长短不一（见表 12、13）。

表 12　被试校长在学校中的任职状况

职位	频数	百分比（%）
校长	55	45.8
书记	1	0.8
副校长、副书记	17	14.2
少先队辅导员、团委书记、工会主席	43	35.8
其他领导层	1	0.8
系统缺失	3	2.5
合计	120	100

表 13　被试校长在本校任此职务的年限

年限	频数	百分比（%）
0~5 年	77	64.2
6~10 年	17	14.2
11~15 年	12	10.0
16~20 年	6	5.0
21~25 年	3	2.5
31 年以上	3	2.5
系统缺失	2	1.7
合计	120	100

3. 校长的年龄结构及其他

隆化县中小学校长的年龄聚集于 36~55 岁，这部分校长的数量约占被试校长总数的 83.3%，其中，36~45 岁的校长占据了 28.3%（见表 14），而 35 岁以下的校长仅占总数的 10%。这个数据表明，隆化县中小学校长的年龄相对比较大，近 10 年内约半数的校长退休，急切需要从年龄的角度思考校长梯队的建设问题。

表 14　被试校长的年龄结构

年龄	频数	百分比（%）
21~25 岁	2	1.7
26~35 岁	10	8.3
36~45 岁	34	28.3
46~55 岁	66	55.0
56 岁以上	7	5.8
系统缺失	1	0.8
合计	120	100

表 15　被试校长的工龄结构及教龄结构

年限	工龄		教龄	
	频数	百分比（%）	频数	百分比（%）
0~3 年	5	4.2	5	4.2

续表

年限	工龄		教龄	
	频数	百分比（%）	频数	百分比（%）
4~6 年	3	2.5	3	2.5
11~15 年	5	4.2	5	4.2
16~20 年	17	14.2	18	15.0
21~25 年	24	20.0	25	20.8
26~30 年	37	30.8	36	30.0
31 年以上	24	20.0	25	20.8
系统缺失	5	4.2	3	2.5
合计	120	100	120	100

表 15 显示，大多数的被试校长的工龄及教龄都在 20 年以上，具有丰富的教育教学经验。表 16 显示的被试校长在本校工作的年限，5 年以内的有 55.8%。

表 16 被试校长的校龄结构

年限	频数	百分比（%）
0~5 年	67	55.8
6~10 年	10	8.3
11~15 年	15	12.5
16~20 年	7	5.8
21~25 年	11	9.2
26~30 年	5	4.2
31 年以上	3	2.5
系统缺失	2	1.7
合计	120	100

4. 校长的职称结构

120 名被试校长中，61 名校长具有高级职称，42 名校长具有中级职称，占据了被试校长总数的 85.8%；截至目前，隆化县尚无具有教授职称的校长。

表 17　被试校长的职称结构

职称	频数	百分比（%）
无	3	2.5
小学三级	1	0.8
小学二级	3	2.5
小学一级	6	5.0
小学高级	18	15.0
中学二级	1	0.8
中学一级	24	20.0
中学高级	61	50.8
系统缺失	3	2.5
合计	120	100

5. 校长的学历结构

表 18—20 展示的隆化县校长的学历结构。从学历的类别上看，仅有 8.3% 属于"非师范专业"，120 名被试校长的初始学历并不是很高，73.3% 的校长的初始学历仅有中专或中师学历，但后期校长们的学历均有提升，98% 的校长获得了大专或大学本科的最后学历，97.5% 的校长的学历水平符合或者高于《中华人民共和国教师法》规定的学历要求。

表 18　被试校长的初始学历及最后学历的类别

类别	初始学历		最后学历	
	频数	百分比（%）	频数	百分比（%）
师范类	107	89.2	109	90.8
非师范类	10	8.3	10	8.3
系统缺失	3	2.5	1	0.8
合计	120	100	120	100

表 19　被试校长的初始学历及最后学历的级别

级别	初始学历		最后学历	
	频数	百分比（%）	频数	百分比（%）
中等专科学校	88	73.3	1	0.8

续表

级别	初始学历		最后学历	
	频数	百分比（%）	频数	百分比（%）
高等专科学校	22	18.3	18	15.0
本科大学	6	5.0	100	83.3
系统缺失	4	3.3	1	0.8
合计	120	100	120	100

表20 被试校长的初始学历及最后学历是否符合法律规定

学历是否符合国家法律规定	初始学历		最后学历	
	频数	百分比（%）	频数	百分比（%）
低于规定	17	14.2	1	0.8
符合规定	94	78.3	51	42.5
高于规定	8	6.7	66	55.0
系统缺失	1	0.8	2	1.7
合计	120	100	120	100

6. 校长的学缘结构

本研究考察了中小学校长的学缘结构，即他们所教学学科与其学历专业的符合程度。从表21可以看出，在隆化县存在着"所教非所学"的现象。"所教非所学"的比例在校长们的第一学历中占据25%，在校长们的最后学历中占据35.8%。就是说，"所教非所学"的现象是增加的。

表21 被试校长的学缘结构

所学专业与所教学科是否一致	初始学历		最后学历	
	频数	百分比（%）	频数	百分比（%）
是	79	65.8	70	58.3
否	30	25.0	43	35.8
系统缺失	11	9.2	7	5.8
合计	120	100	120	100

（二）隆化县中小学校长的专业发展

1. 被试校长听课与任课情况

访谈结果表明，校长们尽管很忙，依旧坚持听课、评课。此外，还有70.8%的中小学校长坚持上课(见表22),每周课时量在1~10节之间(见表23),校长们上课的内容涵盖了中小学各学科(见表24),20.8%的校长上的是语数外,22.5%的校长上的是政史地与理化生,6.7%的校长上的是音体美计等"小三门"课程,还有校长上课的内容是心理健康和校本课程。

表22 被试校长是否上课

是否上课	频数	百分比(%)
是	85	70.8
否	34	28.3
系统缺失	1	0.8
合计	120	100

表23 被试校长周课时量

周课时量	频数	百分比(%)
0	25	20.8
1~5节	48	40.0
6~10节	27	22.5
11~15节	6	5.0
15~20节	3	2.5
21~25节	1	0.8
系统缺失	10	8.3
合计	120	100

表24 被试校长所教学科

所教学科	频数	百分比(%)
不教课	34	28.3
语数外	25	20.8
史地政	17	14.2
理化生	10	8.3
音体美计	8	6.7
包班	1	0.8
其他	17	14.2
系统缺失	8	6.7
合计	120	100

问及校长们对自己的周课时量的看法时,57.5%的校长认为自己的周课时量差不多,近

25% 的校长认为自己的周课时量偏少，6.7% 的校长个人认为自己的周课时量偏多；而在与本校其他教师的周课时量的比较调查中，54.2% 的校长认为自己的周课时量偏少，28.3% 的校长认为自己的周课时量属于学校教师课时量的平均数，只有 7.5% 的校长认为自己的周课时量比其他教师的周课时量要多（见表 25）。

表 25　被试校长与本校教师周课时量的比较

周课时数比较	与本校其他教师的比较		自我认知	
	频数	百分比（%）	频数	百分比（%）
偏少	65	54.2	29	24.2
平均数/差不多	34	28.3	69	57.5
偏多	9	7.5	8	6.7
系统缺失	12	10.0	14	11.7
合计	120	100	120	100

2. 校长的工作经历

从表 26 可以看出，81.7% 的校长都在其他单位工作过，符合教育部对于校长任职基本条件的要求：有教师工作经验。

表 26　被试校长来本校前是否在其他单位工作过

是否在其他单位工作过	频数	百分比（%）
是	98	81.7
否	19	15.8
系统缺失	3	2.5
合计	120	100

表 27　来本校前工作单位统计

工作单位	频数	百分比（%）
教育行政部门	1	0.8
公立学校	107	89.2
其他单位	2	1.7
系统缺失	10	8.3
合计	120	100

校长们来本校工作的原因比较多，61.7% 的校长是因为工作调动来本学校工作的，招聘到

本学校工作的校长约占 8.3%，分配到本学校工作的校长占 11.7%，交流或轮岗到本学校工作的校长占 15.8%，还有 1 位校长是支教到本学校工作的。来本学校前，约一半校长的职务就是校长，另一半校长的职务不是校长，他们到本校任职即为升职（见表 28、29）。

表 28　被试校长来本校工作的原因

原因	频数	百分比（%）
招聘	10	8.3
分配	14	11.7
交流或轮岗	19	15.8
调动	74	61.7
支教	1	0.8
系统缺失	2	1.7
合计	120	100

表 29　被试校长是否在其他学校担任过校长职务

是否担任过此职务	频数	百分比（%）
是	58	48.3
否	58	48.3
系统缺失	4	3.3
合计	120	100

3. 校长的进修与培训

培训是校长们专业发展的方式之一，置换培训则是公认的较为有效的校长培训方式。调查发现，9.2% 的校长参加过河北师范大学举办的置换培训（包括"国培""省培"）[①]，33.3% 的校长参加过河北师范大学举办的其他培训项目；13.3% 的校长参加过其他学校举办的置换培训（包括"国培""省培"），参加过其他学校举办的其他培训项目的校长数量相对较多，达 71.7%。这些数据说明，被试校长比较注重自身的专业发展。

---

① "国培计划"的全称是"中小学教师国家级培训计划"，是教育部、财政部于 2010 年开始实施的旨在提高中小学教师特别是农村教师队伍整体素质的重要举措。旨在通过创新培训机制，采取骨干教师脱产研修、集中培训和大规模教师远程培训相结合的方式，对中西部农村义务教育骨干教师进行有针对性的专业培训。"国培计划"包括"中小学教师示范性培训项目"和"中西部农村骨干教师培训项目"两种类型。

表30 被试校长是否参加过河北师范大学举办的培训项目

是否参加	置换培训		其他培训项目	
	频数	百分比（%）	频数	百分比（%）
是	11	9.2	40	33.3
否	103	85.8	73	60.8
系统缺失	6	5.0	7	5.8
合计	120	100	120	100

表31 被试校长是否参加过其他学校举办的培训项目

是否参加	置换培训		其他培训项目	
	频数	百分比（%）	频数	百分比（%）
是	16	13.3	86	71.7
否	98	81.7	30	25.0
系统缺失	6	5.0	4	3.3
合计	120	100	120	100

论及今后的专业发展问题，25%的校长有学历进修的打算，25%的校长有参加脱产培训的打算，依然有14.2%的校长没有学历进修进修计划；18.3%的校长没有脱产培训计划。

表32 近3年内有无学历进修及脱产培训的打算

进修、培训打算	学历进修		脱产培训	
	频数	百分比（%）	频数	百分比（%）
有	30	25.0	18	15.0
无	69	57.5	77	64.2
没想过这个问题	17	14.2	22	18.3
系统缺失	4	3.3	3	2.5
合计	120	100	120	100

4. 河北师范大学对于隆化县校长人力资源建设的贡献

表33 校长们是否在河北师范大学学习过

学习情况	频数	百分比（%）
是，在河北师大	56	46.7
是，在河北师大汇华学院	3	2.5

续表

学习情况	频数	百分比（%）
否，没有在河北师范大学学习过	60	50.0
系统缺失	1	0.8
合计	120	100

表 33 显示的是河北师范大学及河北师范大学汇华学院在隆化县中小学校长培养培训过程中所发挥的作用。结果表明，近半数的校长接受过河北师范大学及汇华学院的培训教育，63%的校长们在河北师范大学接受了函授教育，提升了学历层次；但是，仅有 4.1% 的校长们接受的全日制教育来自河北师范大学。

表 34 校长在河北师范大学的学习性质

学习性质	频数	百分比（%）
全日制本科	3	2.5
全日制专科	1	0.8
全日制专升本	1	0.8
函授高中起点专科	9	7.5
函授高中起点本科	8	6.7
函授专科起点本科	46	38.3
其他	4	3.3
系统缺失	47	39.2
合计	120	100

（三）隆化县中小学校长的权力配置

表 35 揭示了从市教育局、县教育局、中心学校、中小学校长、教师等在学校管理、课程教学管理、教师管理、学生管理等方面的权力分配状况。基于此，本研究考察了隆化县中小学校长的权力配置状况。

学校管理包括建立学校规章制度、拟定学校预算、校内不同单位的资源分配等 3 个方面。具体看来，86.40% 的校长认为自己有权建立学校规章制度；43.1% 的校长认为自己有权拟定学校预算，64.70% 的校长认为此项权力归于县教育局；72.3% 的校长认为自己有权确定校内不同单位的资源分配问题，而 35.70% 的校长认为此项权力归于县教育局。

课程与教学管理包括选择教学内容、选择教材、开设新课等 3 个方面。具体看来，27.4%的校长认为自己有选择教学内容的权力，74.40% 的校长认为该项权力归于县教育局；17.5% 的校长认为自己有"选择教材"的权力，86%的校长认为该项权力归县教育，21.90%的校长认为该项权力归市教育局，实际上，"选择教材"的权力在省教育厅；36.8%的校长认为自己拥有在学校中"开设新课"的权力，70.20%的校长认为此项权力归于县教育局。

教师管理包括聘任新教师、确定教师的初始薪酬、确定教师的薪酬等级、解聘教师等4个方面。具体考察，9.3%的校长认为自己拥有聘任新教师的权力，96.60%的校长将此项权力归于县教育局；2.7%的校长认为自己有权确定教师的初始薪酬和薪酬等级，94.60%的校长认为县教育局有权确定教师的初始薪酬；92.90%的校长认为县教育局有权确定教师的薪酬等级；在解聘教师方面，9.5%的校长认为自己有权力，94.80%的校长认为县教育有权力。

学生管理包括建立学生招生制度、建立学生考评制度2个方面。具体来看，超半数校长（54.2%）认为自己有权确立招生制度，66.10%的校长认为此项权力归于县教育局；81.40%的校长认为学生考评制度的建立权力在学校、在校长。

表35　权力分配状况

决策事宜	决策人	个案数	个案百分比（%）
聘任新教师	校长	11	9.3
	教师	3	2.5
	中心校	13	11.0
	县教育局	114	96.6
	市教育局	17	14.4
	总计	158	133.9
确定教师的初始薪酬	校长	3	2.7
	教师	3	2.7
	中心校	5	4.5
	县教育局	106	94.6
	市教育局	13	11.6
	总计	130	116.1
确定教师的薪酬等级	校长	3	2.7
	教师	1	0.9
	中心校	6	5.4
	县教育局	104	92.9
	市教育局	16	14.3
	总计	130	116.1

续表

决策事宜	决策人	个案数	个案百分比（%）
解聘教师	校长	11	9.5
	教师	2	1.7
	中心校	8	6.9
	县教育局	110	94.8
	市教育局	14	12.1
	总计	145	125.0
拟定学校预算	校长	50	43.1
	教师	3	2.6
	中心校	17	14.7
	县教育局	75	64.7
	市教育局	7	6.0
	总计	152	131.0
校内不同单位的资源分配	校长	81	72.3
	教师	6	5.4
	中心校	13	11.6
	县教育局	40	35.7
	市教育局	4	3.6
	总计	144	128.6
选择教学内容	校长	32	27.4
	教师	22	18.8
	中心校	16	13.7
	县教育局	87	74.4
	市教育局	18	15.4
	总计	175	149.6
选择教材	校长	20	17.5
	教师	14	12.3
	中心校	11	9.6
	县教育局	98	86.0
	市教育局	25	21.9
	总计	168	147.4

续表

决策事宜	决策人	个案数	个案百分比（%）
开设新课	校长	42	36.8
	教师	17	14.9
	中心校	17	14.9
	县教育局	80	70.2
	市教育局	19	16.7
	总计	175	153.5
建立学校规章制度	校长	102	86.4
	教师	26	22.0
	中心校	25	21.2
	县教育局	38	32.2
	市教育局	15	12.7
	总计	206	174.6
建立学生考评制度	校长	96	81.4
	教师	46	39.0
	中心校	20	16.9
	县教育局	31	26.3
	市教育局	13	11.0
	总计	206	174.6
建立学生招生制度	校长	64	54.2
	教师	12	10.2
	中心校	29	24.6
	县教育局	78	66.1
	市教育局	16	13.6
	总计	199	168.6

a. 值为1时制表的二分组。

（四）隆化县校长的领导力水平

领导力是领导者以个人的人格魅力为基础，以法定的领导职权为条件，对周围的环境、组织的发展和组织成员的成长所产生的一种影响力。校长领导力是指学校管理者统率、带领团队，并与团队交互作用，从而实现学校发展目标的能力。领导力不是指某一方面的能力，而是包含校长的价值理念、办学思想、学识、人格、情感、意志等的综合素质，是驾驭、引领、发展学校的综合能力。

本研究从理念与目标引领、教师管理、教学管理、公共关系管理等4个方面考察了隆化县中小学校长的领导力水平。结果如表36显示：中小学校长在理念与目标引领、教师管理、教学管理、公共关系管理等4个维度上的平均得分分别为4.59、4.55、4.64、4.53，其在领导力的总体得分为4.57。单样本检验结果表明，每题平均分均显著高于理论平均分（3分），表明隆化县中小学校长的领导力水平比较高，高于一般水平。

表36　校长领导力

维度	个案数	极小值	极大值	均值	标准差	题项	每题平均分
领导力	118	139	250	228.26	25.65	50	4.57
理念与目标引领	117	45	80	73.48	8.23	16	4.59
教师管理	118	5	70	63.70	9.05	14	4.55
教学管理	118	30	50	46.36	4.84	10	4.64
公共关系管理	118	27	50	45.35	5.25	10	4.53
有效的个案数	117						

四、隆化县中小学教师人力资源发展现状

（一）隆化县中小学教师的配置

1. 教师的任职资格

表37　被试教师是否拥有教师资格证

是否拥有教师资格证	频数	百分比（%）
是	1993	96.6
否	28	1.4
系统缺失	43	2.0
合计	2064	100

表37显示，2064名被试教师中绝大多数都具有规定的教师资格证书，占被试教师总数的96.6%。其教师资格证的级别如表38所示，93.4%的被试教师的教师资格证属于普通教育系列，有28名教师（占1.4%）的教师资格证属于职业教育系列。关于教师资格证的学科，除了393名教师未填之外，其他被试教师的教师资格证学科涵盖了中小学的所有学科，其中有1名教师的教师资格证学科是职业教育的会计学，1名教师的教师资格证学科是学前教育（见表39）。

表38　被试教师的教师资格证的级别

级别	频数	百分比（%）
幼儿园	13	0.6
小学	530	25.7
初中	912	44.2
高中	486	23.5
中等专业学校	20	1.0
中等职业学校	8	0.4
系统缺失	95	4.6
合计	2064	100

表39　被试教师的教师资格证学科

学科	频数	百分比（%）
缺失	393	19
地理	18	0.9
化学	50	2.4
会计教育	1	0
科学	30	1.5
历史	45	2.2
美术	43	2.1
生物	35	1.7
数学	358	17.3
体育	69	3.3
外语	2	0.1
物理	69	3.3
心理学	1	0
信息技术	43	2.1
学前教育	1	0

续表

学科	频数	百分比（%）
音乐	39	1.9
英语	229	11.1
语文	582	28.2
政治	56	2.7
合计	2064	100

2. 教师的人事管理问题

关于被试教师的人事档案归属问题，本研究了解到91.7%的教师的人事档案均在本学校所属的教育行政部门（见表40）。这显示了县级教育行政部门对于本区域内中小学教师的管理权。

表40　被试教师的人事档案性质

是否属于教育行政部门	频数	百分比（%）
是	1814	87.9
否	84	4.1
不知道	80	3.9
系统缺失	86	4.2
合计	2064	100

本研究考察了教师的编制问题，在隆化县，86.1%的教师都有编制，但是仍然存在11.5%的教师为代课教师。

表41　被试教师的编制问题

是否有编制	频数	百分比（%）
有	1778	86.1
无	238	11.5
系统缺失	48	2.3
合计	2064	100

3. 教师的性别结构

表42显示的是隆化县中小学教师的性别结构，其中女性教师占据了大多数，约65.7%，男性教师占29.3%，对照中小学校长中的男性校长与女性校长的比例，可以看出，女教师的专

业发展道路相较于男教师而言要困难得多。

表42 被试教师性别结构

性别	频数	百分比（%）
男	604	29.3
女	1356	65.7
系统缺失	104	5.0
合计	2064	100

4. 教师的年龄结构及其他

隆化县中小学教师的年龄聚集于26~55岁，这部分教师的数量约占被试教师总数的85.6%，其中，36~45岁的教师占据了35.5%。表43表明，隆化县中小学教师的年龄分布呈现"纺锤型"结构，大部分教师处于专业发展阶段，这对于目前隆化县教育发展来说，是一个有力的促进因素。换一个角度考虑，超四分之一的教师年龄大于45岁，这意味着，近10年内约有四分之一的教师面临退休问题，教育行政部门需要从年龄的角度思考教师人力资源发展问题。这一点从表44被试教师的工龄与教龄结构中也可以得到印证。

表43 被试教师的年龄结构

年龄	频数	百分比（%）
20岁以下	9	0.4
21~25岁	183	8.9
26~35岁	541	26.2
36~45岁	732	35.5
46~55岁	493	23.9
56岁以上	87	4.2
系统缺失	19	0.9
合计	2064	100

表44 被试教师的工龄与教龄

年限	工龄		教龄	
	频数	百分比（%）	频数	百分比（%）
0~3年	296	14.3	305	14.8
4~6年	158	7.7	167	8.1
7~10年	128	6.2	143	6.9
11~15年	237	11.5	228	11.0
16~20年	447	21.7	450	21.8
21~25年	280	13.6	280	13.6
26~30年	258	12.5	258	12.5
31年以上	222	10.8	213	10.3
系统缺失	38	1.8	20	1.0
合计	2064	100	2064	100

表45显示的是被试教师在本学校工作的年限。

表45 被试教师的年龄结构

年龄	频数	百分比（%）
20岁以下	9	0.4
21~25岁	183	8.9
26~35岁	541	26.2
36~45岁	732	35.5
46~55岁	493	23.9
56岁以上	87	4.2
系统缺失	19	0.9
合计	2064	100

5. 教师的学历结构

表46　被试教师初始学历及最后学历的类别

类别	初始学历		最后学历	
	频数	百分比（%）	频数	百分比（%）
师范类	1747	84.6	1773	85.9
非师范类	260	12.6	221	10.7
系统缺失	57	2.8	70	3.4
合计	2064	100	2064	100

表47　被试教师初始学历及最后学历的级别

级别	初始学历		最后学历	
	频数	百分比（%）	频数	百分比（%）
中等专科学校	947	45.9	103	5.0
高等专科学校	643	31.2	339	16.4
本科大学	394	19.1	1545	74.9
硕士研究生	4	0.2	9	0.4
博士研究生	—	—	1	0
系统缺失	76	3.7	67	3.2
合计	2064	100	2064	100

表48　被试教师的初始学历及最后学历是否符合法律规定

是否符合法律规定	初始学历		初始学历	
	频数	百分比（%）	频数	百分比（%）
低于规定	164	7.9	7	0.3
符合规定	1601	77.6	1175	56.9
高于规定	242	11.7	805	39.0
系统缺失	57	2.8	77	3.7
合计	2064	100	2064	100

表46至48展示的隆化县教师的学历结构。从最后学历的类别上看，仅有约10%属于非师范专业，90%的教师选择的都是师范类学校，这说明中小学教师基本上都立志投身于教育事业。从被试教师的初始学历上看，45.9%的教师的初始学历是中专或中师，但后期教师们的学历均有提升，91.3%的教师最后获得了大专或大学本科的学历，95.9%的教师的学历水平符合或者高于《中

华人民共和国教师法》规定的学历要求。值得一提的是，被试教师中有 9 名是硕士研究生学历，1 位是博士研究生学历，这体现了隆化县教师专业发展整体水平的提升。

6. 教师的学缘结构

表 49　被试教师的所教学科

学科	频数	百分比（%）
不教课	41	2.0
语数外	1033	50
史地政	159	7.7
理化生	141	6.8
音体美计	202	9.8
包班	174	8.4
其他	17	0.8
系统缺失	297	14.4
合计	2064	100

被试教师所教科学的内容涵盖了中小学各学科（见表49），50% 的教师教的是主要学科——语文、数学和英语，14.5% 的教师教的是政史地与理化生，9.8% 的教师教的是音体美计等"小三门"课程。从表 50 可以看出，"所教非所学"的现象在隆化县还是很普遍的，29.2% 的被试教师初始学历所学专业与其所教学科不一致，33.8% 的被试教师最后学历所学专业与其所教学科不一致。这是不利于区域教育均衡发展的一个因素，也是不利于教师专业发展的一个因素。

表 50　被试教师的学缘结构

所学专业与所教学科是否一致	初始学历		最后学历	
	频数	百分比（%）	频数	百分比（%）
是	1286	62.3	1153	55.9
否	603	29.2	697	33.8
系统缺失	175	8.5	214	10.4
合计	2064	100	2064	100

7. 教师的职称结构

2064 名被试教师中，239 名教师具有高级职称，1016 名教师具有中级职称，占据了被试教师总数的 60.8%，这表明了隆化县中小学教师的职称结构呈现"倒金字塔"型，这种职称结构不利于教师的专业发展。值得庆幸的是，与尚无教授职称的校长相比，隆化县已经有了 2 名相当于教授职称的教师，说明教师评聘问题上向教学一线倾斜的趋势，强有力地促进了教师的发展。

表 51 被试教师的职称结构

职称	频数	百分比（%）
无职称	227	11.0
小学三级	28	1.4
小学二级	67	3.2
小学一级	297	14.4
小学高级	483	23.4
中学三级	6	0.3
中学二级	149	7.2
中学一级	533	25.8
中学高级	237	11.5
相当于教授级	2	0.1
系统缺失	35	1.7
合计	2064	100

8. 教师的工作经历

表 52 被试教师来本校前是否在其他单位工作过

是否在其他单位工作过	频数	百分比（%）
是	1259	61.0
否	719	34.8
系统缺失	86	4.2
合计	2064	100

考察被试教师的工作经历，表 52 显示，61% 的教师都有在其他单位工作过的经验，来本校前，74.3% 的教师是在其他学校（公立学校和私立学校）工作过，3.8% 的教师在教育行政部门或者教育培训机构等与学校相关的单位工作过，这表明了教师的成长起点不是"零"。

表 53　被试教师来本校前的工作单位

工作单位	频数	百分比（%）
教育行政部门	57	2.8
公立学校	1480	71.7
私立学校	54	2.6
营利性教育培训机构	20	1.0
其他	51	2.5
系统缺失	402	19.5
合计	2064	100

被试教师到本学校工作的原因大致包括招聘、分配、交流或轮岗、调动、支教和特岗教师等几个途径（见表54）。

表 54　被试教师来本校工作的原因

原因	频数	百分比（%）
招聘	162	7.8
分配	460	22.3
交流或轮岗	10	0.5
调动	1041	50.4
支教	10	0.5
特岗教师	330	16.0
系统缺失	51	2.5
合计	2064	100

（二）教师的工作量

本研究从教师们每天花费在备课上的时间和每周课时数两个方面考察教师们的工作负担。中小学教师每天花费在备课上的时间，最多的是 8 小时，最少的是 0 小时，差距还是很大的。教师们每天花费在备课上的时间平均为 2.77 小时。

表 55　被试教师的每周课时数

周课时数	频数	百分比（%）
0 节	38	1.8
1~5 节	52	2.5
6~10 节	285	13.8
11~15 节	973	47.1
15~20 节	384	18.6
21~25 节	144	7.0
26~30 节	90	4.4
31~35 节	39	1.9
36~40 节	9	0.4
41 节以上	5	0.2
系统缺失	45	2.2
合计	2064	100

从表 55 中可以看出，中小学教师的每周课时数主要集中在 11~20 节，占被试总数的 47.1%，6.7% 的教师的每周课时数在 21 节以上，平均每天 4 节课以上。关于课时量大小问题，超过半数的教师认为自己的课时量在学校中属于平均数，自认为课时量差不多，可以接受。

表 56　被试教师周课时数的比较

周课时数比较	周课时数与本校其他教师相比		周课时数的个人感知	
	频数	百分比（%）	频数	百分比（%）
偏少	76	3.7	43	2.1
平均数	1081	52.4	1075	52.1
偏多	833	40.4	870	42.2
系统缺失	74	3.6	76	3.7
合计	2064	100	2064	100

(三) 教师的专业发展

1. 教师的优秀称号

表57 被试教师的优秀称号

优秀称号	频数	百分比 (%)
普通教师	899	43.6
校级骨干或优秀教师	153	7.4
县级骨干或优秀教师	797	38.6
市级骨干或优秀教师	68	3.3
省级骨干或优秀教师	16	0.8
国家级骨干或优秀教师	2	0.1
系统缺失	129	6.3
合计	2064	100

调查发现，在2064名被试教师中，超过半数的教师有荣誉称号，其中，国家级骨干或优秀教师2人，省级骨干或优秀教师16人，县级骨干或优秀教师797人，占被试教师总数的42.7%。

2. 教师的教学能力

表58 被试教师的教学能力

教师能力	个案数	极小值	极大值	均值	标准差	题项	每题平均分
教学能力	1969	3	110	90.35	13.63	22	4.11
教学准备	1964	3	20	16.73	2.75	4	4.18
课堂教学	1967	4	25	20.38	3.68	5	4.08
教学评价	1958	3	15	12.81	2.07	3	4.27
教学研究	1958	4	25	21.76	3.34	5	4.35
学校管理	1961	1	25	19.00	3.94	5	3.80
有效的个案数（列表状态）	1956						

本研究从教学准备、课堂教学、教学评价、教学研究和学校管理等5个维度分析被试教师的教学能力。表58表明，教学准备、课堂教学、教学评价、教学研究和学校管理等5个维度上的每题平均分分别为4.18、4.08、4.27、4.35和3.80，单个样本检验结果表明，5个维度的每

题平均分均高于理论平均分（3分）。5个维度中，被试教师能力最高的是"教学研究能力"，能力最低的是"学校管理能力"，5个维度反应的教师教学能力的每题平均分为4.11，单个样本检验结果也表明，其显著高于理论平均分（3分），说明隆化县中小学教师的教学能力是非常高的。

3. 教师的进修与培训

表59 被试教师是否参加过河北师范大学举办的培训项目

是否参加	置换培训		其他培训项目	
	频数	百分比（%）	频数	百分比（%）
是	210	10.2	562	27.2
否	1770	85.8	1408	68.2
系统缺失	84	4.1	94	4.6
合计	2064	100	2064	100

表59和表60展示的中小学教师专业发展的途径之一——培训状况。从表60可以看出，10.2%的教师参加过河北师范大学举办的置换培训（包括"国培"和"省培"），27.2%的教师参加过河北师范大学举办的其他培训项目；从表60可以看出，8.6%的教师参加过其他学校举办的置换培训（包括"国培"和"省培"），53.2%的教师参加过其他学校举办的其他培训项目。这两组数据表明，隆化县中小学教师的教师专业发展路径还是比较畅通的。

表60 被试教师是否参加过其他学校举办的培训项目

是否参加	置换培训		其他培训项目	
	频数	百分比（%）	频数	百分比（%）
是	178	8.6	1099	53.2
否	1784	86.4	869	42.1
系统缺失	102	4.9	96	4.7
合计	2064	100	2064	100

4. 教师的专业发展设计

问及是否有专业发展设计问题，52.8%的教师表示近3年内没有学历进修的打算，56%的教师表示近3年内没有脱产培训的打算，16.8%的教师没有考虑过学历进修问题，24%的教师没有考虑过脱产培训问题。这个数据与表51的内容相呼应，同样说明了目前教师激励的困难。

表 61　被试教师近 3 年内有无学历进修及脱产培训的打算

进修、培训打算	学历进修		脱产培训	
	频数	百分比（%）	频数	百分比（%）
有	568	27.5	344	16.7
无	1089	52.8	1156	56.0
没想过这个问题	347	16.8	496	24.0
系统缺失	60	2.9	68	3.3
合计	2064	100	2064	100

（四）教师的权利

教师的权利方面，本研究主要考察了教师的教学自主权。

教师的教学自主权包括课程自主权和一般自主权两个维度。从表 62 中可以看出，被试教师的课程自主权的每题平均分为 2.71，低于一般自主权的每题平均分 2.88；单个样本检验结果表明，被试教师的课程自主权和一般自主权的每题平均分均高于理论平均分（2.5 分），表明隆化县中小学教师充分地享有了课程自主权和一般自主权。总体上说，中小学教师的教学自主权每题平均分为 2.81，也非常显著高于理论平均分。

表 62　被试教师的教学自主权

维度	个案数	极小值	极大值	均值	标准差	题项	每题平均分
教学自主权	1970	3	76	53.44	7.84	19	2.81
课程自主权	1969	3	28	18.95	3.26	7	2.71
一般自主权	1968	3	48	34.53	5.51	12	2.88
有效的个案数（列表状态）	1967						

表 63 显示的是学校赋权于教师以提高教师效能的程度，主要包括参与决策、专业发展、地位、自我效能感和影响力等 5 个维度。教师赋权增能的每题平均分为 3.68，显著高于理论平均分 3 分，表明隆化县中小学教师的赋权增能程度还是很高的。在 5 个维度中，得分最高的是"专业发展"，每题平均分达 4.02 分，得分最低的是"参与决策"，每题平均分为 3.16。单个样本检验结果表明，5 个维度的每题平均分均显著高于理论平均分（3 分）。

表63　被试教师的赋权增能

维度	个案数	极小值	极大值	均值	标准差	题项	每题平均分
教师赋权增能	1987	4	170	125.09	24.74	34	3.68
参与决策	1981	2	50	31.63	8.59	10	3.16
专业发展	1953	3	30	24.11	4.36	6	4.02
地位	1984	4	30	24.64	4.32	6	4.11
自我效能感	1986	2	30	25.04	4.54	6	4.17
影响力	1983	4	30	20.26	5.13	6	3.38
有效的个案数（列表状态）	1953						

（五）教师对于学校发展的认知

表64　被试教师对于本学校管理情况的认知

维度	个案数	极小值	极大值	均值	标准差	题项	每题平均分
学校管理情况	1954	3	205	157.94	29.42	41	3.85
办学理念及贯彻	1946	3	15	12.10	2.75	3	4.03
发展规划制定与实施	1943	3	20	16.78	3.19	4	4.20
创新学生工作	1942	2	15	9.99	2.49	3	3.33
提升文化品位	1942	2	20	17.03	2.89	4	4.26
课程设置与开发	1946	1	10	7.14	1.89	2	3.57
指导教学实践与改革	1924	1	10	8.45	1.68	2	4.23
组织教育科研	1925	3	25	20.13	3.30	5	4.03
建设专业发展平台	1924	4	20	16.60	3.30	4	4.15
评价与激励教师	1920	2	10	7.81	1.98	2	3.91
民主决策与监督	1918	1	10	5.82	2.61	2	2.91
职责明确	1899	1	5	3.75	1.21	1	3.75
教学支持	1919	2	10	8.16	1.88	2	4.08
校园安全	1916	1	5	4.26	0.87	1	4.26

续表

维度	个案数	极小值	极大值	均值	标准差	题项	每题平均分
家校合作	1922	3	20	15.24	3.70	4	3.81
优化外部环境	1816	1	10	6.99	2.33	2	3.50
有效的个案数（列表状态）	1770						

被试教师对于学校发展的认识包括其对于学校管理情况的认知和对于校长领导力的判断两个方面。

学校管理情况，本研究是从办学理念及贯彻、发展规划制定与实施、创新学生工作、提升文化品位、课程设置与开发、指导教学实践与改革、组织教育科研、建设专业发展平台、评价与激励教师、民主决策与监督、职责明确、教学支持、校园安全、家校合作及优化外部环境等诸多要素的角度来考察的，参见表64。被试教师对于学校管理的总体情况的认知是非常好的，每题平均分达3.85，显著高于理论平均分（3分）。在诸多因素中，得分最高的是"提升文化品位"和"校园安全"两个维度，每题平均分为4.26，得分最低的是"民主决策与监督"，每题平均分为2.91；单个样本检验结果表明，这些因素的每题平均分也显著高于理论平均分（3分）。

表65 被试教师对于校长领导力的判断

维度	个案数	极小值	极大值	均值	标准差	题项	每题平均分
校长教学领导力	1774	2	250	208.16	40.85	50	4.16
理念与目标引领	1760	17	80	67.67	12.52	16	4.23
教师管理	1754	2	70	58.41	10.87	14	4.17
教学管理	1734	10	50	43.32	6.80	10	4.33
公共关系管理	1735	10	50	41.85	7.49	10	4.18
有效的个案数（列表状态）	1714						

表65表明了被试教师对本学校校长领导力的判断情况。校长教学领导力的总得分为208.16，每题平均分达4.16，显著高于理论平均分（3分），表明被试教师对于本学校校长的教学领导力还是比较认可的。具体考察校长教学领导力的4个维度"理念与目标引领""教师管理""教学管理"和"公共关系管理"，其中每题平均分得分最高的是"教学管理"（4.33分）、得分最低的是"教师管理"（4.17），4个维度的每题平均分均显著高于理论平均分（3分），表明被试教师认可本学校校长在这4个维度上的能力。

（六）河北师范大学对于隆化县教师人力资源发展的贡献

与校长人力资源发展状况分析一样，本研究也考察了河北师范大学对于隆化县教师人力资源发展的贡献。表66表明，40.2%的被试教师在河北师范大学及汇华学院学习过，这个比例高于校长的相应数值。表67表现的是被试教师在河北师范大学学习的性质，与校长的相应数值相比较，被试教师在河北师范大学学习的性质是丰富多彩的。

表66 被试教师是否在河北师范大学学习过

学习情况	频数	百分比（%）
在河北师范大学学习过	749	36.3
在河北师大汇华学院学习过	81	3.9
没有在河北师范大学学习过	1160	56.2
系统缺失	74	3.6
合计	2064	100

表67 被试教师在河北师大的学习性质

学习性质	频数	百分比（%）
全日制本科	133	6.4
全日制专科	44	2.1
全日制专升本	35	1.7
函授高中起点专科	125	6.1
函授高中起点本科	82	4.0
函授专科起点本科	596	28.9
专业学位硕士	1	0
全日制本科＋硕士	1	0
其他	29	1.4
系统缺失	1011	49.0
合计	2064	100

表59显示的是河北师范大学在隆化县中小学校教师的职后教育方面的贡献，仅有10.2%的教师参加过河北师范大学举办的置换培训（包括"国培"和"省培"），27.2%的教师参加过河北师范大学举办的其他培训项目。

五、隆化县中小学生的学习状况

表 68 显示的是被试学生的性别状况,从中可以看出,男女生的比例近似于 1∶1。4017 名被试中小学生中,仅 5.2% 的学生户籍不在本县,表明从县域的角度看,择校生的比例是非常低的(见表 69)。表 70 反映的是被试学生的户籍所属状况,大部分学生(81.5%)都属于农村户口。

表 68　被试学生的性别结构

性别	频数	百分比(%)
男	1934	48.1
女	2061	51.3
系统缺失	22	0.5
合计	4017	100

表 69　被试学生的户籍所在地

户籍所在地	频数	百分比(%)
在本县(市)	3371	83.9
不在本县(市)	210	5.2
不清楚	275	6.8
系统缺失	161	4.0
合计	4017	100

表 70　被试学生的户口类型

户口类型	频数	百分比(%)
城镇户口	391	9.7
农村户口	3274	81.5
不清楚	225	5.6
系统缺失	127	3.2
合计	4017	100

六、结语

（一）隆化县中小学校长人力资源发展状况

隆化县的中小学校大都属于相对扁平化的科层结构，属于正常的学校组织结构。但在隆化县的不同学校间，其经费配备的差异较大，要实现隆化县县域内教育均衡发展"任重而道远"。

按照国家规定，中小学校长必须同时具备教师资格证书和校长资格证书。隆化县中小学校长都具有国家规定的教师资格证书，但是 36.7% 的校长不具备校长资格证书。调查发现，隆化县中小学校长的领导力水平较高，同时也比较注重自身的专业发展，均有利于促进县域内教育的均衡发展。但校长性别、年龄、学缘结构不够合理，男性校长占绝大多数，年龄相对比较大，以及"所教非所学"的现象等均会影响教育的发展。

（二）隆化县中小学教师人力资源发展状况

隆化县中小学教师的年龄分布呈现"纺锤型"结构，大部分教师处于年富力强、经验丰富的教师专业发展阶段，这对于目前隆化县教育发展来说，是一个有力的促进因素。

通过调查发现，在被试教师的学历上，博士研究生学历1人，硕士研究生学历9人；在职称上，有2位相当于教授职称的教师；在荣誉称号上，获得县级以上荣誉称号的老师占被试教师总数的42.7%，这体现了隆化县教师整体水平的提升。但在隆化县，仍存在11.5%的代课教师，并且"所教非所学"的现象很普遍，这不利于区域教育均衡发展，同时也不利于教师的专业发展。

河北省深州市教师人力资源配置及专业发展的调查研究

江雪梅　石新妹

【提要】 教师是教育活动构成要素之一，教师人力资源的合理配置对教育教学的发展至关重要。本研究通过对深州市教师人力资源配置及其专业发展水平进行调查，了解深州市教育发展现状，为进一步促进深州市教育和学校发展提供参考。调查发现，深州市教师大多处于"成熟期"有利于教学水平的提升，但教师性别、年龄、职称结构不甚合理，存在"所教非所学"、科任教师兼任班主任等现象；在教师专业发展方面，教师教学专业能力较强，参加过各类教师培训的占比较大，但在专业发展计划方面，多数教师无明确规划；另外，初始学历、是否在编以及是否担任班主任对教师教学专业能力均有显著影响。

一、问题的提出

为了解深州市教育发展现状、进一步促进深州市的教育发展与学校发展，本研究基于先期的文献研究与理论梳理，并结合深州市教育文件数据，修订了"中小学教师人力资源发展状况调查问卷"，并于2018年1月选取深州市中小学校教师作为研究对象，实施问卷调查。回收有效问卷1608份，通过数据处理，分析深州市教师人力资源和专业发展现状。

（一）数据整理

本次问卷调查使用问卷星电子问卷，在收集问卷数据之后，直接导出数据资料。为了保证每个数据都有据可查，且便于后期的检查分析，首先对原始数据进行备份，接着对数据资料进行清洗，包括删除无效变量、无效信息缺失处理等等。

（二）数据分析

数据清洗完毕后，研究者对数据进行了深入分析，使用SPSS19.0统计分析软件，采用描述统计、差异检验、相关分析等统计方法，得出相应信息及结论，对深州市教师人力资源配置和专业发展水平有了初步了解。

二、深州市教师人力资源配置状况

(一) 被试教师的分布情况

1. 被试教师的乡镇分布状况

本研究选取的1608位教师分布于深州市19个县镇区,具体比例如表1所示。

表1 被试教师所在乡镇分布表

乡镇	频数	百分比(%)
唐奉镇	56	3.5
高古庄镇	38	2.4
深州镇(包括市直属学校)	442	27.5
辰时镇	100	6.2
榆科镇	104	6.5
魏桥镇	84	5.2
大堤镇	61	3.8
前磨头镇	96	6.0
王家井镇	114	7.1
护驾迟镇	43	2.7
大屯镇	50	3.1
兵曹乡	14	0.9
穆村乡	59	3.7
东安庄乡	75	4.7
北溪村乡	46	2.9
大冯营乡	102	6.3
乔屯乡	81	5.0
双井经济开发区	22	1.4
深州经济开发区	19	1.2
系统缺失	2	0.1
合计	1608	100

2. 被试教师所在学校的性质

表 2　被试教师所在学校的性质

学校性质	频数	百分比（%）
公立学校	1459	90.7
私立学校	147	9.1
系统缺失	2	0.1
合计	1608	100

如表 2 所示，90.7% 的被试教师来自公立学校，只有 9.1% 的被试教师来自民办学校。

（二）教师的资格

表 3　被试教师的教师资格

是否拥有教师资格证书	频数	百分比（%）
有	1567	97.5
无	39	2.4
系统缺失	2	0.1
合计	1608	100

教师资格证是做一名教师必备的资格。表 3 显示，1608 位被试教师中绝大多数都具有规定的教师资格证书，占被试教师总数的 97.5%，其教师资格证的级别和类别如表 4 所示。99.3% 的被试教师的教师资格证属于普通教育系列，但是仍然有 11 位教师（占 0.7%）的教师资格证属于职业教育系列。关于教师资格证的学科，除了 171 位教师未填之外，其他被试教师的教师资格证学科涵盖了中小学的所有学科，其中 4 位教师的教师资格证学科是学前教育（见表 5）。

表 4　被试教师教师资格证级别

教师资格证的级别	频数	百分比（%）
幼儿园	10	0.6
小学	966	60.1
初中	467	29.0
高中	113	7.0
中等专业学校	8	0.5
中等职业学校	3	0.2
系统缺失	41	2.5
合计	1608	100

表 5　被试教师的教师资格证学科

教师资格证学科	频数	百分比（%）
地理	8	0.5
化学	33	2.1
计算机与信息技术	16	1.0
历史	20	1.2
美术	10	0.6
生物	16	1.0
数学	513	31.9
体育	26	1.6
物理	38	2.4
音乐	9	0.6
英语	144	9.0
幼儿园	4	0.2
语文	552	34.3
政治	44	2.7
自然	4	0.2
系统缺失	171	10.6
合计	1608	100

（三）教师的性别结构

表 6 显示的是深州市中小学教师的性别结构，其中女性教师占据了大多数，约 83.2%，男性教师占 16.7%，相对来说，这个比例是不合理的。

表 6　被试教师的性别结构表

性别	频数	百分比（%）
男性	268	16.7
女性	1338	83.2
系统缺失	2	0.1
合计	1608	100

（四）教师的年龄结构与教龄结构

截至 2018 年，深州市中小学教师的平均年龄为 42.95 岁（标准差 7.172），年龄最长的 61 岁，最小的 23 岁；平均教龄 22.32 年（标准差 8.146），教龄最长的 45 年，最短的 1 年（见表 7）。从年龄结构上说，深州市中小学教师的年龄聚集在 36~45 岁，占比达 48.9%，还有 36.9% 的教师处于 46~55 岁（见表 8）。这表明，在深州市中小学中，近 86% 的教师是教育教学经验丰富的"老教师"，这对于目前深州市教育发展来说，是一个有力的促进因素。但是，换一个角度考虑，超过三分之一的教师年龄大于 45 岁，这意味着，近 10 年内约有三分之一的教师面临退休问题。这一点从表 9 被试教师的工龄与教龄结构中也可以得到印证。

表 7 被试教师年龄、工龄、教龄、校龄表

维度	个案数	极小值	极大值	均值	标准差
年龄	1600	23	61	42.95	7.172
工龄	1603	1	46	22.29	8.094
教龄	1602	1	45	22.32	8.146
校龄	1594	1	41	9.63	8.007
有效个案数（列表状态）	1493				

表 8 被试教师年龄结构

年龄	频数	百分比（%）
25 岁以下	23	1.4
26~35 岁	177	11.0
36~45 岁	786	48.9
46~55 岁	593	36.9
56 岁以上	21	1.3
系统缺失	8	0.5
合计	1608	100

表9 被试教师工龄结构与教龄结构

年限	工龄结构		教龄结构	
	频数	百分比（%）	频数	百分比（%）
0~3年	36	2.2	42	2.6
4~6年	73	4.5	67	4.2
7~10年	52	3.2	51	3.2
11~15年	88	5.5	88	5.5
16~20年	333	20.7	333	20.7
21~25年	413	25.7	410	25.5
26~30年	372	23.1	371	23.1
31年以上	236	14.7	240	14.9
系统缺失	5	0.3	6	0.4
合计	1608	100	1608	100

表10显示的是被试教师在当前学校工作的年限，即校龄。

表10 被试教师校龄结构

年限	频数	百分比（%）
0~5年	639	39.7
6~10年	375	23.3
11~15年	223	13.9
16~20年	164	10.2
21~25年	98	6.1
26~30年	62	3.9
31年以上	33	2.1
系统缺失	14	0.9
合计	1608	100

（五）教师的学历结构

表 11　被试教师初始学历与最后学历的类别比较表

类别	初始学历类别		最后学历类别	
	频数	百分比（%）	频数	百分比（%）
师范类	1445	89.9	1508	93.8
非师范类	161	10.0	98	6.1
系统缺失	2	0.1	2	0.1
合计	1608	100	1608	100

表 12　被试教师初始学历与最后学历的级别比较表

级别	初始学历级别		最后学历级别	
	频数	百分比（%）	频数	百分比（%）
中专	1152	71.6	91	5.7
大专	344	21.4	844	52.5
本科	109	6.8	668	41.5
研究生	1	0.1	3	0.2
系统缺失	2	0.1	2	0.1
合计	1608	100	1608	100

表 13　被试教师初始学历与最后学历的达标程度比较表

学历是否符合相关法律规定	初始学历		最后学历	
	频数	百分比（%）	频数	百分比（%）
低于规定	70	4.4	9	0.6
符合规定	1469	91.4	998	62.1
高于规定	67	4.2	599	37.3
系统缺失	2	0.1	2	0.1
合计	1608	100	1608	100

表 11—13 展示的深州市中小学教师的学历结构。从初始学历的类别上看，仅有约 10% 属于"非师范专业"，90% 的教师都是毕业于师范类学校，最后学历上，"师范专业"所占比例上升到 93.8%。

在被试教师初始学历的级别上，71.6% 的教师的初始学历是中专或中师学历，仅有 28.3%

的教师有大专及以上学历；但后期教师们均有学历提升的过程，94.2%的教师获得了大专或大学本科的最后学历，99.4%的教师学历水平符合或者高于《中华人民共和国教师法》规定的学历要求。值得一提的是，被试教师中，有3位是硕士研究生学历，这体现了深州市教师专业发展整体水平的提升。

（六）教师的学缘结构

表 14 被试教师所教学科

学科	频数	百分比（%）
不教课	31	1.9
语数外	733	45.6
史地政	69	4.3
理化生	57	3.5
音体美计	95	5.9
包班	426	26.5
其他	195	12.1
系统缺失	2	0.1
合计	1608	100

被试教师所教科学的内容涵盖了中小学各学科（见表14），45.6%的教师教的是主要学科——语文、数学和英语，7.8%的教师教的是政史地与理化生，5.9%的教师教的是音体美计等"小三门"课程。从表15可以看出，"所教非所学"的现象在深州市中小学校中还是很普遍的，21%的被试教师的初始学历所学专业与其所教学科不一致，27.3%的被试教师的最后学历所学专业与其所教学科不一致，加上26.5%的包班老师，这都是不利于区域教育均衡发展的因素，也是不利于教师专业发展的影响因素。

表 15 被试教师的学缘结构

所学专业与所教学科是否一致	初始学历		最后学历	
	频数	百分比（%）	频数	百分比（%）
是	1194	74.3	1098	68.3
否	337	21.0	439	27.3
系统缺失	77	4.8	71	4.4
合计	1608	100	1608	100

（七）教师的职称结构

表16 被试教师的职称结构

职称	频数	百分比（%）
无职称	99	6.2
初级职称	774	48.1
中级职称	639	39.7
高级职称	94	5.8
系统缺失	2	0.1
合计	1608	100

1608名被试教师中，94名教师具有高级职称，占被试教师总数的5.8%，639名教师具有中级职称，占据了被试教师总数的39.7%，初级职称教师774名，占48.1%，这表明了，深州市中小学教师的职称结构呈现上小下大的"金字塔"型，从职称结构本身来说，还是比较合理的。但是，结合表8、表9显示的深州市中小学教师的年龄偏大与教龄偏长来看，这种职称结构又是不甚合理的，说明教师长期工作却没有得到职称上的激励，一定程度上会导致教师的学校归属感、工作满意度降低。

三、深州市中小学教师的工作强度

本研究从教师们每天花费在备课上的时间和每周课时数两个方面考察教师们的工作负担。

表17 周课时数及每天备课时间表

教师工作量	个案数	极小值	极大值	均值	标准差
周课时数（不包含自习课）	1526	1	49	20.28	9.117
平均每天备课时间	1587	1	8	2.71	1.2

表17显示的是深州市中小学教师的周课时数和每天花费在备课上的时间。周课时数最大值为49，最小值1，平均数20.28，表明一周课时量最大的教师要上49节课，一周课时量最小的教师仅上1节课，全市中小学教师平均周课时量为20节，平均每天4节课。每天花费在备课的时间上，最大值为8，最小值为1，这表明教师们每天花费在备课上的时间，最多的是8小时，最少的是1小时，差距还是很大的。教师们每天花费在备课上的时间平均为2.71个小时。表18是关于课时量的问题，近半数的教师认为自己的课时量在学校中属于平均数（48%），自认为课时量差不多（46.7%），可以接受。

表 18　被试教师周课时数多寡的比较表

周课时数比较	与其他教师相比较		自我认知	
	频数	百分比（%）	频数	百分比（%）
偏少	103	6.4	35	2.2
平均数	772	48.0	751	46.7
偏多	650	40.4	734	45.6
系统缺失	83	5.2	88	5.5
合计	1608	100	1608	100

表 19　被试教师是否担任班主任情况表

是否担任班主任	频数	百分比（%）
是	891	55.4
否	715	44.5
系统缺失	2	0.1
合计	1608	100

表 19 展示的是被试教师担任班主任的情况。数据表明，在深州市超过半数的教师目前都是班主任，除了教学任务之外，还要承担班级管理的职责。

四、深州市中小学教师的专业发展

（一）教师的荣誉称号

表 20　被试教师的荣誉称号

荣誉称号	频数	百分比（%）
普通教师	1369	85.1
校级骨干或优秀教师	156	9.7
县级骨干或优秀教师	41	2.5
市级骨干或优秀教师	30	1.9
省级骨干或优秀教师	7	0.4
国家级骨干或优秀教师	3	0.2
系统缺失	2	0.1
合计	1608	100

调查发现，在1608名被试教师中，超过半数的教师有荣誉称号，其中，国家级骨干教师或优秀教师3人，省级骨干教师或优秀教师7人，市级骨干教师或优秀教师30人，县级骨干教师或优秀教师41人，占被试教师总数的2.5%。

（二）教师的教学能力

表21　被试教师教学专业能力描述

教师能力	极小值	极大值	均值	标准差	题数	每题平均数
教学专业能力	41	110	90.39	10.49	22	4.11
教学准备	6	20	16.51	2.13	4	4.13
课堂教学	12	25	20.58	2.70	5	4.12
教学评价	3	15	12.51	1.63	3	4.17
教学研究	5	25	21.12	2.69	5	4.22
学校管理	8	25	19.67	3.04	5	3.93
有效个案数（列表状态）			1606			

本研究从教学准备、课堂教学、教学评价、教学研究和学校管理等5个维度分析被试教师的教学专业能力。表21表明，教学准备、课堂教学、教学评价、教学研究和学校管理等5个维度上的每题平均分分别为4.13、4.12、4.17、4.22和3.93，单个样本检验结果表明，5个维度的每题平均分均高于理论平均分（3分）。5个维度中，被试教师能力最高的是"教学研究能力"，能力最低的是"学校管理能力"。5个维度反映深州市中小学教师教学专业能力的每题平均分为4.11，单个样本检验结果也表明，其显著高于理论平均分（3分），说明深州市中小学教师的教学专业能力还是非常高的。

（三）教师的在职培训

表22展示的是中小学教师专业发展的途径之一——培训状况。从表22中可以看出，33.8%的教师参加过河北师范大学举办的培训项目，67%的教师参加过其他学校举办的培训项目。这表明，深州市中小学教师的教师专业发展路径还是比较畅通的。

表22　被试教师参加过的培训项目

是否参加过培训	河北师范大学举办的培训项目		其他学校举办的培训项目	
	频数	百分比（%）	频数	百分比（%）
是	544	33.8	1077	67.0
否	1062	66.0	529	32.9
系统缺失	2	0.1	2	0.1
合计	1608	100	1608	100

（四）教师的专业发展规划

问及是否有专业发展设计问题，61.6% 的教师表示近 3 年内没有学历进修的打算，62.9% 的教师表示近 3 年内没有脱产培训的打算，16% 的教师没有考虑过学历进修问题，22.8% 的教师没有考虑过脱产培训问题。这个数据与表 16 的内容相呼应，同样说明了目前教师缺乏激励动力。

表 23　近 3 年内有无学历进修与脱产培训计划

进修、培训打算	学历进修		脱产培训	
	频数	百分比（%）	频数	百分比（%）
有	358	22.3	227	14.1
无	990	61.6	1012	62.9
没想过这个问题	258	16.0	367	22.8
系统缺失	2	0.1	2	0.1
合计	1608	100	1608	100

五、深州市中小学教师教学专业能力的影响因素

本研究首先考察了中小学教师教学专业能力与其 5 个子维度之间的关系，结果如表 24 所示。皮尔逊相关系数表明，教学专业能力与其 5 个子维度之间呈现非常显著的高度正相关，即是说，随着教学专业能力的提升，其 5 个子维度也是逐步上升的，且上升的幅度非常大，反之亦然；教学准备、课堂教学、教学评价、教学研究和学校管理 5 个子维度之间，除教学评价与教学研究呈现非常显著的高度正相关之外，其他各子维度两两之间呈现非常显著的中度正相关。也就是说，对于深州市中小学教师来说，提升他们的教学准备能力、课堂教学能力、教学评价能力、教学研究能力和学校管理能力中的任何一种，都可以促使其他 4 种能力的提升，也可以促使教学专业能力的整体提升。

表 24　教学专业能力及其子维度之间的皮尔逊相关系数表

维度	相关性	教学专业能力	教学准备	课堂教学	教学评价	教学研究	学校管理
教学专业能力	Pearson 相关性	1					
	显著性（双侧）						
	个案数	1606					
教学准备	Pearson 相关性	0.862**	1				
	显著性（双侧）	0					
	个案数	1606	1606				

续表

维度	相关性	教学专业能力	教学准备	课堂教学	教学评价	教学研究	学校管理
课堂教学	Pearson 相关性	0.870**	0.753**	1			
	显著性（双侧）	0	0				
	个案数	1606	1606	1606			
教学评价	Pearson 相关性	0.853**	0.683**	0.646**	1		
	显著性（双侧）	0	0	0			
	个案数	1606	1606	1606	1606		
教学研究	Pearson 相关性	0.877**	0.687**	0.662**	0.838**	1	
	显著性（双侧）	0	0	0	0		
	个案数	1606	1606	1606	1606	1606	
学校管理	Pearson 相关性	0.841**	0.631**	0.655**	0.613**	0.622**	1
	显著性（双侧）	0	0	0	0	0	
	个案数	1606	1606	1606	1606	1606	1606

注：** 代表相关系数在 0.01 水平（双侧）上显著。

（一）年龄与教龄对教学专业能力的影响

表 25　年龄、教龄与教学专业能力皮尔逊相关系数表

维度	相关性	教学专业能力	教学准备	教学研究	学校管理
年龄（岁）	Pearson 相关性		0.054*		
	显著性（双侧）		0.03		
	个案数		1600		
教龄（年）	Pearson 相关性	0.053*	0.052*	0.051*	0.054*
	显著性（双侧）	0.035	0.038	0.042	0.032
	个案数	1602	1602	1602	1602

注：* 代表相关系数在 0.05 水平（双侧）上显著。

如表 25 所示，中小学教师的年龄与教龄可以对其教学专业能力及教学准备能力、教学研究能力和学校管理能力产生影响，也就是说，随着中小学教师年龄的增长、教龄的延长，其教学专业能力及教学准备能力、教学研究能力和学校管理能力也是逐渐增长的，不过，增长的幅度不是很大。

（二）学校性质对教学专业能力的影响

表26 学校性质与教师专业能力独立样本T检验表

维度	方差齐性	方差方程的Levene检验		均值方程的t检验						
		F	Sig.	t	df	Sig.（双侧）	均值差值	标准误差值	差分的95%置信区间	
									下限	上限
教学专业能力	假设方差相等	0.245	0.621	-3.78	1604	0	-3.41709	0.90407	-5.19037	-1.64381
教学准备	假设方差相等	0.084	0.772	-3.565	1604	0	-0.65442	0.18359	-1.01453	-0.29432
课堂教学	假设方差相等	0.075	0.784	-3.925	1604	0	-0.91394	0.23285	-1.37067	-0.45721
教学评价	假设方差相等	0.249	0.618	-3.048	1604	0.002	-0.42983	0.141	-0.7064	-0.15326
教学研究	假设方差相等	0.002	0.967	-2.889	1604	0.004	-0.67032	0.23203	-1.12543	-0.21521
学校管理	假设方差不相等	1.391	0.238	-3.007	181.083	0.003	-0.74858	0.24892	-1.23975	-0.25742

本研究中，学校性质指的是学校属于公立学校、还是属于私立学校。如表26所示，公立中小学教师的教学专业能力及教学准备能力、课堂教学能力、教学评价能力、教学研究能力和学校管理能力均低于私立中小学教师的教学专业能力及其他5种能力。

（三）教师资格证级别对教学专业能力的影响

表27 教师资格证级别与教学专业能力之学校管理单因素方差分析表

方差来源	平方和	df	均方	F	显著性
组间	188.29	5	37.658	4.126	0.001
组内	14247.621	1561	9.127		
总数	14435.912	1566			

表 28 教师资格证级别与教学专业能力之学校管理事后多重比较(Scheffe)表

(I) 教师资格证级别	(J) 教师资格证级别	均值差 (I-J)	标准误	显著性	95% 置信区间	
					下限	上限
小学	高中	1.14173*	0.3037	0.013	0.141	2.1424
高中	小学	-1.14173*	0.3037	0.013	-2.1424	-0.141

注:*代表均值差的显著性水平为0.05。

中小学教师拥有不同级别的资格证,其在教学专业能力上的表现也不相同。比较明显的结论是,拥有小学教师资格证的老师其学校管理能力高于拥有高中教师资格证的老师,如表27、表28。

(四)性别对教学专业能力的影响

表 29 性别与教学专业能力独立样本 T 检验

维度	方差齐性	方差方程的 Levene 检验			均值方程的 t 检验					
		F	Sig.	t	df	Sig.(双侧)	均值差值	标准误差值	差分的95%置信区间	
									下限	上限
教学专业能力	假设方差相等	0	0.993	-2.897	1604	0.004	-2.02945	0.70046	-3.40337	-0.65553
教学准备	假设方差相等	0.038	0.845	-2.925	1604	0.003	-0.4158	0.14217	-0.69465	-0.13694
教学评价	假设方差不相等	1.433	0.231	-3.178	369.944	0.002	-0.35831	0.11275	-0.58002	-0.1366
教学研究	假设方差不相等	3.884	0.049	-3.07	373.395	0.002	-0.56375	0.18362	-0.92481	-0.2027
学校管理	假设方差相等	0.248	0.618	-0.831	1604	0.406	-0.16895	0.20325	-0.56761	0.22971

从性别上说,男性教师的教学专业能力及教学准备能力、课堂教学能力、教学评价能力、教学研究能力非常显著地低于女性教师的这些能力,男性教师的学校管理能力显著低于女性教师的学校管理能力。

(五)学历对教学专业能力的影响

本研究使用单因素方差分析的方法比较学历对于深州市中小学教师的教学专业能力的影响。考虑到概率,本研究在做单因素方差分析时,将"硕士研究生"并入"本科大学"中,故而,学历最终分为3类:中等专科学校、高等专科学校、本科大学及以上。

表30 初始学历级别与教学专业能力单因素方差分析表

维度	方差来源	平方和	df	均方	F	显著性
教学专业能力	组间	1392.143	2	696.072	6.367	0.002
	组内	175246.721	1603	109.324		
	总数	176638.864	1605			
教学准备	组间	51.602	2	25.801	5.724	0.003
	组内	7225.569	1603	4.508		
	总数	7277.171	1605			
课堂教学	组间	101.134	2	50.567	6.973	0.001
	组内	11624.849	1603	7.252		
	总数	11725.983	1605			
教学评价	组间	19.663	2	9.832	3.696	0.025
	组内	4263.747	1603	2.66		
	总数	4283.41	1605			
教学研究	组间	57.19	2	28.595	3.974	0.019
	组内	11535.095	1603	7.196		
	总数	11592.285	1605			
学校管理	组间	96.631	2	48.315	5.267	0.005
	组内	14704.147	1603	9.173		
	总数	14800.778	1605			

表 31 初始学历级别与教学专业能力事后多重比较（Scheffe）表

因变量	(I) 初始学历级别	(J) 初始学历级别	均值差 (I-J)	标准误	显著性	95% 置信区间 下限	95% 置信区间 上限
教学专业能力	中等专科学校	大学本科及以上	3.65268*	1.04343	0.002	1.0962	6.2091
	高等专科学校	大学本科及以上	3.77474*	1.14528	0.004	0.9688	6.5807
	大学本科及以上	中等专科学校	-3.65268*	1.04343	0.002	-6.2091	-1.0962
		高等专科学校	-3.77474*	1.14528	0.004	-6.5807	-0.9688
教学准备	中等专科学校	大学本科及以上	0.68063*	0.21187	0.006	0.1615	1.1997
	高等专科学校	大学本科及以上	0.75846*	0.23255	0.005	0.1887	1.3282
	大学本科及以上	中等专科学校	-0.68063*	0.21187	0.006	-1.1997	-0.1615
		高等专科学校	-0.75846*	0.23255	0.005	-1.3282	-0.1887
课堂教学	中等专科学校	大学本科及以上	0.85391*	0.26874	0.007	0.1955	1.5123
	高等专科学校	大学本科及以上	1.10085*	0.29497	0.001	0.3782	1.8235
	大学本科及以上	中等专科学校	-0.85391*	0.26874	0.007	-1.5123	-0.1955
		高等专科学校	-1.10085*	0.29497	0.001	-1.8235	-0.3782
教学评价	中等专科学校	大学本科及以上	0.44080*	0.16276	0.026	0.042	0.8396
	大学本科及以上	中等专科学校	-0.44080*	0.16276	0.026	-0.8396	-0.042
教学研究	中等专科学校	大学本科及以上	0.73071*	0.2677	0.024	0.0748	1.3866
	高等专科学校	大学本科及以上	0.78203*	0.29383	0.029	0.0621	1.5019
	大学本科及以上	中等专科学校	-0.73071*	0.2677	0.024	-1.3866	-0.0748
		高等专科学校	-0.78203*	0.29383	0.029	-1.5019	-0.0621
学校管理	中等专科学校	大学本科及以上	0.94662*	0.3225	0.008	0.2061	1.6871
	大学本科及以上	中等专科学校	-0.94662*	0.3225	0.008	-1.6871	-0.2061

注：*代表均值差的显著性水平为 0.05。

初始学历对于深州市中小学教师教学专业能力的影响比较大，在教学专业能力及其 5 个子维度上都有所体现，总体来说，大学本科及以上学历的教师，其教学专业能力及教学准备能力、课堂教学能力和教学研究能力均低于中专毕业和大专毕业的教师，其教学评价能力和学校管理能力低于中专毕业的教师。

表32 最后学历级别与教学专业能力单因素方差分析表

维度	方差来源	平方和	df	均方	F	显著性
教学专业能力	组间	784.772	2	392.386	3.577	0.028
	组内	175854.092	1603	109.703		
	总数	176638.864	1605			
教学准备	组间	27.746	2	13.873	3.068	0.047
	组内	7249.425	1603	4.522		
	总数	7277.171	1605			
学校管理	组间	175.13	2	87.565	9.597	0
	组内	14625.648	1603	9.124		
	总数	14800.778	1605			

表33 最后学历级别与教学专业能力事后多重比较（Scheffe）表

因变量	(I) 最后学历级别	(J) 最后学历级别	均值差 (I–J)	标准误	显著性	95% 置信区间 下限	95% 置信区间 上限
教学专业能力	高等专科学校	大学本科及以上	1.40375*	0.54173	0.035	0.0765	2.731
	大学本科及以上	高等专科学校	-1.40375*	0.54173	0.035	-2.731	-0.0765
学校管理	高等专科学校	大学本科及以上	0.67304*	0.15623	0	0.2903	1.0558
	大学本科及以上	高等专科学校	-0.67304*	0.15623	0	-1.0558	-0.2903

注：*代表均值差的显著性水平为0.05。

相对于初始学历的影响，深州市中小学教师的最后学历级别对于教学专业能力的影响就小了很多。表32、表33表明，最后学历的影响仅仅体现在教学专业能力和学校管理能力两个指标上。具体说来，拥有大学本科及以上学历的教师，其教学专业能力和学校管理能力显著低于大专毕业的教师。

（六）学缘对教学专业能力的影响

所教学科与所学专业的一致性程度，称之为学缘。学缘对于教学专业能力的影响也是非常显著的。如表 34 所示，初始学历与所教学科的一致性程度影响到深州市中小学教师的教学准备能力，显然，初始学历与所教学科一致的教师，其教学准备能力显著高于初始学历与所教学科不一致的教师。表 35 显示的最后学历的学缘结构对于教学专业能力及其 5 个子维度的影响作用，最后学历与所教学科一致的教师，其教学专业能力及教学准备能力、课堂教学能力、教学评价能力和学校管理能力显著高于最后学历与所教学科不一致的教师。

表 34 初始学历与所教学科及致性与教学专业能力之教学准备独立样本 T 检验

维度	方差齐性	方差方程的 Levene 检验		均值方程的 t 检验					差分的 95% 置信区间	
		F	Sig.	t	df	Sig.（双侧）	均值差值	标准误差值	下限	上限
教学准备	假设方差不相等	2.011	0.156	2.132	532.168	0.033	0.28374	0.13309	0.02228	0.54519

表 35 最后学历与所教学科及致性与教学专业能力独立样本 T 检验

维度	方差齐性	方差方程的 Levene 检验		均值方程的 t 检验					差分的 95% 置信区间	
		F	Sig.	t	df	Sig.（双侧）	均值差值	标准误差值	下限	上限
教学专业能力	假设方差不相等	5.447	0.02	3.026	843.125	0.003	1.75225	0.57914	0.61552	2.88898
教学准备	假设方差不相等	3.357	0.067	3.533	809.847	0	0.42341	0.11985	0.18815	0.65866
课堂教学	假设方差不相等	4.48	0.034	2.271	856.825	0.023	0.33774	0.14869	0.04591	0.62957
教学评价	假设方差不相等	1.375	0.241	2.06	809.899	0.04	0.18927	0.09186	0.00896	0.36958
学校管理	假设方差不相等	0.518	0.472	3.143	837.19	0.002	0.52858	0.16815	0.19853	0.85863

（七）编制对教学专业能力的影响

表 36　编制与教学专业能力独立样本 T 检验

维度	方差齐性	方差方程的 Levene 检验				均值方程的 t 检验				差分的 95% 置信区间	
		F	Sig.	t	df	Sig.（双侧）	均值差值	标准误差值		下限	上限
教学专业能力	假设方差相等	0.271	0.603	-3.443	1604	0.001	-3.12466	0.90753		-4.90473	-1.34458
教学准备	假设方差相等	0.037	0.848	-3.144	1604	0.002	-0.57945	0.18432		-0.94098	-0.21792
课堂教学	假设方差相等	0.085	0.771	-3.598	1604	0	-0.8411	0.23375		-1.29958	-0.38261
教学评价	假设方差相等	0.043	0.835	-2.55	1604	0.011	-0.36096	0.14156		-0.63862	-0.0833
教学研究	假设方差相等	0.016	0.899	-2.317	1604	0.021	-0.53973	0.23296		-0.99666	-0.08279
学校管理	假设方差不相等	1.626	0.202	-3.223	179.679	0.002	-0.80342	0.24928		-1.29531	-0.31154

表 36 展示的是编制对于深州市中小学教师教学专业能力的影响：有编制的教师其教学专业能力及教学准备能力、课堂教学能力、教学评价能力、教学研究能力和学校管理能力均显著低于无编制的教师。

（八）工作强度对教学专业能力的影响

表 37　周课时数多寡的个人认知与教学专业能力之教学评价单因素方差分析表

方差来源	平方和	df	均方	F	显著性
组间	26.711	2	13.355	5.081	0.006
组内	3987.247	1517	2.628		
总数	4013.958	1519			

表 38　周课时数多寡的个人认知与教学专业能力之教学评价事后多重比较（Scheffe）表

(I) 周课时数个人认知	(J) 周课时数个人认知	均值差 (I-J)	标准误	显著性	95% 置信区间	
					下限	上限
平均数	偏多	-0.25093*	0.08415	0.012	-0.4571	-0.0448
偏多	平均数	0.25093*	0.08415	0.012	0.0448	0.4571

注：*代表均值差的显著性水平为 0.05。

对于自己周课时数的认知，会影响到深州市中小学教师的教学评价能力，认为自己周课时偏多的教师，其教学评价能力显著低于认为自己仅达到学校平均数的教师。

表 39　班主任与教学专业能力独立样本 T 检验表

维度	方差齐性	F	Sig.	t	df	Sig.（双侧）	均值差值	标准误差值	差分的 95% 置信区间	
									下限	上限
教学专业能力	假设方差不相等	1.651	0.199	4.183	1536.189	0	2.18938	0.52344	1.16265	3.21611
教学准备	假设方差不相等	1.85	0.174	3.551	1541.788	0	0.37748	0.1063	0.16898	0.58599
课堂教学	假设方差不相等	5.074	0.024	4.108	1554.222	0	0.55221	0.13444	0.28851	0.8159
教学评价	假设方差不相等	4.112	0.043	3.701	1534.405	0	0.3212	0.08163	0.14199	0.46224
教学研究	假设方差相等	3.713	0.054	3.299	1604	0.001	0.44377	0.13452	0.17991	0.70763
学校管理	假设方差相等	0.313	0.576	3.381	1604	0.001	0.5138	0.15198	0.21571	0.8119

现任班主任的教学专业能力及教学准备能力、课堂教学能力、教学评价能力、教学研究能力和学校管理能力显著高于非班主任的这些能力。

（九）专业发展状况对教学专业能力的影响

表 40　参加过培训项目与教学专业能力独立样本 T 检验

维度	方差齐性	方差方程的 Levene 检验			均值方程的 t 检验				
		F	Sig.	t	df	Sig.（双侧）	均值差值	标准误差值	差分的 95% 置信区间	
									下限	上限
教学专业能力	假设方差相等	0.403	0.526	3.476	1604	0.001	1.92956	0.55507	0.84082	3.0183

续表

维度	方差齐性	方差方程的 Levene 检验				均值方程的 t 检验				
		F	Sig.	t	df	Sig.（双侧）	均值差值	标准误差值	差分的 95% 置信区间	
									下限	上限
课堂教学	假设方差不相等	0.757	0.385	2.784	1014.81	0.005	0.40393	0.14507	0.11926	0.68861
教学评价	假设方差相等	0.217	0.641	2.979	1604	0.003	0.25779	0.08652	0.08808	0.4275
教学研究	假设方差不相等	2.446	0.118	3.019	1040.929	0.003	0.43104	0.14279	0.15086	0.71123
学校管理	假设方差相等	0.406	0.524	3.877	1604	0	0.62234	0.16053	0.3747	0.93721

是否参加过培训也是影响深州市中小学教师教学专业能力的一个影响。参加过培训的教师，其教学专业能力及课堂教学能力、教学评价能力、教学研究能力和学校管理能力显著高于没有参加过培训的教师，如表 40 所示。

表 41 近 3 年学历进修计划与教学专业能力单因素方差分析表

维度	方差来源	平方和	df	均方	F	显著性
教学专业能力	组间	1089.571	2	544.786	4.975	0.007
	组内	175549.293	1603	109.513		
	总数	176638.864	1605			
教学准备	组间	38.321	2	19.161	4.243	0.015
	组内	7238.85	1603	4.516		
	总数	7277.171	1605			
教学评价	组间	26.001	2	13	4.895	0.008
	组内	4257.41	1603	2.656		
	总数	4283.41	1605			
学校管理	组间	92.324	2	46.162	5.031	0.007
	组内	14708.454	1603	9.176		
	总数	14800.778	1605			

表42 近3年学历进修计划与教学专业能力事后多重比较（Scheffe）表

因变量	(I)学历进修计划	(J)学历进修计划	均值差(I-J)	标准误	显著性	95%置信区间 下限	95%置信区间 上限
教学专业能力	有	无	2.02202*	0.64538	0.007	0.4408	3.6032
	无	有	-2.02202*	0.64538	0.007	-3.6032	-0.4408
教学准备	有	无	0.37743*	0.13106	0.016	0.0563	0.6985
	无	有	-0.37743*	0.13106	0.016	-0.6985	-0.0563
教学评价	有	无	0.29352*	0.10051	0.014	0.0473	0.5398
	有	没想过	0.33992*	0.13309	0.039	0.0138	0.666
	无	有	-0.29352*	0.10051	0.014	-0.5398	-0.0473
	没想过	有	-0.33992*	0.13309	0.039	-0.666	-0.0138
学校管理	有	无	0.57513*	0.18681	0.009	0.1174	1.0328
	无	有	-0.57513*	0.18681	0.009	-1.0328	-0.1174

注：*代表均值差的显著性水平为0.05。

表43 近3年脱产培训计划与教学专业能力单因素方差分析表

维度	方差来源	平方和	df	均方	F	显著性
教学专业能力	组间	750.157	2	375.079	3.418	0.033
	组内	175888.707	1603	109.725		
	总数	176638.864	1605			
教学评价	组间	23.616	2	11.808	4.443	0.012
	组内	4259.795	1603	2.657		
	总数	4283.41	1605			
学校管理	组间	66.087	2	33.043	3.595	0.028
	组内	14734.691	1603	9.192		
	总数	14800.778	1605			

表 44 近 3 年脱产培训计划与教学专业能力事后多重比较（Scheffe）表

因变量	(I)脱产培训计划	(J)脱产培训计划	均值差(I-J)	标准误	显著性	95% 置信区间	
						下限	上限
教学专业能力	有	无	1.93853*	0.76928	0.042	0.0538	3.8233
	无	有	-1.93853*	0.76928	0.042	-3.8233	-0.0538
教学评价	有	无	0.35063*	0.11972	0.014	0.0573	0.6439
	有	没想过	0.34023*	0.13765	0.047	0.003	0.6775
	无	有	-0.35063*	0.11972	0.014	-0.6439	-0.0573
	没想过	有	-0.34023*	0.13765	0.047	-0.6775	-0.003
学校管理	有	没想过	0.65659*	0.25601	0.038	0.0294	1.2838
	没想过	有	-0.65659*	0.25601	0.038	-1.2838	-0.0294

注：* 代表均值差的显著性水平为 0.05。

对于自己未来的专业发展是否有所规划，也会影响到深州市中小学教师的教学专业能力。笼统地说，近 3 年有学历进修和脱产培训计划的教师，其教学专业能力及教学评价能力和学校管理能力，显著高于没有学历进修和脱产培训计划的教师，也高于没有想过学历进修和脱产培训问题的教师。

六、结语

（一）大多数教师拥有教师资格证书

教师资格是作为教师的必备条件，调查结果显示，被试教师大多拥有教师资格证书，且多属于普通教育教师资格证书，不仅涵盖了中小学的所有学科，还有少数学前教育资格证书。

（二）教师性别结构与教龄结构不甚合理，最后学历相较于初始学历有提升

第一，深州市中小学教师男女性别比例约为 1∶5，这样的比例不利于男同学的发展。

第二，在调查中近 86% 的教师处于"成熟期"，教育教学经验丰富，有利于教育发展，但同时这些教师的多为 36 岁以上的"老教师"，存在新老教师比例不合理的状况。

第三，从初始学历类别上看，大多数教师的初始学历不高，但均有后期学历提升过程，达到了教育文件中规定的学历要求，并且被试教师中，有 3 位拥有硕士研究生学历。

第四，"所教非所学""包班"等现象在深州市中小学比较普遍，这不利于区域教育均衡发展和教师自身的专业成长。

（三）大多数教师能接受现有的工作负担

通过对教师们每天花费在备课上的时间和每周课时数两个方面考察发现，全市教师平均每天4节课，平均备课时间2.7个小时，大多数教师比较能接受现在的课时量。

（四）教师教学专业能力较强，但少有专业发展规划

教师专业发展指的是教师在教育教学过程中自我不断完善、不断提升的过程。教师的专业发展不仅有利于教师实现自身价值，还有利于促进教育教学的发展。调查分析发现，深州市中小学教师的教师专业发展水平较好，尤其是教师教学专业能力非常高，且大多数教师参加过多种形式的培训，这有利于促进教师的展业发展。

但是，关于教师自身的专业发展设计问题上，半数以上的教师暂时没有学历进修和脱产培训的计划，这也反映出教师激励困难的问题。

此外，研究发现，对于深州市中小学教师来说教学专业能力与其5个子维度：教学准备能力、课堂教学能力、教学评价能力、教学研究能力和学校管理能力，之间呈正相关；另外，初始学历、学缘、是否在编以及是否担任班主任对教师教学专业能力均有显著影响，学校和教育行政部门在制定教师专业发展路径时应综合考虑以上因素。

高师院校顶岗实习模式研究

陈晓宇

【提要】 顶岗实习是高师院校实施的一种实习方式,是提高教师培养质量的重要载体。我国各高师院校相继实行的顶岗实习,虽然取得了一定的成效,但也存在着很多问题。本研究基于管理学角度,从理念、内容、工具、程序和制度五个维度构建顶岗实习理论模式,结合调查研究,分析了顶岗实习实施过程中存在的主要问题,并从顶岗实习本身与顶岗实习模式构建两个角度深入探究其原因,最后提出加强顶岗实习理念的宣传力度、丰富顶岗实习模式的理论指导、制定行之有效的顶岗实习实施方案、完善顶岗实习模式的制度建设等四个方面的改进策略,旨在为参加顶岗实习的学生提供指导,为高师院校顶岗实习工作的开展提供借鉴,为新时期高师院校人才培养提供思路,也为顶岗实习的规范性操作提供建议。

一、问题的提出

顶岗实习即师范类本、专科高年级学生修完学校规定的主干课程,经过教师教育公修课程培训、教师教学技能培训与教师教育专业课程培训等一系列系统的岗前训练后,经当地政府部门认可,选派优秀干部或教师带队,到农村基础教育薄弱的中小学,进行为期一个学期的顶岗实习活动。① 顶岗实习作为一种新型的教师教育模式,大大提高了新教师培养的效率,对教师专业发展起到了积极作用。

(一)顶岗实习越来越受到关注

顶岗实习作为培养教师的重要途径,越来越受到国家的重视和社会的广泛关注。2006年2月,教育部下发了《关于大力推进城镇教师支援农村教育工作的意见》指出:"师范院校和其他举办教师教育的高校要组织高年级师范生实习支教。在农村学校建立实习基地,选派教师带队组织实习指导。在保证师范生培养质量和实习支教连续性的前提下,积极探索实习支教的多种有效途径,参加过农村学校实习支教的学生在就业时优先推荐、优先录用。"
2007年教育部下发文件《关于大力推进师范生实习支教工作的意见》,这一举措进一步推进各高校对顶岗实习工作的积极开展。以河北省为例,全省培养教师的高等教育机构,包括河北师范大学、唐山师范学院、石家庄学院、邯郸学院、河北师范大学汇华学院等,都在

---

① 王静,张仁竞.顶岗实习:高校师范教育实习模式探索[J].忻州师范学院学报,2009(6):10-12.

积极推行顶岗实习。

（二）顶岗实习是促进理论与实践结合的重要途径

当前，教师的专业能力面临着挑战，其原因并不在于知识积累方面储备不足，而是在于教学实践方面经验匮乏。传统的教育实习学生参与教育实践的机会很少，无法完成实践知识的体验和内化。顶岗实习的实习期为半年，实习生通过顶岗实习也积累了实践经验，为成为专业教师奠定了基础。而且，根据每年的就业形势来看，用人单位很注重学生的实习经验，因为参加过顶岗实习的学生专业性更强，他们能更快、更好地全身心投入到工作中去，甚至成为学校的骨干教师。

顶岗实习是教师专业化发展的重要途径，是促进顶岗实习学生理论与实践相结合的有效手段，为实习生将来成为专业教师打下坚实的基础。

（三）顶岗实习是农村偏远地区师资的主要来源

教师资源配置不均衡是当前我国教育存在的主要问题之一。农村偏远地区由于社会经济与自然环境条件落后造成的教师资源流失已成为阻碍教育均衡发展的主要原因之一，一个教师带全校学生、一个教师教多个科目、包班等现象普遍。顶岗实习的开展为这些学校提供了帮助，有些农村偏远地区甚至将顶岗实习的师范生作为其学校师资的主要来源，让顶岗实习学生担负起学校日常的教学与管理工作。顶岗实习不仅为学生提供了很好的实习机会，还为农村偏远地区解决了师资短缺的问题并给他们带去了新的教育理念。实习生们干劲十足，头脑活泛，知识面较宽。他们懂得赏识教育，民主的课堂氛围激发了当地学生的学习兴趣。他们紧密结合新课标，把新课改的精神落实到课堂上，给实习学校的教师产生示范作用。①

（四）顶岗实习模式构建的意义

顶岗实习模式是各高师院校在几十年的不断实践中归纳总结出的一套具有规律的顶岗实习体系，是顶岗实习经验的总结和升华，是对顶岗实习的内在机制和各环节的直观、简洁的描述，能够向人们表明事物结构或过程的主要组成部分。

1. 顶岗实习模式构建的理论意义

（1）丰富了教师教育理论

教师教育是对教师培养和培训的统称，根据教师专业发展的不同阶段，对教师实施职前培训、入职培训和在职研修等可持续发展的教育过程。顶岗实习是教师职前培养的一种有效途径，是教师教育实践课程中的一部分。顶岗实习模式是要用一套固定下来的理论来培养职前教师的教育教学实践知识和技能等综合素质，这种模式的构建有助于职前教师教育理论的发展，进而为职前教师教育提供新思路。

---

① 李建强.实践的教师教育：河北师范大学顶岗实习支教工作初探[J].河北师范大学学报（教育科学版），2007（9）：75.

（2）丰富了教师专业发展理论

教师专业发展包括教师的专业知识、专业技能、专业理念和职业生涯规划等诸多方面的发展，这是一个持续的过程，需要不断地进行探索、反思、总结。顶岗实习模式涉及教师专业知识、专业技能、理念、总结与反思等相关内容，这些内容包含在教师专业发展理论中，因此顶岗实习模式的构建为教师专业发展提供了理论支持，丰富了教师专业发展理论。

2. 顶岗实习模式构建的实践意义

近几年来，随着国家各项政策的颁布实施和顶岗实习工作的全面开展，越来越多的高等师范院校加入到这个队伍中来。这些学校基本都是各干各的，没有一个统一的操作流程和行事标准，因此造成全国各地顶岗实习质量不一、形式不一、标准不一、模式不一的现象。比如，有的学校是选拔优秀的学生去参加顶岗实习，如云南师范大学和西南大学等高校；有的学校是所有学生参加顶岗实习，如昭通师范高等专科学校。这样的选拔标准必然造成顶岗实习总体质量的不统一。诸如此类的现象还有很多，归其原因多是由于没有一个固定的模式，而本研究借鉴管理学的模式，将顶岗实习模式化，分成不同的板块，使整个顶岗实习流程简洁、清晰、明了，为顶岗实习的规范性操作提供了理论依据。

二、顶岗实习模式构建的理论基础及相关依据

顶岗实习模式构建是基于国家颁布的教师专业标准以及教师专业发展相关理论展开研究的。

（一）教师专业标准

2012 年，教育部出台的《小学教师专业标准（试行）》和《中学教师专业标准（试行）》（以下简称《专业标准》）为教师职前培养提供了参照依据，它是国家对合格教师专业素质的基本要求，是教师实施教育教学行为的基本规范，是引领教师专业发展的基本准则，是教师培养和培训的重要依据。

我国现有的中小学教师专业标准的内容从专业理念、专业知识、专业能力三个维度对教师这一专业进行了标准的限定。标准中，教师专业理念这一维度包括对职业的理解与认识、对学生的态度行为、教师教学的态度行为以及个人修养与行为四个方面。教师专业知识维度包括教育知识、学科知识、学科教学知识和通识性知识，通识性知识要求教师掌握科学和人文社会科学方面的知识、艺术欣赏和表现的知识、信息技术知识和中国教育基本情况的知识。教师专业能力是指教师在教学过程中运用一定的专业知识和经验完成教育教学任务的一种心理特征，不同教师的专业能力也是高低不一的。教师专业能力涵盖教学设计、教学实施、班级管理与教育活动、教育教学评价、沟通与合作、反思与发展能力，这六种能力可以归结为三个维度，即教学监控能力、管理能力和沟通交往能力。其中，教学监控能力是核心，管理能力是基础，沟通交往能力是保障。

（二）教师信念的生态文化理论

"信念"一词最早起源于柏拉图的《理想国》，它是一个非常复杂的概念，很多学者将

它与其他概念混用,例如态度、观念等。本研究关于教师信念的概念参考心理学家罗切齐对信念的界定,教师信念是通过教师的喜恶和言行表达出来的有意识或下意识的主张。

根据教师信念的基本概念不难看出,信念总是跟行为密切相关的,信念引导着教师的行为。研究表明,教师信念内涵丰富,不是一个固定的、单一的概念,而是一个复杂多变的体系。朱旭东认为,教师信念是在教师的生活和教学工作情境中逐渐形成的,影响教师教学行为,并且是通过在教学情境中反思而发生改变的多种观念的综合。①

图1是教师信念研究的生态文化理论框架图,生态理论研究将教师信念置于宏观的社会、国家背景下,关注的是课堂中具体的教学情境。最外层是基于文化价值观产生的教育信念,包括青少年发展及其文化背景;第二层是基于国家和社会产生的信念,包括教育改革背景下依据教育政策产生的信念;第三层是教师教育教学即时情境下包括对学生和课堂教学产生的信念;最后一层是教师对自己身份认同和教学效能产生的信念。②

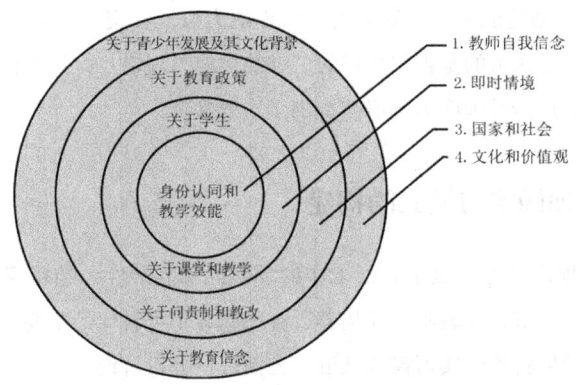

图1 教师信念研究的生态文化理论框架

(三)知识转化理论

经过几十年的发展,教师知识理论已逐渐建立并不断完善。这离不开其他领域关于教师知识的理论支持,尤其是哲学中隐性知识理论和显性知识理论以及管理学中的知识转化理论对教师知识理论的形成和发展产生了很深远的影响。隐性知识研究的创始人英国物理学家、哲学家波兰尼认为知识分为两种:一种是隐性的知识,这种知识不能用语言、文字或其他符号进行逻辑说明,不能以正规的形式传递,不能加以批判性的反思;还有一种是显性的知识,这种知识可以用语言、文字、符号、公式等表述出来。研究知识转化理论的专家学者有很多,本研究主要采用日本学者诺卡阿和塔德奇在20世纪90年代提出的"SECI"(Socialization 社会化;Externalization 外化;Combination 综合化;Internalization 内在化)知识转化模型作为理

---

① 朱旭东.教师专业发展理论研究[M].北京:北京师范大学出版社,2011:7.
② 朱旭东.教师专业发展理论研究[M].北京:北京师范大学出版社,2011:8.

论指导,如图 2 所示,它是知识创造的完整模型。

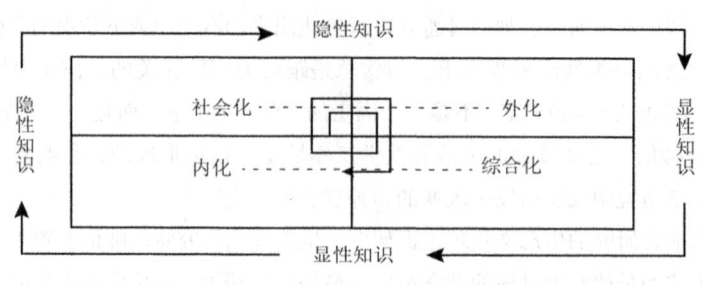

图 2 知识转化的模式

(四) 三维结构能力理论

"能力"一词是心理学的核心概念,教师能力的理论基础来源于心理学中关于能力的研究。心理学中对能力的划分有很多种,按能力的种类划分,最为普遍的是将能力分为一般能力和特殊能力、模仿能力和创造能力、认知能力和操作能力以及社交能力这几种划分方式;按能力的结构划分,目前普遍认可的是吉尔福特的三维结构能力理论。吉尔福特将能力分为内容、操作和产品三个部分,这给教师能力的研究提供了重要参考。

三、高师院校顶岗实习模式的构建

高等师范院校的顶岗实习凸显了教师工作的真实性和复杂性,是高等师范院校实践教学体系中不可缺少的重要环节,在教师人才培养过程中起着不可替代的重要作用。

本研究从管理学角度将顶岗实习模式从五个方面进行分析解说,分别为理念、内容、工具、程序、制度,尝试建立贴合实践、行之有效的较为成熟的顶岗实习模式。其中顶岗实习理念是指导思想,顶岗实习工具和制度是保障,顶岗实习内容与程序是关键。

(一) 顶岗实习理念的确立

理念,其中"理"是指事物的基本规律,"念"是指看法、想法,两个字合起来的意思是基于对事物基本规律的理性认识而形成的洞见、理想与信念。理念是一种模式构建的指导思想。

高师院校顶岗实习的理念为:培养和提高顶岗实习学生综合运用所学知识、理论、技能分析和解决实际教育教学情境中的问题这一综合能力,培养有实践经验和专业素质的教师。

(二) 顶岗实习内容的确定

一种模式的建立内容至关重要,内容是指事物内部所含的实质或意义。

基于教师专业发展理论,并结合顶岗实习这一特定事件,顶岗实习内容包括教师信念、教师感情、教师专业知识、教师能力、教师合作五个部分。

1. 教师信念

基于教师信念生态文化理论，顶岗实习学生应当树立的信念包括宏观和微观两个层面，宏观的教师信念包括对国家和社会、对文化和价值观的信念；微观的教师信念包括对学生发展、教育教学、教师自我的信念。

（1）宏观的教师信念

第一，教师这一职业的社会影响力很大，其一言一行都能影响学生，树立积极的教师信念对国家和社会是必要的。参加顶岗实习的实习生第一次接触社会，应当把握顶岗实习的机会，以社会主义核心价值观为指导，牢固树立积极的教师信念。研究过程中发现教师信念能对国家教育政策实施和教学改革产生影响。例如，在农村偏远地区有些教师根深蒂固的旧信念阻碍了新课改的推行和实施。再比如，有的教师对一些社会现象存在偏见，在教学过程中会不自觉地将这种偏见传递给学生，这些实际的案例表明，在教师职前教育期间教师信念的培养，尤其是有关国家和社会的教师信念的培养应当予以重视。

第二，根据生态环境理论，教师关于文化和价值观的信念包括学生的发展及文化背景。学生根据年龄的不同被划分为不同的学习阶段，教师往往自身根据掌握的关于儿童和青少年发展的知识而牢固树立教师信念，这些信念或许会有助于教育教学工作，或许会对教师制定符合学生发展的教育教学计划产生负面影响。例如，一位参加顶岗实习回来的实习生讲述，他入职前认为初中的孩子正处于青春期，他们叛逆、追求自由、追求独立，且相对其他年龄段的孩子来说更加自我，不会听从老师的话。但事实上并非如此，这位实习生所在的年级是初中二年级，孩子们天真可爱、充满活力，他们尊重老师，愿意与老师交流，热心于集体活动，懂得合作与感恩，这与他之前的信念完全不同，如果不是顶岗实习，他至少在入职一段时间内都会这么认为，这会让他错过很多与孩子们真心交流的机会以及相处的乐趣。

教师信念也受到社会主流价值观的影响，这些信念可能会使教师在教育管理及教学中做出一些不当行为。比如，在访谈过程中了解到，有些教师在开学之初会向孩子打听家庭情况或父母工作等，之后会对学生按照家庭条件或父母工作情况进行划分，他们认为家庭条件好的家长素质更高，他们更愿意与这样的父母交流沟通以帮助孩子更好地成长，而对于家庭贫困或者家长文化水平较低的学生却置之不理，这样负面的教师信念不仅会对学生产生不良的影响，而且也会阻碍教师的专业发展。因此，要严格督促参加顶岗实习的学生摒弃这种由于不良的社会风气而产生的教师信念。

（2）微观的教师信念

一是关于学生发展的信念。教师信念关乎教师对学生的态度，有些教师尤其是新教师一直处于一种两难的选择境地，他们在两种角色之间难以取舍，一种是作为学校的教职工，需要考虑学校的教学进度，这样一来，一些差生就会成为阻碍，要想顺利完成教学任务就不得不考虑放弃一部分学生；另外一种是作为学生的老师，需要考虑的是学生的发展，他们不愿意放弃任何一个学生,即使不能按时完成学校的教学任务,他们也不会不理会那些成绩差或理解能力差的学生。国外研究者戴维斯等采用案例研究证实,教师的教学行为取决于对成绩差的学生的信念,如果他们认为自己是学生的老师,那么他们就认为自己有责任提高差生的成绩,因而采用因材施教的方式教学;如果他们认为自己是学校的教职工,那么完成教学进度会是他们的首要任务,他们不会顾及差生能否跟上进度。[1] 教师对学生的信念直接会影响学生的学习积极性和学习动机,因此在顶岗实习期间要着重培养顶岗实习学生关于学生发展的教师信念。

二是关于教育教学的信念。教师关于课堂和教学的信念会直接影响到教学效果和学生的学习水平。例如,参加完顶岗实习回来的学生反映,实习学校有些教师认为教学应当以教师讲学生听为主,因此整堂课都是老师在讲、写板书或做测验,学生很少有发言的机会,这样会影响到学生学习的积极性和主动性,这样的教师被称为专制型;还有一种民主型教师,他们的教学多是采用集体讨论的方式,这样的教学方式有助于发挥学生的学习主动性,但是往往会忽略基础知识的夯实,根基打不牢就会影响综合素质的提高。因此,顶岗实习学生应当牢固掌握多种课堂教学策略,并将这些策略有机地结合起来,以学生的学习效果为主,采用合适的教学策略因材施教。

三是关于教师自我的信念。教师关于自我的信念包括教师身份认同和教学效能感两个方面。教师在正式入职以前首要树立对于教师身份的认同感,其主要围绕以下几个方面:为什么当教师?怎么样当好教师?有什么因素影响从"师范生"到"教师"的转变?哪些条件会影响教师专业发展过程中的自我身份认同?顶岗实习给师范生提供了实践的机会,在他们正式成为教师之前给他们提供时间和经验以便思考上述问题,树立关于自我身份认同的信念。教师的教学效能感是在教学过程中逐渐形成的,它是教师在特定情境下组织、实施某种教学任务的能力。[2] 教师的实践教学经验有助于提高教师的教学效能感,顶岗实习给实习生提供了积累实践教学经验的机会,因此,顶岗实习期间学生要充分利用这次机会培养教师角色自我信念。

2. 教师感情

将教师所处的环境作为分析维度,可将教师感情分为教师对人的感情和教师对环境的感情。教师对人的感情包括教师对学生、对同事、对家长的感情;教师对环境的感情包括对课堂、对学校、对社会的感情。

(1)对人的感情

参加顶岗实习的师范生在完成学生与教师之间角色转变的同时,还要认真培养自己作为教

---

[1] Davis, H., Ashley, S. & Couch, K.. *Middle school teachers' conceptions of their relationships with their students* [R]. Paper presented at the Annual Conference of the American Psychological Association, Toronto, Canada, 1998.

[2] Tschannen-Moran, M., Wool folk Hoy, A. & Hoy, W (1998). Teacher efficacy: Its meaning and measure[J].*Review of Educational Research*, 1998:202-248.

师的感情，尤其是对学生的感情。一方面，师生之间的感情交流是否顺畅直接关系到教师教学效果和教学成绩的好坏，这直接影响到学生的发展。另一方面，教师感情具有一定的示范作用，言传身教的影响力是很大的。黛布拉认为，教师感情的支持可以增强学生学业成就和自主性，具有吸引、减低散漫、维持方向、提升重点特征、控制灰心和示范的作用。① 除此之外，教师对同事的感情也很重要，所谓孤立则无援，如果与同事之间没有感情交流的话，那么在工作上又怎能互相帮助，共同进步呢？另外，教师与学生家长之间的交流关系到学生的健康发展，而学校教育的发展与教师的专业发展也离不开家庭教育的支持，因此教师在入职前就应充分做好与学生家长建立感情的准备，顶岗实习期间应当学会如何与学生家长之间建立感情，形成一种有效地交流合作模式，为学生的健康发展做出努力。

（2）对环境的感情

一是对社会的感情。教师对社会的情感会直接影响学生的情感，因此，作为教师应当培养正确的社会观，客观地看待社会中的一些现象，不要将负面感情带到工作中去。顶岗实习的学生刚刚步入社会，可能会在工作中遭遇一些困境，但作为教师，要牢固树立科学发展观和社会主义核心价值观，学会如何正确面对这些问题，用积极乐观的心态解决问题，而不是将自己所面临的困境无限放大，进而对社会产生不满并将这些负面的情绪传递给学生，影响自身专业发展和学生健康发展。

二是对学校的感情。培养教师对学校的感情也是顶岗实习过程中培养教师感情的任务中应当重视的问题。研究表明，教师对学校充满感情就会在出色地完成教育教学任务的同时积极地参与到学校的管理工作中去，为学校的建设和未来的发展出谋划策。并且优秀的教师总是对学校充满感激之情，并愿意将这样的感情传递给学生，良性循环，这样的教师教出的学生心怀感激、态度积极、乐观、主动，学习努力认真，成绩自然越来越好。如果教师对学校充满怨怼，那么这样的教师很难完成学校交给的各项任务，工作中也常常带有负面情绪，并将这种情绪传递给学生，恶性循环，这样的教师带出来的学生常是满腹牢骚，态度消极，学习成绩自然好不到哪里去。因此，在教师职前培养的过程中，培养实习学生对学校的感情也是至关重要的，这是关乎职前教师入职后的发展与学校发展的大事。

三是对课堂的感情。课堂是教师赖以生存的地方，毫无夸张地说，没有课堂就没有教师，培养教师对课堂的感情是作为培养教师的高师院校最应当重视的，但仅有理论的学习而没有实践的教学，很难建立实习生与课堂之间的感情，而顶岗实习给实习学生提供了与课堂近距离接触进而培养感情的机会，实习学生应当给予重视并抱有积极的态度。

3. 教师专业知识

教育教学工作并不是通过一些教育模式或程序简单地使学生掌握学科知识的工作，它有

---

① Debra, K. M. Scaffolding Emotions in Classrooms[J].In Schutz, P. A. (Eds.), *Emotion in education*. Academic Press, 2007：243-258.

着鲜明的实践性，需要实践的、非系统化的知识，也就是隐性知识。① 怎么样将顶岗实习学生所学知识外显化，让他们将这些知识传递给学生，诺卡阿和塔德奇的知识转化模型给我们提供了思路。

顶岗实习学生知识的传递或者转移包括社会化、外化、综合化和内化等四种方式。这四种方式不断地交替重复出现，所囊括的知识范围也越来越大，知识从个人扩展至群体，再从群体扩展到更大的群体，知识总是在不断循环、更新、传递的。这些知识最终会形成教师专业的知识体系，即专业教师需要掌握学科知识、一般教法知识、课程知识、与具体内容有关的教学法知识、学生及其发展特点的知识、教育背景知识以及有关教育宗旨、目的、价值与其哲学、历史背景的知识。

4. 教师能力

美国国际培训、绩效、教学标准委员会（the International Board of Standards for Training, Performance and Instruction，即 IBSTPI）2004 年出台了教师能力标准，将这一标准与我国的教师专业标准相结合为研究提供了思路，从以下几个方面来培养顶岗实习学生的教师能力。

（1）反思能力

教师反思能力是专业教师应当具备的一种重要能力，20 世纪 80 年代教师反思理论首先在西方国家兴起，并迅速发展到世界各国。最早将反思引入教学领域的是美国教育家杜威，他在《我们怎样思维》中提到反思是对任何信念或假定的知识形式，根据支持它的基础和它趋于达到的进一步结论而进行的积极的、坚持不懈的、仔细的考虑。② 之后教师反思引发人们关注，在 1983 年美国麻省理工学院的学者唐纳德·A.舍恩发表《反映的实践者——专业工作者如何在行动中思考》一书，更是将教师反思研究推上了高峰，本研究主要采用了舍恩的反思观点。

舍恩认为在其著作中提到教师要想成长为专业的、成熟的工作者，就必须学会反思，他将反思分为三个阶段：欣赏、行动、再欣赏，这几个阶段使教师专业能力呈现螺旋式上升。培养顶岗实习学生的反思能力主要从两个方面入手，一方面是对教学的反思能力，这主要体现在课前计划、准备和课后思考几个方面，主要可以采用反思日记、反思对话、录制微课等方法；另一方面是教学中的反思能力，即根据教学过程中出现的状况进行反思并及时调整教学计划或方法的能力，提高这方面的能力主要采用行动研究的方法。

（2）评价能力

教师反思与评价是提高教师能力和水平的相辅相成的两个方面，评价离不开反思，反思也少不了评价。

根据评价主体的不同主要划分为教师自我评价和对学生的评价两个方面。顶岗实习期间应

---

① 周福盛.教师个体知识的构成及发展研究[D].兰州：西北师范大学，2006.
② 朱旭东.教师专业发展理论研究[M].北京：北京师范大学出版社，2011：168.

当培养教师自我评价能力,包括教师对自身的基本素质评价和教学评价两方面的能力,其中基本素质包括教师专业知识、教师专业技能和专业信念;教学包括教学设计与实施、课堂效果、教学效果三个方面。教师自我评价是教师反思和提高的过程,是促进教师能力提升的内在动力,是教师专业发展的有效途径。

在顶岗实习期间,除反思与评价能力之外,还应当培养实习生的教学设计能力、课堂教学能力、班级管理能力以及教学研修能力四个方面的教师基本能力。其中教学设计能力包括研究课程标准和教材、研究教学对象、设定教学目标、选择教学方法和编写教案的能力;课堂教学能力主要注重培养教师的导课、提问、板书以及总结能力;班级管理能力注重的是对学生的日常行为、学习、思想等方面的管理,要求实习教师具备承担班主任工作的能力;教学研修能力主要体现在教师的课例研究和学术研究水平上。

除此之外,IBSTPI 教师能力标准和我国教师专业标准要求顶岗实习期间还要培养教师的其他基本能力。首先,教师要具备了解和分析学生的能力,为那些特殊的学生制定适合他们的教学计划和采取不同教学策略;在具备分析和了解学生能力的基础上,教师还要具备沟通能力、表达能力、组织能力、学习能力以及管理能力。参与、观察、倾听和提问是沟通能力的主要体现,可以激发并维持学生的学习动机和学习投入;拥有良好的表达能力和组织能力可以表现出有效的表达、促学、提问技巧、提供阐释和反馈、促进知识和技能的巩固与迁移;拥有良好的学习能力可以不断提升自身素质;拥有良好的管理能力既可以促进学生学习兴趣和学习能力的提升,也可以改善班级环境。

5. 教师合作

(1) 与学生的合作

传统的师生关系中教师处于绝对的权威地位,学生只是机械地服从命令,教学方式也很单一,多数是填鸭式教学,这样的局面对教师的发展和教育的进步起到阻碍作用,而在新课改提出"把教学当作师生互动的交往活动"这样的大背景下,教师与学生不再是单纯的教和受的关系,而是一种合作关系。教师与学生合作的前提是地位平等,将学生与教师放在相同的地位有助于激发学生的学习兴趣,也有助于学生自主发展和自主思维的培养。另一方面,地位的平等带来的情感交流也顺畅了许多,以往教师处于高高在上的权威地位,学生即使有自己的想法也不敢反驳教师,久而久之就造成师生之间感情淡漠,教师与学生的合作关系缓和了传统的师生关系,促进了师生之间的情感交流。

除此之外,现在的学生获取信息的渠道越来越多,尤其是中学生普遍爱好上网,他们获取新知识的能力比老师强,在某些方面,他们的知识储备甚至比教师还要多。在这个时候,作为教师要虚心向学生请教,师生在合作中共同进步发展。

(2) 与指导教师的合作

顶岗实习学生与指导教师之间应当形成一种平等合作的关系。首先,顶岗实习学生刚刚走进学校,走进课堂,他们没有实际的教学经验,需要指导老师在教学上和班级管理上给予指导;

其次，指导教师多年的教学经验使得他们形成了一定的思维定式，他们需要听到不一样的声音，也需要顶岗实习学生带来新的教育理念和丰富的教育学、心理学知识；最后，学生的全面发展只靠一个教师是不能完成的，需要多方合作才能达成，顶岗实习学生分担了指导教师的工作负担，也为学生培养带来了新的理念与智慧。

（3）与其他顶岗实习学生合作

参加顶岗实习，不管是从生理上还是从心理上都会对实习教师产生影响，原来的生活环境变了，周围的朋友变了，离开自己熟悉的人和熟悉的环境进入陌生的地方，难免会有不适应，这个时候一同参加顶岗实习的教师就会自主形成一种合作关系，共同探讨和解决遇到的问题。他们不仅在工作上共同合作进步，在情感上也互相安慰，共同面对各种问题和挑战，因此，建立顶岗实习学生间的合作关系是影响顶岗实习效果的重要因素。

（4）与家长合作

近些年来随着教育改革的不断深入，家庭教育越来越得到各方重视，家长与教师的合作也在积极开展，这项工作开展的必要性体现在以下几点：

第一，家庭教育与学校教育脱节的现状亟待解决，学校教育与家庭教育就像教育的两条腿，学校教育发展迅速，而由于人们不重视家庭教育而导致其发展缓慢，这导致教育发展不协调等一系列问题，教师与家长的合作正是解决这一问题的关键途径。顶岗实习学生作为新教师应当具备新的教学理念，加强与家长之间的合作，进而带动周围其他教师与家长之间的沟通合作。

第二，家庭教育缺失，家长与教师之间缺乏沟通导致的一些教育问题需要解决，这一问题在农村更为普遍，顶岗实习针对的主要是农村和偏远地区，那里的教师只关心孩子的学习问题，而家长认为把孩子送到学校去教育自己就不用再费心教育孩子，家长与教师之间缺乏交流合作，因此引发的学生心理问题层出不穷，顶岗实习学生与学生家长要明确各方职责，建立有效的合作是当务之急。

第三，教师的专业发展与学生的全面发展离不开家长的支持，教师与家长的合作有助于提高教师的教学效率和促进学生的身心健康发展。

（三）顶岗实习的工具

工具是指完成一项任务的手段，工具在模式的构建中是必不可少的。结合顶岗实习现状并充分考虑顶岗实习学生能力提升和教师专业发展的需要，顶岗实习的工具大致分为两种，一种是由教育行政部门领导、校长和学科组长监督、指导教师教授为一体的顶岗实习多方管理系统；另一种是指建立顶岗实习网站、在学校主页上开辟顶岗实习专栏、建立网络聊天群组，如QQ群或微信群等以虚拟社交网络为主的交流平台。

1. 建立顶岗实习实践网络

（1）将顶岗实习纳入课程系统

现在已经有一些高师院校将顶岗实习作为一门选修的实践课程纳入课程体系中，学生可以自由选择是否参加顶岗实习,参加完顶岗实习的学生能获得相应的学分。根据奥斯特曼等人的教师知识理论,教师只是被分为两种,一种是所倡导的理论,另一种是所采用的理论,且这两种理论并不能实现完全转化。也就是说高师院校的学生所学习的理论知识属于"所倡导的理论",而真正到了教学实践中,所倡导的理论并不适用于所有的教学情境,并不能完全转变为所采用的理论。

为了帮助学生们将所学习的理论转变成所应用的理论,高师院校开始注重顶岗实习作为课程的重要性,将顶岗实习纳入课程系统。

(2)建立多方合作系统

建立由教育行政部门和顶岗实习领导小组领导、巡回指导教师、驻县教师、实习学校校长监督,学校导师、带队教师、实习学校指导教师指导为一体的顶岗实习多方合作系统。教育行政部门和顶岗实习领导小组负责制定顶岗实习的政策细则、拟定顶岗实习方案、组织顶岗实习工作并根据各方对顶岗实习学生的评价给出综合评价;巡回指导教师、驻县教师、实习学校校长按顶岗实习有关要求进行监督、指导和评价工作;学校导师、带队教师、实习学校指导教师负责选拔顶岗实习学生、组织安排和指导教育教学工作以及对顶岗实习学生进行评价。

2. 建立顶岗实习虚拟平台

(1)建立顶岗实习网站

建立顶岗实习网站是顶岗实习顺利进行的重要保障。

高师院校可以专门建立一个网站,网站包括以下五个大板块:顶岗实习宣传板块、顶岗实习准备板块、顶岗实习期间交流板块、顶岗实习后评价与经验交流板块、其他板块。建立网站的作用就是宣传顶岗实习和组织学生参加顶岗实习,并且在顶岗实习期间还可以起到搜集信息的作用,顶岗实习完成后各方可以利用这个网络平台进行公开评价。

首先是顶岗实习宣传板块,想要学生们积极主动地参加顶岗实习,宣传工作是必须要做好的,这一板块主要包括顶岗实习的主要内容介绍、顶岗实习宣传画以及宣传视频、顶岗实习优秀学生事迹、顶岗实习学生手册等内容。宣传板块需要定期维护,内容也要多样化,这样才能让学生全面认识和了解顶岗实习,他们才会愿意并且积极地参加顶岗实习。

其次是顶岗实习前准备板块,这一板块的主要内容包含顶岗实习的报名、顶岗实习学生选拔以及顶岗实习前的培训与指导。学生在宣传板块了解了顶岗实习的相关信息之后,可以在网站注册一个账号,并填写姓名、性别、学院、专业、实习意向等相关的真实信息,由学校统一或各学院自行组织选拔,这个板块主要用来公布选拔标准和选拔结果,选拔完成后在这一板块张贴一些顶岗实习前有关学生人身和财产安全等方面的培训文章、讲座视频等内容。

再次是顶岗实习期间交流板块,实习间交流板块主要为参加顶岗实习的学生与学校导师、带队教师和驻县教师、实习学校指导教师以及一起参加顶岗实习的同学之间的沟通交流提供一个平台。顶岗实习期间各方都可以在这一板块交流讨论实践教学中的问题,也可以互相分享经验和总结教训。顶岗实习教师还可在这一板块建立自己的个人博客、记录实习日记等。

然后是顶岗实习后评价与交流板块，顶岗实习的后续工作都可以在这一板块中展开，比如实习教师所在的学校导师、实习学校的指导教师以及实习学校的校长都可以在这一板块中对顶岗实习学生进行评价，学生也可以进行自我评价，这样顶岗实习学生不仅节约了时间，还能得到了全方位的评价。另外，这一板块也给参加完顶岗实习的学生提供了交流经验和总结教训的平台，他们可以把自己的亲身经历写下来以便为今后参加顶岗实习的学弟学妹们提供借鉴。

最后是其他板块，这一板块是整个网站的活动平台。一方面，顶岗实习学生可以利用这一平台组织一些活动来进行情感交流与互动；另一方面，这一平台也为顶岗实习各方提供了一个自由发挥的舞台，各方可以根据自己的需要在这一板块发表意见和提出建议，也可以利用这一板块展示自我。

（2）开辟顶岗实习专栏

除了创建网站之外，学校可以根据自己的需要在学校网站主页上开辟顶岗实习专栏，规模比网站要小，但基本功能应当具备。定期更新顶岗实习信息，并为顶岗实习教师提供一个可以随时交流的网络平台，大家可以互相讨论，留下问题，提出意见。并在实习结束后进行经验总结与分享。

（3）建立内部交流平台

学校应当组织学院或班级在其内部建立可供顶岗实习学生交流的平台，比如QQ群、微信群等，现在智能手机应用广泛，QQ、微信等手机软件应用方便，顶岗实习学生可以通过这些软件随时随地在群里发布消息，遇到问题可以随时解决，学校导师和实习学校指导教师也可以通过群聊天及时与实习学生沟通，解决教育教学问题。顶岗实习教师之间也可以通过这些群交流感情、总结经验教训、提出建议等。

除此之外，顶岗实习期间还会用到各种各样的工具，例如顶岗实习工作手册、顶岗实习日记、教学用具等，这些工具的使用提高了实习生的工作效率，为顶岗实习工作的圆满完成奠定了坚实的基础。

（四）顶岗实习的程序

程序是指处理事务的既定方法或先后次序，程序的实施离不开制度的保障。本研究以时间为研究维度，将顶岗实习分为了顶岗实习前、顶岗实习中和顶岗实习后三个部分。

1. 顶岗实习前准备工作

（1）顶岗实习宣传工作

学校在顶岗实习前应当充分发挥自己的职责，以教育部下发的《教育部关于大力推进师范生实习支教工作的意见》（教师〔2007〕4号）文件精神为指导，做好本职的宣传工作，让学生们明确开展师范生顶岗实习工作的意义、工作的流程、内容等。

学校应当以优秀的顶岗实习教师的实践经历为题材制作宣传册或宣传视频，除此之外，还可以将一些优秀的实习日记编撰成册，在得到学生本人的同意后公开发表，通过这两种形式向没有参加顶岗实习的学生宣传，也可以给即将参加顶岗实习的学生提供经验。

（2）顶岗实习学生的筛选

顶岗实习前学校应按照教学计划完成全部理论课程的学习并对学生进行考核，考核可通过考试或考察等方式进行。考试或考核结束后，按照成绩排名与比例选择去参加顶岗实习的学生。

（3）顶岗实习学校的选择

在选择实习学校的时候需要考虑三个方面，顶岗实习学生的安全问题、实习学校的师资水平、实习学校的地理位置和环境。实习学校的选择方式主要有两种，一种是高师院校通过考察选择实习学校，然后向地方教育行政部门申请，地方政府负责安排；另一种是由地方教育行政部门向高师院校申请，高师院校审核的方式。

（4）顶岗实习前培训

顶岗实习前培训是顶岗实习必不可少的步骤，培训内容要丰富，包括教师专业培训、伦理道德的培训、学生人身和财产安全保护的培训、学生权利义务和法律责任的培训等内容。

一是专业培训。专业培训一般是指对参加顶岗实习的学生进行《幼儿园教师专业标准（试行）》《小学教师专业标准（试行）》《中学教师专业标准（试行）》等文件学习的培训，主要帮助学生了解什么样的教师才是专业教师，帮助学生明确实习目标，制定实习计划，明确努力的方向，少走弯路。

二是伦理道德培训。顶岗实习教师在遵守法律法规的同时还要受伦理道德的约束。顶岗实习期间，作为教师要为人师表，更应当注意自身的言行举止。学校在顶岗实习前要对学生进行伦理道德的培训，要求参加顶岗实习的学生遵守道德规范，明事理，懂规矩，不做不道德甚至伤风败俗的事。

三是人身和财产安全培训。对顶岗实习学生人身和财产安全的培训主要包括两个方面，首先是人身和财产安全的保护，学校有责任和义务培训参加顶岗实习的学生了解如何保护好自身安全与财产安全，远离危险的相关知识；另外培训内容还应当包括实习生在发生人身和财产安全伤害事故时应当如何处理。顶岗实习前学校应当指派专业教师对参加顶岗实习的学生进行教育法律法规的相关培训。

四是权利、义务和法律责任的培训。在享有权利的同时也要承担相应的义务，除了需要承担作为公民的基本义务外，顶岗实习学生具有教师和学生的双重角色，因此，他们也应当承担相应的双重义务。除了依法享有的权利和应当履行的义务外，学校还应当组织专业教师对顶岗实习教师进行关于教师法律责任的培训，包括教师行政处分和处罚，例如发生学生伤害事故的追责问题等内容。

（5）顶岗实习前指导

一是认识和了解顶岗实习。参加顶岗实习的学生需要对顶岗实习的意义有充分的认识和了解，制定个人目标和树立远大理想。他们需认识到只靠从书本上学到的知识是远远不够的，这无法帮助他们成为一名专业教师，只有经过实践的锻炼与考验，真正接触教育教学实践，才能更快更好地发展。在顶岗实习前对实习生们进行培训，让实习生们了解到什么是顶岗实习、顶岗实习的理念、顶岗实习过程与相关内容、顶岗实习相关制度等内容。在指导时，可邀请一些参加过顶岗实习的学生，让他们与即将参加顶岗实习的学生们进行交流，分享经验。

二是身份上的准备。参加顶岗实习的学生需要在精神状态上做好准备，这种状态主要是指制定计划、确立目标以及坚定顶岗实习的信心和信念，要实现从学生到教师的角色转变，并且要为即将到来的工作强度和工作压力做好充分准备。

三是顶岗实习注意事项。参加顶岗实习要注意以下几个方面：第一，提前了解任务情况，熟悉工作环境，认识和熟悉带队教师和同组同学，以便实习开始后有不适应的情况发生，影响正常工作；第二，牢记学院管理部门、带队老师、同组同学、指导教师的联系方式以防实习中出现任何意外耽误营救；第三，认真学习顶岗实习规章制度，按照规章制度的规定严格要求自己，认真履行自己的职责，踏实完成顶岗实习工作。

2. 顶岗实习工作的开展

顶岗实习期间学生到实习学校后首先面临的问题就是如何适应新的环境并快速地进入到教师角色中；其次是教学工作以及学生管理工作的开展；最后是提升专业技能的同时将理论与实践相结合，实现综合素质的发展。

（1）由学生角色转变为教师角色

顶岗实习学生进入实习学校后首先要面临的问题就是角色转变的问题，如何从一个学生角色转变到教师角色是实习生们亟待解决的问题。解决角色转变问题最好的方法就是尽快投入到工作中去，尽快走进课堂，走上讲台，亲身感受教育教学带来的乐趣与挑战。身处于真实的教育教学情境当中，有助于实习生尽快完成这一角色的转变，适应学校赋予的新角色。因此，到达实习学校后，实习生应当根据实习学校的相关规定开展顶岗实习工作，首先是听课与开展班主任辅助工作，这有助于实习生尽快熟悉教师工作，进而更快地进入到教师角色中；其次是真正进入到教师角色，开始讲课以及班级管理工作；最后是熟悉教师角色，将理论学习与教学实践相结合，提升综合素质。

（2）开展教师工作

一是教学工作。教学是学校教育的核心，教学实习成功与否直接影响整个顶岗实习过程和结果，可以说教学工作是顶岗实习过程中的核心环节。顶岗实习的主要目的就是让学生掌握课堂的基本规律和教学的基本技能和方法，体验课堂教学的真实情境，为将来的发展积累经验。课堂教学主要包括备课、上课、听课和评课以及学生作业的设计和批改几部分内容。

二是管理工作。对于顶岗实习的教师来说，可能独立担任班主任的机会不大，但实习学校一般会安排实习教师担任副班主任或者班主任助手，实际上，顶岗实习学生大部分，而且是绝大部分担任着班主任工作。本研究主要探讨的顶岗实习班主任实习工作包括三个部分：制定班级工作计划、班级管理和家长工作。

（3）开展教育调查研究

教育调查研究是顶岗实习教师利用顶岗实习这一接触实践教学的机会进行教育调查并进行教育科学研究的过程。开展教育调查研究有助于培养顶岗实习教师积极的研究态度、提高研究水平，为将来成为研究型教师奠定基础；开展教育调查研究还有助于顶岗实习教师理论结合实践，更好地理解教育教学理论和提高教学技能；开展教育调查研究还能帮助顶岗实习教师了解学生，更好地管理班级。顶岗实习教师做教育调查研究不同于真正的中小学教师，中小学教师注重的是如何解决问题，而顶岗实习教师更重视的应当是理论与实践的结合。开展教育调查研究的一般步骤是：选题、文献研究、通过调查收集资料、分析研究数据资料、完成调查报告的写作。

3. 顶岗实习后工作

评价是指评定某事物的价值，而顶岗实习评价是指系统、科学、全面地整理、分析和处理顶岗实习期间的各种信息，并对其价值做出判断，目的在于提高教育质量，促进教育改革。① 顶岗实习后评价属于终结性评价，是对顶岗实习结果和质量的评价，本研究综合以往对顶岗实习评价的研究，提出四级评价指标，从顶岗实习领导小组、教育行政部门评价到巡回指导教师、驻县教师、实习学校领导评价再到学院导师、实习学校指导教师、带队教师，最后到教师自我评价几个部分的综合，顶岗实习质量的评价主要通过最终成绩表现，对顶岗实习学生的评价方法一般有评分法、评语法或档案袋评价。

（1）一级评价

一级评价包括顶岗实习领导小组和教育行政部门对实习生的评价。在顶岗实习工作结束后，领导小组综合各方的评价，对实习生进行综合评价。教育行政部门在顶岗实习结束后对学生在顶岗实习期间的综合表现进行评价，评价要根据学生在顶岗实习期间的综合表现给出。

（2）二级评价

二级评价包括巡回指导教师的评价、驻县教师的评价、实习学校领导的评价。巡回指导教师在巡回指导工作结束后也要对顶岗实习学生的教学工作和其他工作表现等综合情况进行阶段性评价，这一评价也会作为最终评价的参考。在顶岗实习结束后，驻县教师也要对顶岗实习学生的工作、学习以及综合素质等给出评价，驻县教师的评价会对最终评价产生影响。顶岗实习学校领导评价最终会成为顶岗实习学生成绩考核和鉴定的重要依据。

（3）三级评价

三级评价包括学院导师的评价、实习学校指导教师的评价、带队教师的评价三个方面。学院导师对学生的评价会作为顶岗实习领导小组对学生进行综合评价的参考依据。顶岗实习

---

① 金娣，王钢. 教育评价与测量：第 2 版 [M]. 北京：教育科学出版社，2007.

学校指导教师是与顶岗实习学生接触最多，也是对顶岗实习学生帮助最大的人，他们在顶岗实习结束后对顶岗实习学生在教育教学工作，包括备课、上课、听课、评课以及学生管理、班级管理等方面的评价是最具价值的，因此，顶岗实习领导小组在对顶岗实习学生进行综合评价时一定要充分考虑指导教师的评价。带队教师在顶岗实习后结合实习学校领导和指导教师的评价以及自己对顶岗实习学生工作的了解进行评价，评价的方法主要有评分法或给出评语。

（4）四级评价

顶岗实习学生在顶岗实习期间对自我教学和管理工作进行的过程性评价和终结性评价的综合评价是顶岗实习领导小组最终评价的参考，也是其教学反思和能力提高的过程，这一评价还可以给将来参加顶岗实习的学生提供经验。

（五）顶岗实习制度

顶岗实习的制度保障包括筛选制度、巡查和报告制度、奖惩制度、请假制度等。

1. 筛选制度

选拔参加顶岗实习的学生应当完成学校规定的理论知识的学习，根据顶岗实习前的考试或考察的成绩排名，以此为基础制定选拔制度。首先是人数上的确定。其次是选拔方式的确定，是采取学校和学生双向选择还是单项选择的方法，双向选择是指学生和学校都可选择，学校选择符合条件的学生，学生有自愿选择参加不参加的权利；单项选择是指学生报名申请，学校同意或者学校直接指派一部分学生参加顶岗实习。选拔工作关系到顶岗实习是否能顺利进行，关系到学生的发展和学校的发展，选拔制度需公平、公正、公开，任何人不得以任何手段从中操作。

2. 巡查和报告制度

高师院校学生所在各学院定期派遣巡回指导教师，在驻县教师的带领下去各个顶岗实习点视察和指导工作。驻县教师要向学校及时上报学生顶岗实习情况，遇到突发事件应在24小时内及时上报并处理。

3. 奖惩制度

顶岗实习学生完成顶岗实习后根据学校规定，以顶岗实习成绩为参考，根据其在顶岗实习期间的综合表现为基础，由实习学校、实习学校指导教师、驻县教师、学校导师、巡回指导教师多方评价的结果作为最后成绩评定的依据，经顶岗实习领导小组最后核算成绩，并进行评优和奖励。参加顶岗实习期间表现突出的学生作为入党推优和奖学金评选的优先人选。

对于顶岗实习期间不遵守学校和实习学校规章制度的行为绝不姑息，应依照相关的规定进行处分，高师院校对学生的处分形式包括：警告、严重警告、记过、留校察看、勒令退学、开除学籍六种，对于顶岗实习期间触犯国家法律法规的行为，顶岗实习学生应当依法承担相应的法律责任。

4. 请假制度

顶岗实习学生作为实习学校的教师在遵守实习学校的规章制度的同时也要遵守顶岗实习的相关制度，有特殊情况要离开实习学校的情况要及时请假，一天以内的向实习学校领导请假，获得批准后方可离开；超过一天，在一周之内，除实习学校领导签字以外还要上报驻县教师；超过一周的要逐层上报至学生所在学校，获得各方批准后方可离开；无故不请假擅自离开工作岗位的依照相关规定进行处罚或处分。

四、顶岗实习模式的实践检验与改进对策

（一）顶岗实习模式与顶岗实习现状中存在的差异与原因分析

尽管顶岗实习经过了几十年的发展取得了不少的成果，也形成各种各样的发展模式，但由于大多数高师院校对开展顶岗实习工作理念准备不足，培训不到位等原因，在全面实施的过程中，仅凭借鉴或者摸索出来的经验开展工作，缺乏理论的指导，导致现实中存在的顶岗实习模式只停留在浅层次的执行层面，缺乏将每个环节连接形成系统模式的过程。

基于顶岗实习模式与顶岗实习现状进行对比发现，两者存在很大的差异，差异主要集中在以下五个方面。

1. 理念上的差异

顶岗实习模式中的理念是培养和提高顶岗实习学生综合运用所学知识、专业理论和技能，分析和解决实际教育教学情境中的问题，提高其专业能力和综合素质，培养有实践经验和专业素质的教师。但在对顶岗实习学生的访谈中发现几乎没有教师或学生能表达顶岗实习的理念，而很多学生甚至不知道理念是什么，还有一部分学生对顶岗实习理念这一概念理解得比较模糊，不能清晰地表述顶岗实习的理念，甚至有人将教学和管理理念作为顶岗实习的理念。

理念……呃，理念是什么意思？我不太清楚……（Z 同学）

我觉得理念是不断变化和发展的过程，在顶岗实习以前没有关于理念的概念，就认为用心对待每一位学生，用自己尽可能多的时间和精力，认真对待每一个学生和每一节课就好了。现在顶岗实习回来了，其实对理念也不是特别清楚。（C 同学）

例如，在访谈中问及学生顶岗实习理念时，有学生提到，学校组织顶岗实习是为了让学生修够学分，有的学生甚至认为学校是为了就业率才开展顶岗实习工作。

另外，在访谈到一位去 PS 县一所乡镇中学顶岗实习的女生，她一直认为顶岗实习期间自己作为教师应当严肃认真地对待学生和工作，因此她一直严格地对待学生，平时在学生面前不苟言笑，无论是课上还是课下对待学生非常严厉，她认为对待学生态度好反而会影响其威严，学生就不会听她的话。事实上，学生们很怕她，但是有一些行为叛逆的学生总会挑战她的威严，让她觉得很没有面子，她曾经一度和学生关系很紧张，指导教师也曾经找她谈过，她还跟指导教师争辩了几句，最后不欢而散。与之相对的是另一种理念，对待学生一味纵容，持有这

种理念的顶岗实习学生认为自己也是学生，要跟同是学生的中学生搞好关系，要和他们做朋友，最后在学生面前完全失去了教师的威严，这直接导致学生们不听话，甚至捉弄教师。这两种理念并不是顶岗实习的理念，而是一种管理理念。另外，还有一些顶岗实习学生将教学理念理解成顶岗实习理念。

理念啊，我觉得因材施教吧，要根据学生的不同特点采用不同的教育方式。（B同学）

应该是恩威并施，对待学生的时候不能太严肃，但也不能太放纵，尤其是第一节课的时候，一定要立下权威，不然以后孩子们就不听你的了。（L同学）

根据顶岗实习理念的访谈结果与顶岗实习模式中理念的对比发现，两者存在一定的差异，分析其原因，只要集中在两个方面：一方面，顶岗实习理念宣传工作不到位，在翻阅一些高师院校顶岗实习手册时发现，很多手册上都有关于顶岗实习理念的表述，但在实际调查中还是存在很多学生或教师不清楚顶岗实习理念的情况，主要原因是高师院校没有进行大力的宣传。另一方面，学生或教师没有认真学习顶岗实习手册，在对待顶岗实习工作时态度不端正。大多数的学生仅仅将顶岗实习作为一项获得学分的任务来完成，没有对顶岗实习本身进行深入的思考，也没有制定详细的实习计划，因此他们在开始顶岗实习工作前没有认真对待顶岗实习手册。

2. 内容上的差异

从对顶岗实习学生的访谈中发现，他们对内容的描述与研究中顶岗实习模式的内容存在很大差异。在现状调查中有的学生总结能力较好，可以从思想、工作、生活几个方面描述，有的学生想到哪儿说到哪儿，没有逻辑性，但是在他们的叙述中也能发现一些差异。主要集中在四个方面。

（1）教师自我信念存在差异

在构建顶岗实习模式中内容的一部分时，主要参考教师专业发展理论与教师专业标准，而在调查过程中发现实习生普遍没有教师自我信念的概念，这直接影响实习生对自我身份认同感的建立，从而导致进入教师角色缓慢。

刚开始备课的时候连讲完知识点应该说什么，应该引申点什么都想好了写下来，但前几节课自己觉得上的手忙脚乱的，老是进入不了状态，紧张得不行。（F同学）

本来想的挺好的，我要上课的前一天晚上都没怎么睡，因为之前听了很多老师的课，知道该怎么讲课，可是真正走上讲台的时候那完全不一样了，是你在讲而不是听，这个角色还没转过弯来呢，所以就得先练习进入角色，就当自己是个老师。（Z同学）

顶岗实习的时间一般是一个学期，在这个过程中实习生独立承担教学任务，这就要求实习生必须快速进入到教师角色中。一方面，实习学校多为偏远农村地区，条件相对较差，学生一时难以适应，需要一段适应期，所以很难在顶岗实习初始就完成从实习生到教师的角色转变；另一方面，实习生在校期间很少有机会能站上讲台讲课，虽然顶岗实习前专门培训过也练习过，但毕竟机会较少，实践经验匮乏，所以这也是造成实习生进入教师角色缓慢的原因。

教师信念是一种教师内在素养，是教师在长期经验积累过程中的一种总结。对于刚进入教师角色的实习生来说很难形成信念，在顶岗实习模式构建的过程中没有充分考虑到这一点，造成在调查的过程中访谈对象没有提及这一内容。但教师信念对于教师来说很重要，因此研究中提到教师信念应当引起实习生们的注意，在今后的教学和管理工作中要注意教师信念的培养，这是实现教师专业化与教师专业发展的重要途径。

（2）教师感情存在差异

顶岗实习模式中的教师感情包括教师对人的感情和教师对环境的感情，其中对人的感情包括对学生、对同事、对学生家长的感情；对环境的感情包括对社会、对学校和对课堂的感情。在访谈的过程中，访谈对象提到最多的是对学生、对同事、对家长的感情，对实习学校以及课堂的感情也有提及，但是几乎没有访谈对象提到对社会的感情。

深入分析其原因，主要是顶岗实习学生刚刚开始教师工作，对教师这一职业的认识没有上升到社会层面，没有认识到教师角色对社会的影响，因此没有培养对社会层面的感情也是无可厚非的。在模式构建的过程中也充分考虑到这一点，这将作为今后顶岗实习宣传工作的一部分，培养顶岗实习教师对社会的感情有助于帮助他们形成正确的人生观和价值观，有助于他们快速接受新角色进而融入社会中去。

（3）教师能力存在差异

在访谈顶岗实习程序这个问题时，实习生们详细叙述了顶岗实习前的准备、实习过程中的教学与管理等相关程序，顶岗实习后的评优及提交相关材料等工作，很少有学生提到课后或实习后的反思，尤其是课后反思，在进一步的了解中发现，顶岗实习学生最后提交的顶岗实习报告中有关于课堂反思的内容，但实习生们只是选取了几节课进行反思总结，并没有对每堂课都进行反思，也没有专门记录课堂反思的习惯。

顶岗实习模式构建中将反思能力作为顶岗实习教师必要能力之一，原因在于具备良好的反思能力能让教师的专业素质提升得更快。而在很多高师院校顶岗实习手册中也有提到重视学生反思能力的培养，但现实中却很少有学生提出，其原因在于，一方面顶岗实习宣传工作不到位以及顶岗实习学生工作态度存在问题，另一方面模式构建中没有充分考虑实际情况，在访谈提纲设计时出现问题，没有深入挖掘。

（4）教师合作存在差异

顶岗实习模式的构建中，合作精神主要体现在与领导的合作、与指导老师的合作、与学生的合作、与同事的合作、与同学的合作等方面，但实际上在访谈的过程中发现，在与他人合作方面实习生们显得并不积极。比如，有的实习生遇到问题不会想办法寻求他人帮助，而是回避问题，而有的实习生在别人遇到困难的时候不愿给予同伴帮助。

学校今年给我分配的那个实习生最大的问题就是不知道跟别人交流，你看人家有的实习生遇到问题就到处找我们这些老教师问啊，我带的那孩子就不爱问。（B老师）

平时也就跟指导老师合作的比较多，跟其他同事和同学很少交流吧，大家都很忙，也都带课，晚上挺累的就休息了。（Y同学）

顶岗实习模式中教师合作与现实中的对比存在巨大差异的原因体现在，第一，顶岗实习学生与实习学校领导的合作少，主要因为两者处于一种上下级的关系，且实习生没有教学经验，在实习学校的时间也短，因此与实习学校领导的合作机会很少，在模式构建的过程中也考虑到了这一点，但这作为今后顶岗实习工作的方向，在开展顶岗实习工作时应当注意多制造顶岗实习学生与实习学校领导、教师以及学生之间的合作机会。第二，顶岗实习学生之间合作少，主要原因在于顶岗实习工作结束时会进行评优工作，这无形中造成顶岗实习学生之间的竞争关系，这种竞争关系导致了实习生之间出现隔阂，直接表现在实习生不愿与他人合作，一方面怕别人觉得自己能力不够，遇到困难就寻求帮助，另一方面也不愿帮助他人，怕别人超过自己。

3. 工具上的差异

顶岗实习工具是顶岗实习得以运行的辅助手段，但在顶岗实习模式与顶岗实习现状对比后发现，两者存在很大差异。

在对顶岗实习过程中工具的使用情况进行调查时发现，教师与学生的沟通方式共有两种，一种是电话或短信交流，一种是网上交流，网上交流多采用QQ、微信等社交软件。这两种常规工具的使用方便快捷，很多学生和教师都会选择这两种方式进行交流沟通。访谈过程中发现很少有高师院校建立单独的顶岗实习交流平台，这与研究中顶岗实习模式构建所使用的工具存在差异。

在访谈过程中出现的导师和实习生最主要的两种沟通方式是电话或网上交流。顶岗实习学生一般工作很繁忙，需要投入大量时间和精力参与到教学或班级管理中去，因此他们的空闲时间有限，而高师院校的导师一般也有授课任务，空闲时间也是有限的，这就造成双方在空闲时间上不统一，所以沟通也不顺畅。

平时一般跟老师联系就上QQ，约好一个时间才能联系上，因为平时上班没时间，到晚上有时候要盯晚自习，下了晚自习就挺晚了，也不好意思打扰老师休息。（L同学）

呃……工具啊，一般就打电话，不过打电话也比较少，在网上聊的挺多，我们有QQ群，但是老师总不在线，他也上课挺多的，我们也经常没时间，觉得只用QQ联系不太方便，而且我打字慢，所以不能把自己想说的话都说了，打电话有时候也不好意思。（X同学）

仅仅这两种方式不能满足顶岗实习学生的需求，比如，学校顶岗实习领导小组需要了解顶岗实习学生的现状或想听实习生的教学心得，如果实习生直接向领导小组汇报或通过导师汇报等方式多少会存在偏差，这就需要一个平台让顶岗实习学生能将自己真实的经验和想法写出来，这样对学生来说是交流提升的过程，对高师院校来说是为顶岗实习指导工作的开展积累经验。

4. 程序上的差异

虽然几乎所有的高师院校都是按照顶岗实习前、顶岗实习中和顶岗实习后这样的程序安排工作，这与顶岗实习模式中程序部分相一致，但在具体实施过程中却存在差异。例如各学院在安排顶岗实习前的工作时，模式构建要考虑对实习生进行集中培训，培训的内容也有详细的安排,而现实中一些高师院校的做法是,顶岗实习前总会不停地给学生开大大小小的会议,今天想到一件事要培训,明天有一点儿没有说清,工作手忙脚乱。再比如顶岗实习后,模式中考虑组织实习生们进行经验交流总结与分享,但现实中很多学院没有这种活动,学生参加完顶岗实习只交一篇总结报告就可以了。调查的过程中还发现,有一小部分顶岗实习的学生到师资充足的实习学校后没有教学任务,只是做辅助工作,由于怕"惹事",学生不敢去找驻县教师和学校反映情况,最终导致顶岗实习任务不能顺利完成。

我们学校顶岗实习程序,就觉得挺乱的。我们之前也发了顶岗实习手册,刚开始说让自己看,还要考试,后来又说培训,结果时间也没提前确定,总是临时通知开会,我记得当时去实习前一周开了四个会,就说一些顶岗实习时应该注意的问题。后来到了要去实习的时候也很乱,到了实习学校什么都没有,住都是问题,还有就是上课,有的人有课,有的没课,还有带队老师和驻县老师换了还几个,回来以后交了报告,今天说缺个材料,明天又补材料,特别麻烦。(D同学)

程序啊,挺烦琐的,有点儿乱,感觉迷迷糊糊就实习完了,实习前筛选的时候交了好几次材料,第一次说按成绩,后来又说按成绩和平时表现综合排名,后来又说只要有教师资格证就行,最后也不知道怎么选出来的,选出来以后就培训,培训了一天,什么内容都有,听得迷迷糊糊的。培训完以后好像还让交什么计划,后来也没人收。去顶岗实习以后,刚开始说不让我们上课,后来又给安排了几节课,上了两天就不让上了,说我们没经验,后来有人跟校长去沟通了一下就又上了。(S同学)

在一项工作实施的过程中,监督管理起到至关重要的作用,深入分析顶岗实习本身出现的程序混乱问题,监督管理不到位是问题出现的重要原因。各高师院校在制定顶岗实习实施计划时考虑到了各个环节相关教师的职责,并尝试将监督管理工作细化到个人,但实施过程中遇到了很多问题,比如顶岗实习领导小组负责顶岗实习整个过程的统筹规划与监督管理,但在现实中,由于顶岗实习领导小组成员大都是由各部门领导组成,而且他们本身事务繁重,往往难以全身心的兼顾顶岗实习监督管理工作,缺乏有效的管理,导致在顶岗实习实施过程中出现互相推脱责任、偷懒等现象。此外,顶岗实习领导小组是由多个成员组成,具体职能分配尚待明确,因此在制定管理制度以及监督顶岗实习工作的过程中也出现混乱的情况。

本研究在模式构建的过程中参考传统教育实习的程序,没有考虑顶岗实习与传统实习的区别,因此没有制定详细的实施计划,忽视了对顶岗实习整个过程的统筹规划,造成模式本身的程序不清晰,因此在与顶岗实习现状对比中出现了程序混乱的情况。

5. 制度上的差异

在研究调查过程中发现,顶岗实习现状与顶岗实习模式构建存在很大的差异,比如顶岗实习学生筛选制度、实习前的培训制度,除此之外,顶岗实习管理也存在很多差异,例如实习过程中的巡回指导制度、请假制度等。

根据访谈结果的整理发现,各高师院校对参加顶岗实习的学生筛选标准不同,有的学校根据学生成绩，有的学校根据学生平时表现，有的学校根据学生综合量化排名。而顶岗实习模式中对学生的筛选主要依据考试或考察的成绩排名。

虽然高师院校为顶岗实习的学生指定了巡回指导教师，也制定了相关的巡回指导制度，但在调查的过程中发现，巡回指导制度存在一定的问题：巡回指导教师数量少，加上顶岗实习都安排在较为偏远的地方，实习点分散，造成巡回指导教师工作量很大，往往是巡回指导教师一天要跑好几个地方，在一所实习学校待的时间很短，大部分时间都浪费在路上，这样就造成巡回指导教师指导时间短，而由于一路奔波，精力上也有限，因此巡回指导的总体质量下降，这不利于顶岗实习学生的专业成长。另外，学校给巡回指导教师的差旅补助少造成巡回指导工作不能顺利完成的现象也是屡见不鲜。

我们三个老师去十几个点儿巡回指导，一天要跑好几个地方，这几个地儿隔得距离远，把时间都浪费在路上了，一个实习学校待不了多长时间就走了，听学生的课顶多听一个，有时候就跟学生说几句话就得走。（S老师）

制度应当完善一下，尤其是我们这个巡回制度，每次下去时间都很赶，指导力度达不到，学生很多问题没法解决，尤其是农村坐车不方便，需要花很多时间，我们又要跑几个点，这样太赶了。（K老师）

原来的时候到了县里，有的条件好一点的县教育局会给配辆车到各实习点去指导，现在不行，都得自己去，给的差补根本不够打车，坐公交的话时间又来不及，有时候为了多走几个学校只能靠自己。（L老师）

根据顶岗实习的相关规定，各高师院校或实习学校应当制定顶岗实习学生请假制度，但是在现实中，有的学校没有制定相关的请假制度，有的制定了请假制度却不严格执行。例如有的实习生与实习学校领导或驻县教师关系不错，请假很方便，所以频繁请假；有的实习生无故旷工却无人过问也不会给处分；还有的实习生有重要的事请假却不给假。这些现象都表明顶岗实习中请假制度不健全，有待进一步完善。

在对顶岗实习模式的调查过程中发现有50%的学生提到工资的问题，主要集中在学生每个月的生活补助方面，学生发放的补助少工作量大成为比较突出的问题。

我们每个月发600块钱的工资，总得买着吃，女生吃的少还够，有时候还剩下点儿，男生吃的多点，有时候还得跟家里要钱。（B同学）

实习期间就是工资有点儿低，吃饭还够，买点儿别的就不够了，买衣服也不够。（C同学）

在调查中发现，高师院校对顶岗实习学生的培训制度不健全。学生在参加顶岗实习的过程中会遇到很多问题，例如一些突发情况的处理、实习中人际关系的处理以及伦理道德等方面都需要在实习前的培训中有所体现。

实习前学校组织我们培训，主要就是教学技能还有专业方面的培训，还有老师给培训安全方面的，我记得当时还听了一个关于学校学生事故的讲座。（P同学）

我们必须经过培训才能上岗，培训教学技能、教学知识、安全方面的吧，当时听了挺多课的，有的老师讲的东西就用上了，但是，有的培训的时候也没讲到。（L同学）

参加顶岗实习,学生的安全是放在首位的,但是现在还没有一套详细的关于顶岗实习学生安全保障的制度,无论是高师院校还是实习学校仅有少量的关于学生安全的规定,但是没有引起足够的重视,每年参加顶岗实习的学生很多,学生们身边存在很多安全隐患,比如被盗、人身安全、饮食安全等,因此,高师院校、地方教育行政部门以及实习学校应当引起足够的重视,早日建立健全三方保障制度,为学生能安心顺利地完成顶岗实习工作保驾护航。

顶岗实习的推行必然离不开规章制度的保障,制度的建设与完善也关乎顶岗实习是否能顺利实施。顶岗实习现状与顶岗实习模式中存在很大的差异,深入分析,其主要原因是制度的制定与执行存在问题。

虽然有的高师院校、地方政府和实习学校制定了相关的规章制度,但由于缺乏足够的重视,在制度的执行过程中存在互相推诿等、执行不到位等现象,造成制度执行效果大打折扣。

研究在构建顶岗实习模式时只考虑到顶岗实习学生的选拔、巡回指导制度、奖惩制度以及请假制度,忽视了顶岗实习中管理制度的建立,并且在管理制度的执行中也存在一定的问题。

(二)顶岗实习模式的改进策略

通过本研究构建的顶岗实习模式与现实中的顶岗实习对比发现,顶岗实习模式存在一些问题,对于顶岗实习模式的改进,应当从加大顶岗实习理念的宣传力度、丰富顶岗实习模式的理论指导、完善顶岗实习模式的内容和程序、完善顶岗实习模式的制度建设四个方面进行改进,以期引起各方重视,使顶岗实习模式更完善,实施更有效。

1. 加强顶岗实习理念的宣传力度

顶岗实习模式构建的理念是明确顶岗实习教师培养目标,明确理念有助于顶岗实习模式在现实中的应用以及顶岗实习工作顺利开展。基于顶岗实习现状与顶岗实习模式中关于理念的对比结果及其原因分析,高师院校在今后的顶岗实习工作中应当加强顶岗实习理念的宣传力度,切实抓好顶岗实习理念的普及工作。

2. 丰富顶岗实习模式的理论指导

顶岗实习作为教师专业发展的一种有效途径,受教师专业发展理论的指导。实践性知识的获得既有理论的学习也有实践的经验积累,这是教师专业发展的重要组成部分,而顶岗实习是教师积累实践经验的重要途径,其每一个环节都离不开教师专业发展,将教师专业发展理论作为顶岗实习的理论指导是必要的。但是,顶岗实习模式的构建涉及了多学科的理论,比如管理学、教育学等,只将教师专业发展理论作为本研究的理论基础有些单薄,因此,在顶岗实习模式构建时应当充分考虑顶岗实习的各个环节,丰富顶岗实习理论指导,这有助于顶岗实习工作更好地开展。

3. 制定行之有效的顶岗实习实施方案

为适应现实中的顶岗实习工作,顶岗实习模式需要进一步改进,制定符合高师院校发展并行之有效的顶岗实习实施方案,有计划地培养教师是顶岗实习模式需要考虑的问题。

第一,要确定顶岗实习实施的基本思路。开展顶岗实习工作首先要明确基本思路,做好实施计划是顶岗实习工作成败的关键。

第二，确立顶岗实习实施的具体内容。依据教师培养及教师工作的内容，顶岗实习的具体内容包括教学实习、班主任工作实习以及教育调查研究三个部分。

第三，合理安排顶岗实习时间。顶岗实习的时间一般是在大三的下半学期为期五个月的时间，因此顶岗实习的筹备工作应当提前开展。首先，各实习学校和教育行政部门提前三个月制定用人计划后与高师院校进行沟通；其次，高师院校至少提前两个月按照用人计划选拔、培训顶岗实习学生和带队教师，并将名单报由当地教育局进行统一安排；再次，在学生顶岗实习的一个学期中，巡回指导教师至少每月巡回指导一次，学校导师要随时与实习生进行沟通交流；最后，在顶岗实习结束后进行优秀实习生的评选工作以及实习生评价工作。

第四，要考虑的问题是顶岗实习经费保障问题。顶岗实习期间政府部门与高师院校应当成立专项经费保障顶岗实习工作的正常开展，经费主要包括三个方面，一是顶岗实习学生每月的生活补助，二是指导教师、巡回指导教师等的劳务费用和差旅费用，三是实习学生的保险费用。

第五，就是制定顶岗实习实施的具体措施。为确保顶岗实习工作的顺利开展，各高师院校可根据自身情况制定顶岗实习的具体实施措施，例如制定具体的顶岗实习工作实施细则、优秀实习生评选办法等。

4. 完善顶岗实习模式中的制度

完善顶岗实习模式中制度建设，尤其是管理制度的建设，应当加强各方的统筹规划与监督管理，明确各方职责，参考现实中的顶岗实习工作程序，顶岗实习模式需要进一步改进，尤其管理方面，应当建立由顶岗实习领导小组领导，驻县教师、带队教师和实习学校校长监督管理，学校导师、巡回指导教师、实习学校指导教师指导为一体的顶岗实习三级管理系统。

（1）一级管理系统

顶岗实习一级管理系统是指顶岗实习领导小组，一般由政府部门与学校顶岗实习工作小组构成。政府部门主要负责组织管理本地区的顶岗实习工作，如顶岗实习学校的选择、与高师院校的沟通交流、顶岗实习学生的统一调配和管理等。顶岗实习领导小组是由高师院校领导以及各部门和各学院负责人构成，主要职责有顶岗实习的政策细则、拟定顶岗实习方案、指导、监督和管理顶岗实习学生的工作、统筹规划顶岗实习工作并根据各方对顶岗实习学生的评价给出综合评价。

（2）二级管理系统

二级管理系统是指由驻县教师、实习学校校长、带队教师按顶岗实习有关要求进行监督、指导和评价工作。驻县教师为主要负责人，各实习学校校长和带队教师积极配合驻县教师的管理和监督工作，其主要职责有：第一，在领导小组的领导下组织、指导各顶岗实习点开展工作；第二，选拔和安排实习学校的指导教师；第三，负责顶岗实习学生的生活和工作的各项事务，解决实习生遇到的问题；第四，管理和监督所属辖区内实习生工作的开展；第五，组织辖区内优秀实习生的评选工作。

（3）三级管理系统

三级管理系统是由巡回指导教师、学校导师、实习学校指导教师组成，主要负责组织安排和指导教育教学工作以及对顶岗实习学生进行评价。

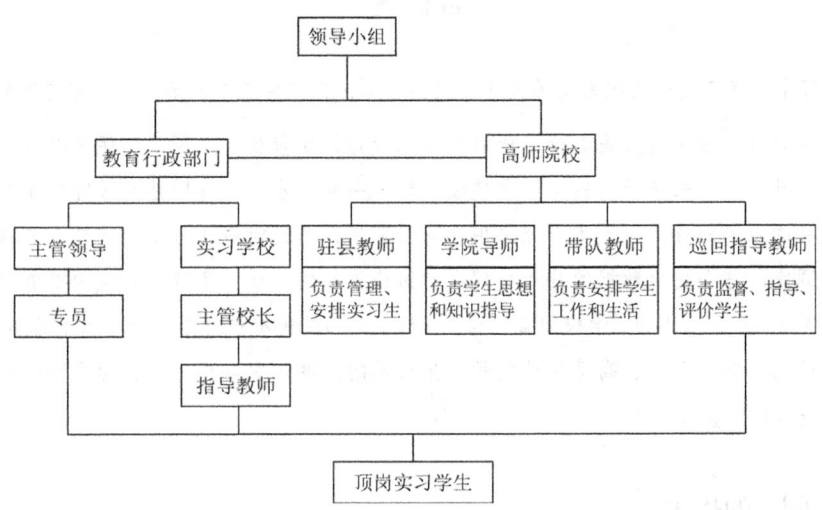

图 3 顶岗实习模式管理系统

顶岗实习模式是一种创新的人才培养模式，是提高人才培养质量的重要载体，是对传统教育实习的改进，我们需要加强对顶岗实习模式应用性的研究。

本研究基于管理学角度，从顶岗实习理念、内容、工具、程序和制度五个方面构建顶岗实习模式，并将模式与顶岗实习现状进行对比，从中发现顶岗实习模式与顶岗实习本身存在的问题，并分析产生问题的原因，针对原因从加大顶岗实习理念的宣传力度、丰富顶岗实习模式的理论指导、完善顶岗实习模式的内容和程序、完善顶岗实习模式的制度建设四个方面提出了具体可行的改进建议。

高师院校准教师专业素养水平研究

吕薇薇

【提要】 高师院校承担着培养人才、服务社会,为基础教育提供优质教师资源的重任。高师院校准教师是未来的人民教师,代表着未来教师的质量状况。所以,促进准教师专业素养水平的提升,加强未来教师的培养和建设,培养一支高水平、高质量的教师队伍是高师院校今后发展的主要任务之一。本研究采用调查研究法,通过对河北省高师院校准教师专业素养水平的调查,结合量化数据的分析处理和对访谈资料的分析,了解高师院校准教师的专业素养水平现状,从个人因素、学校因素方面,探讨了高师院校准教师专业素养水平的影响因素,继而从供给侧结构性改革、高师院校对师范生培养的角度入手分析原因,为高师院校今后对师范生的培养提出对策和建议。

一、问题的提出

(一)教师人力资源水平是学校发展的关键

教师人力资源水平是学校总体水平的重要体现,教师作为学校发展的首要资源,其质量的高低对教育教学活动产生决定性的影响。[①] 党的十七大报告中提到要整合、优化教育资源,促进义务教育的发展,首要任务是加强教师队伍的素质建设;同时,义务教育均衡发展的关键就是教师的均衡发展,教师的发展是学校发展的核心,是学校发展的重要资源。高师院校作为培养基础教育师资的重要场所,承担着为社会输送人才的重要任务,着力提高师范教育的质量,提高准教师的专业素养水平显得尤为重要,促进学校发展、全面提高教育教学质量,教师是关键。

(二)准教师是教师人力资源配置的重要预备力量

准教师,指的取得教师资格证且毕业但尚未被聘任人员,或是高师院校在校的三、四年级已获得教师资格证书,即将毕业走上教师工作岗位的师范生。本研究中,准教师指的是已经取得教师资格证书的师范类本科院校四年级的学生。准教师的质量关系重大,准教师专业素养的高低影响着未来教师的质量状况。《国务院关于基础教育改革与发展的决定》指出,师

---

① 中央教育科学研究所教育督导评估研究中心.义务教育均衡发展报告2010[M].教育科学出版社,2010:24-28.

范生作为未来人民教师的重要组成部分,是学校今后发展的资源,学校教育要持续健康地发展,就必须促进高校师范生教师专业发展水平的提升、促进其专业素养水平的提升。

(三)研究准教师的重要意义

1. 研究准教师是国家政策的要求

《国家中长期教育改革和发展规划纲要(2010—2020年)》中提出"要全面提高教育质量,提高人才培养质量,着力培养高素质的专门人才。"提高教育质量教师是关键,《国家教育事业发展十三五规划》规定:"教师是学生知识、能力的培育者,为进一步提高教育质量,提高教师专业化水平,要加强教师队伍的建设,进一步提升教师的素质、能力、加强师范生教育实践和教师教育师资队伍建设。"2012年,我国颁布《国务院关于加强教师队伍建设的意见》指出,"要以补足配齐各级各类学校中的教师为重要工作,加强职前、入职、在职教师的培养与培训,依法施教。"该文件的提出,更加强调了教师准入制度的严格性和规范性,这也为我们今后教师队伍的培养和建设提供了方向,在一定程度上也对我们教师队伍的建设提出了更为严格的要求,对促进我国整体教师队伍建设也具有重要作用。

2012年,我国颁布了幼儿园、中小学教师三项专业标准,从教师的专业理念与师德、专业知识和专业能力三个维度对教师是否符合专业标准进行评判,这是教师未来进行教育教学的一个行为规范,推动了教师的专业发展,教师专业标准的制定与实施,也作为对教师的培养、入职的一个考核标准,对即将入职的准教师提出了更为具体的标准和方向。

2. 研究准教师是现实的需要

高等教育供给的主要目的是向市场输送优秀人才,高等师范院校肩负着培养教师的重大任务,高等师范院校培养出的准教师的质量,也是未来教师质量的重要组成部分,直接影响着培养未来教师的水平和发展方向。

在高等教育发展中,教师的专业发展作为需求侧一方,需要增强其发展能力,所以需要培养出符合社会需求,具备较强知识理论和实践经验的教师也是高师院校今后培养人才的首要方向。

(四)教师专业素养的含义

学者们对于"教师专业素养"的界定不同。郑燕祥认为[①]教师专业素养首先就是教师要有职业理想,热爱教师职业,以此为自己的奋斗目标,而且还应该具备基本的教育教学知识和掌握课堂教学能力。林崇德、申继亮、辛涛认为教师素养应该包括五个方面内容[②]:教师的职业理想、对待教育教学的态度和观念、是否掌握了扎实的专业知识、能否掌握并运用教学方

---

① 郑燕祥. 教育的功能与效能 [M]. 广角镜出版社,1986:32-39.

② 林崇德,申继亮,辛涛. 教师素质的构成及其培养途径 [J]. 中国教育学刊,1996(6):16-22.

法。钟振裕认为[①]教师专业素养应包括教师师德与教育理念，教师的教育教学知识，同时教师还应该具备创新性的科研素养。作为教师还应当以自己行为为基准，给学生示范作用，通过自身的行为举止来要求和规范师范生，这也是教师应当具备的行为素养。童其林认为[②]教师专业素养第一点应包括先进的教育理念和对教育事业执着的敬业精神，这是教师专业素养的根本所在。第二点则是教育知识，教师在掌握基本专业知识的同时，还应当拓宽自己的视野，学会学习，终身学习。第三点就是教师应当具备教育智慧，这是教师在长期的教学过程中，反思总结提炼出的规律，是对教学的整体性把握，是教师应该不断追求的重要目标。

因此，本研究认为教师专业素养即为教师应当具备科学先进的专业理念，牢固掌握教育教学的专业知识，灵活运用教育理论能够很好地掌控课堂，开展教学活动的一种专业能力。教师专业素养应该包括教师在进行教育教学活动中所必需的知识素养，其中具备科学专业的知识应是教师专业素养的核心，教师专业素养还应当包括教师在课堂教学实践中所体现出的教学技能素养，和教师所具备的教育教学观念。

（五）基于教师专业发展标准衡量准教师的专业素养

2012 年我国颁布了幼儿园、小学、中学各个学段的教师专业标准，标准的提出是对于教师具体教学行为的一个规范，更为详尽地提出了针对教师实施教育教学行为的具体要求，是今后针对教师的培养、准入等制度的一个重要考核依据。

基于《中学教师专业标准（试行）》的划分，本研究将从教师专业理念与师德、专业知识和专业能力这三个维度对教师专业素养做了具体规定，并以此为研究框架来分析准教师的专业素养，《中学教师专业标准（试行）》不仅明确了教师专业发展的方向，同时也为国家教师教育改革，和今后教师的培养实提供了重要的参照标准，也为高师院校师范生今后的学习，提出了更为具体的要求。

二、准教师专业素养的现状分析

准教师是教师队伍的主要后备力量，他们专业素养水平的高低对教师队伍的整体素质起着关键作用。

为了研究准教师的专业素养，本研究选取已经取得教师资格证书的师范类本科院校四年级的学生作为研究对象，从 3 个维度（专业理念与师德、专业知识、专业能力）对其专业素养水平进行分析。旨在通过对准教师专业素养水平的分析，厘清准教师的专业素养现状，为教师教育改革的不断深化提供意见和建议，同时也为准教师专业素养的提升提供可行的方案和措施。

---

① 钟振裕.关于提升教师素养的若干思考[J].福建论坛（社科教育版），2011（11）：15-17.

② 童其林.教师专业素养的内涵及提升途径[J].教育研究与评论（中学教育教学），2016（6）：39-45.

（一）准教师专业素养总体水平较高

准教师专业素养水平的总分以及其他3个维度上的得分如表1所示。

表1 准教师专业素养水平描述统计表

维度	个案数	均值	标准差	题数	每题平均分
专业素养水平	395	427.56	42.13	114	3.75
专业理念与师德	395	193.28	18.14	51	3.79
专业知识	395	88.48	10.35	24	3.69
专业能力	395	145.79	15.67	39	3.74
有效的个案数（列表状态）	395				

由表1可知，准教师的专业素养水平以及3个维度的整体得分较高，均显著高于理论平均值2.5分[（1+2+3+4）/4]，这表明准教师的专业素养水平整体情况较好。其中，得分最高的是"专业理念与师德"维度，得分最低的是"专业知识"维度，这表明准教师认为，自身在"专业理念与师德"方面做得最好，在"专业知识"方面表现相对较弱。

（二）准教师专业素养水平的具体表现不一

1. 准教师专业理念与师德水平的分析

表2 专业理念与师德整体情况描述统计表

维度	个案数	均值	标准差	题数	每题平均分
专业理念与师德	395	193.3	18.144	51	3.79
职业理解与认识	395	48.89	4.526	13	3.76
对学生的态度与行为	395	49.64	4.815	13	3.82
教育教学的态度与行为	395	45.39	4.729	12	3.78
个人修养与行为	395	49.36	4.984	13	3.8
有效的个案数（列表状态）	395				

在"专业理念与师德"4个子维度中，"对学生的态度与行为"维度得分最高，"职业理解与认识"维度得分相对较低，表明准教师在对职业的理解与认识上还有欠缺。

（1）职业理解与认识有待提高

分析其子维度发现，"职业理解与认识"维度得分相对较低，在"认同中学教师的独特性"得分相对较低，通过分析也可以看出，有69.4%的准教师把报考师范院校作为自己的第一志愿，其中有274人在最初将考取师范院校作为自己的第一志愿,有121名准教师并没有将考师范院校作为自己的第一志愿,占到总人数的30.6%;毕业后依然选择从事教师职业的准教师有310名,占到总体人数的78.5%,另外毕业后仍不想从事教师职业的准教师有85名,占到准教师总体人数的21.5%。

访谈中在问及是否"热爱教师职业"这个问题时,听到了不同的回答,进一步访谈了解到有的准教师选择读师范院校,并不是因为真正喜欢教师这个职业,没有完全根据自己的选择做决定。

家里人都说应该报一个师范院校,可能以后工作比较稳定,我就听了家人的决定才报考的师范院校。(TSC同学)

我自己也不明白应该选择什么,当时填报志愿,老师和家长都说报师范院校吧,我就报考了。(BFY同学)

起初我不是很了解师范专业,觉得当老师有些困难,但是通过本科的学习,我很喜欢给我们讲基础课的老师,老师能很细致地讲解清楚课程内容,举的例子也生动形象,让我觉得成为一名老师也不是那么难,而且我也想成为像基础课老师一样幽默又富有知识的人。(HBZ同学)

表3 职业理解与认识频次分析表

题项	1分人数	百分比(%)	2分人数	百分比(%)	3分人数	百分比(%)	4分人数	百分比(%)
B1-3 理解中学教育工作的意义	1	0.3	3	0.8	93	23.5	298	75.4
B1-4 热爱中学教育事业	1	0.3	6	1.5	108	27.3	280	70.9
B1-5 具有敬业精神	1	0.3	1	0.3	86	21.8	307	77.7
B1-6 具有职业理想	1	0.3	8	2.0	104	26.3	282	71.4
B1-7 认同中学教师的专业性	1	0.3	1	0.3	91	23.0	302	76.5
B1-8 认同中学教师的独特性	1	0.3	6	1.5	100	25.3	288	72.9

在对于"热爱中学教育事业""具有职业理想""认同中学教师的专业性"等维度上都有准教师自评得分为1分,尤其在"具有职业理想"维度上有8名准教师自评得分为2分,"热爱中学教育事业"上有6名准教师自评得分为2分,在"认同中学教师的独特性"维度上也有8名准教师自评得分为2分。

关于职业理想,我现在没想过,是觉得教师还是比较稳定的一个工作,而且我是女孩子当教师比较踏实吧。(BFL同学)

我觉得中学教师的工作还是挺有压力的吧，有升学压力，对我自己可能也是一个挑战吧，我愿意尝试。别的没想过，以后踏踏实实地干好本职工作就可以了。（CZZ 同学）

说到独特性，我个人觉得没什么很特别的地方，我觉得其实作为高中教师压力还是挺大的，升学压力很重，课程安排的也密，比较累吧感觉。（HDW 同学）

一名合格的准教师必须要具备教师职业理想，作为高师院校的准教师，是未来教师的主要后备力量，更应当具备坚定的教师职业理想信念。教师职业理想信念是准教师的行动指南，只有坚定地热爱教师职业，才能更好地够投入到这个专业中，并为之去努力和奋斗，只有这样才能称得上是一名称职的教师。

（2）师德与法律法规相关知识欠缺

具备一定的师德知识是师德养成的重要前提，作为即将走入教师岗位的准教师，在未来会面对错综复杂的教育情境，具备正确的师德理念，是准教师规范自己教学行为的一个行为准则，在调查中发现有一些准教师，在对于师德的一些基本知识和内容的掌握上有所欠缺，尤其是与教师职业相关的法律知识亟须提高。

表4 职业理解与认识频次分析表

题项	1分人数	百分比（%）	2分人数	百分比（%）	3分人数	百分比（%）	4分人数	百分比（%）
B1-1 贯彻党和国家教育方针政策	4	1.0	0	0	71	18.0	320	81.0
B1-2 遵守教育法律法规	1	0.3	1	0.3	46	11.6	347	87.8

由表4可知，有4名准教师在"贯彻党和国家教育方针政策"维度上的得分为1分，在"贯遵守教育法律法规"维度上也有1名准教师自评得分为1分，这说明仍有一部分准教师认为自己并没有很好地做到贯彻党和国家的教育方针政策，在访谈中也发现有一些准教师对教育方针并不熟悉，或是不清楚教育法规政策的内容，对于教育法律法规学习的重视程度也不够。

我不太了解关于教育的法律法规，我们也没有这种课程，我记得应该是老师上课的时候举例子会提到一些吧。（BFG 同学）

可能平时也不关注吧，我对法律不太感兴趣。平时可能会听到关于教育法律规制，但是我也不太清楚。（LFL 同学）

我觉得我是一个合格好公民，我遵纪守法，我做得挺好的，所以对于教师这一部分的法律法规我觉得自己也没什么问题。（XTX 同学）

大家可能都能做到遵纪守法吧，不违反法律也就不违法教育法律法规。（HBL 同学）

通过对准教师的访谈也发现，关于教育的法律法规以及相关的法律知识，一方面，准教师在态度上就不够重视，没有将教育法律法规看作是作为教师素质必备的一个要素；另一方面，通过对准教师的访谈也发现,他们缺少关于教育法律法规这方面的课程。

(3)对学生的态度与行为需要改善

表5 对学生的态度与行为频次分析表

题项	1分人数	百分比(%)	2分人数	百分比(%)	3分人数	百分比(%)	4分人数	百分比(%)
B2-1 关爱中学生	2	0.5	0	0	64	16.2	329	83.3
B2-2 重视中学生身心健康发展	2	0.5	1	0.3	61	15.4	331	83.3
B2-3 保护中学生生命安全	2	0.5	1	0.3	65	16.5	327	82.8
B2-4 尊重中学生独立人格	2	0.5	0	0	55	13.9	338	85.6
B2-5 维护中学生合法权益	2	0.5	1	0.3	56	14.2	336	85.1
B2-6 平等对待每一个中学生	2	0.5	3	0.8	53	13.4	337	85.3
B2-7 不讽刺、挖苦、歧视中学生	2	0.5	1	0.3	49	12.4	343	86.8
B2-8 不体罚或变相体罚中学生	3	0.8	1	0.3	55	13.9	336	85.1
B2-9 尊重个体差异	2	0.5	1	0.3	55	13.9	337	85.3
B2-10 主动了解中学生的不同需要	2	0.5	0	0	75	19.0	318	80.5
B2-11 主动满足中学生的不同需要	2	0.5	2	0.5	88	22.3	303	76.7
B2-12 信任中学生	3	0.8	0	0	70	17.7	322	81.5
B2-13 积极创造条件,促进中学生的自主发展	2	0.5	1	0.3	78	19.7	314	79.5

通过分析可以看出,在"学生的态度和行为"上每个题都有准教师认为自己并没有做到合格的标准,在"不体罚或变相体罚中学生"和"信任中学生"维度上都有3名准教师的得分为1分,其中有3名准教师在"平等对待每一个中学生"维度上得分为2分。在"重视中学生全面发展""主动满足中学生的不同需要""为每一个中学生提供适合的教育"这几个维度上,准教师自评得分相对较低,在访谈中,有的准教师认为自己已经了解所学的知识,也懂得应用基本教育知识和原理,但是要真正做到主动满足中学生的不同需要,能力上还是有些欠缺,不能够很好地为每一个中学生提供适合的教育,因材施教有些困难。

我自己在这方面做的还不错,孩子那么多,课程和作业也多,如果要主动满足中学生的需求,我不明白我该怎么做。(BF B 同学)

我实习的时候发现学生太难管了,估计看我是新教师都不怕我,有不交作业的、作业丢了之类的,我觉得以后更凶一点儿对他们可能会好一些。(TS X 同学)

（4）对待教育教学的态度与行为有待加强

在"教育教学的态度与行为"维度上都有得 1 分的情况,其中有 3 名准教师认为自己没能够重视中学生的全面发展,有 3 名准教师认为自己不能为每一个中学生提供适切的教育,有 5 名准教师在此维度得分为 2 分。

表 6　教育教学的态度与行为频次分析表

题项	1 分人数	百分比（%）	2 分人数	百分比（%）	3 分人数	百分比（%）	4 分人数	百分比（%）
B3-1 树立育人为本、德育为先的理念	2	0.5	2	0.5	63	15.9	328	83.0
B3-2 将中学生的知识学习、能力发展与品德养成相结合	2	0.5	1	0.3	80	20.3	312	79.0
B3-3 重视中学生的全面发展	3	0.8	0	0	68	17.2	324	82.0
B3-4 尊重教育规律	2	0.5	0	0	70	17.7	323	81.8
B3-5 尊重中学生身心发展规律	2	0.5	1	0.3	63	15.9	329	83.3
B3-6 为每一个中学生提供适合的教育	3	0.8	5	1.3	90	22.8	297	75.2
B3-7 激发中学生的求知欲和好奇心	2	0.5	0	0	87	22.0	306	77.5
B3-8 培养中学生学习兴趣和爱好	2	0.5	1	0.3	82	20.8	310	78.5
B3-9 营造自由探索、勇于创新的氛围	2	0.5	1	0.3	89	22.5	303	76.7
B3-11 培养中学生良好的思维习惯	2	0.5	0	0	83	21.0	310	78.5
B3-12 培养中学生适应社会的能力	2	0.5	0	0	78	19.7	315	79.7

我觉得自己在实习的过程中,能够重视学生的发展,因为在学校学习的时候老师也讲过,

强调过应该把课堂还给学生,而且我们都学过心理学,也了解中学生心理发展状况,所以有时候孩子们课上偶尔调皮,我也是能理解的,但是让我去主动培养激发他们的学习兴趣,我觉得还是有一些难的,毕竟学生人也多,不可能都顾及全,也可能是我自身还有点能力不够吧。(HBM同学)

经过实习给我留下最深的印象就是,当老师真的太不容易了,而且孩子们个性也不同,学习习惯啊都不一样,差别也挺大的,以前我们都提到要因材施教,但我觉得真正做的还是需要下很大功夫的。(BFQ同学)

(5)个人修养与行为有待提高

表7 个人修养与行为频次分析表

题项	1分人数	百分比(%)	2分人数	百分比(%)	3分人数	百分比(%)	4分人数	百分比(%)
B4-1 富有爱心	2	0.5	3	0.8	58	14.7	332	84.1
B4-2 富有责任心	2	0.5	0	0	63	15.9	330	83.5
B4-3 富有耐心	2	0.5	3	0.8	77	19.5	313	79.2
B4-4 富有细心	2	0.5	3	0.8	66	16.7	324	82.0
B4-5 乐观向上	2	0.5	0	0	61	15.4	332	84.1
B4-6 热情开朗	2	0.5	1	0.3	79	20.0	313	79.2
B4-7 有亲和力	2	0.5	0	0	66	16.7	327	82.8
B4-8 善于自我调节情绪	2	0.5	4	1.0	98	24.8	291	73.7
B4-9 保持平和心态	2	0.5	1	0.3	89	22.5	303	76.7
B4-10 勤于学习,不断进取	2	0.5	1	0.3	77	19.5	315	79.7
B4-11 衣着整洁得体	2	0.5	1	0.3	65	16.5	327	82.8
B4-12 语言规范健康	2	0.5	1	0.3	73	18.5	319	80.8
B4-13 举止文明礼貌	2	0.5	1	0.3	56	14.2	336	85.1

在"个人修养与行为"维度上,每个题都有两名准教师得1分;另外大多数准教师认为自己在"举止文明礼貌""富有爱心""乐观向上"和"富有责任心"维度做得较好。整体上看,

准教师还是具备较为良好的个人修养和行为,能够积极地面对教育教学工作,对待学生有耐心,工作细心,语言规范,行为文明礼貌,较好地树立了教师的形象,但在访谈中也了解到准教师存在的一些问题。

我认为教师嘛,就应该为人师表,不仅仅要在知识上做学生的榜样,也要在行为举止上得体,语言要规范,因为老师的每一句话、每一个动作,学生都在时时刻刻地关注着,以老师的举止行为作为他们的行为标准,所以作为教师只有方方面面都做好,才可以给孩子们起到一个榜样示范作用,这样以后孩子们回想起我的某某老师哪方面特别好,我自己也觉得挺骄傲的。(HB R 同学)

我在实习的时候遇到过那种实在不听话的孩子,当时我就着急了,骂了他们,其实后来想想挺后悔的,我当时是真着急,这些孩子不仅上课捣乱,还会影响别人听课,所以现在自己也理解当时自己老师上课时的感受了。我回想起来,我觉得自己骂孩子的行为是不对的,我以后也会注意自己的情绪,不骂孩子们,这是我以后需要改正的地方。(TSZ 同学)

可能也是经验不足,讲课的时候有学生捣乱,我就有点儿心急,感觉自己不能很好地把控自己的情绪,还需要锻炼吧。(BFC 同学)

2. 准教师专业知识水平的分析

(1) 专业知识水平整体较高

表8 专业知识描述统计表

维度	个案数	均值	标准差	题项	每题平均分
专业知识	395	88.48	10.353	24	3.69
教育知识	395	40.34	4.975	11	3.67
学科知识	395	14.88	1.817	4	3.72
学科教学知识	395	14.85	1.834	4	3.71
通识性知识	395	18.41	2.254	5	3.68
有效的个案数(列表状态)	395				

由表8可知,在"专业知识"4个子维度中,"学科知识"维度得分相对最高,分数为3.72分;其次是"学科教学知识"维度,分数为3.71分;"教育知识"维度得分相对最低,分数为3.67分。由此说明,大部分准教师认为,自己对学科知识和学科教学知识方面掌握得较好,一部分准教师认为自己对于教育知识和通识性知识的掌握还不是很好。

(2) 教育知识掌握较好

表9 教育知识频次分析表

题项	1分人数	百分比（%）	2分人数	百分比（%）	3分人数	百分比（%）	4分人数	百分比（%）
C1-1 掌握中学教育的基本原理	2	0.5	1	0.3	110	27.8	282	71.4
C1-2 掌握中学教育的主要方法	2	0.5	1	0.3	125	31.6	267	67.6
C1-3 掌握班集体建设的策略与方法	1	0.3	5	1.3	124	31.4	265	67.1
C1-4 掌握班级管理的策略与方法	2	0.5	8	2.0	126	31.9	259	65.6
C1-5 了解中学生身心发展的一般规律与特点	2	0.5	3	0.8	106	26.8	284	71.9
C1-6 了解中学生世界观、人生观、价值观形成的过程	2	0.5	4	1.0	111	28.1	278	70.4
C1-7 了解中学生世界观、人生观、价值观形成的教育方法	2	0.5	4	1.0	113	28.6	276	69.9
C1-8 了解中学生思维能力发展的过程与特点	2	0.5	4	1.0	116	29.4	273	69.1
C1-9 了解中学生创新能力发展的过程与特点	2	0.5	6	1.5	114	28.9	273	69.1

通过数据分析可以看出，每个选项都有1名准教师得1分，这说明准教师虽然整体情况较为良好，但仍有一部分准教师认为自己在专业知识方面上存在不足。有9名准教师在"了解中学生群体文化特点"维度上自己评分为2分，在"掌握班级管理的策略与方法"维度上也有8名准教师得了2分，其次是"了解中学生创新能力发展的过程与特点""了解中学生群体行为方式"两个维度上都有6名准教师得2分。这说明仍有一部分准教师认为自己在教育知识和中

学生群体的相关知识方面掌握的不是很好。

在访谈中有的准教师表示了解一些基本的教育原理，但并没有作为专业课来深入学习。

在我们学校教育学、心理学都是公共课，好几个班在一起上课，基本就是老师讲原理，具体怎么进行班级管理或是一些方法，我们也只是听老师讲，我觉得自己还是不能够掌握。（HB S 同学）

关于这种教育知识方面的课程，我们都是几个班一起上课，有时候老师会安排成小专题，几人一组讲，但我觉得可能我们最终掌握到的还是仅限于书本上的一些方法，在实习的时候我还是不会运用。（TS Y 同学）

（3）学科知识水平有待增强

表 10　学科知识频次分析表

题项	1分人数	百分比（%）	2分人数	百分比（%）	3分人数	百分比（%）	4分人数	百分比（%）
C2-1 理解所教学科的知识体系、基本思想与方法	2	0.5	2	0.5	108	27.3	283	71.6
C2-2 掌握所教学科内容的基本知识、基本原理与技能	2	0.5	3	0.8	94	23.8	296	74.9
C2-3 了解所教学科与其他学科的联系	3	0.8	2	0.5	94	23.8	296	74.9
C2-4 了解所教学科与社会实践的联系	2	0.5	4	1.0	99	25.1	290	73.4

由表10可知，在每个选项都有准教师得分为1分，其中在"了解所教学科与其他学科的联系"维度上，有3名准教师自己评分为1分，在"了解所教学科与社会实践的联系"维度上，有4名准教师得2分，这说明准教师在掌握一定的教育基本原理和方法的同时，对于学科之间的联系还不是很了解，也缺少一定的社会实践知识和自然科学知识。

上课的时候老师都会讲到，我们应该用什么样的方式方法来上课，对于本学科的知识我觉得自己学的还是不错的基本能掌握，但是现在让我去上好一门课我觉得自己可能还有些能力不够吧。（BF B 同学）

我是学英语的，我觉得我们专业还是应用性强一些吧，但是说实话我不太了解我们这个学科和其他社会实践的联系，我们平时上课大多都是语言技能的训练，或者是一些英美文学课之类的，

高年级的时候我们会学到构词法、词根词源这种，没有涉及过什么其他知识吧。（HBT 同学）

（4）学科教学知识水平有待提高

表 11　学科教学知识频次分析表

题项	1分人数	百分比（%）	2分人数	百分比（%）	3分人数	百分比（%）	4分人数	百分比（%）
C3-1 掌握所教学科课程标准	2	0.5	3	0.8	100	25.3	290	73.4
C3-2 掌握所教学科课程资源开发的主要方法与策略	2	0.5	5	1.3	104	26.3	284	71.9
C3-3 了解中学生在学习具体学科内容时的认知特点	2	0.5	1	0.3	100	25.3	292	73.9
C3-4 掌握针对具体学科内容进行教学的方法与策略	2	0.5	2	0.5	103	26.1	288	72.9

由表 11 可知，在"学科教学知识"维度上，每道题也有准教师得分为 1 分，说明准教师不了解中学生在学科内容学习中的认知特点；有 5 名准教师在"掌握所教学科课程资源开发的主要方法与策略"维度上得 2 分。不过，从统计的数据看，大多数准教师还是能够掌握基本的学科教学知识。在对准教师的访谈中，了解到一些高师院校开设过一学期关于教学、教法的课程，但有一些准教师认为课程效果不是很明显。

我们有一门课程就是教学方法课，老师主要讲授课堂教学有哪几种方式方法，以及该怎么导入课、怎么写教案等，老师课下会让我们写教案，但成效不大，只有教案写得好的个别同学上台展示分享，所以我并不清楚我的教案哪里有欠缺。老师也会有一节课让大家自己结组选一个题目说课，但不是每个人都可以去讲课，每个小组会选一名代表上台展示，所以大多数人没有得到根本性的锻炼。（TSL 同学）

我不是很懂什么是课程资源开发，我觉得平时学到的基本原理知识还是挺丰富的，老师也会具体地告诉我们教学中应该怎么做，还是偏重理论性的知识吧，我觉得我们实践的机会还是少，我很希望能有更多的机会走上讲堂去讲课，我觉得只有自己亲身经历了，才能更好地理解老师讲的一些知识。（HBD 同学）

（5）通识性知识欠缺

表12 通识性知识频次分析表

题项	1分人数	百分比（%）	2分人数	百分比（%）	3分人数	百分比（%）	4分人数	百分比（%）
C4-1 具有相应的自然科学知识	2	0.5	2	0.5	123	31.1	268	67.8
C4-2 具有相应的人文社会科学知识	2	0.5	2	0.5	104	26.3	287	72.7
C4-3 了解中国教育基本情况	2	0.5	10	2.5	104	26.3	279	70.6
C4-4 具有相应的艺术欣赏与表现知识	2	0.5	3	0.8	118	29.9	272	68.9
C4-5 具有适应教育内容、教学手段和方法的现代化信息技术知识	2	0.5	4	1.0	107	27.1	282	71.4

在通识性知识方面，每题均有准教师得分为1分，在"了解中国教育基本情况"这个维度上，有10名准教师得分为2分；在"具有适应教育内容、教学手段和方法的现代化信息技术知识"维度上，也有4名准教师得分为2分，这也说明一些准教师认为，自己在自然科学知识方面了解的不多，对中国教育的基本情况也不是很了解，在教育技术手段上的应用能力和艺术欣赏能力还有所欠缺。

一些关于自然科学知识的课程我们专业是没有开设过，别的学院或者专业我不太了解，我个人还是很喜欢的，我觉得自己掌握的还行，可能也是因为我自己平时生活中看这方面的书较多吧，我喜欢读书，而且以后要当老师，我觉得自己知识面广一些，讲课的时候多穿插一些科学知识也是很有趣的。（CZY同学）

有时候我也会关注新闻，看看咱们现在有什么关于教育的方针政策之类的，老师也会提醒我们多关注，还是有一部分同学不了解吧，毕竟老师就上课的时候说了说而已，靠我们自觉学习吧。（HDW同学）

我觉得教育技术学上课的时候还行，过一段时间不用可能我就忘了，这种操作性的东西还是应该多练就好了吧，我觉得还应该多给我们机会去操作，去讲课这样好一些。（HBC同学）

(6) 教师资格证与所学专业一致的准教师专业知识水平较高

表 13 教师资格证与所学专业是否一致及专业知识独立样本 T 检验

维度	是否一致	均值	标准差	均值的标准误	t	p
C1 教育知识	是	40.52	4.899	0.278	1.321	0.189
	否	39.68	5.246	0.572		
C2 学科知识	是	14.98	1.773	0.101	2.049	0.043
	否	14.5	1.942	0.212		
C3 学科教学知识	是	14.95	1.800	0.102	1.994	0.048
	否	14.49	1.929	0.211		
C4 通识性知识	是	18.49	2.255	0.128	1.309	0.191
	否	18.13	2.238	0.244		

所学专业与获得的教师资格证学科是否一致，在学科知识和学科教学知识上有差异，p 值均小于 0.05，由上表可知，在学科知识维度上，所学专业与教师资格证学科一致的准教师，得分要高于所学专业与教师资格证学科不一致的准教师（t=2.049，p=0.043）；在学科教学知识维度上，所学专业与教师资格证学科一致的准教师，得分也要高于所学专业与教师资格证学科不一致的准教师（t=1.994，p=0.048）。

(7) 将师范院校作为自己第一志愿的准教师在学科知识、学科教学知识、通识性知识维度上得分高

表 14 师范院校是否为第一志愿专业知识子维度独立样本 T 检验

维度	是否为第一志愿	均值	标准差	均值的标准误	t	p
C1 教育知识	是	40.3	5.196	0.314	-.0270	0.787
	否	40.45	4.451	0.405		
C2 学科知识	是	14.90	1.898	0.115	0.359	0.719
	否	14.83	1.626	0.148		
C3 学科教学知识	是	14.88	1.893	0.114	0.489	0.625
	否	14.79	1.699	0.154		
C4 通识性知识	是	18.45	2.330	0.141	0.562	0.574
	否	18.31	2.078	0.189		

表 14 表示，将师范院校作为自己第一志愿的准教师在学科知识、学科教学知识和通识性

知识上的得分高于没有将师范院校作为自己第一志愿的准教师。

3. 准教师专业能力水平的分析

（1）专业能力整体水平较好

表15 专业能力描述统计表

维度	个案数	均值	标准差	题数	每题平均分
专业能力	395	145.79	15.665	39	3.74
教学设计	395	14.83	1.838	4	3.71
教学实施	395	29.81	3.397	8	3.73
班级管理与教育活动	395	29.87	3.458	8	3.73
教育教学评价	395	18.64	2.165	5	3.73
沟通与合作	395	26.36	2.807	7	3.77
反思与发展	395	26.27	2.947	7	3.75
有效的个案数（列表状态）	395				

专业能力6个子维度中，沟通与合作得分最高，为3.77分，说明准教师的沟通与合作能力较强，但是在教学设计的得分相对较低，为3.71分。

单个样本T检验结果表明，专业能力及其6个子维度的每题平均分，以及39个题项的得分均显著高于理论平均分2.5分 [2.5=(1+2+3+4)/4]，p值均小于0.001。

（2）教学设计掌握不好

表16 教学设计频次分析表

题项	1分 人数	百分比（%）	2分 人数	百分比（%）	3分 人数	百分比（%）	4分 人数	百分比（%）
D1-1 科学设计教学目标和教学计划	2	0.5	3	0.8	105	26.6	285	72.2
D1-2 合理利用教学资源和方法设计教学过程	2	0.5	3	0.8	100	25.3	290	73.4
D1-3 引导中学生设计个性化的学习计划	2	0.5	3	0.8	97	24.6	293	74.2
D1-4 帮助中学生设计个性化的学习计划	2	0.5	1	0.3	116	29.4	276	69.9

通过数据分析可以看出,每个选项都有1名准教师得1分,"科学设计教学目标和教学计划""合理利用教学资源和方法设计教学过程""引导中学生设计个性化的学习计划"均有3人得了2分,在"科学设计教学目标和教学计划"维度中得4分的人相对较少,也说明准教师这种实际操作能力水平不高,对于教学目标和教学计划把握得不好。

我们学过怎么写教案,按照老师讲的步骤我能很好地完成教案,但是在实习中我发现自己并不能很好地帮助学生们制定计划,有时候按照自己的教案上课能完成教学进度就很好了,要说真的考虑到学生的情况,我能够这么想,但在上课过程中,我觉得自己好像做不到。(BFZ同学)

在考教师资格证之前只是听课、看书,老师强调过要从学生的角度发展出发,要把课堂还给学生,觉得不是很难,等到自己真正要上一节课的时候发现不是想象中单纯地把课讲下来就可以了。许多以前老师上课讲过的关于导入、复习课之类的东西真的还需要自己打磨,但是我一直都在很积极地从学生的角度出发,尽可能地在制定教学计划的时候多考虑中学生的实际情况。(HBF同学)

我觉得教学设计这方面我自己掌握得挺好,首先我有这个观念我知道要以学生为主,也知道应该合理地用我们手边的一些资源,按照课标、教学计划进度等更好地整合课本内容,把课讲明白讲生动,但我更希望我们师范生能够多一些这样的机会去讲,在实践中发现自己的问题,而不是像我现在一样,我觉得自己能到达这个基本满意的水平,但是我也不敢肯定自己今后在真正的课堂上会怎样。(TSD同学)

表17 毕业后是否从事教师职业与教学设计独立样本T检验

维度	毕业后是否想从事教师职业	均值	标准差	均值的标准误	t	p
D1-2 合理利用教学资源和方法设计教学过程	是	3.69	0.521	0.03	-2.019	0.045
	否	3.8	0.402	0.044		

由独立样本T检验分析可知,毕业后想从事教师职业的准教师与不想从事教师职业的准教师在教学设计上存在显著差异(t=-2.019, p=0.045)具体分析得出,在"合理利用教学资源和方法设计教学过程"子维度上,想从事教师职业的准教师得分要低于不想从事教师职业的准教师。

表18 所学专业是否与教师资格证上的学科一致及教学设计独立样本T检验

维度	所学专业是否与教师资格证上的学科一致	均值	标准差	均值的标准误	t	p
D1-3 引导中学生设计个性化的学习计划	是	3.75	0.481	0.027	2.281	0.024
	否	3.61	0.538	0.059		

独立样本 T 检验分析得出,所学专业与教师资格证学科一致的准教师与所学专业和教师资格证学科不一致的准教师在"引导中学生设计个性化的学习计划"维度上存在显著差异（t=2.281，p=0.024），且所学专业与教师资格证学科一致的准教师得分要高于不一致的准教师。

我是跨学科考的教师资格证，现在我的教师资格证是政治学科，我很喜欢政治，可能报志愿的时候也没多想就报了英语，而且我觉得我本专业学的知识也不扎实，本来兴趣也不强，我以后不想当英语老师，所以还是选择了喜欢的政治，可能是因为喜欢吧，学起来也轻松，我觉得对知识消化吸收能力都较强。（HBZ 同学）

（3）教学实施能力有待提高

表 19　教学实施频次分析表

题项	1分人数	百分比（%）	2分人数	百分比（%）	3分人数	百分比（%）	4分人数	百分比（%）
D2-4 有效调控教学过程	2	0.0	4	1.0	106	26.8	283	71.6
D2-5 引发中学生独立思考	2	0.5	2	0.5	106	26.8	285	72.2
D2-7 发展学生创新能力	2	0.5	2	0.5	105	26.6	286	72.4
D2-8 将现代教育技术手段渗透应用到教学中	2	0.5	2	0.5	99	25.1	292	73.9

在教学实施能力维度上，有 4 名准教师在"有效调控教学过程"得 2 分，在"引发中学生独立思考""发展学生创新能力""将现代教育技术手段渗透应用到教学中"这几个维度上均有 2 名准教师得 2 分，也说明在教学实施过程中，有一小部分准教师认为自己不能够很好地调控教学过程，教学方法和手段的运用能力不高。

去实习的时候自己没什么经验，第一次上讲台，学生看我也是新老师也不害怕，一会儿就有交头接耳说话的，还有故意打岔开玩笑的让课堂整体很乱，我就要先停下，不讲课去维持秩序，让他们不要说话。然后我就挺担心这种情况的，特别影响自己当时的状态，也特别影响讲课的进度和效率。（HDW 同学）

有一次上教法课，我们小组是我作为代表上讲台讲课，自己太紧张了，之前背过的内容一下子忘了，也不知道接下来要讲的内容是什么了，越着急想越紧张，脸都红了当时，我就傻站着不知道该干嘛了，脑子一片空白，下面的同学也小声嘀咕起来。（TSL 同学）

表 20 所学专业与教师资格证上的学科是否一致及教学实施 独立样本 T 检验

维度	是否一致	均值	标准差	均值的标准误	t	p
D2-8 将现代教育技术手段渗透应用到教学中	是	3.75	0.474	0.027	2.111	0.037
	否	3.62	0.536	0.058		

独立样本 T 检验分析得出,所学专业与教师资格证学科一致的准教师与所学专业和教师资格证学科不一致的准教师,在"将现代教育技术手段渗透运用到教学中"维度上存在显著差异(t=2.111,p=0.037),且所学专业与教师资格证学科一致的准教师得分要高于不一致的准教师。

(4) 班级管理与教育活动能力有待提升

表 21 班级管理与教育活动频次分析表

题项	1分 人数	百分比(%)	2分 人数	百分比(%)	3分 人数	百分比(%)	4分 人数	百分比(%)
D3-4 根据中学生世界观、人生观、价值观形成的特点,有针对性地组织开展德育活动	2	0.5	4	1.0	110	27.8	279	70.6
D3-5 针对中学生青春期生理和心理发展特点,有针对性地组织开展有益身心健康发展的教育活动	2	0.5	3	0.8	93	23.5	297	75.2
D3-7 有效管理和开展班级活动	2	0.5	3	0.8	93	23.5	297	75.2
D3-8 妥善应对突发事件	2	0.5	4	1.0	116	29.4	273	69.1

有 4 名准教师在"根据中学生世界观、人生观、价值观形成的特点,有针对性地组织开展德育活动"维度上得分为 2 分,在"妥善应对突发事件"维度上也有 4 名准教师得分为 2 分,共有 6 名准教师在"有效管理和开展班级活动""针对中学生青春期生理期和心理发展特点,有针对性地组织开展有益身心健康的教育活动"维度上得分为 2 分。

在访谈中,有的准教师认为自己在学校能够学习到有关中学生身心发展的相关知识,也能在实习过程中关注到中学生的一些心理变化，但并没有开展过类似的活动。

学校的心理学、教育学书上都讲到过不同年龄段的学生特点不同，我对这部分印象也比较深，学了这些知识之后，我更能理解中学生的一些心理活动，毕竟自己也是经历过的，也能够合理地对她们进行劝说开导吧，但是中学课业任务大，也没太多时间。（HBZ同学）

我个人不能够很好地应对突发事件，中学的孩子们叛逆，有时候在课上两个孩子就动手了，都是高高大大的小伙子，我当时就有点儿不知所措，还是其他班干部和隔壁老师来帮忙协调好的，这也是我以后需要加强的地方。（TST同学）

表22 所学专业与资格证是否一致及班级管理与教育活动独立样本T检验

维度	是否一致	均值	标准差	均值的标准误	t	p
D3-4 根据中学生世界观、人生观、价值观形成的特点有针对性地组织开展德育活动	是	3.72	0.512	0.029	2.084	0.039
	否	3.58	0.52	0.057		
D3-6 指导学生理想、心理、学业等多方面发展	是	3.75	0.482	0.027	2.129	0.035
	否	3.62	0.513	0.056		

独立样本T检验分析得出，所学专业与教师资格证学科一致的准教师与所学专业和教师资格证学科不一致的准教师，在"根据中学生世界观、人生观、价值观形成的特点有针对性地组织开展德育活动"维度上存在显著差异（t=2.084，p=0.039），且所学专业与教师资格证学科一致的准教师得分要高于不一致的准教师；在"指导学生理想、心理、学业等对方面发展"维度上，两者也存在显著差异（t=2.129，p=0.035），且所学专业与教师资格证学科一致的准教师得分要高于不一致的准教师。

（5）教育教学评价能力有待提高

表23 教育教学评价频次分析表

题项	1分 人数	百分比（%）	2分 人数	百分比（%）	3分 人数	百分比（%）	4分 人数	百分比（%）
D4-1 利用评价工具，掌握多元评价方法	2	0.5	2	0.5	95	24.1	296	74.9
D4-2 多视角、全过程评价学生发展	2	0.5	2	0.5	105	26.6	286	72.4

续表

题项	1分人数	百分比（%）	2分人数	百分比（%）	3分人数	百分比（%）	4分人数	百分比（%）
D4-3 引导学生进行自我评价	2	0.5	3	0.8	101	25.6	289	73.2
D4-4 自我评价教育教学效果	2	0.5	3	0.8	100	25.3	290	73.4
D4-5 及时调整和改进教育教学工作	2	0.5	0	0	85	21.5	308	78.0

大多数准教师能够掌握多元评价方式，多视角、全过程地关注学生的发展，也有3名准教师在"引导学生进行自我评价"维度上得分为2分，有3名准教师在"自我评价教育教学效果"维度上得分为2分。

让我自己给自己进行评价我觉得还是有一点儿困难的，可能我自己知道有一些不足，但是自己还不是很清楚，最好的样子是怎么样的，希望能够有老师指导自己。（TS W 同学）

现在的评价更注重过程性评价，关注中学生在一个阶段过程发展的情况，这样能看到孩子们身上更多的闪光点吧。（HB L 同学）

表24 所学专业与资格证是否一致及教育教学评价独立样本T检验

维度	是否一致	均值	标准差	均值的标准误	t	p
D4-1 利用评价工具，掌握多元评价方法	是	3.76	0.475	0.027	2.342	0.021
	否	3.62	0.513	0.056		

独立样本T检验分析得出，所学专业与教师资格证上的科目是否一致在"利用评价工具，掌握多元评价方法"维度上存在显著差异（t=2.342，p=0.021），且师范专业的准教师得分要高于非师范专业的准教师。

（6）沟通与合作能力需要提高

表25 沟通与合作频次分析表

题项	1分人数	百分比（%）	2分人数	百分比（%）	3分人数	百分比（%）	4分人数	百分比（%）
D5-1 了解中学生	2	0.5	1	0.3	109	27.6	283	71.6
D5-2 平等地与中学生进行沟通交流	2	0.5	1	0.3	68	17.2	324	82.0

续表

题项	1分人数	百分比（%）	2分人数	百分比（%）	3分人数	百分比（%）	4分人数	百分比（%）
D5-3 与同事合作交流	2	0.5	1	0.3	86	21.8	306	77.5
D5-4 与同事分享经验和资源	2	0.5	0	0	76	19.2	317	80.3
D5-5 与同事共同发展	2	0.5	0	0	84	21.3	309	78.2
D5-6 与家长进行有效沟通合作，共同促进中学生发展	2	0.5	1	0.3	83	21.0	309	78.2
D5-7 协助中学与社区建立合作互助的良好关系	2	0.5	0	0	90	22.8	303	76.7
D5-7 协助中学与社区建立合作互助的良好关系	2	0.5	0	0	90	22.8	303	76.7

准教师的合作与沟通能力水平整体较好，得4分比例最高的维度是"平等地与中学生进行沟通交流"，其次是"与同事分享经验和资源"，这说明大多数准教师能够做到与同事互相合作交流，共同分析经验和资源，但是对中学生的了解相对较少。

工作中老师们给予我很大的帮助，我作为实习生有好多不知道的东西，对学校也不了解，办公室其他老师都很热心，也很照顾我，有一些问题我也主动请教老教师，老教师会放下手头的任务，告诉我具体的方式方法，在这次实习中我也收获了不少。（TSL同学）

（7）反思与发展能力较弱

表26　反思与发展频次分析表

题项	1分人数	百分比（%）	2分人数	百分比（%）	3分人数	百分比（%）	4分人数	百分比（%）
D6-1 主动收集分析相关信息	2	0.5	1	0.3	88	22.3	304	77.0
D6-2 不断进行反思	2	0.5	1	0.3	82	20.8	310	78.5

续表

题项	1分人数	百分比（%）	2分人数	百分比（%）	3分人数	百分比（%）	4分人数	百分比（%）
D6-3 改进教育教学工作	2	0.5	2	0.5	82	20.8	309	78.2
D6-7 不断提高自身专业素质	2	0.5	1	0.3	83	21.0	309	78.2

访谈中发现一些准教师还是缺少主动反思的意识，不能够更积极主动发现自己的问题，主动改正。

实习的时候发现真的是太忙了，其实我是一个善于总结的人，但是每天忙着听课、备课、批改作业一系列的事情，很难有空能静下来想一想我哪里做的好哪里做的不好，你这样一提我确实也发现自己这方面做得不够。（BFQ同学）

表27 反思与发展频次分析表

题项	1分人数	百分比（%）	2分人数	百分比（%）	3分人数	百分比（%）	4分人数	百分比（%）
D6-4 针对教育教学工作中的现实需要，进行探索和研究	2	0.5	3	0.8	91	23.0	299	75.7
D6-5 针对教育教学工作中的问题，进行探索和研究	2	0.5	4	0.1	91	23.0	298	75.4
D6-6 制定专业发展规划	2	0.5	3	0.8	93	23.5	297	75.2

一些准教师在主动探索、研究问题方面存在一些不足，缺乏一种探索新事物和新观点的好奇心，没有明确的职业规划。

我暂时还没有想过未来的专业发展规划，就目前阶段而言，我觉得我把课能够上好，孩子们喜欢我就很不错了，以后可能我会再深造吧，想多学一些知识，我觉得自己差的还很多。（HBT同学）

在教研的时候会主动探索问题，大家一起开会就某个问题讨论，发表自己的不同观点，我刚实习也没有什么经验，暂时没什么太多思考。（LFL同学）

（8）所学专业与教师资格证上一致的准教师更善于不断提高自身专业素质

表28 所学专业与教师资格证是否一致独立样本T检验

维度	是否一致	均值	标准差	均值的标准误	t	p
D6-7 不断提高自身专业素质	是	3.80	0.456	0.026	2.249	0.026
	否	3.67	0.474	0.052		

（三）师范专业准教师的专业素养水平高于非师范专业准教师

1. 师范专业准教师的专业理念与师德水平高于非师范专业准教师

（1）师范专业准教师的职业理解与认识水平高于非师范专业准教师

独立样本T检验分析发现，师范专业准教师与非师范专业准教师在"专业理念与师德"上存在差异，p值均小于0.05；其中在"职业理解与认识""对学生的态度与行为"上均存在差异显著（t=2.249，p=0.026），师范专业的准教师在"职业理解与认识"和"对学生的态度与行为"维度上的得分均高于非师范专业的准教师。

表29 职业理解与认识及是否为师范专业独立样本T检验

维度	是否为师范专业	均值	标准差	均值的标准误	t	p
B1 职业理解与认识	是	49.08	4.421	0.238	2.028	0.047
	否	47.56	5.039	0.713		
B2 对学生的态度与行为	是	49.84	4.706	0.253	2.009	0.049
	否	48.24	5.351	0.757		

由表29可知，师范专业的准教师在"职业理解与认识"和"对学生的态度与行为"维度上的得分均高于非师范专业的准教师，进一步分析后如表30所示。

表30 职业理解与认识及是否为师范专业独立样本T检验

维度	是否为师范专业	均值	标准差	均值的标准误	t	p
B1-1 贯彻党和国家教育方针政策	是	3.81	0.474	0.026	2.056	0.044
	否	3.66	0.479	0.068		
B1-4 热爱中学教育事业	是	3.71	0.496	0.027	2.238	0.029
	否	3.52	0.58	0.082		

独立样本 T 检验后发现在"职业理解与认识"维度上师范专业与非师范专业的准教师存在显著差异,进一步的分析发现,师范专业与非师范专业的准教师在"贯彻党和国家的教育方针政策""热爱中学教育事业"两个子维度上存在显著差异,在"贯彻党和国家教育方针政策"维度上,师范专业的准教师得分要高于非师范专业的准教师,"热爱中学教育事业"维度上也存在显著差异,师范专业的准教师得分要高于非师范专业的准教师。

(2)师范专业准教师对学生的态度与行为水平高于非师范专业准教师

表 31　对学生的态度与行为及是否为师范专业独立样本 T 检验

维度	是否为师范专业	均值	标准差	均值的标准误	t	p
B2-8 不体罚或变相体罚中学生	是	3.86	0.406	0.022	2.04	0.046
	否	3.68	0.587	0.083		
B2-9 尊重个体差异	是	3.86	0.401	0.022	2.334	0.023
	否	3.7	0.463	0.065		
B2-10 主动了解中学生的不同需要	是	3.81	0.432	0.023	2.159	0.035
	否	3.66	0.479	0.068		

由表 31 可知,师范专业的准教师和非师范专业的准教师在"不体罚或变相体罚中学生"子维度和"尊重个体差异""主动了解中学生的不同需要"子维度上存在显著差异,p 值均小于 0.05,具体表现为,师范专业比非师范专业的准教师在"不体罚或变相体罚中学生"方面做的较好;师范专业的准教师在"尊重个体差异"方面也优于非师范专业的准教师;在"能够主动了解中学生的不同需要"方面,师范专业的准教师优于非师范专业的准教师。

2. 师范专业准教师的专业知识水平高于非师范专业准教师

表 32　专业知识与是否为师范专业独立样本 T 检验

维度	是否为师范专业	均值	标准差	均值的标准误	t	p
C2 学科知识	是	14.95	1.804	0.097	2.034	0.046
	否	14.38	1.85	0.262		
C3 学科教学知识	是	14.94	1.805	0.097	2.246	0.028
	否	14.28	1.949	0.276		

独立样本 T 检验分析后可得,师范专业的准教师和非师范专业的准教师,在"学科知识"

和"学科教学知识"维度上有显著差异，p值均小于0.05，由表32可知，师范专业的准教师在"学科知识"和"学科教学知识"上优于非师范专业的准教师。

（1）师范专业准教师的学科知识水平高于非师范专业的准教师

进一步了解在哪些子维度上，师范专业与非师范专业的准教师之间存在差异，分析如表33所示。

表33　学科知识与是否为师范专业独立样本T检验

维度	是否为师范专业	均值	标准差	均值的标准误	t	p
C2-1 理解所教学科的知识体系、基本思想与方法	是	3.72	0.50	0.027	1.533	0.126
	否	3.60	0.495	0.070		
C2-2 掌握所教学科内容的基本知识、基本原理与技能	是	3.75	0.491	0.026	1.720	0.086
	否	3.62	0.490	0.069		
C2-3 了解所教学科与其他学科的联系	是	3.75	0.53	0.027	1.970	0.053
	否	3.60	0.495	0.070		
C2-4 了解所教学科与社会实践的联系	是	3.74	0.53	0.027	2.322	0.023
	否	3.56	0.51	0.071		

在"了解所教学科与社会实践的联系"维度上，师范专业与非师范专业的准教师之间有显著差异（t=2.322，p=0.023），且师范专业的准教师得分高于非师范专业的准教师，在其他子维度上没有显著差异，但是通过数据看出，师范专业的准教师在"学科知识"维度上的得分要高于非师范专业的准教师。

（2）师范专业准教师学科教学知识水平高于非师范专业准教师

表34　学科教学知识与是否为师范专业独立样本T检验

维度	是否为师范专业	均值	标准差	均值的标准误	t	p
C3-1 掌握所教学科课程标准	是	3.74	0.491	0.026	1.940	0.057
	否	3.58	0.538	0.076		
C3-2 掌握所教学科课程资源开发的主要方法与策略	是	3.72	0.59	0.027	2.472	0.016
	否	3.52	0.544	0.077		

续表

维度	是否为师范专业	均值	标准差	均值的标准误	t	p
C3-3 了解中学生在学习具体学科内容时的认知特点	是	3.74	0.4820	0.026	1.648	0.104
	否	3.62	0.490	0.069		
C3-4 掌握针对具体学科内容进行教学的方法与策略	是	3.74	0.491	0.026	2.329	0.023
	否	3.56	0.51	0.071		

师范专业的准教师在"掌握所教学科课程资源开发的主要方法与策略"维度上与非师范专业的准教师之间存在显著差异（t=2.472，p=0.016），且得分要高于非师范专业的准教师；师范专业的准教师在"掌握针对具体学科内容进行教学的方法与策略"维度上，与非师范专业的准教师之间存在显著差异（t=2.329，p=0.023）且师范专业的准教师得分要高于非师范专业的准教师。

有时间我就会去蹭教育学的课，我觉得师范专业学的更扎实一些，一些方法原理我之前都不了解，听过课发现，好多道理方法都明白了。（BFL同学）

我同学是非师范专业，在与她聊天的时候我就发现，他们可能也学过一些关于教育的相关知识，但是微课、写教案之类的他们都不了解。（HDW同学）

3. 师范专业准教师的专业能力强于非师范专业准教师

（1）师范专业准教师在教学实施维度上得分高于非师范专业准教师

表35 是否为师范专业与教学实施独立样本T检验

维度	是否为师范专业	均值	标准差	均值的标准误	t	p
D2-4 有效调控教学过程	是	3.72	0.511	0.027	2.318	0.021
	否	3.54	0.53	0.071		
D2-7 发展学生创新能力	是	3.73	0.488	0.026	2.108	0.039
	否	3.56	0.541	0.076		

通过独立样本T检验发现，师范与非师范专业的准教师在"有效调控教学过程"方面存在显著差异（t=2.318，p=0.021）；在"发展学生创新能力"方面也存在差异（t=2.108，p=0.039）即师范专业的准教师在有效调控教学过程，和发展学生创新能力方面都要优于非师范专业的准教师。

经过这几年的学习,我知道作为教师要主动培养学生的思考能力、反思能力,可能形成了这样的思维模式吧。(TS X 同学)

(2)师范专业准教师在教育教学评价维度上得分高于非师范专业准教师

表 36 所学专业是否为师范专业与教育教学评价独立样本 T 检验

维度	是否为师范专业	均值	标准差	均值的标准误	t	p
D4-1 利用评价工具,掌握多元评价方法	是	3.76	0.481	0.026	2.35	0.022
	否	3.58	0.499	0.071		
D4-2 多视角、全过程评价学生发展	是	3.72	0.498	0.027	1.353	0.177
	否	3.62	0.49	0.069		
D4-3 引导学生进行自我评价	是	3.73	0.51	0.027	1.422	0.156
	否	3.62	0.49	0.069		
D4-4 自我评价教育教学效果	是	3.72	0.54	0.027	0.552	0.581
	否	3.68	0.471	0.067		
D4-5 及时调整和改进教育教学工作	是	3.79	0.452	0.024	1.745	0.086
	否	3.66	0.479	0.068		

独立样本 T 检验分析得出,师范专业与非师范专业的准教师在"利用评价工具,掌握多元评价方法"维度上存在显著差异(t=2.350,p=0.022)且师范专业的准教师得分要高于非师范专业的准教师。

访谈中有准教师表示他们自身也是比较重视评价的,认为要从学生的角度,对学生做出更客观、积极的评价,这样有助于学生的自我认可和自我成长。

学了教育学、心理学知识后我觉得我更能理解现在的孩子们了,可能自己小的时候也是这样经历的,但不如书本上的知识更科学,在学习或是活动中,更关注学生们的整体发展情况,关注过程性的评价,同时我也会注意到,及时地肯定认可学生,他们的进步会很大,他们需要老师更多的关注和认同,而且我还会积极地引导学生们进行自我评价,发现自己的优缺点及时改正,或是发扬,这对于孩子们的学习也是很有帮助的。(BF Z 同学)

(3) 师范专业准教师在反思与发展维度上得分高于非师范专业准教师

表 37 反思与发展—所学专业是否为师范专业独立样本 T 检验

维度	是否为师范专业	均值	标准差	均值的标准误	t	p
D6-5 针对教育教学工作中的问题，进行探索和研究	是	3.76	0.479	0.026	2.33	0.023
	否	3.56	0.577	0.082		
D6-6 制定专业发展规划	是	3.76	0.479	0.026	2.471	0.016
	否	3.56	0.541	0.076		
D6-7 不断提高自身专业素质	是	3.79	0.456	0.025	2.038	0.046
	否	3.64	0.485	0.069		

独立样本 T 检验分析得出，师范专业的准教师在"针对教育教学工作中的问题进行探索和研究"维度上与非师范专业的准教师存在显著差异（t=2.33，p=0.023）且师范专业的准教师得分要高于非师范专业的准教师；师范专业的准教师在"制定专业发展规划"维度上与非师范专业的准教师存在显著差异（t=2.471，p=0.016），且师范专业的准教师得分要高于非师范专业的准教师；师范专业的准教师在"不断提高自身专业素质"维度上与非师范专业的准教师存在显著差异（t=2.038，p=0.046），且师范专业的准教师得分要高于非师范专业的准教师。

三、影响准教师专业素养水平的因素分析

（一）影响准教师专业理念与师德的因素分析

专业理念体现了准教师对于教师职业的一种理解，同时也体现了准教师自身对于教师职业的一种认可程度，师德考察的是准教师在教育教学过程中所体现的一种道德规范和行为准则。师德是育人的关键，也是对准教师日常行为的一种考察和要求，准教师自身应当具备较好的道德水平，提高自身的道德修养，为今后走上教师岗位奠定坚实的基础。

影响准教师专业理念与师德的因素包括下面几个方面。

1. 个人因素：职业认知程度不够

（1）个人重视程度不够

一部分准教师并没有将师德作为自身素质重要的一部分来看待，还有一些学生认为：

师范生应在校期间多努力学习教师专业知识和教师职业技能，使自己有一技之长，认为博学多识、教学能力高才是最重要的，师德修养高不高都能当老师，师德的教育可以在今后的工作培训中完成。（BFG 同学）

在这种错误思想下,也导致很多准教师对师德的学习积极性不高。

在问及认为教师最重要的素质是什么的时候,有一些准教师认为:

我认为在专业技能方面的学习很重要,扎实的学习基础是一个老师应该具备的基本素养,同时还要具备一定的技能方法。我在这方面有所欠缺,所以要把自己实践能力的提升放在首位。(TS L 同学)

师范生在日常的学习中不注重把握师德的真正内涵,更不愿意积极强化自己的师德意志、培养良好的师德行为习惯。这种对师德学习的敷衍态度,势必会影响到师范院校的师德教育效果。

我觉得我个人品德修养还是不错的,师德也应该没问题,注重学习专业知识才是我应该关注的重点吧。(HB D 同学)

平时老师会讲一些案例,通过案例我们能够知晓未来成为教师该怎么做。知道作为老师哪些行为是允许的,哪些是不允许的,我觉得就可以了吧。(TS L 同学)

(2)个人对教师职业认同度不高

表38 职业理解与认识频次分析表

题项	1分 人数	百分比（%）	2分 人数	百分比（%）	3分 人数	百分比（%）	4分 人数	百分比（%）
B1-3 理解中学教育工作的意义	1	0.3	3	0.8	93	23.5	298	75.4
B1-4 热爱中学教育事业	1	0.3	6	1.5	108	27.3	280	70.9
B1-5 具有敬业精神	1	0.3	1	0.3	86	21.8	307	77.7
B1-6 具有职业理想	1	0.3	8	2.0	104	26.3	282	71.4
B1-7 认同中学教师的专业性	1	0.3	1	0.3	91	23.0	302	76.5
B1-8 认同中学教师的独特性	1	0.3	6	1.5	100	25.3	288	72.9

有近30%的准教师并没有做到热爱中学教育事业,对教师事业不够热爱;而且在对于能否理解中学教育工作的意义方面,也有人不能够做到完全理解,仍有一些准教师并不完全认同中学教师的专业性。

我觉得作为中学教师,也不需要特别专业的知识或是技能吧,可能也就是在知识上稍有难度吧。(BF B 同学)

一些准教师关于职业理想的这种观念淡薄,甚至没有职业理想。

我没有考虑过关于职业理想的问题，我觉得就是做一名普普通通的老师吧，别的我没有考虑过。（BF Q 同学）

（3）个人对教师的职业信念不够坚定

表 39 考师范院校是否为第一志愿和毕业是否从事教师职业频次分析表

题项		频数	百分比（%）
考师范院校是否为自己的第一志愿	是	274	69.4
	否	121	30.6
毕业后是否想从事教师职业	是	310	78.5
	否	85	21.5
合计		395	100

通过数据可以看出，有 30% 的人没有将报考高师院校作为自己的第一志愿，也反映出个人对教师职业的热爱程度不够；有 21.5% 的准教师毕业后不选择从事教师职业，通过对他们今后从教意愿的考察，反映出准教师自身对于教师职业的选择不够坚定，缺少对教师职业应有的热爱和执着。

2. 学校因素：课程设置不全面

（1）师德课程缺乏

有的准教师表示在高师院校的学习中，除了专业必修课程以外，并没有受到专业的关于师德方面的教育，学校并没有开设这类课程。

我们没有专门的教师师德课程，可能关于这方面的知识就是老师平时说的一些基本要求吧，规范我们师范生的一些行为，今后作为老师应当具备的一些素质吧。（BF C 同学）

即便是开设了相关课程，也主要依托于教育学、心理学等教育类课程，教育类专业课程的设置主要是也以学科专业知识为主，关于师德知识的相关内容，一般是在教育学课程中作为一个章节的形式呈现。

我记得当时是在教育学这门课中，其中有一个章节讲到关于教师师德这方面的内容，好像内容也不是很多，其他就没有再讲过这方面的内容了。（HB D 同学）

内容少，课时少，授课教师很难系统地阐述清楚师德知识的内涵与外延，同时这类课程也缺少必要的实践环节，这导致现在准教师对教育法律法规意识淡薄，师德知识较欠缺，这也是导致准教师对师德内容不够重视的原因之一。

（2）缺少专业的师德授课教师

学校关于师德方面的授课情况，一方面是由学校的党政干部、思想政治教师等进行授课，但这些老师并没有足够的关于师德或是教育法规相关的教育知识背景，对教师职业的特殊性把握不够，难以有针对性地对准教师进行师德方面的教育；另一方面是由学校担任教育学、心理学课程的教师进行师德授课，该类教师虽然具备一定的专业教育知识，但也未曾受过系统的关于师德或是法规内容的教学训练，对师德教育工作的理解不够深刻，并不能够很好地对准教师进行师德课程的讲授，在一定程度上影响了师德课程的教学效果。

（3）忽视了对准教师师德情感的培养

对准教师的师德教育更多的只是对相关规范的基础学习，却忽视了对准教师师德情感的培养。当今的高师院校对准教师的师德教育培养，也只是停留在教师职业技能和初步了解教师的职业规范上，而准教师自己对于教师职业角色的理解、职业理想、职业纪律等方面的教育却被忽视了。

我认为教师是很伟大、很神圣的，当老师是我一直以来的愿望，我希望今后能够有这样一门课程吧，可以让我们一起分享自己的体会，我觉得能多给我们讲授一些关于教师职业的纪律啊，或是职业规划、职业发展可能会对我们学习更有指导意义吧，我有一些同学并不是很热爱这个职业，我特想有机会能够分享我这种体会。（HBT同学）

（二）影响准教师专业知识水平的因素分析

1. 个人因素：学习积极性不高

学生在选择就读师范专业时，对自己的专业并不了解，出于环境影响或者是其他非主观性因素选择就读这一专业，在访谈中也了解到，一些准教师选择师范专业是出于非自愿因素，对从事教师职业没有足够的兴趣。这也导致其在高师院校学习的过程中，缺乏整体的职业规划，目标不够明确，表现出不够积极的学习动机，知识学习领会水平也不高。

2. 学校因素：课程设置不尽合理

高师课程类型包括公共基础类课程，集中授课在学生入学第一年，例如政治、体育、计算机等课程，还包括各学院制定的不同学科的专业基础课程，根据不同学院、学科划分的课程，开设系统详细的专业课程，为其提供专业的知识讲授；另外就是师范教育类的课程，为师范生提供专业的教育教学理论知识和技能。

（1）知识课程设置不合理，缺少实践

高师院校的教育类专业性课程理论性强，缺少对师范生进行实践训练。访谈中发现，准教师自己对于所学的基本原理，都能够较为熟练地掌握，但有一部分准教师认为学校的课程理论性太强，与真实的教学情况有所脱节。准教师只是限于对抽象概念的学习中，关于实际教学中需要的技能得不到锻炼，自身也不能够很好地运用这些理论知识。

我觉得理论课的学习确实给我们打下了良好的基础，但我希望还能多一些实践课程，毕竟书本上的知识和真正的教学情景还是有一定差距的，能多进入课堂就更好了。（HBM同学）

我在校学习成绩还不错，各科成绩都还不错，学习比较扎实，尤其是一些理论课程我都很好地掌握并取得了较好的成绩，但在实际应用中我发现自己欠缺的还是很多，心里也有一些落差，光是在校理论的学习还是不够的。（TSL同学）

（2）通识性知识课程设置单一

学校没有专门设置自然科学类课程，也没有根据专业开设相关的人文社会科学类课程。在访谈中发现一些专业课程的设置并不能满足当前准教师的个人需求，准教师希望学校能多一些自然科学或是人文科学类的课程，希望能够扩充自己的知识领域。

我是英语专业的学生，但我还特别喜欢一些唐诗宋词这类书籍，平时会去图书馆借此类的书籍翻阅，因为我们平时就是一些关于英语的阅读或是翻译写作之类的课程，几乎都是围绕英语专业开设的一些科目，我个人特别希望如果学校能给我们安排一些其他专业的课程，拓展下我们的知识领域吧算是，诗歌鉴赏或是音乐赏析都行，我觉得也能让我们的学习更有乐趣吧。（HBT同学）

一些文科类别的准教师并没有自然科学类知识基础，而另一些理科类别准教师则缺乏人文精神的熏陶。

我特别喜欢科幻小说，或是和自然、地理太空相关的书籍，有时候也会去蹭地理专业的课程，觉得大自然特别神奇，特别有意思，但毕竟自己也是蹭课，其实什么也没有学到，自己又是一名文科生，本身了解的就不多，有时候我就在想自己今后如果走上工作岗位也有学生像我一样对这些方面感兴趣，问我一些问题我答不上来，学生可能会觉得我这个老师是不是知识掌握得太匮乏了，要是能和地理专业或是生物专业学的课程一样的内容，哪怕是作为了解的一些浅显的基本知识都好啊。（BFB同学）

高师院校在课程安排方面，只注重于对本学科、本专业课程的安排，忽视了各学科之间的联系，这也是准教师在知识结构方面欠缺的因素之一。

（三）影响准教师专业能力的因素分析

专业能力既涵盖开展教学所需要具备的专业技术和能力，也包括准教师自我需要具备专业素养水平，两种能力是相互联系，相互促进。

1. 个人因素：自身教学反思不够

大部分准教师能够从多个维度进行教学反思，也能够发现教学中存在的问题，但是却很少能够客观地分析产生问题的原因，并提出合理的改进措施，这也反映出准教师的反思能力稍显不足，仅有少部分准教师既能发现教学过程中出现的问题，自己也会找寻、分析原因并进行改善，教学反思水平相对较高。通过访谈还发现，大多数准教师进行自我教学反思的形式比较单一，绝大多数采用个人思考的方式，很少会进行集体反思。

自己上完课后回到办公室，会自己拿出笔记本来思考一下我刚才哪里停顿了没有衔接好，或是问题处理不当的地方在哪，同时我也会总结下我自己做得好的地方。（TSL同学）

一节课下来，如果和自己预期的效果差很多会反思一下，如果整体教学效果还可以，我就不怎么反思了。（TSD同学）

2. 学校因素：培养目标笼统、课程实施不到位

（1）准教师培养目标过于笼统

培养目标是整个师范生培养过程的关键环节，起到一个方向统领的作用，在对于准教师的培养过程中需要有较为明确的培养目标，为其今后的发展提供一个方向。在调查中也发现，目前高师院校根据不同的专业都有不同的培养目标，但培养目标都过于笼统，并不能对准教师提出较为明确的要求，也使得准教师在培养过程中没有较为明确的方向，准教师在毕业的时候应该达到怎样的知识水平，达到什么程度的专业技能，都没有在培养目标中体现。而且访谈中发现，准教师自己也并不了解所学专业的培养目标是什么，自身对本专业的发展都没有明确的认识。

培养目标我不太了解，听说过，但老师没有和我们提起过培养目标是什么，我觉得就是达到合格，各科成绩达到学校标准，应该就是我们的培养目标了吧。（BF Z 同学）

我觉得培养目标应该是我们通过本科四年的学习，掌握教育教学的基本原理内容，能够熟练开展教育教学工作吧。但我觉得我也没有达到目标，教学实践能力还有待提高。（HB R 同学）

访谈中准教师表示在四年的学习中，自己没能够熟练掌握教学技能，不能够很好地运用到实际教学过程中，没有达到他们自己所期望的结果。也有一些准教师表示，希望高师院校能够在新生入学时，提供明确的培养目标，使学生能够更清楚自己今后学习的目标，明确自己今后的努力方向。

如果有机会希望我们也能对照培养目标来开展学习，可能目标越具体我们学习起来，方向也更明确，努力的方向也更正确了，可以说是事半功倍吧。（TS Y 同学）

（2）学校教育实践类课程实施不到位

在访谈中准教师认为自己在教学设计、教学实施能力上有所欠缺，不能够很好地把握实际教学情况，教学能力还有待提高。反映出学校较为重视理论课，实践类的课程欠缺，准教师也希望学校可以重视对学生们教学技能的训练，并且多开展一些针对技能训练的课程，希望学校能够多提供一些实践、锻炼的机会，丰富课程类型。

表40　HB 大学汉语国际教育（师范）本科培养方案[①]

课程类别及性质		学分及比例			
		学分	学分小计	占总学分百分比(%)	百分比小计（%）
通识平台课程	通识必修	30~38	38~46	19.3~24.5	24.5~29.7
	通识选修	8		5.2	

---

① 教师教育课程中实践教学课程12学分；实践教学课程中的第二课堂与综合素质课程不计入总分。

续表

课程类别及性质		学分及比例			
		学分	学分小计	占总学分百分比(%)	百分比小计%
大类平台课程	必修	8	8	5.2	5.2
学科平台课程	必修	20	20	12.9	12.9
专业课程	专业必修	24	24~32	15.5	15.5
	专业限定选修	18~26		11.6~16.8	
	专业开放选修	6		3.9	
教师教育课程		23	23	14.8	14.8
实践教学课程	第一课堂	10（+11）	10（+11）	6.4	6.4
	第二课堂	4			
综合素质课程		11			
合计		155	155	100	100

由表 40 可以看出，关于实践教学类的课程仅占总课程的 12.5%，教师教育课程仅占总课程比例的 14.8%，相对于其他课程的设置，还是偏少。

表 41　HB 大学英语专业（师范）本科培养方案

课程类别及性质		学分及比例				备注
		学分	学分小计	占总学分百分比（%）	百分比小计（%）	
通识平台课程	通识必修	30	38	19.4	24.5	
	通识选修	8		5.2		
大类平台课程	必修	8	8	5.2	5.2	
学科平台课程	必修	32	32	20.6	20.6	
专业课程	专业必修	20	21	12.9	17.4	
	专业限定选修	19		12.3	13.59	
	专业开放选修	2		1.29		

续表

课程类别及性质		学分及比例				备注
		学分	学分小计	占总学分百分(%)	百分比小计(%)	
教师教育课程		29	29	18.7	18.7	其中实践教学课程17学分
实践教学课程	第一课堂	7	7	4.5	4.5	
	第二课堂	4	4			不计入总分
	综合素质课程	11	11			不计入总分
合计		155	100	100	100	不包含素质课程与第二课程实践学分

关于教师教育课程的安排，一共29个学分，占到总学分的18.7%，而且英语专业的实践教学课程更少，只有11个学分，仅占总学分的4.5%。

（3）缺少专业实践课程老师指导

访谈中一些准教师认为，自己的指导教师会在一定程度上影响自己教学反思深度。准教师表示，如果自己的指导教师在课前对自己接下来的授课内容，提供一个反思的方向，或是对接下来的授课内容做出一定的要求，大多准教师都会根据老师的要求进行授课和课后的反思，他们认为这样的效果，比自己摸索和研讨的效果要好。这也在一定程度上反映出，准教师自己主动学习和课后反思的能力较差。

对于我个人而言，我很希望老师可以多给我提出意见和努力方向，让我更有目标性地去完成任务，所以我觉得老师的要求或是目标也是很重要的，我更能清楚我需要反思的点在哪里，不会那么盲目了。（HBS同学）

结合原因分析可以看出，准教师的专业素养水平存在一些问题，就准教师主观方面而言，不仅需要让准教师在思想意识和观念上提高对教师职业的重视度，更需要让准教师认可、热爱教师职业；从学校的角度无论是培养方案的制定上还是具体课程的编排上，需要多考虑学生的需求，多开展一些实践课程，让学生在学习理论课程的同时更好地将理论知识联系到实践教学中。

四、提升准教师专业素养水平的建议

习近平主席在中央财经委员会会议中提出，要在适度扩大总需求的同时，着力加强供给侧结构性改革,着力提高供给体系质量和效率。供给侧结构性改革是经济术语,指的是从提高供给质量出发,扩大有效供给,提高供给结构适应性和灵活性,提高全要素生产率,使供给体系更好适应需求结构变化。

为社会培养合格、优秀的毕业生,是供给侧结构性改革背景下对高师院校提出的重要任务,高师院校作为培养教师的基础力量,要以提高教育质量为核心,扩大优化教育资源配置,满足社会对受教者的需求,要在供给侧结构性改革的背景下,培养出更为优质的毕业生,为社会输出高质量的人才,适应不断发展的经济社会需求,同时也满足了人们日益增长的物质文化需求,满足了人们对于高素质人才、高质量教育的诉求。

(一)巩固准教师的专业理念与师德水准

高师院校作为未来教师的培养基地,更应该以授课的形式,来加强准教师对于师德的重视程度,作为高师院校可以通过开设《教育法律法规》《教师职业道德》等相关课程,使准教师能够全面了解教师职业道德的规范和具体要求,明确自己作为准教师的职责,坚定热爱教育事业的信念。

1. 提高师准教师的职业认同感

需要让准教师明确自己的职业理想,提高自身对教师职业的认同感,必须要让准教师认识到教师职业与其他职业的不同特性,认识到从事教师职业必需要具备专业素养的重要性。同时,也要让准教师多到中小学去实践,去了解实际的教育教学的情况,了解教师的工作情况,对教师职业的现状,形成一个较为客观的认识,并结合自身现阶段的个人师德和修养水平,认识到自身可能存在的不足,并不断提高准教师自身的修养和认识。根据施恩职业生涯划分理论,在21岁之前,教师形成职业理想,并且为实现职业理想而付出努力。在此阶段即师范教育阶段,处于职前接受师范教育的准教师,通过在高师院校的学习,增长知识和经验,形成自己的职业理想并为之努力,这个阶段是教师专业发展的基础,也是准教师知识、技能经验持续增长变化的重要阶段,此阶段对于准教师今后的职业生涯有着重要的意义,所以更需要提高准教师对其职业的认同度,使其形成对教师职业的高度认同感,形成自己的教师职业理想和信念。

2. 设置可操作的师德教育目标

高师院校应当设置合理、可操作的师德教育目标,这样才能有针对性地对准教师进行师德教育,而不是仅仅落实在思想政治教育、就业指导教育等课程上。作为还没有真正地走上教师工作岗位的即将毕业的准教师,实际上还没有形成具有现实意义上的师德行为。首先,师德教育应培养准教师确立职业理想,坚定自己的理想信念,坚定从事教育事业的决心。然后,要让高师院校的准教师掌握较为完备的专业技能和培育人才的能力。

3. 完善切合实际的师德教育内容

首先,具备专业的师德知识是形成优良师德修养的必要因素,只有从理论的高度上深刻认识到提高师德修养的重要性,具备基本的师德知识,按照教师职业道德科学理论的引导,才有可能养成高尚的教师职业道德修养。

我国法律、法规明确地规定了教师的义务和权利，同时也对教师的师德行为规范做出了规定和要求。高师院校可以将教育法律法规中的具体内容和要求与师德规范的内容相结合，并作为教学内容融入准教师的师德教育课程之中，从而为准教师师德内容的学习奠定良好的基础。

4. 构建科学完善的师德评价体系

建立师德评价体系时，应以《中小学教师职业道德规范》（2008年修订）的有关要求为基本方向，以提高教师的道德素质为着眼点，使师德测评指标更加具备现实的可操作性。另外可以制定较为详细和严格的师德管理制度，建立详细的考核制度，以量化考核来规范教师的师德，同时也是对准教师师德水平量化考察的依据，并以此来促进准教师师德修养水平的提升。

5. 促进师范生良好学习行为的养成

学校要增强准教师的学习兴趣，多展示一些关于优秀教师的事例或是课程，让准教师在学习知识的同时，加深准教师对职业的热爱程度，增强教师职业的吸引力和感染力。也可以多开展例如微课比赛或是课堂试讲之类的活动，让师范生在学习的同时，提高自身对教师职业的理解，调动准教师学习的主动性和积极性，培育准教师形成正确、主动的学习动机。

（二）提升准教师专业知识水平

高师院校要确立更为具体、更具有可行性的培养目标，结合《中学教师专业标准》设立更贴合学科发展的培养目标。

1. 准教师培养目标与各学科专业发展相结合

高师院校培养目标的设立不仅要结合学院实际情况，还需要符合师范生的要求和需要，考虑到师范生发展的特点和需要，从学生自身的实际情况出发。同时也要了解在实际教学中，中小学生发展特点和需要，在此基础上，综合本学科的专业发展情况和实际教学中的需求情况，拟定符合师范生发展的较为明确的、可操作性强的培养目标。

2. 合理整合教育资源，强化实践技能训练

在对准教师的访谈中发现，大部分准教师认为自己能够较好地掌握基本教育知识和学科知识，同时也表示所学教育理论对其教学实践的指导性不强，缺少相关的专门培训，对于原理的技术运用能力欠缺。

高师院校为准教师提供了一个系统学习专业理论知识的场所，理论学习是基础，为今后准教师走向教师岗位，进行教育教学活动打下坚实的基础，与此同时准教师还应该将所学的理论知识和真正的教育实践活动相结合，以所学的基本理论知识指导实践教学活动，同时将实践中得到的经验反馈到理论学习过程中，这样的学习可以更好地帮助准教师理解、掌握专业知识。所以高师院校需要多增加一些实践课程，例如到中小学教学观摩、试讲等，多提供更多的机会深入中小学，增加准教师对中小学教学状况的了解，加深学生对教育理论知识的理解。

（三）强化准教师的专业能力

表 42 教师专业素养与其子维度之间的皮尔逊相关系数

维度	相关性	专业素养水平	专业理念与师德	专业知识	专业能力
专业素养水平	Pearson 相关性	1	0.953	0.936	0.966
	显著性（双侧）		0	0	0
	个案数	395	395	395	395
专业理念与师德	Pearson 相关性	0.953	1	0.821	0.864
	显著性（双侧）	0		0	0
	个案数	395	395	395	395
专业知识	Pearson 相关性	0.936	0.821	1	0.906
	显著性（双侧）	0	0		0
	个案数	395	395	395	395
专业能力	Pearson 相关性	0.966	0.864	0.906	1
	显著性（双侧）	0	0	0	
	个案数	395	395	395	395

问卷调查发现，准教师的专业素养水平与其三个子维度，以及三个子维度之间均呈现非常显著的高度正相关，相关系数均高于 0.85，p 值均小于 0.001。这表明：随着教师专业水平的提升，其三个子维度水平也随之提升，反之亦然；随着任何一个子维度水平的提升，其他三个子维度水平也随之提升，反之亦然。这说明，无论加强哪方面的能力，另外两方面的能力也会随之提升。由此，高师院校可以借由提升其中任何一个要素来带动其他两个要素的提升。

1. 提供反馈和技术支持

希望老师在讲一些原理知识或是专业知识的时候，能带着我们去中小学，让我们把学到的东西运用到中小学的课堂上，就更好了，我觉得光在学校听老师讲原理课是不足以掌握的。（LFL 同学）

如果每次上课都可以有视频录像，自己能够回放，或是拿给老师看，让老师帮着点评，可能更有效，我们是开设过微课，也能够录视频，但我觉得课时量不够吧。（HBC 同学）

准教师希望可以得到学校更多的技术支持，希望能够通过录播课的形式，观看自己能力方面具体有哪些不足，也希望得到授课教师的指导，帮助自己不断完善。

2. 加强"大学—中小学"的合作

在日常课程安排的时候，增添到中小学中听课、反思的实践内容，让我们的准教师了解当前中小学实际的教学情况，而不只是在书本上的了解。建立教育实习基地，使准教师能够尽早地参与到学校的教学活动中，了解当前学校的实际授课情况，可以从新生入学就开始，每学期都有专门的时间安排到中小学听课或是观摩学习，有问题及时和实习基地教师反馈，更有针对性地对其进行现场指导，或是可以让学生向高师院校的授课老师进行反馈，及时发现问题，及时解决，促进其教学实践能力的提高。

3. 增加到中学实践的机会

除了高师院校规定每学期的实习外，还应该在开设相应教育方法课程的同时，让准教师到中学实习，增加准教师的实习机会和实习经验，只有在真实的教育情境中，面对真实的学生、课堂和中学教学环境，才能更好地将书本上学到的知识得以灵活运用。

高师院校可以多开设一些不同学科的课程，丰富学生的学习生活，同时满足学生们对不同学科知识的需求，高师院校还可以多提供一些实践的机会，不断提高学生们的实践能力。

五、结语

本研究根据《中学教师专业标准（试行）》编制调查问卷，对高师院校即将毕业的准教师进行了调查，并对填写问卷的高师院校准教师进行了深度访谈，根据数据整理和访谈资料的分析了解到，河北省准教师专业素养水平现状中存在的问题，在专业理念与师德方面，准教师对职业的认同度不高；专业知识方面，教育、教育教学知识储备不够等；专业能力方面，教学设计、班级管理能力需要提高，缺少一定的教学实践经验。最后，针对出现的问题提出了相应的解决策略，分别从专业理念与师德、专业知识、专业能力三个方面展开对策分析。

本研究依据《中学教师专业标准（试行）》编制的调查问卷，采用自评的方式，测试了高师院校已经获得教师资格证书的四年级学生的专业素养水平，所以各题项的得分较高，总体平均数较高，标准差较低，这是自评量表自身的缺陷；另一方面，本研究对于影响因素的分析主要来自对访谈资料的质性分析，未能做到系统化处理。希望可以在以后的研究中，进一步深化本研究，克服上述研究过程中的缺陷。

复杂理论视角下的学校发展

叶巧选

【提要】 源起于20世纪40年代的复杂科学,是一门以复杂性和复杂系统为研究对象的综合学科。现如今,复杂科学已深受各个学科领域人们的关注,已然成为当今世界科学发展的潮流和前沿。学校发展是教育改革中不可避免的核心问题,同时也是一项复杂的系统活动,因而,将复杂理论引入学校发展,不仅是合理的,更是十分必要的。本研究采用假设演绎和调查研究相结合的研究方法,对学校发展的复杂性进行分析。首先,从学校发展自身具备的复杂特性出发,来论证复杂理论运用的合理性与必要性。学校发展自身具备的复杂特性主要体现在学校发展处于复杂的时空之中、目标的多重性、内容的多样性、发展方式的灵活性以及学校发展实践的主体具有复杂性等方面。其次,运用复杂理论的已有研究成果,展现学校发展的复杂画面,还原学校发展的真实的复杂面貌。最后,探讨了复杂理论对促进学校发展实践的启发,主要是基于复杂理论的角度,提出学校发展必须坚持的原则——开放性原则、动态性原则、整体性原则以及混沌原则。

一、问题的提出

自从20世纪80年代以来,伴随着我国经济的迅速增长和社会的大发展,以及在世界范围内教育改革浪潮的不断影响下,人们普遍将焦点聚集在教育上,国家对教育的重视程度也逐渐上升,因此,我国的教育改革也如荼如火地进行着。进入21世纪以来,在教育改革向纵深发展的历程中,作为教育体系的基石和在整个教育系统中起着巨大作用的基础教育被推到了改革的前沿。自从2001年我国实施基础教育新课程改革以来,基础教育改革的浪潮一浪高过一浪,引起了广泛的注意。在我国基础教育的持续改革中,教育质量和教育公平始终是主旋律,也是人们最为关注的话题。毫无疑问,中小学校作为教育实施的主体,对基础教育的质量有着至关重要的影响。换而言之,学校的发展状况直接决定着学校的教育质量。而均衡发展的理念更是需要通过每一所学校自身良好的发展而得以实现。

不管是提高教育质量,还是实现基础教育的均衡发展,最终都得落实到学校发展这一层面。每一所具体的学校个体,都以独立的形式存在于教育这个庞大而复杂的系统中,其相对于教育系统而言,就犹如细胞之于生物的重要程度,是教育改革系统中最原始的、最具潜质的、最具活力的改革元。学校这个基本单位不仅仅内含了教育系统中最重要和最核心的元素,更是直接面向这些最重要和最核心的元素,很明显,这里的最重要和最核心的元素是指作为主体的人——校长、教师和学生。美国极具影响力的教育研究专家古得莱得在《教育变革的动力学分析——以响应式学校为例》(The Dynamics of Educational Change: Toward Responsive Schools)一文中论到:"教育变革最理想的单位是由学生、教师和校长——每天都生活在这里的人——作为主要参与者组成的单独学校。"[1] 可见,学校发展是教育改革的核心力量,教育变革最终也是以学校发展为出发点和落脚点的。美国兰德公司曾经做过调查,调查结果显示教育变革自身的性质也好,联邦政府为学区或学校所提供经费的额度也罢,都不足以说明每一个学区或每一所学校的变革程度,也无法区分学区之间或学校之间存在的变革差异性;而学区或学校本身的变革情况,例如组织结构、管理特征等,却能很好地度量这种革新程度以及区分变革差异[2]。不难理解,也只有作为教育系统中基本单位的每一所具体的学校能够整体地、全面地、良好地、健康地、和谐地发展,才谈得上国民教育质量的整体提高,基础教育均衡发展的理念最终才能得以实现。这样,我国基础教育的质量才能有保障,教育公平的实现才有可能。

目前,人们已经意识到学校发展的重要性,并将学校发展作为促进教育公平和提高教育质量的突破口,很多中小学校也已经开始重视自身的发展。尽管如此,但纵观中小学校发展的相关研究和实践,还存在着一个比较典型的问题,那就是无视、忽视、排除学校发展的复杂性。

虽然我国关于学校发展的研究已经较为深入,成果比较丰富,数量也很多,但从总体来看普遍存在"简单化"问题,我国学校在自身发展的实践过程中也存在着诸多"简单化"问题。尤其是长期以来受自然科学中简单性思维、决定论思想和还原论思想的影响,学校工作中的研究者和实践者都倾向于用简单性的、线性的传统思维模式来研究和处理学校发展这项复杂的活动。至于学校发展的相关研究方面,就目前已有的文献来看,关于学校发展研究也呈现单一的画面,普遍显示"简单性"。这里的"简单性",并非指研究简单、浅显、不深入,没有内涵,而是指研究者因简单性思维的惯性作用,根据简单性理论的研究成果来研究复杂的学校发展活动,使得学校发展的研究成果大都是基于简单性理论而形成的。很明显的是,现有的大部分关于学校发展的研究,都是根据简单性理论的研究成果,将学校发展这个整体的研究拆分为很多方面,进而对各个部分进行逐一研究,认为各个方面研究的简单相加之和就等于学校发展这个整体的研究。对学校发展内容、学校发展目标、学校发展策略、学校发展

---

[1] John I. Goodlad. The Dynamics of Educational Change: Toward Responsive Schools [M]. New York: McGraw-Hill, 1975.

[2] 欧文斯. 教育组织行为学:第7版[M]. 窦卫霖,温建平,王越,译. 上海:华东师范大学出版社,2001.

力量、学校发展方式等方面分别进行研究的文献到处可见，但是这些研究中并没有妥善处理这些具体方面与学校发展之间的关系以及这些具体方面之间的关系。研究者基于简单性思维，"整体等于部分之和"，认为通过这些部分的研究就能了解学校发展的全貌。从现实生活中复杂的学校发展的实际情况来看，学校发展的实践工作者也深受自然科学中简单性思维的影响，在现实的学校发展过程中，过度地运用简单性理论处理所遇到的复杂问题，严格控制学校的运行，进行规范化的管理，精确安排课堂时间，精致安排课堂教学步骤，排斥和消灭一切变革因素，将学校发展与环境隔离开来，认为学校发展与外在环境毫无关系。甚至很多学校都认为没必要考虑学校发展，因为学校现在没有遇到什么重大问题，这样，就已经很好、很稳定了，用不着变革，竟然没意识到学校发展现如今已成为学校的生存方式。更有甚者，一些学校从来没有考虑过学校发展问题，认为哪里出了问题解决哪里即可，没有必要弄得那么复杂，这是典型的"头痛医头，脚痛医脚"的思维和行为。不可否认，简单性理论对学校发展的理论研究和实践工作都做出了一定的贡献，促进了学校在一定程度上的发展。但是，学校发展是一项复杂的系统工程，不管是在理论研究中，还是在实践工作中，运用简单性理论，都显得捉襟见肘，均不能很好地认识学校发展的本质和全貌，亦不能解决日益复杂的学校发展工作。

正是因为学校在教育系统所处位置的特殊性，学校发展在教育改革中的重要作用，学校整体地、全面地、良好地、健康地、和谐地发展有助于教育质量的提升和基础教育均衡发展理念的实现；以及学校发展是一项复杂的系统工程，自身具有复杂性属性的特点，而且发展过程又充满着诸多的不确定性的本质。所以，本研究以学校发展为研究的切入点，尝试恰当地运用复杂理论的已有研究成果，通过复杂理论的一些观点和内容来分析和研究学校发展，以期能够更加深刻地认识学校发展的本质，展现学校发展的复杂性图景，从而为如何才能更好地促进学校发展以启示。

二、复杂理论概述

（一）复杂理论的兴起与发展

毋庸置疑，现如今各个学科和领域中关于复杂性的研究已被人们普遍所接受，并且人们已将复杂性研究作为自己学科和领域研究的重点，复杂理论的发展已经达到巅峰阶段。然而，至于复杂科学的源起问题，人们各怀己见，尚未形成统一的定论。奥地利著名生物学家贝塔朗菲说过："我们反对还原论和把现实看作'无非是……'（一堆物理粒子……）的理论……"[①]而复杂科学总的和最主要的特征就是批判传统还原论。所以，人们已普遍承认贝塔朗菲所创立的一般系统论是复杂科学的根源。

---

① 黄欣荣. 贝塔朗菲与复杂性范式的兴起[J]. 科学技术与辩证法，2004（4）：11-57.

从复杂科学兴起至今这一发展历程中，复杂科学发生了巨大的变化。复杂科学不仅拓宽了其研究范围，关于复杂科学的研究亦越来越深入。归纳起来，大致可以分为三个阶段[①]。

1. 研究存在阶段

从贝塔朗菲所创立的一般系统论开始到 20 世纪 60 年代初，是复杂科学研究存在的阶段。贝塔朗菲所创立的一般系统论、维纳的控制论、麦卡洛克与匹茨的人工智能、申农的信息论是这一阶段形成的具有代表意义的复杂理论。

一般系统论的创建者贝塔朗菲所不仅界定了系统的相关概念，将系统论引入其学科，还认为物理系统也是有机的[②]。维纳的控制论虽并未明确指明是研究复杂性的理论，但是维纳在讨论和处理动物以及社会问题时，已经涉及复杂系统的复杂性研究了。人工智能理论的主要研究内容是人或动物智能活动、思维过程以及心理过程，在研究过程中充分利用人造装置进行模拟。信息论诞生于 1948 年美国著名的数学家申农发表的《通信的数学理论》，主要是一门研究系统中关于信息传递等问题的复杂科学理论。

通过分析这些具有代表性的理论，可以看出这一阶段的复杂科学涉及的仅仅是关于复杂存在的研究。

2. 研究演化阶段

复杂科学研究演化阶段大约集中在 20 世纪 60 年代初至 20 世纪 70 年代末。在这一阶段期间研究的焦点是复杂系统的演化问题，因而，产生了许多研究复杂系统演化机理的复杂科学理论，这些理论将复杂性的探索推向一个崭新的平台。这一时期形成了很多关于复杂系统如何发展演化的理论，例如，著名的耗散结构理论、混沌理论等，这些不同的理论分别从不同的角度去揭示系统的运动，共同构成了复杂理论的主要内容。这些复杂理论集中研究复杂系统如何实现从无序到有序等一系列系统演化问题，采用数学模型、物理实验或模型、计算机模拟等非还原分解的研究方法。

3. 综合研究阶段

20 世纪 80 年代初至今是复杂科学综合研究阶段。1984 年 5 月，美国一批有志于复杂性研究的志士仁人成立了圣塔菲研究所，考温担任该研究所的第一任所长。圣塔菲研究所是第一个专门地独立地从事于复杂性研究的科学研究机构，统一的复杂性研究团队在这里正式形成，专门的复杂性研究刊物《复杂性》亦在此诞生。考温曾指出专业化是这个时代的特点，但是，他同时也强调，我们不难发现二战以来，学科之间的交流与对话在与日俱增，朝综合化发展

---

① 金吾伦，郭元林. 复杂性科学及其演变 [J]. 复杂系统与复杂性科学，2004（1）：1-5.
② 贝塔朗菲. 一般系统论：基础、发展和应用 [M]. 林康义，魏宏森，等译. 北京：清华大学出版社，1987.

的倾向很是明显，这种向综合方向发展的步伐正在加快，势必引起科学的变革和将成为科学研究一种新潮流①。很显然，圣塔菲研究所在复杂性方面研究的主要特点之一就是朝向综合科学发展。这一时期复杂科学研究总的特点是：学科之间界线不再分明，各学科之间相互渗透，朝向综合研究。这一阶段期间的复杂科学研究内容主要包演化、生命的进化、人的思想的产生、物种的灭绝、文化的发展等等②。这一阶段形成的具有代表性的复杂理论主要有复杂适应系统理论。

在中国，钱学森是最早开始探索、重视和研究复杂性问题，早在20世纪80年代中期，他就洞察到复杂科学这一个科学研究新方向的重要性，聚集了一批复杂性研究力量，开创了我国复杂性研究的先河，主要研究成果是开放的复杂巨系统理论。

（二）复杂理论的主要观点

英格兰著名科学家牛顿在《自然哲学之数学原理》中论述了大自然和宇宙中的简单性法则，指出自然界做事简单，不拖泥带水，能不多做就绝不会多做一点，因为多做不仅无益，而且还没有用③。可见，牛顿是简单思想的崇拜者和提倡者，他运用简单理论来观察和研究自然，因而，认为自然界是简单的。自然科学领域中所推崇和崇拜的简单性思想对社会、人文等其他许多领域产生了深刻的影响，并且深深扎根于这些科学领域，从而，简单性思想普遍成为人们心中的主流思想和唯一科学的想法。

当简单思想和简单理论在自然科学、社会科学以及人文科学等领域中风靡盛行时，人们在认识、分析和研究这些领域中的现象、问题时，都会不自觉得运用简单性思维。尽管简单性思想在各个学科领域中的丰功伟绩是有目共睹的，但是其弊端也逐渐凸显，不容忽视，尤其是在对复杂性的处理方面，显得捉襟见肘。

普利高津在其著作中指出，复杂性是自然界和宇宙的属性，它不再局限于某一学科，在其他学科中，如物理学中也存在着复杂性④。人们对复杂性的发现和研究，产生了复杂理论。复杂理论不仅对简单性理论进行了深刻的批判，还实现了对其超越。因而在此，有必要分别对复杂理论与简单理论的主要观点作简要介绍，加以对比与区分，以便能够透彻地、更深

---

① Pines, David. *Emerging syntheses in Science* [M]. Addison-Wesley, 1988.
② 沃尔德罗普. 复杂：诞生于秩序与混沌边缘的科学 [M]. 陈玲, 译. 北京：生活·读书·新知三联书店, 1998.
③ 牛顿. 自然哲学之数学原理 [M]. 王克迪, 译. 北京：北京大学出版社, 2006：15.
④ 尼科里斯, 普利高津. 探索复杂性 [M]. 罗久里, 陈奎宁, 译. 成都：四川教育出版社, 1986：7.

入地理解和把握复杂理论。表1简要概述了复杂理论和简单理论的主要观点[①]。

表1 简单理论与复杂理论的主要观点

观点	简单理论[②]	复杂理论
部分与整体的关系	所有事物都是部分的集合，事物的性质和本质寓于部分之中，只要把事物的部分性质和运动规律弄清楚了，就可以对事物的种种现象作出解释和说明。它力求把复杂的事物还原为它的组成部分，用简化的方法研究事物，把对总体或系统的认识还原为对组成它们的简单部分或基本单元的认识。	事物是有机的系统整体，具有其组成要素在各种孤立状态下所不具有的性质。事物内部各组成部分间的作用是非线性的，这种非线性相互作用会使许多新的特性涌现出来。涌现性是指高层次有而低层次无的特性，在高层次时具有的特性一旦还原到低层次就不复存在。因此，不能直接用组成要素在孤立状态下的性质和规律去解释系统整体的性质和规律。
部分与部分的关系	事物部分之间只具有简单的线性关系，即这种关系不会影响部分本来的性质和运动的规律。因此，可以割断联系来研究部分，并可以把部分的性质和规律加和起来作为整体的性质和规律。	事物各组成部分间存在着复杂的非线性关系。各组成部分之间相互关联，每一部分的变化都会受到其他部分的影响，同时也影响其他部分的变化。
变化的原则	事物的变化服从机械因果规律，即一个原因必然地决定一个结果，而这个结果作为原因又必然地决定下一个结果，依次下去，形成一条直线因果链。在变化过程中无任何偶然性发生，随机性只是由于我们的无知而产生的表面现象。	事物的变化服从复杂因果性原则，包括互相关联的因果性、相互反馈、协同作用等。系统具有变无序为有序的自组织能力，它能够在随机涨落的机遇中把偶然性和必然性统一起来。

---

① 杨博文，谭祖雪. 自然辩证法新编：复杂性科学理论及其哲学[M]. 北京：石油工业出版社，2008：131-132.

② 陈昌曙. 自然辩证法概论新编[M]. 沈阳：东北大学出版社，1995：202.

续表

观点	简单理论	复杂理论
运动过程是否可逆	事物的运动过程是可逆的,事物不会有演化发展的历史。	事物的运动过程是不可逆的。事物不仅以系统的方式存在着,而且还生成着和消逝着;事物不仅具有空间展开的多样性,而且有其时间上的历史,时间是与不可逆过程相联系着的。事物都有其演化发展的历程,正如普利高津所说:"人们只能根据其历史和过程来理解一个复杂系统。"①
物体与环境的关系	研究对象孤立或脱离于它的环境,不考虑环境因素的影响。	事物与其环境是不可分离的,它与环境不断地相互作用、相互影响。环境的复杂性会造成系统的复杂性。
形式逻辑是否有限度	形式逻辑作为理论内在的真理性标准是绝对可靠的,任何矛盾的出现都必然地意味着错误。	形式逻辑的限度问题。复杂思维承认在复杂的形式系统内部存在逻辑证明的极限,把遇到的逻辑困境看作是一个前所未知的更深奥的领域。复杂的推理原则包含着同时互补、竞争和对立的概念的联合。
不稳定是否是普遍的		不稳定性的普遍性。初始条件的微小变化将引起惊人的放大作用。复杂思维认为复杂系统对初始条件具有敏感性,也就是人们通常所说的蝴蝶效应。得克萨斯州一只蝴蝶翅膀扇动,一个星期以后可能会影响到海地的一场雷暴雨的走向②。

(三)复杂理论视野中的系统

1. 开放性

根据复杂理论,开放的系统具有通过与外部的相互联系、相互作用、相互制约而保持自身稳定的能力。因此,我们在处理与学校发展的相关问题时,不能将学校视为封闭的系统,把

---

① 苗东升. 复杂性研究的现状与展望 [J]. 系统辩证学学报, 2001 (4): 3-9.
② 刘敏,董华. 简单范式与复杂范式:论经典科学与系统科学的不同认识模式 [J]. 科学技术与辩证法, 2006 (2): 21-24.

视角仅仅局限于学校内部，应将学校置身于社会这个大环境中来考虑。学校是在开放的环境中形成的，也只有通过与外界不断地交换物质、信息和能量等等，才能维持自身的生存和发展。学校发展不仅影响着社会其他系统，同时，也受到其他系统的制约。

2. 动态性

所谓的动态性，在复杂科学和复杂理论看来，是极其重要的。动态性是指系统在与外界发生物质、能量与信息交换的过程中，随时调整状态，以适应环境的变化。同时，系统也会对环境产生影响和作用，在这一个相互作用、相互影响的过程中，系统总是处于运动状态，显示出的特性，就是系统的动态性。随着社会的不断发展，"变"已成为这个时代的主旋律和标志。迫于学校系统外在因素的作用力以及不断变化的复杂环境，学校系统总是不停地做出调整和变化，现今，学校发展已成为新时代学校的"生存"方式。因而，学校发展的复杂属性还体现在它的动态性。

3. 非线性

所谓的非线性作用，是复杂理论和复杂科学中最为关键的不可避免的核心概念。非线性作用才是事物运动发展演化中的本质。非线性作用观点认为系统具有自组织性，其运作演化过程是一个动态过程，各部分之间并非简单机械作用，而是有机的复杂作用。非线性作用观点并不赞同整体等于部分之和的观点，而是提倡整体乃是部分之间非线性作用的结果。

在简单性理论看来，自然界、生命现象以及社会系统中，线性作用是自然法则，线性作用是规律，线性作用是常态，线性作用是本质属性；而非线性作用则是一种偶然，非线性作用则是一种例外。因而，在简单性科学统治的世界里，非线性作用是作为一种偶然的因素而不被关注以及被排斥在外，人们普遍接受线性作用的观点，极力推崇线性作用的观点，确信不疑地认为线性作用就是唯一的真理，毫无疑问地认同线性作用是符合宇宙万物发展演化的。同时，人们将线性作用作为一种普适的法则，应用于自然科学之外的其他科学领域，包括人类学、社会学等领域。线性作用的观点的建立在剔除非线性作用的前提下，牺牲复杂性的基础上建立的。线性作用观点认为整体是部分的简单之和，即简单性理论的叠加性原理；整体是可以分割的，可以拆分为几个、几十个、几百个甚至更多个的部分，即简单性理论中的可还原性。这种线性作用的观点认为事物只是简单地组合，就像1+1=2那样的简单，比如，就像一个钟表，既是由各个零件简单组合而成，也可以拆分成N多个零件。然而，事实中，很多情况和现象并非线性作用观点所描述的那样，线性作用并不能很好地甚至无法解释自然界、生命系统和社会系统中发生的许多现象。在自然界、生命系统和社会系统中发生的许多现象基本上是非线性的，其运作过程是一个有机的过程，具有能动性，并非被动的。

4. 不可逆性

所谓的不可逆性，是复杂理论中一个不可忽视的概念，它将时空纳入认识的范畴，是指事物总是在一定的时空中进行，一旦这个过程发生之后，尽管能消除其产生的后果，但再也无法再回到最初的原始状态。学校发展过程中一个最显著的特性就是不可逆性。

5. 自组织性

所谓的自组织性，是复杂科学和复杂理论中揭示系统如何运动与演化的核心概念，指的是系统在不受自身以外的其他因素的控制作用之下，能够通过内部成分、元素之间的多维的交互作用，自发地形成有序的组织结构的过程。①

6. 初值敏感性

所谓的初值敏感性，是复杂理论中混沌理论中的一个极为重要的概念，是混沌理论中最为关键的观点，又称积累效应，也称"蝴蝶效应"。初值敏感性使得我们无法预测事物的未来的发展，是指系统在最初阶段如果有稍微一点的差异，那么，在混沌系统的运动演化发展过程中，这最初的稍微一点点的差异，将会随着系统的运动演化发展，被无限放大，最终将会导致系统行为发生千差万别的变化。②

三、复杂理论透视学校发展的适切性

伴随着复杂性研究热浪的掀起，复杂科学本身已不断地、突飞猛进式地发展，复杂理论已日渐成熟、丰富和完善。复杂科学是一门以各个学科领域中的复杂性为研究对象的科学，它对传统科学"各自为政"的沉寂画面进行深刻反思和批判，打破学科之间泾渭分明的界线，在自然科学、人文科学和社会科学等各门科学之间架起一座有机的桥梁。"任何时候，一种好的理论都要胜过一项战略计划。"③ 毋庸置疑，人们已普遍接受这么一个事实：复杂理论是一种好的理论。复杂理论不仅为人们认识和理解世界万物提供一个全新的视野，更是为各个学科领域的研究提供方法论上的指导，具有方法论层面上的意义。那么，将复杂理论用于研究学校发展实践，究竟是否合理呢？换言之，学校发展的实践是否需要复杂理论的介入呢？

本章节将重点探析复杂理论用于研究学校发展实践的适切性，亦即所谓的合理性与必要性。而要论证这一观点，则需从学校发展系统是否具备复杂性属性切入。我国著名的教育家叶澜教授指出：教育是人类社会所特有的更新再生系统，可能是人世间复杂问题之最④。中小学校作为基础教育活动实施的主要载体，在其自身发展演化过程中必定呈现复杂性的事实是

---

① 苗东升. 系统科学精要 [M]. 北京：中国人民大学出版社，1998：171.

② 宋学锋. 复杂性、复杂性系统与复杂性科学 [J]. 中国科学基金，2003（5）：262-269.

③ 富兰. 变革的6个秘密：杰出领导人如何帮助组织生存和强盛 [M]. 朱丽，译. 上海：华东师范大学出版社，2011：11.

④ 叶澜. 世纪初中国教育理论发展的断想 [J]. 华东师范大学学报，2001（1）：1-6.

不言而喻的。基于这样的考虑，本章将立足于学校发展实践活动，探索学校发展复杂性的根源，也就是探寻是什么造就了学校发展的复杂性，换而言之，就是探析哪些因素铸就了复杂的学校发展实践活动。

复杂的外部环境总是毫无征兆地以各种不同的方式作用于学校这个系统，多种多样的发展目标、发展内容、发展方式、发展策略等总是影响着每一所中小学校在自身发展过程中做出正确的抉择，具有复杂性的人总是作为学校这个系统的核心伴随着利益纠葛牵动着学校的发展变化。所有的这些都指向一个不可争辩的事实，即学校变革并不是一张整齐划一、一眼便可穷尽、可以预先描绘的蓝图，而注定是一个丰富多彩、生动活泼、需要体验的旅程[①]。可见，学校发展是一项复杂的工程，其复杂性既根源于复杂的外界环境，也根源于自身变革情境的复杂性，而富有生命气息的、具体的个体或主动或被动、或推进或破坏或"不作为"的参与则使得学校发展极具生气，并增强了其复杂程度。

（一）学校系统所处时空的复杂性

1. 复杂的变革时代

英国著名的科学家约翰·齐曼有言："我们生活在一个无论是在技术科学知识成果方面，还是我们对这些成果的认识方面，都具有复杂性和多样性的时代。人类用来与外界环境发生互动、解释并改变其对外界环境的技术控制的动态认知过程，其复杂性和精致程度是变化多样的。"[②] 可见，我们这个社会和时代的主旋律和最显著的特点正是复杂性。因而，处于后工业化社会和信息化社会的我们也正在不断地面临和处理多变性、不确定性等复杂性。

当人类从工业化社会步入信息化和后工业化社会时，与之相对应发生的变化是，我们所面对和耳熟能详的秩序、稳定性以及可预测性都将被混沌、风险、不确定性和复杂性所代替。而不同性质的社会之间的转换，必然是一个新挑战和机遇并存的时刻，从而导致社会组织系统发生质的变化。"学校变革则'全息'着这个时代的独特信息"[③]。因而，作为社会系统子系统的学校系统，也无法躲避这新的挑战和机遇，可见，在这样复杂的时代背景下，学校变革即将不会风平浪静，而必定是一个复杂的发展变化过程。

自从改革开放以来，我国一直处于社会转型性时期，在这一漫长的和独特的社会转型性过程中，各种矛盾激增，各个领域的复杂性也随之剧增，学校教育领域亦是如此，这无疑加剧了学校发展的复杂性。

---

① 富兰. 变革的力量：透视教育改革 [M]. 中央教育科学研究所, 加拿大多伦多国际学院组织, 译. 北京：教育科学出版社, 2006：33.
② 齐曼. 技术创新进化论 [M]. 孙喜杰, 曾国屏, 译. 上海：上海科技教育出版社, 2002：112.
③ 李家成. 透析学校变革的复杂性：当代中国学校变革理论建构的起点之一 [J]. 教育理论与实践, 2006（6）：21-24.

2. 学校系统外部环境的复杂性

学校系统外部环境指的是学校组织系统自身以外的对学校的发展变化有着或大或小、或显或隐、或直接或间接影响的全部因素。这些外界因素既可能是一个国家的经济水平、政治环境、社会治安、科学技术的发展、人口变化等，也可能是学生家长的文化程度、社区参与的程度、学校周边具体的时空环境等。众所周知，在我国几乎所有的中小学校的校园建设采取的都是围墙篱笆式的建筑，将教育教学、学生的课外活动等一系列校园活动囿于"钢筋水泥墙"之内，似乎与外界完全"隔绝"。事实上，所有的学校系统都不能够独立于学校外部的大环境而"存活"在真空之中，都不能够完全"逃脱"系统外部的这个大环境。比如，教育教学活动虽然大都在校园内部的班级这个更小的封闭空间中发生，看似与外界毫不相关，其实则不然；就其教育教学目标来说，会受到我国教育方针的影响，必然不能与国家的教育方针背道而驰；学生在课外活动中所讨论的话题也可以是校园之外的事件，这些或微小或重大的校外事件对学生的世界观、人生观、价值观都会造成或深或浅的影响，从而导致他们在行为上将会有所变化，而学校必须根据学生的变化，采取相应的行动；随着信息化时代的到来，以及计算机、多媒体等科学技术的普及，每一所学校也致力于置办这些高科技产品；随着2001年6月《基础教育课程改革纲要（试行）》的颁发，新课程的标准也随之浮上水面，学校积极响应，进行新一轮的课程改革活动；等等。这样的例子举不胜数。可见，外界环境总是会影响着学校的运行与发展——它们可能会是学校变革的积极力量，也可能是学校发展的阻碍力量，又或者使学校保持原有的发展状态。

【案例1】不同的外部环境向同质性学校提出了不同的发展要求

A省H小学是一所农村小学，与新中国同龄，曾经为A省扫盲教育、农村教育的发展作出了巨大的贡献。2013年春天，H小学仅剩46名学生、近20名教师。出现这种局面的原因有三个：一是计划生育政策的施行，导致区域内适龄儿童总量的减少；二是青壮年大批外出打工，子女随迁到父母打工城市就读；三是部分学生家长替孩子做主、选择位于县城或者乡镇的小学读书。尤其是2012年A省实施了"新农村"规划项目，H小学所依托的H村集体拆迁。

H小学何去何从？46名学生与20名教师何去何从？这是环境变迁促使学校不得不思考的问题。

H省Z小学同样也是一所农村小学，其发展路径则与H小学截然不同。Z小学依托的Z村是一个拥有2000多住户的大村庄。学龄儿童多时，Z小学拥有24个教学班（6个年级，每个年级4个教学班，每班50人）。伴随着计划生育政策的实施，Z小学的生源不断减少，2005年Z小学还有7个教学班（学前班至六年级，每班50人）。2008年后，农村义务教育学校布局调整要求Z小学并入邻村的Y小学。Z村村委会经讨论认为，并入Y小学后，低年级儿童每日上下学需步行5千米，存在安全隐患。故而只将四至六年级进行了撤并，2011年又将3年级合并入Y小学。目前，Z小学仅有3个教学班（学前班至二年级）100名学生、2

位正式教师、4位校聘代课教师。2012年国务院办公厅发布《关于规范农村义务教育学校布局调整的意见》（国办发〔2012〕48号），提出"农村小学一至三年级学生原则上不寄宿，就近走读上学"，"提高村小学和教学点的生均公用经费标准，对学生规模不足100人的村小学和教学点按100人核定公用经费，保证其正常运转"。

Z小学暂时保住了。但就目前状况看，Z小学的未来发展迫在眉睫。

H小学和Z小学的发展路径表明，纵使学校的性质基本相同，促进学校发展的外部环境与内部动因也千差万别，更遑论性质不相同的学校呢？"世界上本没有两片完全相同的树叶"，世界上也没有性质完全相同的学校。不同的学校，其发展的外部环境和内部动因自然是不相同的。

【案例2】S中学的发展动因探究

A省S中学是一所私立初级中学，办学至今10年。良好的口碑、较高的中考升学率，使得学生家长趋之若鹜。4月底初一新生报名时，学生家长带着铺盖卷排队的现象，每年均可看见。基于此，S中学另择校址，举办了分校。分校建起来了，发展的问题随之而来。分校如何做到与本部齐名，已经成为S中学校领导必须思考的问题。

纵观学校系统组织发展的外部环境，我们可以发现它们都具有多变性、不确定性以及不可控性等复杂特性。首先，学校发展的外界环境具有不确定性，因为学校系统自身以外的所有外界因素都可能是其外界环境，可见，外部环境的来源是广泛的和多样化的，主要体现在以下方面：自然科学的发展、信息技术的进步、政治制度、经济发展水平、社会稳定程度、人口数量的变化和质量特征、社会主流文化等，学校变革者不能够也无法对学校外在环境构成要素进行一一罗列。其次，学校发展的外界环境具有多变性，这一特性就要求学校组织系统必须时刻做好准备，将学校变革作为学校存在的方式，重视学校的发展目标、发展内容、发展方式、文化建设、课程改革等，促使学校整体发展，以适应和应对复杂多变的外部环境提出的新挑战，抓住变化的环境带来的新机遇。最后，学校发展的外界环境还具有不可控性，到底是什么样的外部环境将会影响学校发展？外界环境将会在何时发生变化？以及外界环境将会在何时作用于学校发展？诸多问号的答案都是未知的，这些环境因素绝大多数也并非学校系统所能控制，从而学校在发展过程中只能根据外界环境的影响作出相应地调整和变革，这就显示了学校发展对于外部环境的不可控性。

所以从根本上说，在复杂多变的环境中，学校系统组织发展是非直线的，充满着诸多的不确定性。也就是说，正是因为环境的复杂性，使得学校在变革过程中因受到环境的作用力而呈现复杂性特征。

（二）学校发展目标的多重性

毫无疑问，学校发展目标是学校发展过程中不可忽视，而且是非常重要的组成部分之一。然而，学校发展目标的复杂性又内蕴多重性等诸多复杂问题。对于不同的学校而言，它们在变革过程中因为学校自身的特点以及外界环境即便相似，也不可能一模一样，所以，它们的发展目标也显然不可能一致。对于同一所学校而言，在不同的时期，根据学校自身所处的状态以及外界环境的变化，学校变革过程中的发展目标也会有所不同；而在同一时期，学校发展目标又可区分为短期发展目标和长期发展目标。学校发展的短期目标主要是指学校系统在发展过程中的每一个阶段应达到的要求或该完成的任务，反映了当前学校系统的发展方向，具有清晰性、现实性和可实现性等特点。学校发展的长期目标是指学校系统在一段较长的发展过程中应达到的要求或该完成的任务，具有长期指导性作用，主导学校未来长期发展的整体方向，具有纲领性、稳定性等特点。而学校发展短期目标如何与学校发展长期目标保持衔接，如何通过学校发展短期目标的实现而逐渐达成学校发展的长期目标，以及如何把握和处理二者之间的动态关系，也都是极具复杂性的。因而，学校系统在发展过程中，应时刻保持"敏感性"，诊断发展过程中的问题，判断学校系统所处的状态，及时调整学校发展短期目标与长期目标，并且处理好二者之间的动态关系。

学校发展目标的多重复杂性远不止于此，除了上述所讨论的内容之外，学校发展目标的复杂性还在现在学校发展目标的达成过程上。从人的角度而言，学校系统发展目标的达成，需要调动学校系统内外一切可以调动的人力资源。学校系统内部人力资源包括校长、中层管理干部、教师以及最容易被忽视的群体——学生；学校系统外部人力资源包括政府工作人员、教育行政机关人员、学生家长等。学校发展目标是否能够顺利完成，核心因素是取决于人力资源的参与程度。也正是由于人的加入，导致了学校发展目标达成的愈发复杂，主要体现在以下两方面：其一，不同的主体因为思维差异、文化差异、利益等各种原因，会通过学校发展途径，企图达成各自的学校发展目标；其二，即使大家都是朝同一个学校发展目标前进，人们因为各种差异以及利益的驱使，人们达成目标的行为也各异。

因为学校发展目标及其达成过程都具有复杂性，所以学校发展必定是一个复杂的变革过程。

（三）学校发展内容的多样性

根据不同的划分标准，学校发展内容的分类也各异。总而言之，学校发展的内容主要包括人力资源、物质资源、时间、空间、能量等。

由于Z校长重视人的培养与发展，所以这几年J小学发展越来越好，无论是教师队伍还是学生、学校的发展方面都取得了比较长足的进步。在近几年以来，J小学的干部队伍成长非常迅速，领导班子团结和谐，具有较强的凝聚力和执行力，大家都在努力出色地完成每一项任务。教师队伍也得到迅速发展，工作的积极性越来越高，教师的特点由以往的安于现状到现在每个人都在努力做好自己的工作，产生了质的飞跃。因为J小学中老师的特点，以往大家属于不招灾不惹祸，自己做好自己分内的事，工作上没有积极性，也没有进取心。但是这几年老师在这上面发生了根本性的转变。由于干部、教师队伍的发展，学生的素质也在逐年提高，促进学生的全面发展，也越来越不是一句空话，而是我们共同努力的实实在在的目标。（B市

J 小学 M 书记)

现在学校一共有三个科研课题，我们每一个老师都有一个小课题，这个课题不一定非得按照大的三个课题去落实，他自己认为他在这方面研究比较好，这个是他的特长，也是他教学工作当中的一个经常性的训练和培养，那么他就可以把它作为一个小课题来研究。我们想到的是，科研课题不在大，而在于小而准，如果你能把握好，能在平常日常工作中落实，在你的课堂教学、常态教学中坚持，这就是一份可贵的精神，所以我们每一个老师现在都能够有一个小课题的引领，能够一起去进行研究。学校也搭设了一些交流研讨的平台，比如这个学期末我们会有三个教育沙龙进行研讨。我们要求我们的每一个老师至少要参加两个教育沙龙，而且参加了教育沙龙，人人都要有案例，会上一定要发言，我们也在不断地用这种培训、研讨和交流的方式促大家把精气神聚在这，实际上目的就是让大家深度思考，能够让大家在忙碌的工作当中不要盲点很多。辛而不苦，如果教育教学有法，但我们更注重老师得法，在这方面我们还是比较强调的。（B 市 C 小学 T 校长）

J 小学的发展是从人的培养与发展入手的，包括干部队伍的成长、领导班子的建设、教师的发展；与之不同的是，C 小学则是通过教研、以教师参与教研为突破口，最终达成促进学生发展与学校发展的目标。

可见，在学校的发展变化过程中，学校发展内容具有多样性的复杂特性。具体说来，学校发展内容包括学校物理环境的建设、校园文化的生成、班集体的管理、课程改革、教学方法的创新、学校内部科研机制的改革、领导班子的建设、中层干部素质的提高与成长、教师专业发展、信息技术产品的引入、学校硬件设备的更新等。总的说来，学校发展内容总是在一定的时空下开展，不仅涉及物质资源的分配、再分配与管理，还包括对具有独立思考能力、能动性的生命个体的调动与管理。其中的每一项具体的学校发展内容都可以成为学校发展的主要抓手，作为促进学校发展的突破口。

在一定时空中进行的具体的学校发展实践过程中，在同一所学校的内部，总是可以看到这样的画面：多项具体的学校发展内容并存，同时进行着。这无疑增加了学校发展的复杂性。其中，每一项具体的学校发展内容之间看似各自独立、相互之间毫无关联，实则它们相互联系、相互作用、相互影响，构成了一个有机的、动态的学校发展的整体。不可否定，这加剧了学校发展的复杂性。正因为学校发展内容是如此的丰富与多样，这就造就了学校发展的复杂性。

（四）学校发展方式的灵活性

不仅学校发展的内容具有丰富性和多样性，同样的，不同学校发展的方式也各异。

【案例 3】同样的学校变革目标，不同的举措[①]

同样的学校变革发展目标："绿色校园"文化的形成。

---

① 楚旋. 系统论视角下的综合学校改进研究框架分析 [J]. 教育发展研究，2011（16）：50-58.

A 中学：为了完成"绿色校园"文化的学校发展变革目标，A 学校的领导班子调动学校内外一切可以调动的积极力量，努力排除一切阻碍因素和力量，积极争取可以争取到的一切资源，高度重视这一目标的达成过程。在召开学校会议，正式宣布学校的变革发展目标——形成"绿色校园"的文化之前，A 中学的领导班子做了很多准备活动，他们有目的、有组织、有计划地从学校内部各个层面抓起和展开，他们首先在自己的领导团队内多次召开会议和进行激烈的讨论，同时，他们在学校内外部积极展开调查研究，了解校园文化现状、相关问题以及成因等。与此同时，A 中学的领导班子积极调动学校的中层管理干部，要求他们做好衔接的和相关的工作。除此之外，该校的领导班子还深入到教师和学生层面，听取教师和学生们关于"绿色校园"文化建设发展目标的意见和积极性等，调动教师和学生积极参与。当然，A 中学的领导班子也不忘积极联络当地政府、教育行政机关、社区委员会、学生家长等校外变革力量。在这些准备工作基础之上，A 中学召开会议，决定在全校内采取多种活动和途径，以达成"绿色校园"文化的目标。在达成"绿色校园"文化的过程中，A 中学的全体成员，从学校的领导班子到全体师生都积极参与这项活动，他们之间互相交流心得、体会，以至于他们不仅参加了"植树"等具体的活动，还提高了思想认识，对自己学校的"绿色校园"文化有了他们自己的理解；在这一过程中，A 中学始终保持开放性，与校外环境积极互动，因而获得了外界的支持和一致好评。

B 中学：为了形成"绿色校园"文化的学校发展变革目标，B 中学的领导班子未经讨论，只是由相关负责人按照学校发展变革目标——"绿色校园"文化的指示，拟定了"绿色校园"文化建设的具体措施文件，包括何时在何地种植多少棵树木等详细内容。于是在文件印发之后，校领导班子举办会议，宣布学校要达成"绿色校园"文化的目标，颁布了相关文件，要求老师和学生们按照文件的要求，在规定的时间内规定的地点完成相关活动。

从案例 3 可以明显地看到，尽管 A、B 两所中学最初想要达到的发展目标是一模一样的，即"绿色校园"文化的形成，但是最后两所学校在学校发展目标的达成程度上是完全不一样的，A 中学最终形成了独具特色的"绿色校园"文化，从而提高了学校的整体质量；而 B 学校则只是完成了植树等具体的活动项目这一项活动，对学校发展没有起到任何作用，并未形成"绿色校园"文化这个变革目标。造成 A、B 两所中学迥然不同的结果的原因就在于 A、B 两所学校不同的领导班子在"绿色校园"的文化建设方面具有不同的理念，因而，在实践方面采取了不同的变革形式。仅从准备工作来看，A 中学在确定"绿色校园"文化的目标之前，做了大量的研究调查和激烈的讨论，对该发展目标是否适用于自己学校的发展进行了论证，以及充分发挥校内外一切积极的变革力量的作用，努力排除阻碍因素和力量，为该目标的实行打下坚实的基础；B 中学在确定"绿色校园"文化的目标之前，只是相关负责人"拍脑袋"地制定具体活动项目的文件。

根据不同的分类标准，学校发展方式可以有不同的分类方法，一般而言，常见的学校发展方式可以是学校自主型变革，也可以是政府主导型变革，还可以是大学合作推进型变革等多种变革方式。案例3中的两所学校都属于学校自主型变革,但是两所学校各自所采取的变革措施又各有差异。美国极具影响力的教育研究专家古得莱得曾议论到:"改革在实质上是每个学校自己的事情,最有希望的改革方法就是寻求开发学校自身的能力来解决自己的问题,以成为基本上可以自我更新的学校。"[①]

由于每一所中小学校的发展境况都不尽相同,例如,有的学校已是卓越学校,而有的学校还属于薄弱学校行列,因而,不同的学校将依据自身条件和问题,灵活地采取不同的变革方式。众多学校发展的实践都指向这么一个不可否认的事实,当前学校系统内外环境的可变性因素在增多,所面临的系统内外环境的不确定性也在急剧增加,所遇见的随机性正在以往不曾有过的速度呈指数倍地涌现,可见,如今学校系统正在面临着复杂性的挑战。而合理地组合学校变革方式,适当地运用于学校发展过成功,将有助于学校系统应对艰巨的复杂性的挑战。

(五)学校发展实践主体的复杂性

除了源于上文所述的几种复杂因素之外,学校发展的复杂性还在于具有生命力的个体的参与。作为学校发展实践的主体——人——是复杂的,这是不言自明的。每一个人都是活生生存在的具体个体,生存的状态就犹如莫兰形象描绘的那般复杂,他们在拥有理性的同时又表现出非理性的特质,具有丰富和多变的情感,懂得克制自己,但又偶尔地放纵[②]。正是因为本身具有复杂性的人,参与了学校变革,使得学校变革充满生机,富有活力,丰富多彩,从而也加剧了学校变革发展过程的复杂性。

除了人自身所具有的天然复杂性使得学校变革成为一个错综复杂的过程之外,学校变革实践主体在参与学校变革时,还体现出了特殊的复杂性。

1. 学校发展主体的差异性

在学校组织系统内,参与学校变革发展实践过程的主体既包括学校系统内部的变革主体,也包括学校系统外部的发展主体。学校系统内部的变革主体主要有校长、中层干部、教师、学生等;学校外部的发展主体主要包括政府工作人员、教育行政机关的工作人员、学生家长等学校系统外部的社会人员。莫兰曾明确详细地指出人们之间在一些方面有共同点,但是,每一个人又都是独特的存在[③]。因而,不管是系统内部的变革主体,还是系统外部的发展主体,由于他们接受的文化程度存在差异、在社会所处的阶层各异、认识事物的途径无法统一、思考方式不尽相同、表达能力各有差异、情感流露的方式也不同等,因而,每一个变革主体都是不同的,每一个变革主体都具有不可替代的独特性,他们相互之间表现出一定的差异性和多样性。<u>在学校发展过程中,这种主体之间的差异性和丰富多样性,会使得学校发展过程更加捉摸不透,</u>

---

① 古得莱得. 一个称作学校的地方[M]. 苏智欣,等译. 上海:华东师范大学出版社,2005:32.
② 莫兰. 复杂性理论与教育问题[M]. 陈一壮,译. 北京:北京大学出版社,2006:41-45.
③ 莫兰. 复杂性理论与教育问题[M]. 陈一壮,译. 北京:北京大学出版社,2006:41-45.

从而使得学校发展的复杂性变得更加复杂。比如，不同的校长，因为自身的独特气质，在判断学校的境况时，表现会不同：有些校长较为乐观，看到的都是学校的优势，有些校长相对悲观，比较容易察觉到学校的缺点；有些校长对学校发展过程中出现的问题比较敏感，在问题出现之际，就能发现问题，并及时做出处理；而有的校长就相对迟钝，往往在产生不良的后果之后，才看到问题的所在。不同的中层干部，不同的教师，不同的学生，由于各自的背景大都不同，在学校发展过程中扮演的角色也大都不同。学校系统外部的社会人员，基于自身的立场、喜好、关注点等的不同，干预学校变革发展过程的方式以及程度也会不相似。案例3很清楚地表明变革主体的差异性将导致学校发展的多样复杂性。

【案例4】不同的校长，不同的工作方式①

J学校是某一村里的一所初级中学，一直以来，社会对这所学校评价极高。在几年前由于老校长的退休，来了一位Z校长。俗话说，新官上任三把火。但是，自从Z校长上任之后，Z校长认为目前学校处于良好的状态，于是，就置学校的办学于不顾，经常和中层管理干部聚在一起喝酒。逐渐地，学校的状况发生了大幅度改变，学校的办学质量每况愈下，校风也越来越差。几年下来，J中学成为人们公认的差校，教职工的工作积极性逐渐降低，大部分优秀教师和骨干教师纷纷辞职或被"挖走"，入学率不断降低，升学率年年下降，校园内学生斗殴事件频繁发生学生辍学率逐年增加，等等，可以说J中学已是典型的薄弱学校。这期间，Z校长也已意识到学校存在着的问题的严重性，也采取了一定的办法，企图改变学校的现状，但都于事无补，教师迟到、早退或无故缺课的现象依旧存在，学生转学现象也不见减少。久而久之，Z校长也不再有其他改进举措了，依旧和中层管理干部们继续吃喝玩乐。由于J中学实在不堪的办学质量，引起了学生家长的极大不满，上级领导也是极为关注，于是，换了T校长。

T校长到任之后，对学校的历史和现状进行了全面的调查，发现造成J中学当前这种教职工工作懈怠、优秀师资外流等的境况，与Z校长没有明确的办学理念、缺乏事业心和责任心，以及脱离教师、通过喝酒拉拢中层干部等行为，都不无关系。同时，经过深入的调查，他认为学校只有通过根本性的变革，才能改变目前的不良现状。

在坚定了对J中学进行全面变革的决心之后，T校长通过问卷、访谈、沟通交流等多种调查方式，了解全校师生对于全面改革的态度。据初步统计，55%的教职工是赞同学校全面变革的，他们都极其反感眼下学校内部慵懒、工作积极性低下的氛围，提出为了学校的长远发展，改革势在必行；25%的教职工持中立态度，他们既不表态改革，也不表态维持现状；20%的教职工对实施全面变革持否定的态度，他们认为虽然目前的学校的状况比较糟，但是大家都是比较轻松的，学校也不至于关闭校门，所以没必要大动干戈。

经过这一番调查后，T校长重新对学校进行全面变革做了深思，并着重思考学校变革该如何进行。

---

① 黄崴. 教育管理学 [M]. 北京：中国人民大学出版社，2009：43-44.

案例4中学校内不同的教职员工，基于不同的动机和理念，对学校是否需要进行全面的、整体性的变革的回答也不同，有教职工就眼下学校懒散、不良的状态提出自己的看法，认为为了学校的前景和未来考虑，是时候整顿学校和发展学校了；有教职工保持沉默，对此不发表任何意见；还有一些教职工觉得一直以来学校的传统就是如此，目前学校的风气虽甚不好，但是也不至于招不到生源而关闭学校，因而，不用着急于变革学校。而针对这些情况，两个校长采取的也是截然不同的工作方式，自然所得到的结果也是不相同的。这些正是学校变革的复杂所在。

2. 学校发展利益主体的复杂性

学校发展实践主体的复杂性还体现在主体之间存在着的利益问题。众所周知，在社会系统中，人们首要触及的和不得不处理的便是利益分割和纠纷问题，因而利益问题成为社会系统中存在的根本问题。学校系统作为社会系统的子系统和缩影，也必然会面临主体之间的利益分配等问题。变革主体之间存在的利益分配等问题无疑增加了主体的复杂性，从而加剧了学校发展的复杂性。学校发展实践过程中的利益相关者，概括说来，主要包括领导班子、教职工、学生、家长、各级政府部门、教育行政机关、用人单位等。各类利益相关者，从保护自身利益不受损和争取更多的利益的角度出发，在学校发展过程中，会有不同的利益诉求，进而各自采取行动，从而影响学校的变革发展。案例2很明显地说明了学生及其家长的需求也是促使学校变革的一个重要因素。

由于不同的利益相关者在学校变革过程中会有不同的利益诉求，例如，领导班子关心的是学校的升学率、安全性、名声和荣誉，教职工考虑更多的是工作时间的减少和薪酬的增加问题以及学生的成绩排名，等等。但总的而言，他们都是企图通过学校的改革与变化，从中获得更多的利益，这就增加了学校系统在发展过程重新分配利益和解决利益纠纷矛盾等的难度。在学校发展实践运作过程中，不管有多少方利益相关者，不管他们以何种方式何种态度干预学校进行利益的再分配，学校都应该始终把学生放在首要位置，始终坚持学生利益最大化原则。

（六）各种复杂性因素的交互作用导致学校发展的愈发复杂

上文主要从学校发展所处时空的复杂性、学校发展目标的多重性、学校发展内容的多样性、学校发展方式的灵活性以及学校发展实践主体的复杂性5个方面揭示了学校发展是一项复杂的工程。学校发展复杂性的体现，当然不仅仅限于这几个方面，学校发展的复杂性还包括学校组织结构层次的复杂性、学校变革力量的复杂性、学校发展策略的复杂性等等。

不仅如此，学校发展的复杂性远远不止于各个复杂性因素对学校发展实践所起的单独作用，学校发展的复杂性还在于各种复杂性因素之间的交互作用。正如莫兰所言："系统论的复杂性一方面随着元素的数量和多样性的增长而增长，另一方面也随着元素之间的相互关联……愈来愈具有柔性、愈来愈错综复杂、愈来愈少决定论特点……而增长。"[①] 有时可能是两种复

---

① 莫兰. 复杂思想：自觉的科学 [M]. 陈一壮，译. 北京：北京大学出版社，2001.

杂因素相互作用，同时对学校发展产生影响，比如，教职工流动总是伴随着学生成绩的变化而影响着学校的发展；更多的时候是，多种复杂性因素之间的复杂交织作用造就了学校发展的丰富性、多样性、模糊性、不确定性等复杂性。就像威廉·巴雷特所说："如果存在不能以一个概念描述出来，这并非因为它太一般、太模糊和太玄妙因而无法设想，而是因为它太稠密、太具体、太丰富了。"①

学校发展的确是非常复杂的，不仅涉及外部环境、发展目标、变革实践的主体、发展内容、发展方式、变革力量等诸多方面的复杂性，更是包括这些具体各方面的复杂性之间的复杂交织作用，是一个复杂系统的发展演化问题，因而，很多学校发展的复杂问题迫切需要人们从复杂理论的角度去理解、诠释和解决。由此可见，在分析和处理学校发展的复杂性问题时，引入复杂理论，不仅是合理的，更是一种必然的选择；也只有运用复杂理论，才能正确地认识学校发展实践，才能准确地把握学校发展的实质，从而促进学校健康发展。

四、学校发展复杂性图景的展现

周光召院士曾经说过："21世纪的科学技术发展的特色就是研究复杂性，调控复杂系统。"② 可见，在自然科学、人文科学、社会科学等各个学科领域内进行复杂性探索已经成为一种研究走向。通过前文的论述，我们可以看到学校发展是一个复杂性系统，复杂性是其本质属性，因而，我们在分析和研究学校发展时，不能将其复杂性当作偶然因素、作为特例而"拒之于门外"，必须将其复杂性作为正常现象纳入我们研究的视野。

学校发展本身所代表的复杂性、丰富性与多样性决定了运用任何一种简单概括的理论都将陷入对学校发展认识的一种困境。需要用复杂理论的视角来认识复杂的学校发展实践活动，本章将着力于运用复杂理论的已有研究成果，探析和揭示学校发展的复杂演化机理，以期能够更全面、更深入地认识和理解学校发展的实践。

（一）学校是一个开放的系统

在简单思想的影响下，人们普遍接受这样的观点，不论是自然科学中的组织系统还是社会组织系统，它们与外界环境具有鲜明的分界线，要么在自我封闭的系统内发展变化，要么被动地接受外界环境的压力，总之系统是相对孤立的、封闭的、与外界是隔绝的。然而，在复杂理论看来则不然。复杂理论视野下的组织系统具有开放性，它与外界环境的边界是模糊的、不确定的，在发展变化过程中，不断地与外部环境进行物质、能量、信息等的交换。中小学校作为一种社会组织，必然也是一个开放系统，因而，学校发展实践活动具有开放性。然而，

---

① 巴雷特. 非理性的人：存在主义哲学研究 [M]. 段德智，译. 上海：上海译文出版社，2007：173.

② 秦书生. 复杂性技术观 [M]. 北京：中国社会科学出版社，2004.

这并不代表外界环境与学校系统之间只是简单的单向作用,连接二者的只是单向箭头——由外界环境指向学校系统,即中小学校只能够被动地受其外界环境的影响。其实,中小学校也会能动地对外界环境产生不可低估的作用。比如,学校所培养出来的学生,最终也是要走向社会的,这将对外界环境产生深刻的影响。

所有的学校系统总是或多或少地与外部环境发生联系,它们之间互相交换物质及信息。因此,学校系统总会受到外部环境的作用力,同时产生反作用力,相应地,外部环境也将受到学校系统的作用力,同时产生反作用力。

随着社会的不断发展进步,信息技术化时代和后工业化时代的到来,转型性社会带来的人才观的转变和对高素质人才的不断渴求,人们生活水平的逐渐提高,以及人们对教育质量和教育公平的追求,越来越多的人将焦点聚集于学校系统,将希望寄托于学校系统的发展变革,因而,学校系统与外界环境之间的作用与联系也越来越紧密,这种作用与联系是相互的、双向的,具体表现为以下两大方面。一方面,不断变化更新的学校系统的外界环境,如信息科技技术产品的更新换代,教育政策的调整与改变,市场对人才数量需求和质量要求的转变,新时代学生独具特色的整体面貌与独特的气质,等等,都对新时期的学校系统提出了更高的要求和更具挑战性的复杂任务,这就需要学校系统本身在复杂多变的"浪涛"里抓住机遇,主动进行变革,以应对挑战。同时,另一方面,由于外界的要求越来越高以及与日俱增的复杂性因素交织作用于学校系统,学校系统在进行变革时,只靠自身的单一变革力量是难以取得成功的,需要积极借助、寻求与调动内外部一切可以利用的变革力量。比如,在学校内部,让学生主动、乐于加入变革的行列,真正发挥学生群体的独特作用;在外部环境中,积极寻求政府部门、教育行政机关等的支持,从而获得更多的可利用的办学资源。

【案例5】M 镇 Z 小学"儒学学习"活动被禁止[①]

2007年1月M镇政府决定改变以往的管理方式,推行新的治镇理念:为了使镇上的居民能够理解、掌握和推崇儒学思想,以便能够在全镇范围内运用儒学思想进行管理,从而成功实现和达到"儒学治镇"的效果。这一治镇理念如何才能实现呢?M镇上的领导集思广益,一致认为全镇居民都能够理解儒学知识是基础。那么,如何才能够有效地让镇上的居民准确理解儒学思想呢?M镇的党委Y书记认为从儿童的学校教育开始抓起,是最易实施和最有效的办法,大家都举手纷纷同意。于是,镇上有关部门制定了"学习儒学思想"的相关"红头文件",在全镇范围内发放,要求人们积极、主动学习儒学知识,并且不定期举办相关的儒学学习活动,对参与者与表现优异者,给以物质和精神奖励;同时,要求全镇的小学从一年级至六年级都要开展儒学教育,每周都要开设《弟子规》学习课程,对表现积极的学校给予表扬和奖励,并且不定期地举办相关考试、考核,在考试和考核中取得良好成绩的师生以及他们所在的学校都能得到奖励。

---

① 黄崴. 教育管理学[M]. 北京:中国人民大学出版社,2009:71-72.

但考虑到这一次的"儒学学习"活动较为创新、规模比较大、涉及范围广、影响深远等因素，Y书记认为有必要进行实验，不宜立即全盘展开。于是，M镇的Z小学作为实验点，在校内马上开展了儒学教育。当Z小学正在如火如荼地实施儒学教育，校园里传出阵阵朗朗上口的读经声，学生们在校学习期间按照儒学思想穿着、吃饭、活动时，这一场小学中的"儒学学习"活动引起了社会的高度关注和议论。M镇所在地的教育局在进行实地考察之后，随即禁止了这场儒学教育实验。主要原因如下：Z小学在学习过程，全盘接受儒学知识，而不是进行批判性地学习；在教学过程中，过分拘泥于形式，并未把握儒学知识的实质和精髓；《弟子规》等儒学教材存在不规范的问题。尽管这场"儒学学习"实验现在被禁止了，但是据教育局有关负责人透露，经过适当地调整，M镇小学的"儒学学习"活动还会重新开始。

从案例5中，我们可以明确地体会到学校组织是一个开放的系统。M镇为了达到"儒学治镇"的效果，印发与"儒学学习"的相关红头文件，要求全镇人民积极、主动、自觉开展学习儒学思想，尤其是注重全镇所有小学一年级至六年级的"儒学教育"，对表现积极和出色的师生和学校给以重大奖励。这样，受此影响，该镇的小学势必会采取"积极响应、在学校里以各种方式开展这一政策项目"的做法来变革学校。在该案例中，Z小学受到外界环境的影响，作为试验点，进行"儒学学习"尝试。而当Z小学的"儒学教育"活动正在火热进行中时，引起了社会的热议，同时，M镇所在地的教育局禁止了这场实验活动，可见，这一活动无疑在更大的环境范围内造成了影响，这一轮的环境范围的变化给学校发展带来的冲击也会更大。

（二）学校发展的动态性

随着社会的不断发展，"变"已成为这个时代的主旋律和标志。迫于学校系统外在因素的作用力，以及不断变化的复杂环境，学校系统总是不停地做出调整和变化，现今，学校发展已成为新时代学校的"生存"方式。因而，学校发展的复杂属性还体现在它的动态性。正如上文所论述的，学校发展的开放性复杂属性决定了学校在发展过程中，总是与外部环境相互影响、相互作用、相互联系，随时保持着开放性。这就意味着学校在寻求和进行学校自身发展时，人们并不是将学校这个系统"悬置"起来，将学校的发展局限在学校系统内部中加以考虑，而是积极地将学校置于这个大环境中来思考。复杂的外界环境无时不刻地变化，而学校系统的开放性，使得学校系统总是处在与外界进行物质、能量与信息交换的状态，从而，学校系统随时都得做出变革和变化，这样，就造就了动态过程中的学校发展。

以上所论述的是外界大环境的快速的、复杂的变化导致了学校发展不是也不可能是一个静止不变的过程，而是动态地、主动地适应性的过程。实际上，学校系统内部因素在发展变化过程中也都是处于活跃的状态，是不断出现、变化、更新的，用不同的方式，以不同的力度，影响着学校发展，使得学校发展过程永远处于变动之中。正如有研究者所言的那样，由于受到学校系统的内外部的人力资源、物质资源等的不断变化的影响，学校变革发展事实上是每所学校的状态无时无刻不在改变与变化的动态生成过程，可见，"学校变革的每一天都是不同的，每一天的'学校'也是不同的。"①

【案例6】T校长口述：B市C小学发展的三个阶段

我到C小学已经满三年了，这三年间，学校发展历经了三个阶段。

第一个阶段，刚来的时候通过一些实事让我感觉到这个学校团队有些散、不团结，比如说我刚来第一个月里收到七封信，看了信上的内容，我感觉干群关系有点紧张，干部之间的小团队和教师之间的"小分队"也非常多。教师说的不一定是对的，但是可以看得出教师的心理怨气很多。通过一些实例我发现了一些问题，通过这些问题，我找准了我到C小学后第一步应当做什么：除了适应这个学校、适应教师、适应团队以外，我觉得更重要的是抓人的管理。我来的第一个阶段就是抓人的建设，特别是抓干部党员的建设，在思想上能够达成一致，在行动上能够落实一致。所以第一步是通过资源整合，把人心聚在一起，把人气聚在一起，让大家真的从心里有主人翁的意识，能够心往一处想，劲往一处使。第一阶段我主要在这方面用的心思、花的功夫和精力比较多。第一阶段大概用了半年的时间，把大家聚在一起。

第二阶段引导大家干事，光是想在一起还不行，我们还得做事，做什么吆喝什么。这时候我们通过各种途径，把大家的注意力引到做事上；我们也通过借力、造势，比如说我们请专家到学校给老师们讲座，不管是带课还是带理论，请专家走向学校。另外，我们也大批量地迎接外来的一些教育团体到学校进行参观、访问、考察、交流，我们的目的是把窗口开放出去，让很多人走进学校，我们不怕"丑媳妇见公婆"，我们主要是督促我们的老师能够借机提高自我的修养，提高自我的素质。我们还引进了很多外省市和国外的一些教育团体到学校来，我觉得这个对我们学校的促进也是一个很好的渠道、方法。比如说我们建立了手拉手学校，每年都有互访的交流活动，给老师提供各种发展性平台，让他走出去，让他当众去讲、当众去说，让他当众去做，这样对教师的成长也是非常有帮助的，通过这样的渠道，能够促进教师队伍的快速进步。……这是我来到这个学校的第二个发展阶段，把大家的精气神放在做事上。

现在已经历经了第三个阶段，把大家的注意力、精气神聚焦在办学的质量提升上，聚焦到教育质量的提升上，以科研带动。现在学校一共有三个科研课题，我们每一个老师都有一个小课题，这个课题不一定非得按照大的三门课题去落实，他自己认为他在这方面研究比较好，这个是他的特长，也是他教学工作当中的一个经常性的训练和培养，那么他就可以把它作为一个小课题来研究。我们想到的是，科研课题不在大，而在于小而准，如果你能把握好，能在平常日常工作中落实，在你的课堂教学、常态教学中坚持，这就是一份可贵的精神，所以我们每一个老师现在都能够有一个小课题的引领，能够一起去进行研究。学校也搭设了一些交流研讨的平台，比如这个学期末我们会有三个教育沙龙进行研讨。我们要求我们的每一个老师至少要参加两个教育沙龙，而且参加了教育沙龙，人人都要有案例，会上一定要发言，

---

① 李家成. 透析学校变革的复杂性：当代中国学校变革理论建构的起点之一 [J]. 教育理论与实践，2006（6）：21-22.

我们也在不断地用这种培训、研讨和交流的方式促大家把精气神聚在这，实际上目的就是让大家深度思考，能够让大家在忙碌的工作当中不要盲点很多。辛而不苦，如果教育教学有法，但我们更注重老师得法，在这方面我们还是比较强调的。

案例6说明了学校发展是一项处于动态、无休止的过程，学校发展已然成为学校的"生存"状态。C小学一直处于动态的变革过程中，就其经历的三次变革来看，因为每次变革学校的内外环境都已发生变化和不同，所以，每次变革的内容、方式等都不相同。C小学发展的三个阶段强调了三个主题：第一阶段，资源整合、聚拢人心；第二阶段，请进来，走出去，提高教师素质与能力；第三阶段，以科研为依托，提升学校质量。

（三）学校发展的整体性

在过去的几百年里，简单性科学所带来的社会的转型，人们物质生活水平的极大提高与科学技术史无前例的进步等贡献是有目共睹的，因而，长期以来，在传统的自然科学领域中，人们极力推崇简单还原性思想，对简单性思想的痴迷与笃信简直达到了狂热的地步，简单性思想成为主流的和唯一科学的思想，是一点也不足为奇的。在简性科学看来，整体可以通过被任意拆分为毫无关联与联系的部分，各个部分就像钟表零件那样简单地拼凑就构成了整体；通过认识各个部分就能理解整体。由于一直以来不断受自然科学的影响，在人文科学、社会科学等其他科学领域，"整体等于部分之和"的简单性思想也一直风靡盛行和"高烧不退"。教育科学也不例外，在这种科学界主流思想的引导下，学校发展一直被理解为班级建设、学科建设、文化建设、课程改革、品牌塑造、师资发展和领导能力的提升等各个部分的独立地发展与改革；人们普遍认为通过了解学校的师资或领导能力或文化就能认识整体的学校发展。

然而，这种简单性的还原思维与认识论是片面的，不能认识事物的全部和本质，甚至歪曲事物的原貌。正如阿特朗所言："根据一个机体的组成部分来分析该机体，那将导致对该机体部分信息的丧失。"① 直到近些年，这种状况才有所改观。从贝塔朗菲创立系统论开始，人们逐渐意识到自然科学系统中复杂性的存在，复杂性才是事物的本质属性，而这种复杂性正好是被简单性科学极力排斥和剔除在外的，因而简单性科学不能准确地也无法处理复杂性的问题。认识复杂性问题，必须运用复杂理论。伴随着复杂理论的不断发展，人们对复杂事物的认识也更加深刻。复杂理论认为系统是有机的整体，不能被机械地、简单地拆分，整体中的各个部分之间是能动地、有机地相互影响、相互作用；只有从整体这个大背景中才能认识、理解和把握部分，只有从各个部分之间的相互作用中才能感受和体验整体。不仅自然科学系统中普遍存在着复杂性，社会科学等其他领域更是如此。复杂科学视野下学校发展是一个有机的系统，系统中各个元素——中层干部管理、教师专业发展等都不是孤立的岛屿，它们之间或相互促进或相互制约，彼此关联；这些元素各自的发展与相互之间全部的复杂交织作用构成了学校发展这个更大的整体系统。

---

① 莫兰. 方法：天然之天性 [M]. 吴泓缈，冯学俊，译. 北京：北京大学出版社，2002：119.

（四）非线性作用下的学校发展

从复杂科学的视角审视学校发展系统，可以发现，学校发展还具有一个显著的特点，那就是非线性。在学校系统开始实施发展变革实践之初，变革者总是事先对自己学校的发展进程有个规划或设想或蓝图，希望学校变革一旦启动，系统就能按照学校发展规划或设想或蓝图那样按部就班、毫无意外、一帆风顺地发展变化，进而达成预期的改革目标。事实上，只能说这是一种乌托邦，在现实生活中，几乎没有一所学校能够按照变革蓝图所描绘的那样顺风顺水地前进。不少学校在完成自己学校的改革蓝图之后，因为受到教育政策的变动或者学校重要领导人的更换或者资金的短缺等因素的影响，在实践中还未按照改革蓝图迈出第一步，更有甚者，改革蓝图还未宣传开来，蓝图就已经作废了。大部分学校是在变革的实施过程中，遇到各种突发因素和意外，比如，学生整体成绩突然地下降，学生之间矛盾冲突的激增，教职工中普遍出现职业倦怠，等等，导致改革不能按照改革蓝图的进程继续行进。可见，学校变革发展过程必定是一个非直线式、曲折的、多变的复杂动态过程。在学校系统非线性的发展过程中，各种复杂性因素会不时地突现，以不同的方式、不同的程度作用于系统，左右着变革进程与路线。

【案例7】H 中学教职工考勤风貌的改革 [①]

因为各种原因，在去年，T 校长被调到 H 中学担任校长一职。在任职一年多的时间中，T 校长对 H 中学有了比较全面的了解，他发现 H 中学存在的最大的问题是教职工的考勤问题。在正常的上班时间范围内，教职工无故迟到，有事不能正常上课的教职工事先也不请假，提前下班，等行为到处可见。T 校长认为教师的这些慵懒、无纪律性的考勤问题，随着时间的推移，最终将会成为学校变革的消极力量之一，影响学校进一步的发展，更有甚者，阻碍学校发展的步伐，抑或降低学校的办学质量。于是，T 校长找来 H 中学的中层管理干部等学校的领导和管理人员，与他们共商大计，决定要抓一抓教职工的考勤问题。最终，他们决定通过颁发和落实《H 中学考勤工作的新规定》，来严格要求教职工的考勤。新规定主要包括对全校和不遵守纪律和要求的教职工进行奖励和惩罚，以惩罚为主。同时，该新规定主要由学校的领导班子和管理团队负责监督和实施。

在新规定实施不久之后，可以明显看到取得了较好的效果，学校内教职工迟到、早退的现象得到改善，有事也知道请假了。但是，日复一日，新问题也随之浮上水面。由于该规定是由领导班子和管理团队监督的，其中，不免一些负责人员碍于情面或者其他因素，对个别教职工睁一只眼闭一只眼，手下留情；许多规定都过于刚性，与教职工们的弹性生活相脱离……渐渐地，教职工们表现出对于新规定的不满和抵触。

Z 校长也逐渐发现新规定不仅没有解决好旧问题，反而带来一些新问题。这些新旧问题让 Z 校长陷入了反思和沉思，改变学校考勤问题的出路在哪？

---

① 黄崴. 教育管理学 [M]. 北京：中国人民大学出版社，2009：350-351.

在案例 7 中，《H 中学考勤工作的新规定》虽然按照预先计划开展实施了，在一定程度上取得了成绩，但是并没有按照 Z 校长最初的设想、直线式地发展，在新规定实施的过程中带来了一系列的新问题，而这一系列的新问题又影响着新规定的继续实施，这是一个典型的非线性的过程。

（五）学校发展过程的不可逆性

随着复杂科学的盛行与发展，以及复杂理论的不断丰富和完善，人们对于复杂性的认识也逐渐深刻。在 20 世纪 60 年代，比利时伟大的科学家普利高津通过仔细、细腻和严谨的研究，发现物理学科领域中存在着复杂性，经过深入的观察、实验和探究，创立了著名的耗散结构理论，将"时间之矢"这一概念引入物理过程，提出了复杂系统在发展变化的过程中具有不可逆性的特征。正如他自己所说的那样："人们只能根据其历史和过程来理解一个复杂系统。"[①]由此可见，复杂系统具有连续的历史和过程，历史是解读复杂系统的基础和前提。在前文中，我们已经对学校发展系统是否是一个复杂的系统进行了探讨和论证，得出的结论是，学校发展确实是一个复杂的系统。毫无疑问，复杂的学校发展总是在一定的时间和空间中展开，并且随着时间和空间的改变而变化。因而，在复杂理论看来，学校发展也是一个不可逆的过程，具有其独特的演化发展历史和特定的空间，一旦这个过程发生之后，尽管能消除其产生的后果，但再也无法再回到最初的学校发展的原始状态了。比如，在实施学校发展规划的过程中，学校变革主体——校长、中层干部、教师和学生等将采取一系列的行动和措施，以完成学校发展目标。这样的过程一旦发生，就是不可重新再来的。

学校发展的不可逆性最主要的还是体现在学校的教育上。不可置疑，教学是学校教育的核心，在每一次的课堂上，学生对教材内容的学习、教师与学生以及学生与学生之间的思想交流，不仅对教师，尤其是对学生的一生将产生无法消除的影响。学校发展的不可逆性，显然说明了我们在认识和理解学校发展的过程时，必须将学校系统置于一定的时间和空间的背景中，在具体的时间和特定的空间中，结合学校发展的历史，去透视学校发展的过程，诊断、分析和解决发展过程中出现的问题。

案例 7 也很好地说明了学校发展的不可逆性。案例中 Z 校长为了改变学校考勤风貌，发布并实施了《H 中学考勤工作的新规定》，而新规定的实施除了对教师产生影响外，学校的领导班子和管理团队人员参与教师考勤也占用了很多工作时间，而这显然已是一个不可逆的过程，其造成的影响已不能消除。

（六）学校发展的自组织性

复杂理论视角下的复杂系统，还有一个明显的和重要的特点，就是自组织性。自组织这

---

① 刘敏,董华. 简单范式与复杂范式：论经典科学与系统科学的不同认识论模式 [J]. 科学技术与辩证法，2006（2）：21-24.

个概念是相对他组织而提出来的。所谓的他组织，指的是组织系统本身无法通过自己内部的竞争、协调、合作等一系列内部活动，达到有序的结构；只有通过外部的强行干预和控制，才能形成稳定的、有序的组织结构。所谓的自组织，指的是在没有外界介入，在具备特定条件的情况下，系统本身能够"自行产生特定有序结构的过程"。[①] 诸多学校发展实践案例表明，学校变革过程中同时存在着他组织与自组织两种形式，而自组织才是主要形态，学校发展并不是由教育行政部门或者学校领导层与管理层完全主宰的，而是在变革过程中由校长、中层管理干部、教师、学生、环境和学校发展规划等内外部相关因素共同参与、相互作用而推进的。然而，在具体的实践操作过程中，人们往往认为学校发展是一个他组织的改革过程，只有对学校系统进行强制的干预、精致的控制以及施加外界的压力，才能促使学校进一步地发展。在大多数的时候，这样他组织式地开展学校变革发展，往往适得其反，只会产生相反的结果。学校发展的自组织性，要求外界环境不要过多的强行介入和干涉改革过程，还学校发展一个相对宽松的氛围，通过学校系统内部组分之间的竞争、协同，以达到改革目标。

基于此，褚宏启教授提出了要"读懂学校"：

作为一个校长，读懂学校意味着什么，我觉得有两个方面，除了学校的宏观管理之外，可能最重要的是读懂人，我觉得作为一个校长最重要的要读懂人，读懂人可能主要是老师和学生两方面，这是对校长的要求。对于老师的要求，他要读懂学生和教材两个方面，都要读透，不能一知半解。但我觉得对校长的要求，不应当要求校长像评课一样，要求校长像学科教师一样评课我们是做不到的，所以我觉得对于读懂这一块对于老师和对于校长有不同的要求，关键校长要读懂人。

也就是说，只有读懂学校，读懂学校中的人，读懂学校中的事，才有可能真正地理解学校发展的自组织性，校长也才能真正地发挥校长的领导力、真正地带领学校发展。（褚宏启教授在一次中小学校长座谈会上的发言）

（七）学校发展结果的不可预测性

在简单性理论看来，人们可以预测系统在任何时刻运动演化的路径与结果。就有如法国著名的数学家拉普拉斯所断言的那样，如果有一位智者，他有足够的知识、智慧和能力来获得关于大自然和宇宙的所有量化数据，同时，充分和准确地分析这些完整的数据，那么，这位智者就可以运用同一个数学公式简单地预测宇宙中事物的运动，对他而言，一切都是确定的，未来是可以精确预测的。[②] 长时间以来，深受自然科学中简单性思想的影响，在学校发展的实践过程中，可预测观的足迹也是随处可见，甚至可以说是发挥得淋漓尽致。很多学校在实施变革活动之前，就对变革过程和应该达成的目标进行预测；接着，在变革过程中，如果发现变革没有按照预测的步骤行进，不对真正的原因进行考察，而是运用各种手段强制变革回

---

① 邓重一，苏毅娟. 高职教育系统管理的自组织性浅析 [J]. 职教论坛，2009（3）：28-31.

② 卢辉炬. 混沌：理解教育的新视野 [J]. 广西师范大学学报，2000（1）：148-151.

到预测的路径上。然而，不同学校的发展实践均不支持这一观点，实践表明，学校发展的实际路径与结果不受事先预测的制约与束缚，跟事先预测（尤其是盲目地预测）不存在因果关系，因为在实际的变革过程中会出现意料之外的因素。

复杂理论认为复杂系统的发展变化过程具有情境性，事先无法准确预测。可见，学校发展的结果具有不可预测性。众所周知，学校发展过程中随机不确定因素到处可见，既包括学校系统内的要素，也包括学校系统外的因素，比如，学校系统内的要素有教师的临时辞职、校长的临时更换、学生的突然退学等，学校系统外的因素有新课改的实施、地区城镇化计划的启动、新教材的推行等，这些因素具有突发性、不可预测性等特征。因而，学校的发展过程具有不确定性。这无疑是导致学校发展结果不可预测的最重要的因素。学校发展是一项复杂的工程，涉及学校发展目标的制定、学校发展内容的选择、学校发展策略的采取和实施等各方面。各个学校只能根据自身学校的具体情境，分析问题，采取手段，进而解决问题，这其中并无明显的规律可循。可见，学校发展过程是非周期性的，并不遵循所谓的普适规律。学校发展的非周期性加剧了学校发展过程的不确定性，最终，增加了学校发展结果的不可预测性。

五、结语：复杂理论对学校发展实践的启发

在理解了学校发展复杂性的机理之后，我们必须对学校发展这个复杂系统进行调控。复杂理论作为一门综合科学的理论，不仅能使人们的视野得到拓宽，还能使人们的思维层次得到进一步地深化，在关注分析的同时，也关注到综合，在承认矛盾与竞争的时候，也考虑到统一与协调。在这一个集崭新与复杂为一体的知识整合时代，运用复杂理论分析和处理学校发展所面临的问题，促进学校的整体发展和全面发展，在理论和实践上都具有指导意义。

（一）学校发展必须坚持开放性原则

在简单性理论看来，系统是封闭的，并不与外部环境进行物质、能量以及信息的交流。这样的系统由于与外部环境的隔绝，容易对外界条件的变化失去敏感性，而不能及时做出改变和调整，从而，与周围环境"格格不入"，最后，因跟不上环境的变化而迟早被淘汰。同时，封闭系统处于无法与环境联系的状态，也就无法对周围环境产生影响。可见，学校发展必须坚持开放性的原则。学校系统只有保持充分的开放，才能与外部环境不断地进行物质、能量、信息等的交换，从中获取变革力量，促进学校发展；同时，作用于外部环境，引起环境的不断改变。

（二）学校发展必须坚持动态性原则

在简单性理论看来，一个系统只有保持静止的状态或处于静止的状态，才能保持自身的稳定，才不会因为动乱而走向瓦解和崩溃。从简单性思维出发，至于学校这个系统而言，若要保证学校能够继续立足于"这一方土地"，学校必须维持现状不变，排斥"不同的步伐"，

限制创新的细想，拒绝改革、变革，因为任何微小的变化，都将使学校陷入混乱的局面。这种稳定是一种暂时的、静止的稳定，更是一种低层次的稳定。这种稳定经不起一点"小风小浪"，更何况现如今，学校系统深处 21 世纪这个复杂多变的时代，面临的则是"狂风暴雨"的考验。学校系统若想在这个复杂的环境中"生存"下来，我们必须转换思维方式，从复杂理论的角度考虑学校发展问题，思考学校发展问题，解决学校发展问题。在复杂理论的指导下，学校发展就是学校的存在方式，学校不可能"一劳永逸"，通过一次性的变革，企图获得永久性的"稳定"，而且这种发展并非一成不变的、静止的，必须是动态的。学校在发展过程中只有坚持动态性的原则，才能保持学校发展的"活水源泉"，紧跟时代的潮流，使其处于"活力焕发"的状态；才能提升系统自身的应变能力，以应对复杂多变的外界条件；才能将学校自身的需求反馈到外界，及时寻求帮助；才能使得学校自身的"产出"作用于外界。这是一个不停止的过程，是一个"战斗不息"的过程，是一个周而复始的不可逆的动态过程。

（三）学校发展必须坚持非线性和整体性原则

学校发展必须坚持非线性和整体性的原则。这就要求我们在思考学校发展时，必须转换思维，运用非线性的思维方式认识学校发展的问题、理解学校发展的问题、分析学校发展的问题和解决学校发展的问题。这就要求我们必须将学校发展当成一个整体的系统进行考虑。学校发展不能被切割为学校内部教学的发展、德育的发展、班级的建设、教师的发展、学生的发展等各部分；而学校内部教学的发展、德育的发展、班级的建设、教师的发展、学生的发展等各部分的简单相加、拼凑，也并非所谓的学校发展。学校发展应该是整体的发展，是学校方方面面之间非线性作用结果之后的整体性发展。

（四）学校发展必须坚持混沌原则

混沌理论中所谓的洛仑兹"蝴蝶效应"现象，是指远在巴西的一只蝴蝶扇动，会引起美国得克萨斯州的龙卷风。这也就是所说的"初值敏感性"，也就是说任何事物的发展演化都有赖于其初始条件。初始条件的不同，哪怕是很小的差异，均会带来极不相同的结果，可谓"失之毫厘，差之千里"。因此，在策划学校发展时，必须坚持混沌原则，关注微小的细节变化，往往是细节决定最终的成与败。生活中，我们经常可以看见，初始两所生源条件、办学水平、校园环境等均极为相似的学校，最终会发展成为两所极不相同甚至风格完全迥异的学校。这就是"初值敏感性"的例子。因而，学校发展只有坚持混沌原则，将微小的变化纳入决策的考虑范围，这条发展之路才能越走越宽，风景才会越来越美好。

河北省 W 县校长教学领导力研究

闫 聪

【提要】 校长是学校发展的领导者,我国基础教育课程改革对校长的教学领导力提出了更高的要求。国内已有研究表明,我国校长在教学领导力方面存在不足。如何提升校长的教学领导力是当前我国中小学校长的困惑。在河北省县域内,校长教学领导力的现实表现如何,如何更好地提升校长教学领导力,是本研究的出发点。我国基础教育实施的是"以县为主"的管理体制,预研究表明①,河北省县域内中小学校长的教学领导力的总体特征是"共性大于个性"。本研究选取河北省 W 县的中小学校长作为研究对象,通过理论研究与调查研究相结合的方法,分析 W 县校长教学领导力的现实表现、影响因素,基于此提出 W 县校长教学领导力的提升策略,一方面促进校长教学领导力的研究进一步本土化,另一方面为 W 县以及河北省县域内校长教学领导力的提升提供借鉴与参考。

一、问题的提出

校长教学领导力指的是校长对教学系统的领导力,即,校长通过对学校教学活动系统各要素的领导,最终促进学生全面发展的能力和影响力。20 世纪 80 年代的"有效学校运动"使得校长的教学领导力得到了国内外研究者的极大关注。校长教学领导力被认为是影响学校发展的关键因素,能够有效促进学生发展、学校内涵式发展②。

始于 1999 年的第八次基础教育课程改革(即"新课改")对校长的教学领导力提出了新的挑战。《国家中长期教育改革和发展规划纲要(2010—2020 年)》中强调要提高教育质量,注重教育内涵式发展,在着力"建立以提高教育质量为导向的管理制度和工作机制"的背景下,校长如何应对教育内涵发展的挑战,推进教育改革,是当前教育领域的重要议题。

校长理应在"新课改"和学校内涵式发展的进程中有重要作用,但我国校长教学领导力的现实表现仍有待提高。有研究者选取 58 位校长、17 位教育行政人员、24 位教师作为被试对象,进行了个别访谈和焦点团体访谈。结果发现,校长教学领导力已然受到了关注,但如何提高教学领导力亦是校长的困惑③。这一研究结果一定程度上反映了校长们在教学领导力方面表现

---

① 预研究是研究团队在其他地区做的相关研究。
② 赵德成. 教学领导力:内涵、测评及未来研究方向 [J]. 外国教育研究,2013(4):96-103.
③ 赵茜. 校长教学领导力研究 [M]. 北京:北京师范大学出版社,2018:1-13.

不足。

预研究表明,河北省县域内中小学校长的教学领导力的总体特征是"共性大于个性"。基于此,本研究选取河北省W县的校长作为研究对象,通过理论研究与实证研究,探讨在河北省县域教育情境下校长教学领导力的现实表现、影响因素,进而提出改进策略。

二、教学领导力的理论

(一)校长教学领导力的含义

国内研究者对于校长"教学领导力"的界定方法有两种:一是演绎法,二是归纳法[①]。基于对"领导力"与"教学"的不同理解,研究者从不同角度对校长教学领导力的含义做出了不同的界定。

1. 领导力

目前对领导力的内涵,学界没有统一的说法。

有研究者认为,应从领导者所具备的能力来考察界定其领导力。如,哈伍斯[②]认为领导力是个人影响、激励和促使他人为组织奉献的效能和成功的能力。詹姆斯·库泽斯、巴里·波斯纳表示,领导力是领导者通过激励追随者,使其自愿为组织做出贡献的能力[③]。

有研究者认为领导力即是影响力。如,哈罗德·孔茨提出领导力是使人们心甘情愿地为实现群体或组织目标而努力的影响力这一观点[④]。

有研究者将领导力定义为上下级的相互作用关系。如,威廉·乔伊斯认为,领导力是领导者与追随者之间的相互影响关系[⑤]。

本研究倾向于领导力是一种特殊的能力,是为实现共同目标,领导者在理念和行为方式上影响追随者而产生的影响力这一观点[⑥]。

2. 教学

教学是具有特定功能的复合体,由若干相互有关联的要素构成。将教学看作系统,是现代教学的重要思想之一。对于教学系统的构成要素有三三构成学说、三要素说、五要素说、

---

① 赵茜. 校长教学领导力研究 [M]. 北京:北京师范大学出版社,2018:27.
② House, R. J. et al.(eds.). Culture, Leadership, and Organizations: The Globe Study of 62 Societies [M]. Thousand Oaks, CA: Sage, 2004.
③ 李昌明. 领导力与造就优秀企业人才 [J]. 经济论坛,2005(6):75-76.
④ 吴维库,富萍萍,刘军. 基于价值观的领导 [M]. 北京:经济科学出版社,2002.
⑤ 威廉·乔伊斯. 组织变革:世界顶级公司如何以人力资源为基础改进组织结构 [M]. 北京:人民邮电出版社,2003.
⑥ 司思. 中学校长教学领导力提升研究 [D]. 北京:首都师范大学,2014.

六要素说和七要素说[1]。

三三构成学说认为,教学过程是由三个构成要素和三个影响要素的整合,构成要素包括学生、教师和内容,影响因素包括目的、方法和环境[2]。对教学活动系统进行分析,教学生态环境包括宏观、中观和微观三个层次。宏观环境是指社会环境,中观环境是指学校环境,微观环境是指具体的教学环境[3]。

本研究选取教学系统的中观层次来探讨教学这一概念,认为教学系统是由目的、教学活动[4]、教师、课程[5]、学生、环境六个因素构成,其中环境既包括具体的课堂教学环境,也包括学校层面的教学环境。

3. 校长教学领导力的内涵和外延

因校长教学领导力的含义具有较强的情境性,国内校长教学领导力与国外校长教学领导力的现实表现有很大的不同,下面仅就国内较有影响的校长教学领导力的内涵与外延做总结。

褚宏启、刘景认为教学领导力即"教学"加"领导力",是对教学的领导力,既包括对"教"的领导力,也包括对"学"的领导力[6]。

赵德成认为教学领导力是校长通过影响身边的师生实施教学变革,从而实现学校教学愿景,促进学生发展的能力[7]。

赵茜、刘景认为,校长教学领导力是校长应具备的核心能力,是校长通过对学校教学活动和主体领导,促进教师发展和学生发展的能力[8]。

李刚认为校长教学领导力是校长为开发和协调学校系统各个要素,对目标、教师、课程、时间、环境、教学与评价等要素产生影响的活动[9]。

---

[1] 裴娣娜. 现代教学论(第一卷)[M]. 北京:人民教育出版社,2005:152.

[2] 裴娣娜. 现代教学论(第一卷)[M]. 北京:人民教育出版社,2005:152.

[3] 裴娣娜. 现代教学论(第一卷)[M]. 北京:人民教育出版社,2005:218.

[4] 达成教学目标的主要方法与途径是学校的教学活动,因此,本研究将原三三构成学说中的"方法"界定为"教学活动"。

[5] 教学内容是学生学习的对象,因此在具体学校教学情境下,本研究将原三三构成学说中的"教学内容"界定为"课程"。

[6] 褚宏启,刘景. 校长教学领导力的提升:从"大校长"该不该进"小课堂"谈开去[J]. 中小学管理,2010(3):4-6.

[7] 赵德成. 校长教学领导力:领导什么与怎么领导?[J]. 中小学管理,2010(3).

[8] 赵茜,刘景. 我国校长教学领导力模型研究[J]. 中小学管理,2010(3).

[9] 李刚. 为了教学,校长如何领导?[J]. 教育科学研究,2015(7):48-52.

对上述学者确定的校长教学领导力的行为框架进行梳理,可将我国校长教学领导力的行为领域划归为6个领域(见表1)。

表1 我国校长教学领导力的行为领域

学者	目标	教学	教师	环境	内容	条件保障
褚宏启 刘 景	明确教学目标	恰当的教学方法;科学的教学评价	促进教师发展	家校合作	合理的教学内容	教学条件支持
赵德成	明确学校发展目标	教学管理制度;考核制度	引领教师自主发展	组织文化建设;建设学习型组织		
赵 茜 刘 景		策划教学活动;监控教学情况		指导教学组织		提供教学条件
李 刚	形成教学目标	指导课堂教学;教学评价	促进教师发展		课程管理	保障教学时间;提供教学支持

本研究认为校长教学领导力,是校长对教学系统的领导力,即校长通过对学校教学活动系统各要素的领导,最终促进学生全面发展的能力和影响力。由此我们可以将校长教学领导力分解为理念与目标引领、指导教学活动、引领教师发展、实施课程领导、指导学生管理和创设教学环境6个维度(见图1)。

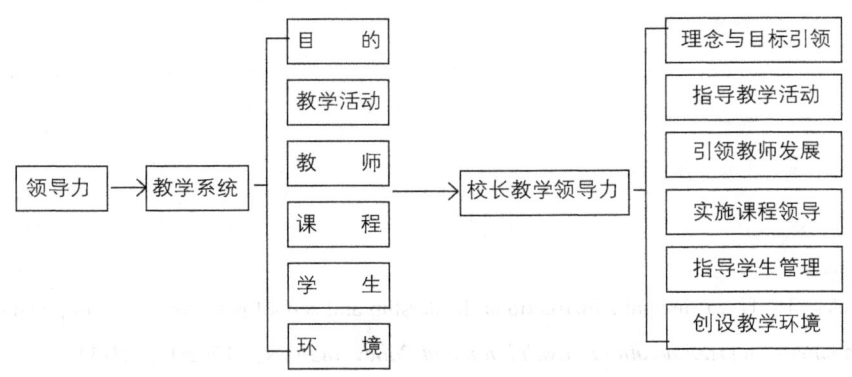

图1 校长教学领导力内涵图

(二)教学领导力可以促进学生学业成就的提升

校长教学领导力的研究源起于20世纪80年代的"有效学校"运动。当时人们认为,强有力的校长领导能够正向影响学生学业成就。在此后的30多年里,有关校长领导力与学生学业成就关系的研究成果颇丰。

赫克通过对校长教学领导与学生学业成就运作模式的研究发现，学校领导方式与校外行政环境，会影响学校氛围和教学活动，进而对学生学业成就产生影响。[①] 王红采用元分析法对美国校长教学领导力和学生成就关系的实证研究（1980—2009年）进行统计分析，得出结论：校长领导力的发挥对提高学生的学业成就是有意义的且具有积极影响。[②]

罗宾森等人对1985—2008年间的22项实证研究进行的元分析结果显示，教学领导力对学生学业成就的平均效应量高于其他类型领导的平均效应量，即校长教学领导比其他范式教育领导更能促进学生的学业成就。[③]

（三）校长教学领导力的研究框架

1. 校长教学领导力的研究框架分析

国内学者从不同的角度给出了校长教学领导力的分析维度，尽管一级维度不尽相同，但在二级维度上有较大的一致性。

本研究对校长教学领导力一级维度和二级维度进行分析、重新整理，得出如下结论：（1）理念与目标引领包括制定教学目标以及沟通教学目标；（2）指导教学活动包括教学常规管理和教学评价；（3）引领教师发展包括教师管理以及促进教师专业成长；（4）实施课程领导包括整合课程和开发校本课程；（5）指导学生管理包括行为习惯养成、建立全面的评价体系以及组织多样化的课外活动；（6）创设教学环境包括硬件保障、文化创设、制度管理、外部协调。

本研究随机抽取W县5位校长进行访谈，让校长们描述"在学校中的工作内容"，继而使用"教学领导力的6个维度"对校长们的工作行为进行编码分析，结果见表2。

---

① Heck, R.H.. Principal's instructional leadership and school performance: implications for policy development [J]. *Educational Evaluation and Policy Analysis*, 1992(1): 21-34.

② 王红,陈纯槿. 美国校长领导力与学生成就关系三十年研究[J]. 教育学术月刊, 2010(10): 77-79.

③ Robinson, V.M.J., Lloyd, C. & Rowe, K..The impact of leadership on student outcomes. An analysis of the differential effects of leadership types[J]. *Educational Administration Quarterly*, 2008(5): 635-674.

表2 校长教学领导力分析维度及实践验证

序号	理论梳理		实践验证（5位校长行为分析）	
	一级维度	二级维度	行为频次	访谈样例
1	理念与目标引领	制定教学目标	5	作为学校领导，我首先是对教育思想的领导，教育理念、教学方法，这是最根本的。学校、教师和学生，首先应该明确他的发展方向。（校长L7）
		沟通教学目标	5	一是我们制定了有关文件，每学期搞一个工作报告，能很好地体现我校理念。每周都有例会，校长讲、副校长讲、教师也讲。在讲话中，工作安排中，安排活动当中，都有体现。（校长L7）
2	指导教学活动	常规管理	5	一个学校要想做好、师资队伍打造好，我特别注重听、评课和教研这块。我在学校抓的比较好，教师成长也比较快。（校长L2）
		教学评价	5	教学工作的评价一是工作量，二是教学成绩，对于职业道德也有考核。学校里制定了详细的考核量化标准。（校长L9）
3	引领教师发展	教师管理	5	我们这儿大部分人愿意当班主任，一是我会创造各种条件，把班主任位置放在最高。无论是在各种活动当中，各种政策当中，都体现班主任的突出地位，不只是工资待遇，工资待遇只是其中之一，在其他方面，也会把班主任放在第一位，比如说评优、提拔、重用、外出学习都是把班主任放在第一位。要让他感觉到，我的班主任地位在学校是很高的。（校长L2）
		促进教师专业成长	5	教师业务提升一个是通过教师之间的听课评课，还有培训，包括国培，学校内部培训，兄弟学校之间学习和联片教研。（校长L4）

续表

序号	理论梳理			实践验证（5位校长行为分析）	
	一级维度	二级维度	行为频次	访谈样例	
4	实施课程领导	整合课程	3	在学期初要制定课程计划，保证开齐、开足、开好每一门课程，包括音、体、美，还有信息技术、校本课程、综合实践活动课，等等。（校长L6）	
		开发校本课程	3	咱们这里的校本课程低年级是文明礼仪教育，中年级是经典诵读，高年级是针对对联文化开发的课程。（校长L4）	
5	指导学生管理	行为习惯养成	4	通过开会、节日等活动促进学生的德育习惯养成，我来学校几年里有了很大的变化，比如现在学生在校园里能主动捡拾垃圾等。（校长L4）	
		建立全面的评价体系	0		
		组织多样化的课外活动	3	在学生课外活动中，建立了以升国旗、班队会、法制课、学生社团活动的周常规活动，学生社团活动是每周四下午最后一节课，一开始时增加了教师负担，教师不太乐意，但是经过沟通，现在效果也出来了，教师、家长、学生都是认可的。（校长L6）	

续表

序号	理论梳理		实践验证（5位校长行为分析）	
	一级维度	二级维度	行为频次	访谈样例
6	创设教学环境	硬件保障	4	我们这个学校硬件太差，校舍极度欠缺。关于专用教室，比如说图书馆、会议室，现在什么都没有，这也是下一步发展的重点解决问题之一。（校长L2）
		文化创设	3	现在国家都是提倡传统文化，学校里开展了一个楹联文化，效果还不错，也有相应的校本课程，是由我们自己编写的。（校长L4）
		制度管理	3	我认为好学校就是：第一教学成绩是比较优秀的，第二应该是学生全面发展，第三学校各种制度是比较完善的，学校的教育思想应该是符合教育规律的。所以来了以后，包括一些规则制度完善、补充、实施，现在都基本建成了。（校长L9）
		外部协调	2	微信群、QQ群都建了，有什么事他们都可以在群里沟通，并且成立了一个家长委员会。家长委员会找一部分家长代表，他们在学校家庭中间起到一个沟通桥梁的作用。现在在考虑充分利用家长这些资源，家长有来自不同系统的，可以请来给学生做讲座。（校长L4）

表2的结果验证了中小学校长教学领导力的一级维度和二级维度，该研究框架能够很好地用来分析W县校长教学领导力的现实表现。

校长教学领导力6个维度之间的关系如图2所示。

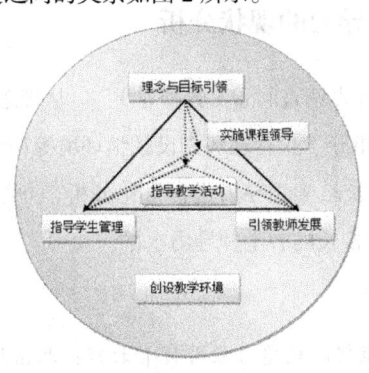

图2 教学领导力6个维度间的关系图

2. 依据教学领导力维度修订量表

本研究参考李刚开发的"校长教学领导力调查问卷(教师卷)"[1]，根据本研究的校长教学领导力研究框架，对题项进行修改并重新界定。

在 W 县随机选取 150 位教师发放问卷进行实测。问卷回收后，本研究对总量表做信度分析，信度系数为 0.963；各维度的信度分析结果表明，各维度的信度均在 0.750 以上（见表 3），可见修改后的问卷一定程度上可以反映被试校长的教学领导力水平。

表 3 量表信度分析

维度	题项	α 值
理念与目标引领	C2 C4 C5 C6 C7 C8	0.855
指导教学活动	C16 C17 C18 C19 C27 C28 C29 C32 C50	0.913
引领教师发展	C35 C36 C37 C38 C39 C40	0.875
实施课程领导	C11 C12 C13 C14 C24	0.843
指导学生管理	C47 C48 C52	0.819
创设教学环境	C31 C34 C42 C43 C44 C45 C46 C49	0.766

校长教学领导力指的是校长对教学系统的领导力，即校长通过对学校教学活动系统各要素的领导，最终促进学生全面发展的能力和影响力。校长的教学领导力可以促进中小学生学业成绩的提升。校长教学领导力包括理念与目标引领、指导教学活动、引领教师发展、实施课程领导、指导学生管理和创设教学环境等 6 个方面，本研究将使用修订后的量表对 W 县中小学校长的教学领导力展开研究。

三、W 县校长教学领导力的现状分析

本研究使用"校长教学领导力调查问卷（教师卷）"，从理念与目标引领、指导教学活动、引领教师发展、实施课程领导、指导学生管理和创设教学环境等 6 个方面，选取 W 县中小学教师，通过对教师感知了解的本校校长教学领导力进行量化分析，并结合访谈资料、实物资料以及观察资料全面了解 W 县中小学校长的教学领导力水平。

---

[1] 李刚. 校长教学领导评价框架的构建与应用 [D]. 北京：北京师范大学，2013

（一）W县校长教学领导力的整体水平较高

根据李克特五级量表对选项赋值，得到W县校长教学领导力的总分以及在6个维度的得分，结果见表4。

表4 W县校长教学领导力的得分

序号	维度	平均数	标准差	题项	每题平均数	排序
	校长教学领导力	153.6742	22.23688	37	4.15	
1	理念与目标引领	25.4369	3.83659	6	4.24	2
2	指导教学活动	37.8635	5.88548	9	4.21	3
3	引领教师发展	25.6229	4.13283	6	4.27	1
4	实施课程领导	20.8703	3.40380	5	4.17	4
5	指导学生管理	11.7793	2.16394	3	3.93	6
6	创设教学环境	32.0880	5.62264	8	4.01	5

由表4可知，W县教师感知到的校长教学领导力在领导力总分以及6个维度上的得分较高，均显著高于理论平均分3分[（1+2+3+4+5）/5]，这表明目前W县校长的教学领导力得分的整体水平属于中等偏上。其中，得分最高的维度是"引领教师发展"，得分最低的维度是"指导学生管理"，这表明W县中小学教师们认为，他们的校长在"引领教师发展"方面做得最好，在"指导学生管理"方面表现则相对较弱。

（二）W县不同学校校长在教学领导力上存在较大差异

1. 县城学校校长的教学领导力水平高于农村学校校长

本研究将学校地域分为位于县城的学校和位于农村的学校两类。

对教师感知到的校长教学领导力进行独立样本T检验发现，县城和农村学校校长的教学领导力存在显著差异，在理念与目标引领、指导教学活动、引领教师发展、实施课程领导、指导学生管理、创设教学环境6个维度均差异显著。县城校长教学领导力以及在6个维度的得分均显著高于农村校长（见表5）。

表 5 不同地域校长的教学领导力差异分析

序号	维度	区位	均值	标准差	t	Sig.
	校长教学领导力	县城	158.4190	21.77948	5.282	.000
		农村	143.6824	19.85016		
1	理念与目标引领	县城	26.1929	3.69823	5.029	.000
		农村	23.8854	3.66166		
2	指导教学活动	县城	38.6923	5.91849	3.464	.001
		农村	36.2143	5.48522		
3	引领教师发展	县城	26.5253	3.89284	5.586	.000
		农村	23.8182	4.02382		
4	实施课程领导	县城	21.5816	3.20392	5.317	.000
		农村	19.4330	3.35692		
5	指导学生管理	县城	11.9950	2.26412	2.603	.010
		农村	11.3500	1.88763		
6	创设教学环境	县城	33.0737	5.62448	4.330	.000
		农村	30.0957	5.09072		

2. 小学校长的教学领导力水平高于中学校长

由于 W 县对全县的教育资源进行了整合,乡镇中学全部合并到了县城,农村现在只有小学;在表 5 的分析中可以看到,农村和县城校长的教学领导力在各个维度均有显著差异,故而考虑剔除该因素的影响,只对县城 11 所中小学校长的教学领导力进行差异分析。县城 11 所中小学包括 5 所县直小学、4 所中学、2 所民办九年一贯制学校。本研究将九年一贯制学校的被试教师亦按照中学、小学进行了划分。

对位于县城的 11 所学校的校长教学领导力进行差异分析,发现中小学校长的教学领导力存在显著差异,且在理念与目标引领、指导教学活动、引领教师发展、实施课程领导、指导学生管理、创设教学环境 6 个维度上均有显著差异,小学校长的得分要高于中学校长(见表 6)。根据访谈与观察,由于小学阶段距离高中阶段及高考较远,校长对于校本课程的规划、学生素质教育的重视更容易落实到位;而高中阶段,"成绩"这根指挥棒与校长在理念领导、课程领导方面的张力更加突出。

表6 不同学段校长的教学领导力差异分析

序号	维度	学段	均值	标准差	t	Sig.
	校长教学领导力	小学	165.7143	17.56542	4.503	.000
		中学	151.9684	23.15556		
1	理念与目标引领	小学	27.2043	3.18474	3.791	.000
		中学	25.2885	3.90089		
2	指导教学活动	小学	40.6154	4.68513	4.535	.000
		中学	37.0096	6.37729		
3	引领教师发展	小学	27.7742	3.16272	4.519	.000
		中学	25.4190	4.15049		
4	实施课程领导	小学	22.4239	2.45054	3.645	.000
		中学	20.8365	3.59641		
5	指导学生管理	小学	12.8511	2.07368	5.393	.010
		中学	11.2286	2.15842		
6	创设教学环境	小学	34.2472	4.85770	2.784	.006
		中学	32.0396	6.05957		

3. 私立学校校长的教学领导力水平高于公立学校校长

本研究中，学校性质指的是依据办学主体的不同而划分的不同学校，由国家、政府投资举办的学校视为公立学校，由社会组织或者个人投资举办的学校视为私立学校。

从学校性质角度对W县公办学校及2所私立学校校长教学领导力进行差异分析，如表7所示，分析结果显示公办学校与私立学校校长教学领导力存在显著差异，且在理念与目标引领、指导教学活动、引领教师发展、实施课程领导、指导学生管理、创设教学环境6个维度上均有显著差异，私立学校校长的得分要明显高于公办学校校长。这是因为私立学校受到行政力量干预较少，较公立学校相比在人、财、物方面有较大的权力，在学校管理、教师管理、教学改革、理念引领方面有较大作用空间。

表7 不同性质学校校长的教学领导力差异分析

序号	维度	学校性质	均值	标准差	T	Sig.
	校长教学领导力	公办	150.0694	22.15421	-7.899	0.000
		私立	169.8958	13.90429		
1	理念与目标引领	公办	24.9292	3.84631	-6.065	0.000
		私立	27.7358	2.84301		
2	指导教学活动	公办	37.0879	5.99480	-6.468	0.000
		私立	41.2963	3.83937		
3	引领教师发展	公办	25.1440	4.15404	-5.056	0.000
		私立	27.7778	3.28901		
4	实施课程领导	公办	20.5378	3.48303	-4.237	0.000
		私立	22.3091	2.60962		
5	指导学生管理	公办	11.5061	2.09922	-4.819	0.000
		私立	13.0185	2.03266		
6	创设教学环境	公办	31.4506	5.64529	-4.834	0.000
		私立	35.0000	4.52990		

(三) W县校长教学领导力的具体表现

1. 重视理念与目标的引领

理念与目标的引领包括制定与宣传落实，而理念与目标的制定是校长进行教学领导的逻辑起点，研究者也非常强调校长通过教学目标引领学校的教学[①]。

本研究发现，81.8%的教师认为学校在教学方面提出了明确的目标，78.2%的教师认为学校对不同的教师群体提出了不同的要求（见表8）。

---

① 褚宏启，刘景. 校长教学领导力的提升：从"大校长"该不该进"小课堂"谈开去[J]. 中小学管理，2010（3）：4-6.

表 8　理念与目标引领维度的相关题项分析

题项	非常不符（%）	比较不符（%）	一般（%）	比较符合（%）	非常符合（%）	合计（%）
C4. 学校对不同的教师群体（如不同学科、老中青教师）提出了不同的要求	1.3	3.7	16.7	34.1	44.1	100
C5. 学校在教学方面提出了明确的目标		1.3	16.8	33.0	48.8	100

通过文本分析可以得出，W 县 11 所县级学校都有较清晰的理念与目标，其中有 4 所学校以学校理念为核心提出了系统的发展规划，不仅重视成绩，而且重视学生的全面发展。然而，农村学校从整体来看学校发展理念较为落后，目标的制定更多锁定在成绩上。

在理念与目标的贯彻实施方面，学校主要通过开会、节日活动、创设学校文化以及日常教学活动等方式来宣传。

学校的发展理念是以人为本，虽然学生年龄小，但首先是作为人存在的，家长把孩子送到学校以后你得把他当人看待，所以教育得人性化，多用点说服式的、身教式的教育，少用点惩罚式的。人跟人之间交往以尊重为前提，不管年纪大与小，你得尊重他。你尊重了他，他感觉人格各方面受到尊重了，心情舒畅，就会积极地去学习了。（校长 L4）

校长是 2013 年来的学校，一直提倡尊重学生。要是说教师不批评学生，我觉得是不可能的，自己的孩子你也有着急的时候。但是相对来说，现在注意这一方面了，动手什么的是禁止，言语上也在注意了，个别教师有这样情况的话，校长还会给他们做思想工作。（教导主任 J4）

然而，在理念与目标的贯彻落实中存在着"价值虚伪"的问题，即，在个别学校里，学校的实际做法与学校宣扬的核心价值并不一致[①]。例如，S3 学校以"立德树人"作为学校核心理念，以"德礼文化"为核心文化，教师誓词中有"真诚的关爱每一个孩子"；然而，在该校调研时，研究者却发现一位教师在课堂上大声训斥 2 名学生，时间达 5 分钟之久。S5 学校，同样以"立德树人"为核心，研究者在该校听课时，教师令一名学生站在讲台旁边，原因是该生很聪明，但是注意力不集中，家长也让管严格些，所以在该教师上课期间，都会明令该生在讲台旁站着上课。教师与家长以自己所谓的"为孩子好"的方式来管理学生，追求学习成绩，忽视了学生的身心发展，这是与理想的教育理念相背驰的，是产生"价值虚伪"现象的原因。这样做使得学校教育理念与教学目标难以落实到位。

2. 重视教师发展的引领

教师是学校教学的主体，教师队伍的素质是学校发展的重要影响因素。

通过表 4 可以看到，W 县校长对"引领教师发展"这一项最为重视。促进教师队伍素质的提升，一方面是通过培训，另一方面是通过组织教师教研。

调查发现，对于"学校定期请校外专家为教师提供教学指导"这一判断，29.4% 的教师认

---

① 王永发. 基于校长价值领导力视角的学校发展逻辑 [J]. 教育研究，2012（9）：49-52.

为比较符合，43.1%的教师认为非常符合；81%的教师认为教师的教研时间不会被占用缩短（见表9）。

表9　引领教师发展维度的相关题项分析

题项	非常不符(%)	比较不符(%)	一般(%)	比较符合(%)	非常符合(%)	合计(%)
C35.学校定期请校外专家为教师提供教学指导	1.7	5.0	20.7	29.4	43.1	100
C36.教师的教研时间不会被占用缩短	1.0	4.0	14.0	36.7	44.3	100

在对校长及教师的访谈中了解到，W县教师的培训方式主要有网络培训、国培、省培以及县教育局组织的培训等。网络培训几乎流于形式、效果微乎其微；国培、省培培训效果明显，但是机会较少，受管理体制限制，校长对外出培训教师的选择并无太多主动权；县教育局组织的培训较为有时效性。学校的教研形式包括校内教研以及连片教研，教研工作开展越扎实的学校，教学成绩方面越突出。

对21位校长的调查显示，除6位校长因直接代课参加教研活动外，其余校长均不直接参与教研，主要由教学副校长以及教导主任负责，校长在教师专业成长方面呈现出分布式领导的特点。

3. 重视学校教学活动的指导

教学工作是学校的核心工作，指导教学活动是校长的核心工作之一。校长对学校教学工作的指导表现为教学常规管理与教学评价两个方面。

调查发现，81.1%的教师认为"我校教学考核过程公平、公开、公正"，82.3%的教师表明"校长经常听课"，87.7%的教师表明校长会通过巡视教室了解教师的教学情况（见表10）。

表10　指导教学活动维度的相关题项分析

题项	非常不符(%)	比较不符(%)	一般(%)	比较符合(%)	非常符合(%)	合计(%)
C27.我校教学考核过程公平、公开、公正	1.3	2.0	15.6	28.6	52.5	100
C16.校长经常听课		4.0	13.7	36.0	46.3	100
C50.校长会巡视教室了解教师的教学情况		1.3	11.0	29.7	58.0	100

褚宏启认为校长应该常听课、会评课，而一周不能少于3节课，才可能叫"常听课"。① W

---

① 褚宏启,刘景.校长教学领导力的提升：从"大校长"该不该进"小课堂"谈开去[J].中小学管理，2010（3）：4-6.

县教育局为督促校长对教学工作的重视，制定了《中小学教学工作视导实施细则》，该细则中规定"校级领导每学期听、评课不少于20节次，并有翔实记录"。本研究对W县中小学校长听课时数进行统计，W县校长每月平均听课时数为24节次，有66.6%的校长听课时数达到了规定要求，保证了"常听课"。

萨乔万尼将巡视课堂、视察课堂的校长活动视为校长象征力的表达，运用这种力使他人将注意力集中于学校的重要事情上，校长通过在教师和学生面前的高出现率以达到激励教师的作用，从而促进教学活动。① 现实中受行政事务的约束，校长关注教学的时间有限。

我是从教学岗位上来的，平时也很注重教学工作，但是，行政事务太多，有时候听着课就有电话来，就要出去，也是没办法，这个学期有省里的各项检查评估，听课就少了很多。（校长L10）

4. 课程领导有待加强

第八次基础教育课程改革确立了包括国家课程、地方课程与学校课程在内的三级课程管理体制，同时规定，学校在课程管理方面需要保证国家课程与地方课程的有效实施，还要进行校本课程的开发②。校长实施课程领导，就要保证落实课程计划，开齐、开足、开好每一门课程，包括音、体、美、信息技术、校本课程、综合实践活动课。

表11 实施课程领导维度的相关题项分析

题项	非常不符（%）	比较不符（%）	一般（%）	比较符合（%）	非常符合（%）	合计（%）
C12.学校组织教师整合的三级课程中有重合交叉的内容	2.7	5.1	24.9	38.0	29.3	100
C15.校本课程增加了学生的负担	12.0	12.7	27.4	26.1	21.7	100
C24.即使主要科目教学任务重，学校也不会占用音体美等课	0.7	3.3	16.3	32.3	47.3	100

个别学校课程的管理，仍会受应试教育的"缄默知识"影响，或是受到学校师资缺乏的制约，小科课程难以开齐、开足。③

---

① 托马斯·J.萨乔万尼.校长学：一种反思性实践观[M].张虹，译.冯大鸣，校.上海：上海教育出版社，2004：122-124.
② 金东海.论三级课程管理体制中的学校课程管理[J].西北师大学报（社会科学版），2004（3）：100-103.
③ 余进利.我国基础教育三级课程管理体制实施述评[J].当代教育科学，2004（4）：22-25.

从我这里引导也是把主科放在前面，小科都是背背。这是现状，这是整个基础教育的现状，都不够重视。像音、体、美、科学品德等课程，到最后，这些教师是进不了教室的。比如说明天咱有考试，可以说从上一周，学校就不让音体美教师上课了。孩子的素质教育耽误了，根本发展不了。（校长 L2）

对于三级课程的整合与校本课程的实施情况，调查显示，67.3%的教师表示学校组织教师整合的三级课程有重合交叉的内容；从教师对校本课程的评价来看，47.8%的教师认为校本课程增加了学生的负担，27.4%的教师持"一般"的态度；79.6%的教师认为学校的主科课程不会占用音体美等课（见表 11）。

从对访谈以及实物搜集的分析来看，走访的 21 所学校中，有 6 所学校校本课程开发较为成熟、系统（见表 12），校本课程落实情况较为理想，而其余学校的校本课程有待整合开发与提高。

表 12　W 县 6 所学校的校本课程信息

学校代码	校本课程
S3	文明礼仪
S4	楹联文化
S5	写字
S7	经典诵读
S10	绘本教学
S11	学校习惯养成

5. 创设教学环境能力有待加强

学校是开放的系统，依靠与环境要素得以生存，来自不同社会层面的环境要素影响着学校的运作①。教学环境的创设包括多个方面，本研究主要从外部协调方面对教学环境的创设进行探讨。

调查研究发现，83.8%的教师认为教育行政部门较支持学校教学改革，75.4%的教师认为家长较支持学校教学改革，46.5%的教师认为学校能够争取社区的资源充实学校的课程与教学（见表 13）。

---

① 韦恩·K. 霍伊，塞西尔·G. 米斯克尔. 教育管理学：理论·研究·实践[M]. 范国睿，主译. 北京：教育科学出版社，2007：232-256.

表 13 创设教学环境维度的相关题项分析

题项	非常不符（%）	比较不符（%）	一般（%）	比较符合（%）	非常符合（%）	合计（%）
C43.教育行政部门会给我校的教学改革实质性的支持	1.7	4.4	20.1	31.9	41.9	100
C44.家长非常支持我校在教学方面的改革	0.3	3.7	20.5	31.3	44.1	100
C45.学校能够争取社区的电影院、公园等资源丰富课程与教学	6.1	13.5	34.0	27.3	19.2	100

W 县教育局通过建立考评机制以及建立"名师资源库"搭建教学交流平台等方式对该地区中小学的教学发展，对促进区域内教育均衡起到了较大的作用。

本周五的主题作文由我们学校发起，我们的教师毕竟年轻，作文写不好，跟教育局教研室 A 主任建议的，让 A 主任出面，他整合了全县的语文教师资源，找几个写作文比较好的，给我们搞一个讲座。原来想的是把教师请到我们学校给我们学校做讲座，讲写作文。上午跟主任联系，主任说把全县各学区、各学校的主管教学的带一个语文教师，全部上我们这来。这样的活动以前也搞过，具有实效性。（副校长 V2）

有效能的学校运用与家长和社区交往并协同工作的种种方法[1]。对于家长资源的利用，不同学校所面对的家长群体不同，在取得家长支持方面也存在较大的差异，如县直小学 S2 的"亲子阅读"取得了家长和学生的一致支持和认可，但是在农村小学，多留守儿童，家长无力支持学校的教学工作。

6. 指导学生管理方面有待加强

学校各方面工作的展开最终是为了学生的发展，校长基于学校理念与目标对学生进行管理，其管理方式、手段是学校理念与目标的一个反映。调查研究表明，81.7% 的教师认为校长强调学生行为习惯的养成，77.3% 的教师认为学校组织了多样性的活动，在"学校建立了全面的评价体系"这一选项上，只有 55.2% 的教师表示认同（见表 14）。

---

[1] 托马斯·J.萨乔万尼.校长学：一种反思性实践观[M].张虹,译.冯大鸣,校.上海：上海教育出版社，2004：205.

表14 指导学生管理维度的相关题项分析

题项	非常不符(%)	比较不符(%)	一般(%)	比较符合(%)	非常符合(%)	合计(%)
C47.校长强调学生行为习惯养成		4.0	14.3	36.0	45.7	100
C48.学校会组织多样性活动	0.3	5.0	17.3	36.3	41.0	100
C52.学校建立了全面的评价体系	12.4	13.4	19.1	29.1	26.1	100

在现实中校长直接进行学生管理的行为并不多，多是指导性的行为，但这并不意味着校长不重视学生管理工作。在学生管理工作中，校长们最为重视的一是成绩，二是安全，然后才是学生的全面发展。教育理念较为先进的校长能够认识素质教育的重要意义，通过丰富的课程以及学生活动来促进学生的全面发展，并将这样的理念传递给教师。

实际上现在就说很多学校没有真正关注素质教育，主要受应试教育的干扰。你不会完全地排除这种干扰，一个好的校长，尽力把党的教育方针，把素质教育方针和应试教育进行调和，努力去追求素质教育，努力去关注方针，尽量减少应试教育的干扰，完全阻挡是不容易的，但要去努力。我尽量地往那方面发展，我一直是这样坚持的，也就说这样培养学生的全面发展，德智体美劳是一方面，一个注意他的个性发展，另外他的文化成绩、基本素养……每周都有工作报告、例会，在讲话中、工作安排中、安排活动当中，都有体现，学校教师也认同这样的理念。（校长L7）

但在整体上，尤其是农村学校需要进一步加强学生管理工作，在学生管理工作中充分践行素质教育。

四、W县校长教学领导力的影响因素分析

学校是一个开放的系统，有自己的内部反馈环与外部反馈环[①]。复杂理论认为教育组织系统的发展涉及宏观与微观两个层面的诸多因素，这些因素相互依存、相互联系，共同促进教育组织系统的发展[②]。校长处于教育组织系统中，一方面通过对各个因素的领导促进学校发展，另一方面校长的领导又受制于学校内外的诸多因素。本研究将从校长个人因素、学校内部组织因素以及学校外部环境因素三个方面来探讨校长教学领导力的影响因素。

---

① 韦恩·K.霍伊，塞西尔·G.米斯克尔.教育管理学：理论·研究·实践[M].范国睿，译.北京：教育科学出版社，2007：24-31.

② 范国睿.复杂科学与教育组织管理研究[J].教育研究，2004（2）：52-58.

（一）个人因素

1. 教育背景

W县有42.9%的校长最终学历为专科，57.1%的校长最终学历为本科（见表15）。

表15 W县校长最终学历分布

最终学历	频数	有效百分比（%）
专科	9	42.9
本科	12	57.1
总计	21	100

独立样本T检验发现，学历不同的校长的教学领导力有显著差异，且在指导教学活动、引领教师发展、实施课程领导、创设教学环境四个方面存在显著差异，学历较高的校长教学领导力高于学历较低的校长（见表16）。

表16 教育背景差异与校长教学领导力T检验结果

维度	教育背景	均值	标准差	t	Sig.
校长教学领导力	专科	148.7079	21.96547	-2.616	.009
	本科	156.2000	22.00810		
指导教学活动	专科	36.6040	6.03834	-2.685	.008
	本科	38.5260	5.70839		
引领教师发展	专科	24.5446	4.08540	-3.281	.001
	本科	26.1786	4.05649		
实施课程领导	专科	20.2600	3.35935	-2.224	.027
	本科	21.1865	3.39215		
创设教学环境	专科	30.8163	5.79610	-2.800	.005
	本科	32.7581	5.42572		

访谈结果与问卷调查结果保持了一致。学历较高的校长在上述4个维度的领导力均高于学历较低者的领导力。以创设教学环境为例，学历较高的校长在打造学校文化中的作用更加明显，例如更加注重尊重学生，创建和谐校园。

刚一来这个学校的时候，有的学生会砸玻璃、毁坏公共设施等，现在没有这种情况了。我一个体会就是说，我这个跟教师也讲了，学生其实越小，心地越善良，越诚恳，越天真，他比我们纯洁得多，他不好多数是因为家长，或者是成年人的事，如果你对他很好，百分之九十大几,他会对你更好,好孩子是夸出来的。所以我原来还提出一个天使教育,你认为他是天使,他就是天使,你认为他是魔鬼,他就是魔鬼,看你怎么对待他。(校长 L7)

2. 管理成熟度

校长的管理成熟度从校长职业生涯发展阶段分析,校长这一职业有着不同的发展阶段,与教师的专业发展阶段相比,校长的专业成长生涯要复杂得多,由教师向校长转变或者由教育行政人员向校长转变需要经过较长时间的积累[①]。

独立样本 T 检验发现,管理成熟度[②]不同的校长教学领导力有显著差异,且在理念与目标引领、指导教学活动、引领教师发展、创设教学环境 4 个方面存在显著差异,管理成熟度较高的校长教学领导力高于管理相对不成熟的校长(见表 17)。

表 17　管理成熟度差异与校长教学领导力 T 检验结果

维度	管理成熟度	均值	标准差	t	Sig.
校长教学领导力	成熟	158.9891	21.43300	2.879	.004
	不成熟	150.8314	22.19743		
理念与目标引领	成熟	26.2642	3.52488	2.812	.005
	不成熟	24.9679	3.93482		
指导教学活动	成熟	39.2952	5.54514	3.159	.002
	不成熟	37.0638	5.93243		
引领教师发展	成熟	26.2736	4.15081	2.032	.043
	不成熟	25.2618	4.08908		
创设教学环境	成熟	33.5446	5.22594	3.299	.001
	不成熟	31.2842	5.68554		

通过对访谈内容分析,也可以发现,处于校长生涯规划初期的校长目标更加集中在成绩上,在事务性工作和常规管理上会花费较多的时间和精力,主要是保障学校的正常有序运转;处于校长生涯成熟期的校长对于学校的规划更加系统,对于教育的理解更加透彻,也能有更多时间放在核心工作——教学,在学校文化建设上更加系统。

---

① 赵茜. 校长教学领导力研究[M]. 北京:北京师范大学出版社,2018:90-94.
② 本研究依据 W 县 21 位被访校长任职时间分布,将管理成熟度的时间分割点定为 8 年,任职时间多于 8 年的视为管理较为成熟,任职时间不足 8 年的视为管理较不成熟。

（二）学校内部组织因素

1. 教师队伍质量

教师队伍质量是学校教育质量的重要因素。W 县的教师队伍主要存在数量不足、结构不合理、素质有待提高三方面的问题。在访谈中，校长们也反映出这三方面的问题，而且，这三个方面的问题都对校长的教学领导力产生了负面的影响：结构性缺编和学缘结构不合理使学校小科课程难以开齐、开全，影响学生的全面发展。

跟你说实在的，咱的师资力量太薄弱了。教师人数只够上主科，小科都是主科教师带的，没有专门的小科教师。这是咱的家丑，也是不得不面对的现实。（校长 L2）

学校教师年龄结构不合理，尤其是在县城学校，教师老龄化严重，且教师们有一定程度的职业倦怠。由于多年未进新人，教师队伍缺乏连续性，断档现象日益凸显：

一上岁数各方面（思想上、心理上）对工作积极性不高，因为县里它不给分配教师，它也不给你招聘教师，这么多年没补充过新教师。这么几年有特岗教师，但都到农村去了。现在有一个特岗入编，但入编以后统一分到农村，所以县城基本上没什么年轻教师。（校长 L5）

公办学校教师情况非常复杂，有在编有不在编的，在编的关系在工资外的，不在编的借调的。工作在这儿工作，但是你的工资在别的学校领。所以上面一给你拨绩效工资，拨多少，它是按你这个在编的教师绩效工资划拨的。假如真实行绩效工资，你在编的教师在这儿干活有你的绩效，你不在编、借调过来的，这个钱谁给你出。所以它这个体制不协调，很难实行绩效工资。（校长 L5）

还有校长表示，对于教学改革、课堂改革充分贯彻落实，需要更高水平的教师。

全国课改的方向，咱把这都融合了，全方位融合了，小学部做得比较好，初中因为课程多、考试多、中考压力大，调整难度大，再一个对教师要求高，咱目前的教师的素质，初中教学难度高，你要是想实现理想化，那需要教师素质更高，待遇更高，才能做到。（校长 L7）

2. 学生年龄特点

本研究对 W 县县级中学和小学校长教学领导力进行差异分析表明（见表 6），不同学校层级校长教学领导力有显著差异。造成此种差异的原因有：一是由于不同阶段学生特点不同，所以校长管理重点就不同，小学校长更加重视学生的行为习惯养成以及丰富的活动，中学校长更加注重学生品德和价值观的形成；二是由于教育行政部门对校长的评价体制不同，也是不同学段影响校长教学领导力的重要原因。教育行政部门对不同学段学校教育质量的衡量指标不同。小学评价较为多元化，初中和高中的评价指标主要是中考和高考成绩，距离高考越近，越强调成绩，高考指挥棒的作用越是明显。

对于学校校本课程的实施，学校的经典诵读学生们都非常喜欢，特别喜欢。但对于初中大阅读，现在感觉就是学生热情很高，但是因为在初中，因为有中考压力，教师思想还是跟不上，放不开，学生也没有充分的时间。（校长 L7）

3. 学校规模

无论学校规模大小，校长对教学系统中各个维度的领导力都是不可缺少的。通过对W县不同规模[1]学校的校长教学领导力进行差异分析（见表18），表明规模较小学校的校长在引领教师发展、指导学生管理方面得分高于规模较大的学校校长，差异显著。

表18 不同规模学校校长的教学领导力差异分析

维度	规模	均值	标准差	t	Sig.
引领教师发展	大	25.1967	4.17913	-3.332	0.001
	小	25.9200	4.08592		
指导学生管理	大	11.2683	2.09243	-3.476	0.001
	小	12.1364	2.14706		

一方面，规模较小的学校，教师人数、学生人数较少，学校管理层级扁平化，校长更加接近教学，接近学生，对教学活动指导、学生活动指导的行为更多，有时师资力量不足时，校长要代课，并与教师一起参加教研活动。另一方面，规模较大的学校，需要处理的公共关系较多，行政事务更为烦琐。相对而言，规模较小的学校校长有更多的时间来关注教学。

4. 学校组织结构

学校实行校长负责制，但是在现实中，校长是通过学校的管理层级逐级将工作分派下去的，通过对团队的管理和领导，从而实现对学校教学的引领和监控。

我来了以后基本上每学期都会给每个班开家长会。一个主管的副校长，他学过家长心理教育，也了解家长心理，所以都是他讲。班主任、任课主任都会参加，把班级情况进行介绍，有什么好的地方，有什么管理不足的地方大家都一块分析分析。家长有什么意见有什么想法也交流交流。家长微信群、QQ群也都建了。有什么事他们都可以在群里沟通，我们也成立了家长委员会。家长委员会找一部分家长作家委会代表，他们在学校家庭之间起到一个沟通桥梁的作用。（校长L4）

咱们这儿的校本课程是张校长先提出的，陆（副）校长带头做的，这个也是跟咱们整个学校发展理念，还有校园文化相联系的。（教导主任J4）

副校长人数是一个综合体现学校规模、学校组织结构和团队领导的变量。[2] 有得力的副校长，正校长可以把部分教学管理类的工作分担给副校长，自己抽身去做较为宏观方面的工作。

---

[1] 访谈中了解到，在W县中小学校长们的认知里，有一个基本的划分：学生数多于2000人的学校为规模较大的学校，学生数少于2000人的学校为规模较小的学校；本研究也采用了这样的分类方式。

[2] 赵茜. 校长教学领导力研究[M]. 北京：北京师范大学出版社，2018：78.

（三）学校外部环境因素

1. 政策与制度

校长负责制赋予校长的办学自主权有决策权、指挥权、财经权、人事权[①]。校长专业自主权体现了校长工作的专业性。

访谈中，当被问及校长在学校教学管理过程中遇到的制约时，公办学校的校长都表示缺少人权和财权，而私立学校的校长有较大的人事权和财经权。

公立学校教师相对来讲，素质比较高一点，公立学校教师都是经过选拔的，应该讲全县最好、最优秀的教师就在这儿，但是公立学校它在体制上面没有优势，比如说花钱上不灵活，人事安排没有自主权，比如说教师不够用了，学校又不招教师，跟教育局讲，它也不一定能解决，所以有时候学校就得请代课教师，但是在私立学校不存在这种问题，随时可以招聘教师。再一个就是花钱不方便，比如说人事安排，教师评职称，校长没有权利评给谁，因为每一次评职称的时候，都下来一些条条框框，评职称教师得通过它的这些条条框框进行量化，分高的就能评上职称，分低的就没有机会，但是分高的不一定是优秀的，不一定真正是教学成绩突出的。但是私立学校的体制是比较灵活的，花钱比较宽松，像学校哪个地方感觉需要花钱了，打一个招呼就可以了。但是在公立学校不行，你得先报上去，报给主管教育局的相关批了以后，主管的局长批，然后你才能花这个钱，花完以后，还是经过这几道手续，再批，私立学校不存在这种麻烦的程序，而且私立学校的绩效它是真正意义上的绩效工资，能起到激励作用，公立学校的绩效就是形式，没有彻底施行。（校长 L9）

本研究中从人事权和财经权两个方面分析校长办学自主权对校长教学领导力的影响。对W县公办学校19位校长的调查表明，78.9%的校长无权招聘教师，63.2%的校长无权进行物质奖励（见表19）。

表19 校长专业自主权情况

内容	自主权有无情况	百分比（%）
招聘教师权	无	78.9
	部分	0.0
	有	21.1
物质奖励权	无	63.2
	部分	26.3
	有	10.5

在访谈中，校长们均表示学校教师存在结构性缺编的问题。W县的教师存在结构性缺编

[①] 张济正.学校管理学导论（修订版）[M].上海：华东师范大学出版社，1990.

的原因一是由于教学点多，二是W县在学前教育阶段的教师没有教师编制，占用的是小学教师的编制，而编制是按照学生总数计算的。

编制问题，县是根据总数算的。缺编原因有两个。第一个，教学点多，即便只有5个人，得安排一个教师。第二个原因，县政策中没有安排给幼儿园教师的编制，幼儿园用的是小学教师，占了小学的编制。（主任A1）

校长有无人事权对学校教学工作、课程实施、教师管理具有牵制作用。在招聘教师权方面，一是由于校长无招聘教师的权力，分配的教师可能与学校的学科结构、学缘结构、学校基本要求有一定差距；二是没有解聘、调动教师的权力，对于达不到学校教学要求的教师无权调离。

咱这儿公立学校的教师都是正式院校毕业的，这是优点。但毕竟公立学校的教师属于一种学校人，不是系统人。所以教师的改革需要从学校人变成系统人，也就是往后属于一种县管校聘，我需要你，我就聘，我不需要你就不聘。现在来看，制度优势不足。教师不符合要求，你能把他开除吗？你不能把他开除，你能停他工资吗？你也不能停他工资。（校长L16）

在财经权方面，校长表示限制很大，一是无权对教师进行物质奖励，缺少教师激励的手段，绩效工资在当地管理体制下，亦难推行；二是限制了外出培训。

再一个关于这些培训，学校没有自主权，因为这块涉及到经费。本来有些专家在石家庄、邢台做报告，或者是讲公开课，教师们想参加但是去不了。因为现在包括校长教师想参加培训必须得有市教育局或者省教育厅发来正式文件才让培训，没有正式文件的，你包括市教育局电话通知，这个都去不了，这个报账人家要求红头文件。并且必须是教育主管部门发的文件。（校长L3）

2. 教育管理体制

在"体制"中，校长受到各种制度的制约。一方面是考核评价，一方面是人事权、财经权的限制。基础教育的校长负责制，将校长置身于学校安全和教学"第一负责人"的位置。但是由于外围工作繁多，要接受各种考核，校长感到分身乏术。校长的人事权、财经权受到教育行政部门的限制。校长在管理体制中感受到控制和压力。[①]

在对W县进行调研期间，各个学校刚刚忙完省均衡验收的工作，学校校长以及一些教师这一个学期以来的工作重点都放在迎接检查之上了。也有一些学校正在准备迎接市"5A"级学校的评审工作，在去往S13、S15（均为农村小学）时，校长正在带领全校师生一起打扫卫生、准备各种材料。

各级各类的检查，确实如一些校长所言，打乱了学校的一些工作安排。而从另一方面来讲，教育行政干预并不应该遭到一味排斥。

各项检查和规定是为了保证学校教学质量、督促学校发展的有效方式之一，表现为通过行政力量，上级给下级明确目标、建立考评制度，提高学校的办学质量。以均衡验收为例，学校的各方面建设工作确实得到了提升。

虽然省义务均衡多是检查硬件设施方面的，但是，在一定程度上，对学校学生还是有益的，

---

① 赵茜. 校长教学领导力研究[M]. 北京：北京师范大学出版社，2018：88.

比如一些专用教室的配备和使用,能让孩子们得到多元的发展,现在已经能看到一些改变。(教育局督导室主任A2)

再比如,当地教育局为促进校长对学校的教学领导,启动了教学视导工作,以保证校长对学校核心教学工作的关注。

中心思路,为了促进教师专业成长,从教研这方面来说,因为校长是学校第一责任人,校长要重视教学工作,才能推进工作的发展。教学视导,它是对教学过程一个全面的量化考核,主要依据河北省教育督导、教学督导编订,更具体、更好操作。主要是考核这个教学过程,对它做一个全面的量化打分,评价你学校的情况。(教育局教研室主任A1)

教育行政部门通过协调各种资源,促进学校的发展。如W县在教育局教研室A1主任的带领下,启动了"W县名师调研方案",建立了"名师资源库",在促进区域教育均衡发展、推进区域教师专业发展方面有重要作用,访谈中各位校长也对此种方案表示赞同。

从县的层面来讲,我的思路是依靠名师的力量,以点带面,推动整个学校的发展。我带他们下去讲,他们之间互相请名师,这样资源就可以共享。学区内名师在片内讲,有片间教研,这样就把教研搞活了。(教育局教研室主任A1)

3. 学生家长及社区文化

学校与社区之间有一种伙伴式的联系。有效能的学校可以让家长和社区成员参与学校的教学和学习活动,参与决策过程,在学校扩大努力方面,将他们作为服务性资源,并依靠他们作为拥护者,为学校提供良好的公共关系。[①] 一方面,校长的教学领导力存在分布式领导的特点,充分利用家长资源能有效促进学校工作。另一方面,校长的教学领导力也会受到来自家长及社区文化的影响。

河北省教育厅出台了《河北省教育厅关于加强家庭教育工作的实施意见》(冀教政体〔2016〕4号),提出"充分发挥学校在家庭教育中的重要作用",要求"将家庭教育工作纳入教育行政干部和中小学校长培训内容,将学校安排的家庭指导服务计入工作量"。在政策的指导下,W县的学校成立了家长委员会,建立了多种网络交流平台,访谈中了解到,与家长有效的互动沟通,对学校工作有正向的促进作用。

家长方面特别支持我们的工作。我们创建了家长微信群、QQ群,学校刚成立一个"亲子阅读群",我是群主。11月10号发起的,我倡议家长每天和孩子每天共读半个小时。做得特别好,过一阵给孩子颁发奖状,叫"书香少年",到年底评选"书香家庭"。小学阶段是最有时间读书的,初中、高中都没时间。阅读对高考作文有很大的帮助,我得亲自做,把这个做好。你看家长在群里分享交流的:通过这个活动,我感受到孩子学会了分享,我会继续陪孩子一起阅读,一起成长。(校长L2)

---

① 托马斯·J.萨乔万尼.校长学:一种反思性实践观[M].张虹,译.冯大鸣,校.上海:上海教育出版社,2004:205.

4. 学校位置

本研究对W县不同地域学校校长教学领导力的差异分析表明（表5），学校城乡位置不同，校长的教学领导力差异显著，农村校长处于相对不利的环境中，其教学领导力受到负面影响。

一方面，在城乡二元化结构下，城市和农村存在巨大差距，位置的不同影射出因社会环境、学生家庭背景、经济条件、师资队伍等方面的差异带来的教育理念的差异。以对重污染天气防范意识与措施为例，农村学校对重污染天气的防范意识还需进一步加强。

另一方面，W县教育局根据当地行政区划将农村地区划分了十个学区，因此相对于县级学校来讲，农村小学校长又多了一个管理层级，该管理层对农村小学校长的人事权和财经权再次限制。

五、W县校长教学领导力的提升策略

教育系统具有开放性和复杂性，教育系统的各个因素互相影响，并且呈非线性的特点。对校长教学领导力这一因素在学校教学系统中进行分析，可以看到，一方面校长的教学领导力影响着学校系统的各个因素，又受到各个因素的影响，不管是学校内部还是外部，某一因素的改变都会影响到校长的教学领导力，对学校产生作用。那么，应该把哪里作为起点探讨校长教学领导力的提升？

本研究认为校长教学领导力是校长对教学系统的领导力，并将校长教学领导力分解为理念与目标引领、指导教学活动、引领教师发展、实施课程领导、指导学生管理和创设教学环境六个维度，而校长的理念既是校长教学领导力的构成因素之一，亦是校长教学领导力的来源，校长通过理念引领，制定教学目标，并完成对其余五个维度的领导，如图2所示，校长教育理念的确定对教学系统中各要素具有统领作用。

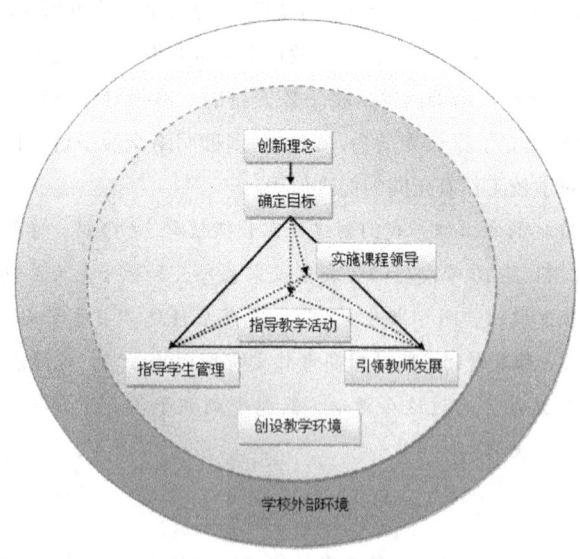

图2　校长教学领导力示意图

因此，结合前文校长教学领导力影响因素分析的结果，本研究将"理念与目标引领"这一维度抽离，单独作为一部分阐述，将教学系统中的其余五个部分重新划分为学校的教学活动系统中作阐述，最后论述 W 县域内学校外部环境的改善。

（一）明确教育理念，引发教学领导力

苏霍姆林斯基说过："领导学校，首先是教育思想上的领导，其次才是行政上的领导。"[1] 萨乔万尼认为领导的核心是观念、价值和思考[2]。1996 年，美国 ISLLC（州际学校领导者证书协会）为学校教育者提供了一揽子标准，支撑每一项标准的不仅包括履行职责所需要的知识、行为，并且还包括气质，气质包括价值观、信念与共同性。[3] 因此，校长教学领导力的提高，首先要注重理念的培养。作为校长应该首先明确其理念，才能不使其在学校教育过程中偏离了初衷。

现实中，由于评价体系与目标理念的不一致，对教学活动效率的追求，导致了教育的异化。上级设计遵从"制定理念、确定目标——通过教学贯彻落实——评价效果"的逻辑顺序，而下级执行遵从"研究评价内容——通过教学提高评价效果——确定教育目标、制定理念"的逻辑顺序。人类活动的效率追求看起来是手段的追求，然而在本质上却是目的的追求，就像改造自然的目的是造福人类，却因滥用资源而导致生态破坏，给人类带来灾难一样。[4] 这也从另一个方面验证了：作为校长应该首先明确其理念，才能不使其在学校教育过程中偏离了初衷，校长教学领导力的提高，首先要注重理念的培养。

具体说来，中小学校长的理念就是"树立科学的质量观，促进人的全面发展、适应社会需要作为衡量教育质量的根本标准"[5]，把培养全面发展的学生当作教育的根本诉求。2016 年，《中国学生发展核心素养》总体框架正式发布，综合表现为人文底蕴、科学精神、学会学习、健康生活、责任担当、实践创新六大素养，具体细化为国家认同等 18 个基本要点，褚宏启认为学生核心素养将成为教育活动所遵循的目标，学生的学、教师的教、政府的教育行政、学校的内部管理，都将围绕核心素养展开。[6] 今后学校教学的目标既要注重学生的全面培养，又要关注学生的核心素养，培育学生的全面素质以及核心素养，均需要课程体系、改进教学方法、提升教师素质、评价改革多方的共同努力。[7]

---

① 瓦·亚·苏霍姆林斯基. 苏霍姆林斯基选集（第四卷）[M]. 北京：教育科学出版社，2001.
② 韦恩·K. 霍伊，塞西尔·G. 米斯克尔. 教育管理学：理论研究·实践 [M]. 范国睿，译. 北京：教育科学出版社，2007：385.
③ 托马斯·J. 萨乔万尼. 校长学：一种反思性实践观 [M]. 张虹，译. 冯大鸣，校. 上海：上海教育出版社，2004：12.
④ 裴娣娜. 现代教学论（第一卷）[M]. 北京：人民教育出版社，2005：217.
⑤ 参见教育部《国家中长期教育改革和发展规划纲要（2010—2020 年）》.
⑥ 褚宏启. 以核心素养引领教育教学改革 [J]. 中国德育，2016（1）：1.
⑦ 褚宏启，张咏梅，田一. 我国学生的核心素养及其培育 [J]. 中小学管理，2015（9）：4-7.

(二)提升教育理念,促进教学领导力

为贯彻落实培养目标与教学目标,校长需要进一步明晰如何更好发挥对教学系统中其他五要素的领导力。

1. 尊重学生主体性,培养学生核心素养

学校发展的最终目的是促进学生的发展,但是在当前的教学活动中,教师们往往"以教定学",而非"以学定教",校长在进行教学领导时也更加关注教师的"教"。因此,要进行教学改革,本研究认为需要先转变视角,厘清一个基础性的问题:如何看待学生的主体性?如果这一问题得不到明确界定,改革的效果会大打折扣。

学生是认识的主体,应在教学中充分发挥学生的主体作用、主体性。然而在实践中,学校包括家庭对学生的控制意味依然很浓,学生在被动地接受来自教师、父母、社会规则的束缚,外界的一切信息告知学生,学生是不值得被信赖的,是需要被控制。加上"应试"这一强有力的操纵,教师、家长以及学生所有的努力都是为了满足这一外在动机。学生的主体性得不到发挥,健康生活、实践创新等能力难以得到充分发展。尊重学生的主体性:一要信任学生,相信每一个学生都有意愿进步,把学生发展的主动权交还学生;二要了解学生,要能体察学生的困难与需要,帮助其分析问题原因,在教学中的对抗与冲突往往是由于师生双方未能真正理解其行为的意义[①];三是教师应采用民主的方式对待学生,平等与学生沟通;四是教师要平等对待每一个学生,不歧视不偏爱。平等与尊重是每个人的基本心理诉求,当要用"权威"去"驯服"时,彼此间的张力、排斥的力量更加明显。尊重学生的主体性,给予其尊重与信任,相信每一个学生都能获得发展,关注学生的兴趣点,才能更好地激发学生的主动性和积极性,在此亦称之为教师对学生的放权。

因此,中小学校校长的教学领导力包括帮助教师认识学生的主体性的表现,并在教育教学实践中了解学生、相信学生、平等地对待每一个学生,充分尊重学生的主体性,激发学生内在动机,更加有利于学生核心素养的提升。

2. 通过愿景领导教师,激发教师活力

在访谈中多数校长提到缺少财经权以至于面对教师职业倦怠、工作积极性不高的问题时,缺少应对之策。校长缺乏奖励教师高效能绩效的权威,在领导者替代模型中,属于中立物,即情境因素,能防止领导采取某种特别的行为或者使领导行为无效。[②]校长教学领导力受到情境因素的制约,但不代表校长不能有所作为。在此以道德领导理论为基础来探讨对教师的领导以及工作积极性的激发。

传统管理理论将学校视作管理上紧密但文化上松散的组织,道德领导理论将学校视作文化上紧密但管理上松散的共同体。学校隐喻由组织到共同体的改变,需要创建新的运作方式

---

① 裴娣娜.现代教学论(第二卷)[M].北京:人民教育出版社,2005:108.
② 韦恩·K. 霍伊,塞西尔·G. 米斯克尔.教育管理学:理论·研究·实践[M].范国睿,译.北京:教育科学出版社,2007:379.

去管理和领导学校。传统学校管理中是用"社会契约"这一叙事来理解关系的，学校成员在为一份公平的工资而做一份公平的工作，如此只能使教师们做要求他们做的事，但是未能达到长久和非凡的结果。现实中，虽缺乏绩效激励，但还有职称评定对教师产生激励作用，然而，这也是为何教师老龄化会带来职业倦怠的原因之一，"职称评定"对于将要能够评上职称和未评上职称的将要退休教师已无激励作用。学校的教师总是与自己所秉持的价值观、信念和准则有更紧密的联系，以此来做出相应的行为，而不是与外界的管理制度有紧密联系，尽管会对管理制度做出依从，也仅仅只对外部权威和管理制度做出作为部署的有限反应。而想要成员做出超越一般胜任力，树立非凡的责任心，将学校的目标作为自己的方向，需要从部署的角色转为追随者，此时，学校需要用"社会盟约"的叙事来理解关系。部署屈从于外部权威，而追随者对思想、价值观、信念、目的做出反应，在这样的共同体中，共同的目的和价值观是共享的，是使人们团结起来的"黏合剂"，亦可以成为领导替代模型中的领导替代因素而发生作用，使内部成员真正的内化，此时管理方法、等级、权威、人际技巧和个性终将被超越，而统一于校长捍卫的共同价值观中。没有外部权威的凌驾，教师的授权感促进了主人翁精神，增强了工作的积极性，不再为得到奖赏而做事，而是做教师本身所信奉的事情，这是本身就是奖赏的事情。①

因此，校长教学领导力提升的路径之一是能够超越传统管理方式，通过愿景领导教师队伍，激发教师的活力，一所学校越是培育领导，就越可能使每个人都更加有责任心并充分运用其才能。②

3. 变革教学领导思路，提升教学效果

信息技术革命加速了知识观的变革，人类的线性思维方式受到了挑战，从传统知识观到新知识观，经历了从简单到复杂、从旁观者知识到参与者知识、从客观知识到个人知识的改变，复杂科学引起了新的思维方式的变革。新的知识观带来了教学观和师生观的重构，新的教学观表现为：在师生对话中与互动中学习知识；学习即知识的构建；教学要让学生回到真实的复杂问题情境之中。新的师生观表现为：教师要参与学校课程的开发；教师应该成为"平等的首席"。新的知识观重视学习情境的创设，创设丰富而复杂的问题情境，回到真实生活中的学习是有效的学习，实现有效学习的基本策略为：回归"学徒制""综合实践课程""探究式学习"。

脑科学研究发现"整体的脑"使"浸润式"学习成为需要和可能，这也促使学校的教学实践改革要从"接收式教学"逐步迈向"整体教学"。在此过程中，新信息技术对教学不仅提出了挑战，也提供了技术支持。

校长对教学的领导需要充分理解教学改革发生的背景性因素，从而构建有效教学的新思路，重构知识观、学生观、教学观、师生观，才能在学校中引领教师教学改革、学生学习方

---

① 托马斯·J.萨乔万尼.校长学：一种反思性实践观[M].张虹，译.冯大鸣，校.上海：上海教育出版社，2004：74.

② 托马斯·J.萨乔万尼.校长学：一种反思性实践观[M].张虹，译.冯大鸣，校.上海：上海教育出版社，2004：175.

式的变革，进而促进教师有效的"教"和学生有效的"学"。

4. 增强课程意识，有效整合课程资源

我国教育管理体制属于中央集权制，在课程权力不断下放过程中，1999年中共中央、国务院《关于深化教育改革全面推进素质教育的决定》中提出了试行三级课程的政策，也是顺应时代之举。我国的校本课程与地方分权制国家的校本课程不同，属于国家课程计划内的一个组成部分，是国家课程的重要补充。我国校长对课程的领导主要表现在对校本课程的领导上，校本课程是以学校为基础开发的课程，作为校长要充分发挥在校本课程开发中的引领作用。

如约翰·古德莱德所说：哲学是课程决策的起点，而且是后继的所有有关的课程决策的基础。哲学是制定课程目标、手段和结果的标准。[1]校本课程开发是体现学校教育哲学思想和办学旨趣的重要活动，学校教育哲学思想的制定和办学旨趣的确定，是校长教育思想和教育境界的表现。[2]校长在校本课程开发中更应该注重以下三点：一是在教育思想境界上提高修养和发挥作用，为培育学校传统和办学特色提供思路和创建氛围；二是要有科学的课程意识，摒弃不顾学生兴趣与需求，把成人认为重要的东西强加给学生的经验主义，重视课程的设计与开发，注重与国家课程和地方课程的整合；三是要能识别学校内部资源以及社区有利于教学的学习资源。

课程权力的不断下放，对校长的课程领导能力提出了更高的要求，校长需要通过提高课程意识，以提高教学领导力。

5. 创建适宜教学环境，打造强势校园文化

研究表明，有效能的学校特征之一是学校有一种积极的学校氛围与文化。[3]在萨乔万尼的"领导五力"模型中，教育力、技术力和人力是保证学校运行的基本力量，而学校氛围与文化来自于校长的象征力和文化力，这两种力有助于学校获得非凡的责任感和非凡的成绩。[4]任何组织文化的核心都是一套共享的价值观，学校最核心的价值观是：一切为了学生。研究表明，拥有信任和体现效能的强势文化的学校，可以提高学生的学业成绩，而拥有监管型文化的学校，会阻碍学生的社会情感发展。效能文化中，高效能学校通过自身的不断学习去适应和应对各种混乱的力量，可以承受各种压力和危机。教师集体效能高的学校喜欢有挑战性的目标、集体努力程度高和持续的优良绩效。反之亦然，集体效能低的学校导致更低的努力程度、容易放弃和低绩效。学校信任文化观是根据教师集体的共同信念来进行描述的，对于学校校长

---

[1] 阿伦·C.奥恩斯坦，琳达·S.贝阿尔-霍伦斯坦，爱德华·F.帕荣克.当代课程问题[M].余强，主译.杭州：浙江教育出版社，2004：4.

[2] 裴娣娜.现代教学论（第二卷）[M].北京：人民教育出版社，2005：156-186.

[3] 托马斯·J.萨乔万尼.校长学：一种反思性实践观[M].张虹，译.冯大鸣，校.上海：上海教育出版社，2004：204.

[4] 托马斯·J.萨乔万尼.校长学：一种反思性实践观[M].张虹，译.冯大鸣，校.上海：上海教育出版社，2004：119.

的领导而言，信任是重要的。学校成员对其校长的信任程度决定了他们对学校贡献自己才智、承担相应责任的程度。教师对学生及家长的信任与学生的学业成绩显著相关。在控制文化中，学生控制是学校生活的中心。监管文化模式来自于传统学校，通过对学生、对教师的控制维持秩序是首要任务。而越是监管型学校氛围，学生恶意破坏的可能性越大，学校越容易崩溃。[①]因而对于学校而言，少一些监管，多一些人本精神，教师和学生对学校的满意度越大，学生成绩越好，也越能健康成长。高效能文化和信任的人本文化应是校长建设学校文化的着力点。

（三）健全教育管理体制，保障教学领导力

《中共中央关于全面深化改革若干重大问题的决定》把体制改革作为全面深化改革的重点。在教育方面如何改进管理体制成为理论和实践界探索的问题。在教育改革中，宏观的整体改革和微观的局部改革的关系要相互协调。本研究只就 W 县教育行政部门的管理角度讨论如何创设环境、促进校长教学领导力的提升。

1. 发挥教育行政部门引领与支持作用

本研究结论表明，W 县教育行政部门在对学校教学工作的引领、整合资源方面发挥了积极作用，尤其是"名师资源库"的建设，对学校教师专业成长以及学校教学工作的促进，作用显著，教育行政的干预成为了学校领导管理的替代物。在今后的工作中，教育行政部门应在更广的领域发挥引领、支持作用，积极开发、协调、整合教学资源，为促进当地学校更好的发展提供资源保障。

2. 赋予校长办学自主权

有研究表明，好校长的教学领导行为较多，因此提出校长要多关注教学活动。[②]然而，对校长教学领导力的探讨要放在具体的学校情境中。不同的学校、领导的替代物与中立物不同，都会影响校长的教学领导力发挥。例如，学校组织发展较为成熟，管理制度较为健全，有得力的副校长去管理学校行政事务，校长会有更多的时间集中在教学上。而要保证校长指导教学活动的时间，需要教育行政部门建造能够培养好校长的宏观环境。

教育行政部门通过各种政策手段限制校长的专业自主权、工作内容，导致校长精力分散在事务性工作中，对教学的领导受到影响。提升校长教学领导力，应把校长从事务性工作中解放出来，给他们更多关注教学的时间，需要教育行政部门减少对学校的控制，放权给学校，上级不断放权到下级，也是教育管理的发展方向。从教育系统来看，教育权力从中央不断下放给地方，方能激发地方的教育活力；教育行政部门需要放权给校长，使校长拥有更多的专业自主权；校长应该更多的放权给教师，激发教师的工作积极性；教师也应更多的放权给学生，尊重学生的主体性。整个教育系统的各级通过不断的放权，减少"管理"，提升"领导"，才能充分调动每个主体的主动性，促进教育活力的迸发。

---

① 韦恩·K. 霍伊，塞西尔·G. 米斯克尔. 教育管理学：理论·研究·实践 [M]. 范国睿，译. 北京：教育科学出版社，2007：176-180.

② 赵茜. 校长教学领导力研究 [M]. 北京：北京师范大学出版社，2018：148-152.

校长专业成熟的重要标志就是拥有专业自主权，给予校长更多的办学自主权，校长在人事、教学、课程上会有更大的发挥空间，能够根据学校的实际情况进行教学领导与改革。在给予校长充分办学自主权的同时，还需要建立良好的监督机制，通过评价机制来引导校长进行教学改革。

3. 完善校长管理制度

以制度促进校长教学领导力提升是世界各国普遍的做法。很多国家制定了相应的校长教学领导方面的法律与政策来促进校长教学领导的发展。《义务教育学校校长专业标准》中提出"建立听课与评课制度，深入课堂听课并对课堂教学进行指导，每学期听课不少于地方教育行政部门规定的课时数量"，以此来保证校长指导教学的时间。在W县，为督促校长关注教学，已经建立了"教学督导制度"，有详细的量化考核项目及标准，但多量化评价，质性的描述只有15%的比重，评价的内容和方式不够完善。对校长教学领导力的评估不能仅仅依赖量化的评估，质性的描述对校长教学领导力的改进具有更加重要的作用。只有通过足够的时间和足够的场合对行为进行观察，才能做出评价。[①]

[①] 约翰·杜威.评价理论[M].冯平,余泽娜,等译.上海：上海译文出版社,2007:19.

中小学中层干部执行力要素研究

李晓贝

【提要】 执行是实现学校发展目标的关键环节，中小学的发展目标是否能够顺利的实现，不仅取决于目标本身的科学性，而且很大程度上取决于学校各层级的管理者和教师对学校发展目标执行的过程和效果。本研究从"中小学中层干部执行力到底是什么"以及"它应该包括哪些方面的内容"这两个问题出发，对中小学中层干部执行力要素展开了研究，主要目的是"确定中小学中层干部执行力要素"，并以"中小学中层干部执行力要素"这一研究结果为工具，对河北省中小学中层干部执行力的现状进行问卷调查。调查发现，河北省中小学中层干部执行力水平一般，中层干部的策划能力、激励他人的能力和创新能力相对较弱。最后，针对河北省中小学中层干部执行力问题出现的原因进行了分析并提出了两条建议。

一、问题的提出

1993年出台的《中国教育改革和发展纲要》中明确规定，我国中小学实行校长负责制。校长负责制要求校长全面负责领导学校的教育教学和行政管理工作，其个人的政治、思想、道德素质、身心健康和能力等对学校发展也就起着至关重要的作用。但是，再优秀的校长也不可能是十全十美的，其个人素质总是有局限性的[①]。因此，任何一所学校想要有良好持续的发展，必须加强以校长为核心的学校领导班子的建设。在学校的领导班子中，处于领导层的校长和副校长需要设计学校总体工作的进程以及质和量的标准，制定学校总体发展计划，而如何将这些计划落实到具体行动、把这些美好的设想变成现实就涉及到了下级如何执行的问题。

（一）中层干部应当且能够在学校发展中发挥重要作用

中层干部是校级干部的助手、高层决策的执行者，在各自管辖的职权范围内，掌握着本部门的决策性问题，影响所在部门的下属人员，并推动着他们去完成本部门的目标，以实现学校的总目标[②]。学校中层干部就是在学校校长与师生员工之间起着承上启下作用的部门负责人，包括教务处、政教处、总务处等部门的正副职主任（科长）等[③]。

中层干部在学校管理中扮演着一个中间角色，上有校长、副校长等校级领导干部，下有

---

① 王德清. 学校管理学 [M]. 重庆：西南师范大学出版社，2011：120.
② 杨向东. 试论当前中学中层干部的管理 [D]. 上海：华中师范大学，2003：4.
③ 王学军. 学校中层干部执行效能研究 [D]. 上海：华东师范大学，2009：21.

基层教职员工，是连接校长和基层教职员工之间的桥梁。作为校级领导干部的下属，中层干部有责任将校长决策或学校发展战略迅速付诸实施，根据学校的总体发展规划合理分解制定部门的工作计划并顺利落实到位；作为基层教职员工的管理者和领导者，中层干部只要具备强大的执行力，就能够充分发挥基层教职员工的潜能，使其相互配合支持、高效完成上级布置的任务，有效贯彻落实学校的战略目标。这对学校的发展无疑具有重要意义。

（二）中层干部因执行力的欠缺而无法成为校长的得力助手

执行是实现学校发展目标的关键环节。在这一环节中，学校的管理者必须根据学校总体规划的要求，充分利用学校的人、财、物资源，行使好各自不同的管理职能，才能保证计划的有效实施。

每一所中小学都在国家教育总方针和政策的指导下，依据自身条件，确定了各自不同的发展目标，憧憬着各自的美好发展前景，然而大多数学校的发展理想都没有得到很好的实现。这些问题的出现并非都是因为学校制定的发展目标或计划不符合实际，相当大的一部分原因在于学校执行力的欠缺，在于校长所做的各项决策有没有得到贯彻执行，或者说，中层干部和基层教师有没有将校长的决策贯彻落实到位，这就涉及到中层干部的执行力问题。执行力指的是组织成员在落实组织战略决策、执行组织规章制度的过程中，完成某项任务或实现某一目标的能力。

经过前期调查研究发现，当前在我国中小学中，很多中层干部执行力意识淡薄，对通过提高哪些方面的执行力没有进行过深入反思，对于工作中遇到的相关问题也没有系统的总结和分析。

好像经常听企业里提这个执行力问题，我们学校很少关注这个，所以我们中层干部也不太重视这个，做工作总结的时候也就没有考虑过这方面的问题。（S学校Q老师）

因此，中小学中层干部的工作中经常出现执行不到位的情况，并且这些问题始终得不到有效而彻底的解决，最终阻碍了学校的发展。

如果校长的每个命令都执行到位的话，学校就不会存在这么多问题了。我们当然会尽量执行好校长的命令，但往往都会因为这样那样的原因导致结果不怎么理想，而这些原因中层又是没有办法左右的，所以就只能这样了，好多问题都得不到彻底解决，学校的发展目标也没有很好地实现。（W学校Y老师）

二、中层干部在中小学校中的角色及职能

在中小学校的组织架构中，中层干部处于承上启下的中间位置，是中小学校管理系统中的中坚力量。"执行"贯穿了中层干部策划、组织、协调、监控和指引工作的始终，是中小学校中层干部的核心职能。中小学校中层干部执行力的好坏直接关系到中小学校发展战略的实施效果。因此，中小学校中层干部执行力对中小学校的发展具有重要意义。然而，中小学

校松散耦合的官僚组织性质决定了中小学管理者对执行力的忽视,致使中小学校中层干部执行力的培育和提升受限。因此,对中小学校中层干部执行力进行研究具有重要意义。

(一) 中小学校中层干部的角色及其职能

根据韦伯(Max Weber)的观点,科层制中的官员是垂直分布的,因此产生了权威等级,中小学校符合科层制的这一特征。将亨利·明茨伯格对组织机构的分类[①]观点应用于学校,出现了5种学校形式[②],中小学校属于其中的"简单科层制",存在着高度的集权化和科层化,专业化有限。

如图1所示,在我国的中小学校中,校长的权力和权威占据主导地位,教师及管理者的大部分活动由校长控制,校长与教师之间相互进行监督,学校的教育教学活动都围绕预先制定的课程标准进行,学校的各项工作依据固定的规章制度进行协调。

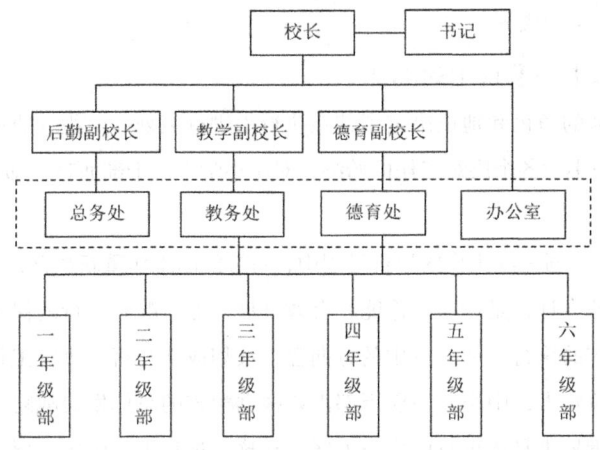

图1 中小学的组织结构图(以小学为例)

1. 中小学校中层干部的含义

中小学中层干部指的是中小学行政管理系统中,介于校长、副校长等校级干部与基层教职员工之间的部门管理人员。他们是学校各个职能部门的带头人,负有执行和落实上级决策的重要职责。

2. 中层干部在中小学校中的角色地位

角色,指的是一个人在某一特定环境中的身份或地位。一个人在组织中的角色地位,决定了他/她将拥有不同的职能。

---

① Henry Mintzberg. *Mintzberg on management*: *Inside our strange world of organizations* [M]. New York: Free Press, 1989.

② 韦恩·K.霍伊,塞西尔·G.米斯克尔. 教育管理学:理论·研究·实践 [M]. 北京:教育科学出版社,2007:106-107.

在中小学校，中层干部同时扮演着多种角色，他们既是教师，又是管理者；既是管理者，又是被管理者；既是领导者，又是被领导者。

在中小学行政管理组织架构中，作为领导者的校长、副校长等校级干部负责引领学校的发展方向，确定学校发展理念和总的发展目标，制定学校发展战略；处于中间层的中层干部，负责将校级干部的决策转化为具体的部门工作目标，同时领导基层教职员工去执行，因此中小学中层干部既是领导者，又是执行者；处于基层的教师和教辅人员负责将中层制定的学校管理目标转化为现实。在中小学校的组织架构中，中小学中层干部上有校长、副校长等校级干部，下有基层教职员工，既是沟通高层和基层的重要桥梁，又是"中坚力量"，他们需要同时处理好与校级领导的关系、同级其他职能部门的关系及基层教职员工的关系，这是将学校发展理念、目标和决策顺利转化为现实的基础和前提，没有强大的中层干部队伍做支撑，再美好的学校发展目标也只能成为空中楼阁。

3. 中层干部在中小学校中的职能

中小学中层干部的角色和地位决定了其在执行中进行策划、组织、协调、监控和指引的职能。执行贯穿于中小学各个层级工作的始终，对中小学中层干部而言，却是其核心职能。

（1）策划

中小学中层干部在对一项工作的执行过程中，将分派的工作重新整合，进行策划和统筹，认真做好开展思路的设计，是这项工作能否有效开展、能否顺利进行的保障，一切工作始于策划。策划对于工作的执行犹如行进中的方向盘，策划成功与否，决定工作的完成度。作为学校各职能部门的负责人，中小学中层干部需要根据学校的总体发展战略和本部门职责制定出部门工作目标并策划出具体可行的实施方案。在这一过程中，中层需要首先领悟学校发展战略的精神，以确保本部门的执行工作与学校总体发展目标在方向上的一致性。在不偏离正确方向的前提下，中层干部还需要紧跟教育与科技的发展步伐，创新执行的途径和方法，以提升执行效果。

（2）组织

组织职能对中小学中层干部完成工作所起的作用无疑是至关重要的，任何一项工作的完成过程，都必须做好相关资源的组织工作。在执行团队任务的过程中，中小学中层干部只有根据需要组织好相关的参与人员，最大程度地发挥团队的合力，才能保证本职能部门的工作目标的充分实现，更好地体现出自己在执行团队中的领导者地位。在组织的过程中，中层干部的主要工作是与团队成员进行沟通，在传达上级指示的同时根据需要将部门工作任务合理分派给基层教师或管理者，更重要的是中层需要在以身作则的前提下学会激励基层教职员工，设法提高执行团队的士气，使其积极响应号召，团结协作，以提高团队工作效能，将部门工作目标落到实处。

（3）协调

作为学校某一职能部门的负责人，中小学中层干部在执行任务的过程中，不仅需要协调好本部门内部的各项工作，而且必须重视与学校其他职能部门的协调。因为每一个职能部门的工作目标都是根据该部门的职责从学校总体发展目标中分解出来的，相互之间本质上存在着紧密的联系。各职能部门之间理应保持经常性沟通与合作，保持方向上的一致，在整体上相互协调，使得各部门分工不分家，共同服务于学校总体发展目标的实现。在协调的过程中，中层干部必须结合在日常工作中所了解和掌握的信息，全面考虑，认真分析，以充分利用与整合学校的人、财、物等各项资源，及时有效地解决好各方面矛盾，保障执行工作的顺利进行。

（4）监控

为了保证部门决策和计划的贯彻执行，中小学中层干部必须及时地跟进基层的执行情况，并做好信息反馈和激励约束工作，善于观察和分析工作的重难点和执行过程中出现的问题，及时总结经验和纠正偏差，通过监控激发基层教职员工的工作动力。一方面，在行使该项职能的过程中，信息的搜集与处理工作格外重要，中层干部必须设法搜集到客观、有效且全面的信息，才能够了解到执行的真实情况，这是保证后续工作有效进行的前提。另一方面，在向基层教职员工进行监督与考核信息反馈时，中层需要注重沟通的方法和技巧，针对不同的人和不同的情况灵活采用不同的鼓励和约束方式，以提升团队成员的工作动力为目的，以服务部门决策和学校整体发展目标为宗旨。

（5）指引

学校决策最终要落实到基层，基层教职员工人数较多，各人价值观也不甚相同，其对学校发展目标的理解也不尽相同，而对目标的理解直接影响到执行的效果。因此，中小学校中层干部作为沟通上下级之间的桥梁，在执行的过程中必须努力引导他们深刻领会学校决策的精神实质和本职能部门的分解目标，以免在其执行中偏离学校的总体发展目标。另外，作为执行团队的领导者，各中层干部有责任对教师的教学和班级管理工作提出建议并进行指导。若想行使好该项管理职能，中层干部尤其需要努力学习与实践，不断丰富知识结构，开阔视野，增长见识，提升各方面的能力和素质。

（二）中小学中层干部执行力的含义及意义

1. 执行力的含义

从内涵上来说，"执行力"指的是个体完成某一项任务或实现某一个目标的能力。一个人的执行力越强，其完成某项任务或实现某个目标的效果越好。人的能力有很多种，做任何一件事情都不止需要一种能力，而是需要多种能力相互组合与协调来完成，个体在执行的过程中同样需要多种能力的相互协调，由此可以推断，执行力是一种综合能力，个体执行力的强弱是由构成它的多种能力的强弱共同决定的。在所有能力当中，有些能力是必需的，比如认知能力，而有些能力则不然；做不同的事情需要多种能力相互组合与协调。因此可以说，作为一种综合能力,"执行力"的外延虽然较为广泛,但不同领域的执行力的外延并不是相同的。

2. 中小学中层干部执行力的含义

不同领域的个体执行力,外延各不相同,不同组织单位的中层干部,其执行力所包含的能力也就不同。例如,同样为中层管理者,企业、政府和学校的中层干部在执行工作任务或目标的过程中,所使用的自身的能力组合却并不完全相同。"中小学中层干部执行力"是中小学中层干部的一种综合能力,其内涵是:在中小学行政管理系统中介于校长、副校长等校级干部与基层教职员工之间的部门管理人员在将校长决策或学校发展理念付诸实践的过程中,完成某项任务或实现某种目标的能力。中小学中层干部外延所包含的能力在本研究中被称为"中小学中层干部执行力要素"。

3. 中小学中层干部执行力的作用

众所周知,不论是何种性质的组织,其执行力都直接影响组织战略的实施、组织制度的落实、组织成员的斗志及组织的整体竞争力,执行力的重要性在企业管理、公共行政管理等领域都已达成了广泛的共识。但现实中很少有高层领导对本组织的执行力表示满意。很多中小学校虽然都有明确的发展目标和理念,但发展结果总是不尽人意,其奥妙往往在于学校的执行力。作为将中小学校决策付诸行动的中坚力量,中小学校执行力的强弱很大程度上是由中层干部决定的。

对于中小学这种松散耦合的官僚组织,中层干部执行力培育和保持具有更加重要的意义。

第一,中小学中层干部是官僚,容易忽视执行力。根据唐斯的观点,"官僚"在官僚组织中工作,以他所服务的官僚组织的工作为全职工作,且其主要收入来源于这个职业,官僚组织对其采取的雇佣、提升和留职等人事政策至少是以其在组织中履行的职责为基础的,无论他所在的组织整体如何对产出进行评估,其自身的产出是不能以市场机制来进行评估的。根据这一观点,中小学校中层干部是名副其实的官僚。官僚与企业组织成员最大的不同便是其自身的产出无法以市场机制来进行评估,这一特点决定了其晋升或收入等个人目标的实现更多地依赖于取悦上司而非绩效。在中小学校这一官僚组织中,不能否认有些中小学中层干部出于对学校的忠诚或为学生利益服务的渴望而努力工作,但部分中小学中层干部(比如权力追求者)不可避免地会将更多的精力放在如何取悦上级而不是如何提升执行力上,这会极大地影响中小学校中层干部执行力。

第二,松散耦合的官僚组织需要更加关注执行力。中小学校校长做出决策以后,往往需要按照一定原则将任务分配到学校各职能部门,中小学中层干部要将本部门所承担的责任演化成具体任务,进行进一步的分解,最终落实到教师的教育教学工作中。中小学校本身具有结构松散的一面,中小学教师在课堂教学中享有基本广泛的自由决定权,若彼此之间没有围绕共同目标达成方向上的一致,必然影响到其整体工作效能的提升。中小学中层干部作为唯一的联系上下级和同级之间的特殊角色,可以承担起解决这一问题的主要职责。中小学校各职能部门的中层干部相互之间应该首先围绕学校总体发展目标进行深入交流,深刻领会本职能部门所承担的目标与其他部门目标的关系,然后将其不折不扣地传达给下一层级的执行者,以保证基层教职员工的深入贯彻落实。中小学校中层干部不仅是本部门执行团队的组织者和设计者,同时与其他职能部门的中层干部也构成了一个中层团队,中层团队各成员相互之间的协调与合作同样强烈影响着学校总体发展目标的实现。中小学校各职能部门都负责执行学校总体发展目标的一部分,相互之间理应密切联系,围绕学校总体发展目标进行充分、深入的实质性交流与协作。

三、中小学中层干部执行力要素的初步确立

中小学中层干部执行力要素初步确立的过程是通过文献分析与访谈调查及其结果的分析与整理确立中小学中层干部执行力要素的过程。其中,通过访谈调查归纳出中小学中层干部执行力的方法遵循的是"扎根理论"的原理。在对文献分析与访谈调查结果进行整合时,使用了"头脑风暴法"。

(一)中小学中层干部执行力要素形成的理论基础

1. 官僚及其工作动机的相关理论

中小学中层干部作为中小学校的教师和管理者,其在学校的工作都是全职工作,且长期为学校服务,从学校获得主要而固定的收入,学校对其的录用和提升等也都以其履行自身职责的情况为依据。此外,中小学中层干部的产出是其对部分学校发展目标的贯彻落实的效果而言,不以市场机制来进行评估。根据安东尼·唐斯对"官僚"的界定,中小学中层干部属于学校这一官僚组织机构中的官僚。

安东尼·唐斯指出,所有官僚的工作动机都被包含在以下九个方面[①]:权力,金钱收入,声望,便利(表示对要求增加个人努力的变化的抵制和接受减少个人努力的变化的意愿),安全(即未来丧失权力、收入等的概率比较低),对所在组织的忠诚,精通工作的自豪感,为公共利益服务的渴望,对特定行动计划的承诺。这些动机反映在中小学中层干部身上包括:中层干部对自己职位升迁的追求,对自己职责范围之外的工作的抵制,对维护好自己当前职位的渴望,对学校的忠诚,对建立在专业知识与能力基础上的良好声誉的追求,为学生利益服务的渴望,对某个利己或利他的发展目标的追求。

约翰·C.卡尔霍恩指出,人们对直接影响他们的事物的感受比通过他人间接影响他的事物感受更深[②],这种人的本质会不可避免地导致个体之间的利益冲突,因此,个人对自身安全

---

① 安东尼·唐斯. 官僚制内幕[M]. 郭小聪,等译. 北京:中国人民大学出版社,2006:89.
② 转引自安东尼·唐斯. 官僚制内幕[M]. 郭小聪,等译. 北京:中国人民大学出版社,2006:97.

与幸福的关心要远远超过对他人安全与幸福的关心，这导致了个人准备牺牲他人的利益以成就自己利益的冲突的出现。这种利益冲突反映在中小学中层干部的实际工作当中，便是中层与教师之间，中层与中层之间以及中层与校级干部之间由上述九种动机引起的各种冲突。假如中层干部在执行学校任务的过程中认为自己的利益受到了损害，他便很容易因执行动力不足而无法充分发挥自身的潜能，最终使自身执行力弱化，甚至由于相互之间工作的关联性，会对其他中层的执行力产生不良影响。

2. 管理过程理论

管理过程理论是一种以管理职能和管理过程为研究对象的理论，最初由法国管理学家亨利·法约尔提出。法约尔认为，管理过程包括计划、组织、指挥、协调和控制五项活动，即管理包括以上五项基本职能。之后，美国管理学家哈罗德·孔茨等人也对管理过程和管理职能各自进行了不同的论述。管理过程理论认为，管理是所有组织中普遍存在的一种过程，控制跨度、部门化、控制技术等普遍适用于各类组织及组织中的各个层次，对管理过程的经验和管理人员的职能加以分析便可总结出管理理论，对这些管理理论进行深入分析、研究和传授便可以改进管理实践。

（二）中小学中层干部执行力要素的筛选

1. 文献分析得出了19个执行力要素

研究过程中，研究者阅读了大量国内外与执行力和教育管理学相关的代表性著作。研究文献是前人研究的结果。参考前人的研究成果，意味着本研究一方面是"站在前人的肩膀上"进行的，起点和站位都比较高，另一方面会少走许多弯路。

（1）文献的检索方法

首先，在中国知网的核心期刊数据库和博硕论文数据库以"主题"为检索项，以"'执行力'并含'评价'"为检索词进行检索，在检索到的文献中，筛选出关于执行力评价指标体系研究的文献。其次，在外文期刊数据库——ASC学术参考类全文数据库（社会科学与自然科学）中，以"Subject Terms"为检索项，先后分别以"'execution' and 'evaluation'"，"'executive-ability' and 'evaluation'"和"'implementation' and 'evaluation'"为检索词进行检索。最后，在检索到的文献中，筛选出关于执行力评价指标体系研究的文献。

（2）文献的筛选标准

对第一次筛选出的关于执行力评价指标体系研究的文献进行查阅，梳理出每一个执行力评价指标体系中与个人能力相关的指标（即执行力要素），并将各评价体系中的指标进行对比以后按照以下标准对文献进行第二次筛选。例如，如果A文献中出现的所有与个人能力相关的指标都被包含在其他文献中，则删掉A文献，留下其他文献。

（3）文献分析的结果

本研究使用翻译国外研究中的执行力评价指标体系和查找国内外执行力评价指标体系中与个体能力相关的指标的方法，梳理出一些执行力要素之后，又通过阅读和分析国内外关于教育管理学和执行力的代表性著作，分析和整理出了个体在执行工作中所必备的一些能力，最终整理出的代表性文献及其所包含的执行力要素，如表1所示。

表1 文献分析所得执行力要素

提出者	执行力要素
拉里·博西迪、拉姆·查兰、查尔斯·伯克[①]	自我认知能力、授权能力、目标跟进能力、沟通能力、协调能力、激励他人的能力、决断能力。
W. Christian Buss[②]	理解能力、策划能力、团队领导能力、沟通能力、了解和管理非正式网络的能力、协调能力、分析能力、判断能力、自我认知能力、应变能力。
托马斯·J.萨乔万尼[③]	号召能力、说服他人的能力、取得他人信任的能力、自我认知能力、解决冲突的能力、效能管理能力、目标跟进能力、激励他人的能力。
戈登·塔洛克（Gordon Tullock）[④]	理解能力、决策能力、表达能力、控制能力、信息搜集与处理能力、判断能力、解决冲突能力。
莫勇波、刘国刚[⑤]	业务能力
李红岩、刘海燕、王紫尧[⑥]	对执行队伍的控制能力、对上级决策的理解能力、合作能力。

---

① 拉里·博西迪，拉姆·查兰，查尔斯·伯克. 执行：如何完成任务的学问[M]. 刘祥亚，等译. 北京：机械工业出版社，2011：41-60.

② W. Christian Buss. *A normative view of the role of middle management in the implementation of strategic change*[D]. State University State of New York，2009：8-10.

③ 托马斯·J.萨乔万尼. 教育管理学[M]. 北京：中国人民大学出版社，2011：149-150.

④ 戈登·塔洛克. 官僚体制的政治[M]. 伯克，郑景胜，译. 北京：商务印书馆，2010：218-225.

⑤ 莫勇波，刘国刚. 地方政府执行力评价体系的构建及测度[J]. 四川大学学报（哲学社会科学版），2009（5）：69-76.

⑥ 李红岩，刘海燕，王紫尧. 我国地方政府执行力评价指标体系的构建[J]. 山西财经大学学报，2012（10）：26.

续表

提出者	执行力要素
朱朴义、周永生、梁怡[1]	决策能力、领导能力、沟通能力、领悟能力、计划能力、协调能力、控制能力、创新能力、专业能力、计划能力
廖东岚[2]	业务能力、财务管理能力、信息获取能力、信息使用能力、权力支配能力
韩微[3]	认知能力、规划能力、组织能力、协调能力、控制能力
李晓辉[4]	学习能力、创新能力

（4）文献分析结果的专家认定

第一，头脑风暴法及其实施。

头脑风暴法是一种召开座谈会请专家们坐在一起讨论，充分发表自己的意见，集思广益完成筛选指标任务的方法。[5]

本研究选取的专家来自北京师范大学、华东师范大学和河北师范大学3所高校，包括教育经济与管理和公共事业管理两个专业的硕士研究生及硕士研究生导师，共10人。其中，北京师范大学和华东师范大学的专家各3名，河北师范大学的专家4名；教育经济与管理专业和公共事业管理专业的专家各5名；男性专家与女性专家各5名；硕士研究生6名，硕士研究生导师4名。

根据头脑风暴法，10位专家对文献分析所得执行力要素进行了30分钟的研究与讨论。首先，向10位专家说明本次会议的目的、意义和任务，说明了以上执行力要素的梳理过程。其次，让10位专家对文献分析得来的执行力要素如何筛选发表意见，即哪些执行力要素有必要成为中小学中层干部执行力要素，哪些要素没有必要成为中小学中层干部执行力要素。最后，专家会议结束之后，对专家的意见和建议进行了归纳整理、分析综合。

---

[1] 朱朴义，周永生，梁怡. 企业管理者战略执行力综合评价 [J]. 中国商贸，2010（10）：235.

[2] 廖东岚. 地方政府政策执行力评价体系研究 [D]. 广州：广州大学，2012：40-41.

[3] 韩微. 地方政府执行力评价体系探析 [D]. 成都：电子科技大学，2008：27.

[4] 李晓辉. 基于文化创新的沧州供电公司企业执行力评价研究 [D]. 保定：华北电力大学，2008：34.

[5] 程书肖. 教育评价方法技术 [M]. 北京：北京师范大学出版社，2007：62

第二，头脑风暴法的专家认定结果。

根据专家小组的建议进行修正与整合以后得到19个执行力要素（见表2）。

表2　文献分析所得执行力要素整合结果

1. 策划能力	11. 授权能力
2. 创新能力	12. 团队领导能力
3. 沟通能力	13. 效能管理能力
4. 号召能力	14. 应变能力
5. 合作能力	15. 组织能力
6. 决策能力	16. 协调能力
7. 激励他人的能力	17. 信息搜集能力
8. 监控能力	18. 信息处理能力
9. 领悟能力	19. 学习能力
10. 权力支配能力	

2. 访谈调查得出14个执行力要素

（1）通过访谈调查分析执行力要素的原理

本研究通过访谈调查分析执行力要素遵循的是扎根理论的基本原则。

作为一个著名的建构理论的方法，扎根理论于1967年由格拉斯和斯特劳斯提出，是一种自下而上建立理论的方法，其主要宗旨是从经验材料的基础上建立理论，研究者在研究开始之前一般没有理论假设，而是直接从原始资料中归纳出概念和命题，然后上升到理论。[①]

扎根理论的主要分析思路是不断比较。[②]

首先，根据概念的类别对资料进行比较。先对资料进行细致的编码，将资料归到尽可能多的概念类属下面；然后将编码过的资料在相同和不同的概念类属中进行比较，为每一个概念类别找到其属性。

其次，将有关概念类属与他们的属性进行整合，同时对这些概念类属进行比较，考虑他们之间存在什么关系，如何将这些关系联系起来。

再次，勾勒出初步呈现的理论，确定该理论的内涵和外延。

最后，对理论进行论述。将掌握的资料、概念类属、类属的特性以及概念类属之间的关

---

① 陈向明. 质的研究方法与社会科学研究 [M]. 北京：教育科学出版社，2000：327.
② 陈向明. 质的研究方法与社会科学研究 [M]. 北京：教育科学出版社，2000：329-330.

系一层一层地描述出来,最后的理论建构可以作为对研究问题的回答。

（2）访谈结果的编码

编码,指的是受访者的原话中出现的与研究内容密切相关的概念,对这一概念的命名可以使用受访者的原话,也可以使用研究者自己的语言。

本研究中,编码指的是访谈对象的原话中所出现的与执行力要素密切相关的概念,即各种"能力"。编码格式参见表3。

表3 访谈结果编码示例

访谈对象	访谈内容	编码
Y老师	他要想完成校长交给的任务,首先他得有很好的**理解力**是吧,对整个任务有自己的理解和构思,其次呢他就得有好的**协调和组织能力**,另外还得有**让教师们来积极响应的这种领导能力**。	理解能力 协调能力 组织能力 号召能力

（3）访谈及编码结果

访谈的主要目的是调查现实当中学校管理者认为中小学中层干部执行力作为个体的一种综合能力具体包含哪些能力。假如学校管理者对"中小学中层干部执行力"这一概念有不同理解的话,那么所得到的结果一定会偏离本研究的初衷。因此,访谈中的第一个问题是"您对'中小学中层干部执行力'这一概念是怎么理解的？"代表性的回答结果如下："完成任务或履行职责的效果""执行学校制度的效果""学校职能部门做事的效果""执行好学校决策、方案或规章制度的能力""完成任务或实现目标的能力"。

以上对"中层干部执行力"概念的回答,虽然有些只是中小学中层干部执行力的一种结果,不是其本身,但调查对象对中小学中层干部执行力的理解在本质上与本研究所定义的"中小学中层干部执行力"是基本吻合的。因此接下来的访谈均围绕中小学中层干部的执行力要素进行,即"您认为,一名中层干部要想很好地完成领导交代的任务的话,他必须具备哪些方面的能力？"所得结果如表4所示。

表4 访谈调查所得中小学中层干部执行力要素

访谈对象	访谈内容	编码
Y老师	中层要想完成校长交给的任务,首先必须具有很好的**理解力**,对整个任务有自己的理解和构思,其次他要有很好的**协调和组织能力**。另外,还要有**让教师们来积极响应的这种领导能力**。	理解能力 协调能力 组织能力 号召能力

续表

访谈对象	访谈内容	编码
G老师	比如说领导确定一个"中国梦"的主题，让我们自己去做活动，首先我认为就需要有**策划力**。当时我带着五个班主任，主要是班主任在做，结果发现，很多人在做的时候没有思路，或者说"你说怎么做就怎么做"。在具体的过程当中就是这样，所以你必须得有一种**组织力**。 因为我们当时情况紧急，特别乱，所以就把条幅中间剪断，……我觉得这也是在组织的过程当中的一种**应变能力**。 做人思想工作的能力叫什么？叫**说服力**。这一点很重要。同样的一句话，一件事儿，不同的人去说，用不同的话去说，听的人就有高兴的，有不高兴的，这就是你的说服能力强或者是弱。	策划能力 组织能力 应变能力 说服能力
T老师	刚才说到**人际交往**，这是很重要的一个，再一个就是他的专业素养，**专业能力**。 还有一个就是**创新的能力**，创新的能力应该是贯穿始终的。	人际交往能力 专业能力 创新能力
S老师	在他们经过一年的训练之后，包括我们中层开会，学校会布置各种各样的任务，这时候怎么办，我就把**权力下放**。我只是传达，校长说怎么办，每个人负责一摊事儿。比如说有负责教育的，有负责教学的，有负责小餐桌的，有负责家长的。每个人负责一摊事儿，然后轮到谁了，这个任务该谁来办，大家来看，就看你处理得怎么样。如果你有什么欠缺，我们大家来给你提意见，那她下次就不会这么做，就会有提升，提升的很快。 团队当中不是你一个人，是大家，所以还必须有**团结协作的一种能力**。	授权能力 合作能力
Z老师	**决断力**，我觉得这个更好，这是中层领导作为管理者是非常重要的一个能力。 从教育方面来讲比如说**教学能力**。她教学能力很强，我们跟她去学习，去听她的课，能够学很多东西；然后是**班级管理能力**。我们的一些课或一些班级管理的问题，会问他们，他们会提出很让你受益的一些方法或者建议，那你就比较信服这个人。	决断能力 教学能力 班级管理能力

续表

访谈对象	访谈内容	编码
W老师	对于教学这一块儿，执行力当中你的专业水准要经得起推敲，要具备一定的专业指标，比如说，**备课的能力**，**执教的能力**，指导**授课的能力**，这些太重要了。 单纯地做老师，考虑的事情可能很具体，教你的这门学科就行了。当你到了中层这个位置，承担的责任就多了。如何把你的责任去达成，承担起这份责任？肯定要在头脑中有自己的一个规划。所以刚才说的执行力当中，**宏观规划能力**也很重要。 跟进反思的这种能力，就是**检讨与跟进的能力**，很重要，它最影响执行的效果，太影响了。	备课能力 执教能力 授课能力 规划能力 目标跟进能力
L老师	首先是**专业能力**，教学要懂得怎么教学，去怎么抓。你去落实执行这件事的时候大致分成哪几个步骤，打算分成几个层次去完成去落实，都得需要专业能力。 第二点就是**协调、沟通能力**，要去完成这件事，要去落实这件事，协调沟通当然很重要，这里面就包含了一定的交往的艺术或者是说话的艺术。**同样的话可能这个人那样表述，你就感觉挺好，还是类似的事，它换一种表述方式就不太容易被接受**。这是表述方式，再一个就是语气语调，这是一种技巧，语气不一样就表明他这个人的态度也不一样。	专业能力 协调能力 沟通能力 表达能力
N老师	**分析能力**，我认为，起码你应该首先弄清楚在完成任务的过程当中，你的重点是什么。然后是分析它的步骤，应该分几步走。再有就是要采用的策略。 **抗压能力**也很重要。尤其是有时候事情突然特别多，还都很紧急，你本来已经忙得焦头烂额了，还有一些老师会突然跑到你办公室来冲你发火。这时候觉得压力就很大，你要是承受不了，心里变得烦躁了，那肯定什么工作都做不好了。	分析能力 抗压能力
C老师	一个是**领悟**，一个是**沟通**，这是两方面，很重要的两方面。还有这个**学习**能力也算是执行力的一种。	领悟能力 沟通能力 学习能力

访谈过程中提到的"专业能力"包括中层干部作为教师的专业能力和作为管理者的专业能力，即教师的专业能力和管理能力。

本研究认为，教学能力、班级管理能力、备课能力、执教能力、授课能力、班级管理能力都属于教师的专业能力。而"中小学中层干部执行力"作为一种综合能力，本质上属于管理能力的一部分，与"教师专业能力"不属于同一个范畴，因此"教师专业能力"不能被包括在"中小学中层干部执行力"的内涵当中。此外，"人际交往能力"是一种综合能力，其所包含的所有能力当中，有部分能力应该被包含在"中小学中层干部执行力"的范畴，但并不是所有的人际交往能力都可以作为中小学中层干部执行力的要素。因此，本研究暂不将"人际交往能力"视为中小学中层干部执行力要素。

（4）访谈调查结果的专家认定

本次专家认定选取的专家和对文献分析所得执行力要素的专家认定所选取的专家相同，共10人。

根据头脑风暴法，10位专家对访谈调查得到执行力要素进行了30分钟的研究与讨论。

首先，向10位专家说明本次会议的目的、意义和任务，说明了访谈调查所得执行力要素的来历。

其次，让10位专家对访谈调查得来的执行力要素如何筛选发表意见，即哪些执行力要素有必要成为中小学中层干部执行力要素，哪些要素没有必要成为中小学中层干部执行力要素。

专家会议结束之后，对专家的意见和建议进行了归纳整理、分析综合。最终得到14项能力（见表5）。

表5　访谈调查所得执行力要素整合结果

1. 策划能力	8. 领悟能力
2. 创新能力	9. 授权能力
3. 沟通能力	10. 应变能力
4. 号召能力	11. 组织能力
5. 合作能力	12. 协调能力
6. 决策能力	13. 学习能力
7. 监控能力	14. 抗压能力

3. 文献分析结果与访谈编码结果的整合分析

综上所述，文献分析与访谈调查共得出20个中小学中层干部执行力要素。其中，文献分析得出19个要素，访谈调查得到14个要素，两者重合之处包括策划能力、创新能力和沟通能力等13个要素。此外，激励他人的能力、权力支配能力等6项能力仅由文献分析得出，"抗压能力"仅由访谈调查得出。以上整合结果如图2所示。

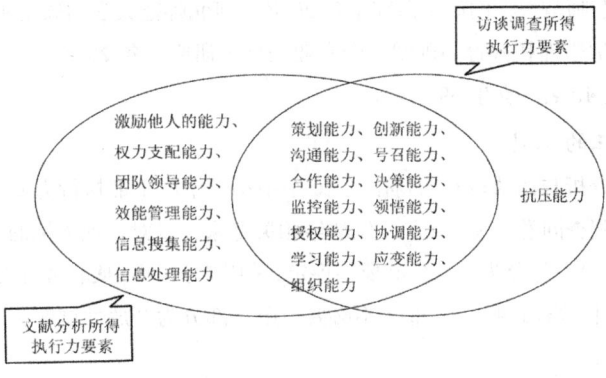

图2　文献分析与访谈调查所得执行力要素对比结果

在图2所示的中小学中层干部执行力的20个要素中，激励他人的能力、权力支配能力等6项能力仅由文献分析得出，在访谈中没有被提及，说明中小学中层干部并不认为这6项能力应该被包含在中小学中层干部的执行力要素当中，或者中小学中层干部在实际的执行工作中忽视了这6项能力，这可能会对中小学中层干部执行力产生不利影响。抗压能力仅由访谈调查得出，说明在日常工作实践当中，中小学中层干部认为抗压能力有必要成为中小学中层干部执行力的构成要素，但以往关于执行力要素的研究中没有关注该项能力，因此，访谈调查补充了文献研究的结果。

四、中小学中层干部执行力要素的验证和确定

中小学中层干部执行力要素的确定是对初步确立下来的20个中小学中层干部执行力要素进行专家验证并最终确定中小学中层干部执行力要素的过程。具体方法是，将初步确立下来的20个中小学中层干部执行力要素编制成调查问卷，发放给相关专家，让其对这些要素的必要性进行评定，在对专家评定结果进行定量分析的基础上，根据一定的标准对20个要素进行筛选，直到专家的意见趋向一致。经过两轮验证，本研究最终确定了17个中小学中层干部执行力要素。

（一）第一次验证得出了20个要素

1. 第一次验证的方法

将由文献分析与访谈调查得出的20个中小学中层干部执行力要素编制成调查问卷，发放给管理学和教育学的理论研究者，让其对20个中小学中层干部执行力要素的必要性程度发表意见。然后，对调查结果进行定量分析，根据定量分析的结果对20个中小学中层干部执行力要素按照一定的标准进行筛选。

2. 专家的选取

本次验证选取的专家共来自北京师范大学、华东师范大学和河北师范大学3所高校，包括教育经济与管理、教育学原理、教育心理学和行政管理专业的硕士研究生，共79名。其中，北京师范大学、华东师范大学的硕士研究生各20名，河北师范大学的硕士研究生39名；教育经济与管理、教育学原理和教育心理学三个专业的硕士研究生各20名，行政管理专业的硕士研究生19名；男生40名，女生39名。

3. 第一次验证的工具

本研究将文献分析与访谈调查所得出的20个中小学中层干部执行力要素编制成中小学中层干部执行力要素调查问卷（见表6），发放给相关专家，以对各项指标的必要性进行评定。问卷分为两大部分，第一部分为要素的必要性评定，采用7分量表，从非常有必要到非常不必要，必要程度递减，7=非常有必要，1=非常不必要。第二部分为开放性试题，向专家征询其他要素及其对问卷的建议。

表 6　中小学中层干部执行力要素调查问卷

执行力要素	必要程度						
领悟能力	1	2	3	4	5	6	7
应变能力	1	2	3	4	5	6	7
抗压能力	1	2	3	4	5	6	7
学习能力	1	2	3	4	5	6	7
信息搜集能力	1	2	3	4	5	6	7
信息处理能力	1	2	3	4	5	6	7
创新能力	1	2	3	4	5	6	7
沟通能力	1	2	3	4	5	6	7
组织能力	1	2	3	4	5	6	7
协调能力	1	2	3	4	5	6	7
合作能力	1	2	3	4	5	6	7
策划能力	1	2	3	4	5	6	7
决策能力	1	2	3	4	5	6	7
号召能力	1	2	3	4	5	6	7
授权能力	1	2	3	4	5	6	7
团队领导能力	1	2	3	4	5	6	7
监控能力	1	2	3	4	5	6	7
权力支配能力	1	2	3	4	5	6	7
激励他人的能力	1	2	3	4	5	6	7
效能管理能力	1	2	3	4	5	6	7

4. 第一次验证的结果

第一次验证使用的标准是调查问卷中各题项的鉴别度和专家认可度。

（1）鉴别度

鉴别度，即区分度，指的是测验项目对被试心理水平差异的区分能力，具有良好区分度的项目，能将不同水平的被试区分开来。[①] 若本研究中各题项具有良好的鉴别度，则表明各题项能够准确测量出不同被试的不同看法，即表明各题项具有较好的效度。因此，鉴别度可以用来作为筛选测验项目的依据。

---

① 戴海崎，张锋，陈雪枫. 心理与教育测量 [M]. 广州：暨南大学出版社，2010：77-78.

表7 中小学中层干部执行力要素鉴别度表1

执行力要素	T	df	Sig.（双侧）
领悟能力	4.233	41	0.000
应变能力	5.108	41	0.000
抗压能力	4.645	41	0.000
学习能力	4.338	41	0.000
信息搜集能力	3.595	41	0.001
信息处理能力	4.085	41	0.000
创新能力	5.525	41	0.000
沟通能力	3.562	41	0.001
组织能力	3.802	41	0.000
协调能力	4.314	41	0.000
合作能力	4.701	41	0.000
策划能力	6.679	41	0.000
决策能力	6.965	41	0.000
号召能力	7.742	41	0.000
授权能力	7.731	41	0.000
团队领导能力	6.660	41	0.000
监控能力	4.083	41	0.000
权力支配能力	4.806	41	0.000
激励他人的能力	3.208	41	0.003
效能管理能力	3.457	41	0.001

从表7可以看出，各题项的T值均达显著（P<0.01），表明各题项均具有良好的鉴别度。对调查问卷进行信度分析，α信度系数为0.850，证明本问卷信度较好。

（2）专家认可度

专家认可度指的是专家对某中小学中层干部执行力要素的整体认可程度。若某项执行力要素的专家认可度良好，则表明大多数专家对该执行力要素表示认同，即大多数专家认为该执行力要素有必要成为中小学中层干部的执行力要素；若某要素的专家认可度低，则表明大多数专家对该执行力要素不认同，即大多数专家认为该执行力要素没有必要成为中小学中层干部的执行力要素。因此，专家认可度可以作为中小学中层干部执行力要素的筛选依据。

本研究将专家认可度的计算标准确定为，选择执行力要素评定等级中较高两个等级的专家的数量占专家总数的百分比之和。

因此，本次问卷调查中中小学中层干部执行力要素的专家认可度是在调查问卷的 7 个评定等级中，选 "6" 和 "7" 的专家数量所占专家总数的百分比之和。具体各要素的专家认可度见表 8。

表 8　中小学中层干部执行力要素的众数及专家认可度 1

执行力要素	众数（Mo）	专家认可度（%）
领悟能力	7	64.5
应变能力	7	88.6
抗压能力	7	62.0
学习能力	6	63.3
信息搜集能力	6	54.4
信息处理能力	6	60.7
创新能力	6	54.4
沟通能力	7	87.4
组织能力	7	81.0
协调能力	7	83.6
合作能力	7	70.9
策划能力	6	55.7
决策能力	7	63.3
号召能力	7	65.8
授权能力	5	21.5
团队领导能力	7	81.0
监控能力	6	46.8
权力支配能力	6	46.9
激励他人的能力	6	68.3
效能管理能力	6	63.3

上表统计结果显示，大多数题项的众数（Mo）为 6 或 7，表明专家们对这些标准是比较认同的。但授权能力、监控能力和权力支配能力三个要素的专家认可度低于 50%，表明多数专家认为这些能力不应被包含在中小学中层干部执行力的要素之内，因此，在对调查问卷进行修订时，删掉了这三项能力，修订后的调查问卷中包含 17 个执行力要素。

（二）第二次验证确定了17个要素

1. 第二次验证的方法

将由第一次验证得到的17个中小学中层干部执行力要素编制成调查问卷，发放给中小学校的教师和校长等实践工作者，让其对中小学中层干部执行力要素的必要性发表意见。之后，对本轮问卷调查的结果进行定量分析，按照一定的标准对17个要素进行筛选。

2. 专家的选取

本次验证选取的专家为参加河北省"国培计划"的中小学校长及教师。专家的基本情况如表9所示。

表9 专家基本情况

			频数	百分比（%）
性别	有效	男	149	46.9
		女	167	52.5
	缺失		2	0.6
年龄		18~33岁	95	29.9
		34~50岁	216	67.9
		50岁以上	7	2.2
职称	有效	初级	8	2.5
		中级	260	81.8
		高级	46	14.5
	缺失		4	1.3
所担任教学科目	有效	主科	99	31.1
		副科	181	56.9
		不教课	35	11.0
	缺失		3	0.9
教龄	有效	1~3年	25	7.9
		4~10年	49	15.4
		10年以上	242	76.1
	缺失		2	0.6
最高学位	有效	学士学位	129	40.6
		硕士或博士	9	2.8
		无学位	180	56.6

续表

			频数	百分比（%）
最高学历	有效	大专及以下	34	10.7
		本科	276	86.8
		研究生及以上	6	1.9
	缺失		2	0.6
是否为中层干部	有效	教师	211	66.4
		中层	53	16.7
		校长	51	16.0
	缺失		3	0.9

如表9所示，在选取的样本中，男性教师149人，占46.9%，女性教师167人，占52.5%；担任主科教学的有99人，占31.1%，担任副科教学的有181人，占56.9%，不教课的有35人，占11.0%；总样本中有53名中层干部，占16.7%，51名校长，占16.0%，教师211名，占66.4%；此外，样本教师在不同年龄阶段、不同职称段、不同教龄段、不同最高学位、不同最高学历段都有涉及，因此本研究所选取的样本具有一定的代表性。

3. 二次验证的工具

修订后的中小学中层干部执行力要素调查问卷（见表10）采用5分量表，从非常有必要到非常不必要，必要程度递减，5=非常有必要，1=非常不必要。本轮问卷调查的对象为参加河北省"国培计划"的中小学校长及教师，作为中小学的一线工作者，这些教师和校长对中小学中层干部执行力的各种看法无疑具有重要的参考价值，因此让他们对修订后的17个中小学中层干部执行力要素进行了必要性评定。

表10 中小学中层干部执行力要素调查问卷（修订后）

执行力要素	必要程度				
领悟能力	1	2	3	4	5
应变能力	1	2	3	4	5
抗压能力	1	2	3	4	5
学习能力	1	2	3	4	5
信息搜集能力	1	2	3	4	5
信息处理能力	1	2	3	4	5
创新能力	1	2	3	4	5
沟通能力	1	2	3	4	5

续表

执行力要素	必要程度				
组织能力	1	2	3	4	5
协调能力	1	2	3	4	5
合作能力	1	2	3	4	5
策划能力	1	2	3	4	5
决策能力	1	2	3	4	5
号召能力	1	2	3	4	5
团队领导能力	1	2	3	4	5
激励他人的能力	1	2	3	4	5
效能管理能力	1	2	3	4	5

4. 第二次验证的结果

(1) 鉴别度

表11　中小学中层干部执行力要素鉴别度表2

执行力要素	T	df	Sig.（双侧）
领悟能力	8.012	173	0.000
应变能力	8.463	173	0.000
抗压能力	11.055	173	0.000
学习能力	7.401	173	0.000
信息搜集能力	11.524	173	0.000
信息处理能力	12.257	173	0.000
创新能力	10.38	173	0.000
沟通能力	9.546	173	0.000
组织能力	9.051	173	0.000
协调能力	10.258	173	0.000
合作能力	10.170	173	0.000
策划能力	13.825	173	0.000
决策能力	13.159	173	0.000
号召能力	12.052	173	0.000

续表

执行力要素	T	df	Sig.（双侧）
团队领导能力	10.778	173	0.000
激励他人的能力	11.779	173	0.000
效能管理能力	13.641	173	0.000

从表11可以看出，各题项的T值均达显著（P<0.01），表明各题项均具有良好的鉴别度。对调查问卷进行信度分析，α信度系数为0.900，证明本问卷信度颇佳。

（2）专家认可度

本次问卷调查中中小学中层干部执行力要素的专家认可度是在调查问卷的5个评定等级中，选"4"和"5"的专家数量所占专家总数的百分比之和，具体各要素的专家认可度见表12。

表12 中小学中层干部执行力要素的众数及专家认可度2

执行力要素	众数（M_O）	专家认可度（%）
领悟能力	5	95.3
应变能力	5	94.0
抗压能力	5	90.2
学习能力	5	91.2
信息搜集能力	5	88.7
信息处理能力	5	88.0
创新能力	5	89.6
沟通能力	5	94.7
组织能力	5	93.7
协调能力	5	94.0
合作能力	5	93.1
策划能力	5	88.0
决策能力	5	88.6
号召能力	5	91.2
团队领导能力	5	91.8
激励他人的能力	5	89.7
效能管理能力	5	89.0

统计结果显示，所有题项的众数（即M_O）均为5，各要素的专家认可度均高于50%，表

明专家们对这些标准是非常认同的。因此，本研究将表 12 中的 17 项能力确定为中小学中层干部执行力的要素。

（三）中小学中层干部执行力要素的阐释

基于两次验证的结果，本研究将中小学中层干部执行力要素确定为表 12 中所示的 17 项能力。深刻理解这 17 项能力及其作为中小学中层干部执行力要素的重要性是中小学校管理者有效使用"中小学中层干部执行力要素"这一工具的必要前提，基于此，本研究对中小学中层干部执行力要素进行了以下阐释。

1. 领悟能力

领悟能力指的是在了解情况的基础上深刻认识并体会事物意义的能力。中小学中层干部主要负责执行学校的规章制度和校长的决策，以实现学校的发展目标和发展理念，履行好这一职责必然以正确理解决策、目标和理念为前提。

但是这个执行力吧，在这个执行过程中，肯定会有很多问题，首先是你理解是不是到位，你理解的可能比较狭隘，或只是表层次，没往深处走。我觉得可能人跟人的理解能力不一样，都不同，肯定有，有的可能就是他理解的很快，很准，有的呢，他在摸索过程中可能才觉得，本来一开始觉得这事情是这样的，但是不知其所以然，然后在做的过程中才可能慢慢知道。（W 学校 J 老师）

如 J 老师所讲，并不是所有的中层干部对上级决策都能够理解到位，而是知其然而不知其所以然，这种情况很容易导致中层干部在执行上级决策时只停留在表面，实则偏离决策的精神实质。因此，中层干部首先应当具备很好的领悟能力，以能够深刻理解并体会上级决策。

2. 应变能力

应变能力指应付突发情况的能力。中小学中层干部所执行的任务包括两大类，一类是常规性的任务，即日常管理；另一类是突发性的任务，即中层干部在日常管理工作中所遇到的事先无法预料的问题。

应变能力的强弱直接关系到中小学中层干部执行突发性任务的质量。

你像有一次我刚来的时候，学校停电，我们那个主任没着了，他就觉得这事儿过不去了，非得要把学生中午都放回去，没有饭。他们都觉得，要不就去超市买面包、或者买肯德基，但买不到这么多。但我觉得这事情很简单，我就说了句"你让本部的给送饭"，嗨，一下醒了，赶紧跟那边儿联系，让人家给炒菜送过来，就这么简单。但他们俩在那商量了一天，他们觉得这不行，要不就让家长来接，通知班主任。（S 学校 Y 老师）

3. 抗压能力

抗压能力指的是在外界压力下处理事务的能力。中小学中层干部作为连接校级干部和基层教职员工的桥梁，所面临的问题和压力来自校级干部、同级的其他职能部门及基层教职员工，强大的抗压能力是中层干部在工作中执行各项任务的保证。

其实我觉得每个单位的中层应该都挺难的，因为既需要对上，又需要对下，没点儿抗压能力真的是没有办法做好工作的。我们平时经常都有这种感觉，特别希望领导呢，对全体职工都阐述清楚，说在学校里大家的分工不同，但是都是一样的，让普通员工也能知道，不要经常性地对人来发泄事的那种情绪。（F学校C老师）

4. 学习能力

学习能力指的是从阅读、听讲、研究、实践等活动中获得知识或技能的能力。在中小学校，随着教育改革的不断进行和深入，新事物、新观念层出不穷，中层干部在执行学校发展目标和理念的过程当中，只有不断提高自身的学习能力，才能够快速接受和掌握新的知识和技能，增强自身的执行力。

5. 信息搜集能力

信息搜集能力指个体在所有信息当中搜集自己所需要的信息的能力。中小学中层干部在执行中需要对部门工作目标的落实情况进行跟进和监控，以及时发现执行过程中出现的偏差并予以纠正，这一跟进和监控过程便是一个信息搜集的过程，能否搜集到真实而有效的信息取决于中小学中层干部的信息搜集能力。

6. 信息处理能力

信息处理能力指个体根据自身需求，对搜集到的信息进行充分利用的能力。信息处理与信息搜集紧密相连，执行中有信息搜集，就必然需要信息处理，中小学中层干部若不能对所搜集到的信息进行有效的利用，再有价值的信息对执行过程也不会有多大的助益。因此，信息处理能力对于执行力具有重要意义。

7. 创新能力

这里的创新能力指的是中小学中层干部在执行的过程中，运用新途径和新方法解决问题的能力。但是中层干部在思想上还是要严格遵守上级决策的精神实质，这是执行成功的基本前提。环境和状况的变化要求中小学中层干部在执行途经和方法上的创新，若一切墨守成规，就很难执行到位。再者，创新途径和方法也有利于提高执行效能和积极性。

然后第二步往下走呢就是说，你在执行的过程中你当然不能完全地照猫画虎，照猫画虎是基础，因为你没有东西，所以你就照着人家前辈去学习，但是呢，肯定有创新，如果没有创新的话就死水一滩。就说来做学生活动吧，你都是完全跟以前一样的，作为学生来说太不新鲜了，对于教师们来说，也都是挺无味的。所以要想贯彻实施一个活动，必须得有创新性，执行这一块儿得加上创新。（S学校J老师）

8. 沟通能力

既然"沟通"指的是"意义的传递和理解"[①]，那么沟通能力即指传递意义并使对方准确

---

① 斯蒂芬·P.罗宾斯，玛丽·库尔特. 管理学[M]. 孙健敏，等译. 北京：中国人民大学出版社，2008：281.

理解的能力。执行,必须通过"人"来进行,本质上是在做"人"的工作,人与人之间的交流和沟通是执行工作的必然要求,作为执行者,中小学中层干部的沟通能力至关重要。

9. 组织能力

组织能力指的是将分散的人员有目的、成系统地集中起来的能力。作为一项基本的管理职能和中小学中层干部的职能之一,"组织"是中小学中层干部不可避免的工作,是执行过程的重要组成部分。因此,组织能力是衡量中小学中层干部执行力的必要标准。

10. 协调能力

协调能力指的是在决策过程中,管理者为实现组织目标而对人、财、物等资源进行调节,使其同步、互为依托的能力。同组织能力一样,协调能力也是衡量中小学中层干部执行力的必要标准。此外,协调能力是执行力的关键,因为中小学中层干部在执行任何一项任务之前,都必须根据需要协调好与校级、同级其他职能部门等多方面的关系,否则可能导致事倍功半。

11. 合作能力

合作能力又叫团队协作能力,指的是个体在团队工作当中与其他成员相互配合完成任务的能力。中小学中层干部与本职能部门的成员形成了一个团队,同时与其他职能部门的中层干部也构成了一个中层团队,因而中小学中层干部的执行工作本质上是团队的工作,在团队中与其他成员合作必然需要一定的团队协作能力。

执行当中,大家更多的是任务的分工,你再有能力,所负责的也只是团队工作的一部分而已,所以执行里面缺一不可是在分工前提下的协作,作为中层干部你必须具备团体协作的能力。(F学校W老师)

12. 策划能力

策划能力指的是根据形势的发展和所掌握的信息制定计划或行动方案的能力。在执行学校决策的过程当中,中小学中层干部需要在领悟校长决策的基础上,从中分解出本职能部门的工作目标,策划出具体的行动方案,并将其分派给下一层级的相关执行人员。因此,策划能力应当被包含在执行力要素当中。

13. 决策能力

决策能力指的是管理者面临矛盾及其多种解决办法时做出决断的能力。上级决策是中层执行的依据,中层决策是下级执行的依据。中小学中层干部在执行学校决策的同时需要做部门决策,决策能力的高低影响着中层干部的执行效果。

14. 号召能力

号召能力,即号召力,通常是指以个人魅力或个人信念唤醒群众并使之响应的能力。本研究将"号召能力"定义为"管理者以个人魅力征服组织成员以使其响应组织要求的能力"。中小学中层干部所执行的很多任务最终都需要落实到学校的基层教职员工身上,号召能力的必要性更多是在这一过程中被体现。

平常有联欢会需要出节目时，如果他们都积极参与的话，内容丰富多彩，很好。有的（中层干部）呢，就是为了应付这个差事，就出一个"三句半"啊或唱个歌儿啊，应付应付。这就能感觉到他的号召力不行了。（W学校Y老师）

15. 团队领导能力

美国著名学者詹姆斯·库泽斯和巴里·波斯纳认为，领导力指的是领导者如何激励他人自愿地在组织中做出卓越成就的能力，但领导力并不是领袖型人物的专利；并且，领导力也并不完全取决于个人的人格魅力，它也是一种实践。[1] 根据此观点，本研究中的"团队领导力"即指团队的管理者激励团队成员自愿地在团队中做出卓越成就的能力。作为执行团队的领导者，团队领导能力必然是中小学中层干部必须具备的能力，必然影响中小学中层干部的执行力。但访谈调查的结果证明，该项能力并没有得到中小学中层干部的重视，因为所有被访者都没有提到执行力应包含团队领导能力。

16. 激励他人的能力

激励他人的能力可以理解为通过劝勉而使他人精神振作、情绪高涨的能力。根据上文对团队领导能力的阐释，可以推断，"激励他人的能力"或"激励能力"可以被归属到"团队领导能力"当中。作为执行团队的领导者，中小学中层干部要想执行好各项工作目标，不仅需要充分发挥自身的潜能，更需要激发起团队各个成员的潜能，因此，激励他人的能力对中小学中层干部执行力而言，至关重要。然而该项能力完全被中小学中层干部所忽略，在访谈调查的过程中，没有任何教师、中层干部或校长提到该项能力。

17. 效能管理能力

托马斯·J.萨乔万尼等人认为效能管理能力指的是开发学校潜能以提高学校性能的能力[2]，据此，本研究将效能管理能力定义为"管理者在工作中通过提高团队凝聚力等方法充分发挥团队合力以提高团队工作效能的能力"。工作效能通常是指工作的投入（资金、时间、精力等）与产出（正向的结果）比。毋庸置疑，管理者的效能管理能力直接影响着团队的工作效能，工作效能的强弱又直接决定了执行力的强弱。但经过调查发现，大多数中小学中层干部对该项能力并不熟悉。

确实是，我对这个"效能管理能力"还真是挺陌生的，好像是第一次听说。（S学校W老师）

因此，在提升中小学中层干部执行力的过程中，应该更加关注效能管理能力。

---

[1] 苏凯. 中国企业领导力发展模式研究及建议 [D]. 上海：上海交通大学，2007：4.

[2] 托马斯·J.萨乔万尼. 教育管理学 [M]. 北京：中国人民大学出版社，2011：150.

五、中小学中层干部执行力要素的实践应用

中小学中层干部执行力要素的实践价值在于，以它为工具，可以调查了解中小学中层干部执行力的现状及其存在的问题，这是提升中小学中层干部执行力的依据和改善中小学管理实践的基础和前提。

（一）中小学中层干部执行力要素的现状调查

1. 调查工具的编制

本研究关于中小学中层干部执行力现状的调查是与执行力要素的最后一轮必要性评定同时进行的。问卷的第一部分为执行力要素的必要性评定，第二部分是关于中小学中层干部执行力现状的调查。中小学中层干部执行力现状调查问卷为5分量表，将执行力各要素的整体表现分为五个等级，分别为：5=很强、4=较强、3=一般、2=较弱、1=很弱，让中小学教师及校长根据本校中层干部的实际情况进行评定。

2. 调查对象的基本情况

如前所述，本次调查以参加河北省"国培计划"的中小学校长及教师为对象进行，调查问卷发放350份，回收318份，问卷回收率为91%，有效问卷272份，问卷有效率为78%。对回收的问卷利用SPSS 17.0进行数据分析，得到本研究选取的样本教师的基本情况如表13所示。

表13　样本教师基本情况表

			频数	百分比(%)
性别	有效	男	149	46.9
		女	167	52.5
	缺失		2	0.6
年龄		18~33岁	95	29.9
		34~50岁	216	67.9
		50岁以上	7	2.2
职称	有效	初级	8	2.5
		中级	260	81.8
		高级	46	14.5
	缺失		4	1.3

续表

			频数	百分比(%)
所担任的教学科目	有效	主科	99	31.1
		副科	181	56.9
		不教课	35	11.0
	缺失		3	0.9
教龄	有效	1~3年	25	7.9
		4~10年	49	15.4
		10年以上	242	76.1
	缺失		2	0.6
最高学位	有效	学士学位	129	40.6
		硕士或博士	9	2.8
		无学位	180	56.6
最高学历	有效	大专及以下	34	10.7
		本科	276	86.8
		研究生及以上	6	1.9
	缺失		2	0.6
是否为中层干部	有效	教师	211	66.4
		中层	53	16.7
		校长	51	16.0
	缺失		3	0.9

如表13所示,在选取的样本中,男性教师149人,占46.9%,女性教师167人,占52.5%;担任主科教学的有99人,占31.1%,担任副科教学的有181人,占56.9%,不教课的有35人,占11.0%;总样本中有53名中层干部,占16.7%,51名校长,占16.0%,教师211名,占66.4%;此外,样本教师在不同年龄阶段、不同职称段、不同教龄段、不同最高学位、不同最高学历段都有涉及,因此本研究所选取的样本具有一定的代表性。

3. 调查工具的验证

（1）各题项的鉴别度及问卷的总体信度

表 14　中小学中层干部执行力要素鉴别度表 3

执行力要素	T	df	Sig.（双侧）
领悟能力	11.189	154	0.000
应变能力	9.596	154	0.000
抗压能力	11.545	154	0.000
学习能力	13.447	154	0.000
信息搜集能力	12.522	154	0.000
信息处理能力	10.977	154	0.000
创新能力	13.707	154	0.000
沟通能力	14.067	154	0.000
组织能力	15.786	154	0.000
协调能力	14.539	154	0.000
合作能力	13.855	154	0.000
策划能力	13.856	154	0.000
决策能力	14.088	154	0.000
号召能力	14.544	154	0.000
团队领导能力	14.574	154	0.000
激励他人的能力	15.463	154	0.000
效能管理能力	16.290	154	0.000

从表 14 可以看出，各题项的 T 值均达显著（P<0.05），表明各题项均具鉴别度。

对调查问卷进行信度分析，α 信度系数为 0.947，证明本问卷信度颇佳。

（2）问卷的结构效度

对调查问卷的数据进行因子分析，本研究所确定的中小学中层干部执行力要素经过转轴共被抽取了两个共同因素，第一个因素包含了"激励他人的能力"和"效能管理能力"等 12 项能力，第二个因素包含了"抗压能力"和"学习能力"等 5 项能力，转轴前后两个共同因素可以解释的总变异量均为 60.9%，表明问卷具有较好的结构效度。

（二）河北省中小学中层干部执行力现状描述及分析

1. 河北省中小学中层干部执行力的总体状况描述

通过对问卷进行描述性分析，显示出的结果如表15所示。

表15 河北省中小学中层干部执行力现状的描述性分析

执行力要素	均值	标准差
领悟能力	3.99	0.766
应变能力	3.82	0.841
抗压能力	3.75	0.929
学习能力	3.67	0.978
信息搜集能力	3.63	0.936
信息处理能力	3.72	0.815
创新能力	3.46	0.902
沟通能力	3.73	0.891
组织能力	3.82	0.845
协调能力	3.75	0.905
合作能力	3.70	0.886
策划能力	3.59	0.910
决策能力	3.80	0.856
号召能力	3.65	0.865
团队领导能力	3.73	0.881
激励他人的能力	3.54	0.963
效能管理能力	3.62	0.930

如表15所示，各执行力要素的均值介于3与4之间，因为3和4所对应的等级分别为"一般"和"较强"，因此可以说河北省中小学中层干部执行力整体水平一般，没有达到"较强"水平，依然有待于进一步提升。通过进一步分析发现，领悟能力、应变能力、组织能力的均值相对较高，分布在3.80以上，表明河北省中小学中层干部的这三种能力相对较强；策划能力、激励他人的能力和创新能力的均值最低，分布在3.60以下，表明河北省中小学中层干部的这三种能力相对较弱。

2. 河北省中小学中层干部执行力的问题及其原因与对策

通过调查及对调查结果的分析可以发现，河北省中小学中层干部执行力整体水平不够强。执行力要素中的策划能力、激励他人的能力和创新能力相对较弱，这在一定程度上影响了中小学中层干部执行力的整体质量。

进一步分析发现，以上问题主要是由中小学管理者对"中小学中层干部执行力"这一概念认识不足，对中小学中层干部执行力要素缺乏深入了解的原因造成的。

（1）中小学中层干部忽视了一些执行力要素的培养

通过文献分析与访谈调查所得执行力要素的结果对比发现，在本研究关于中小学中层干部执行力要素的访谈调查中，激励他人的能力、团队领导能力等6项能力没有被提到，然而在后续的中小学中层干部执行力要素验证性调查中，其中的5项能力都得到了中小学教师和管理者的普遍认同。这一结果表明，中小学管理者并没有认为激励他人的能力和团队领导能力等不应该被包含在中小学中层干部执行力要素当中，而是由于对"中小学中层干部执行力"这一概念缺乏深入的认识而在实际的执行工作当中忽视了这些能力的培养。

（2）中小学领导对某些执行力要素的重要性认识不足

通过访谈调查发现，中小学领导认为中小学中层干部的主要工作虽然是执行，但执行的都是常规性的工作，而常规性的工作都已经形成了固定的执行程序或套路，只需要按照以往的原则去执行，没有必要搞创新，因此，创新能力的高低其实并不影响执行力。

就是说在咱们学校里一般情况下还是常规的工作，创新能力其实没那么重要。（W学校L老师）

作为学校的主要负责人，中小学校长的管理理念大大影响着下级的工作。由于学校领导对"中小学中层干部执行力"的构成要素认识不清，意识不到创新能力与中小学中层干部执行力之间的密切关系，对创新能力不予以重视，所以中层干部在工作中的创新能力便难以得到提升，这直接制约了中小学中层干部的执行力的整体水平。

一些中小学中层干部执行力要素，诸如策划能力、信息处理能力等，虽然在访谈中被提到，即中小学中层干部认为这些能力应该成为中小学中层干部执行力的要素，但在后续的中小学中层干部执行力要素验证性调查中，这些能力并没有得到中小学教师和管理者的完全认同，其中，中小学教师和管理者对中层干部执行力要素中的策划能力和信息处理能力的认同度最低，说明一些中小学中层干部对这些能力作为其执行力要素的必要性缺乏理解，对中小学中层干部执行力要素的认识不够深刻。

基于上述原因，提升中小学中层干部执行力需要中小学中层干部从深刻认识"中小学中层干部执行力"的概念及其重要性入手，从提升中小学中层干部的激励他人的能力、创新能力和策划能力开始，在此基础上，努力提升中小学中层干部的整体执行力，具体可以从以下几个方面做起。

第一，中小学中层干部要加强对管理学知识的学习。

通过访谈调查了解到，大多数中小学中层干部平时很少学习管理学知识，主要是由于不懂管理学，意识不到其重要性。

平时没怎么看过管理学方面的东西，因为工作太忙了，感觉在学校工作，还是教育学和教育心理学的知识更重要一些，有时间的话会看点儿这方面的书。另外，我觉得管理需要从实际出发，读书也没有多大必要，实践更重要一些。（F学校T老师）

知识是形成人的素质和能力的阶梯，没有知识，人的素质和能力就没有必要的基础。①因此，中小学中层干部应该首先意识到管理学知识对管理工作的必要性，在此基础上进行学习和研究。执行力属于管理能力，中小学中层干部对这一概念认识不足完全是管理学知识的匮乏造成的，因此，中小学中层干部必须加强对管理学知识的学习，这是提升自身执行力的基础和前提。

第二，中小学校领导要注重中层干部执行力的提升。

中层干部执行力的强弱直接关系到学校发展目标的实现程度，所以学校领导应该非常重视中层干部执行力的建设，坚持或加强对中层干部的培训，让中层干部多与外界交流，多学习和实践，以拓展他们的视野、增长他们的见识，这有利于激发中层干部的创新意识和提升他们的各种执行能力。此外，可以通过完善学校的监督和评价机制，促进中小学中层干部执行力的提升。

六、中小学中层干部执行力要素研究的反思

本研究通过理论研究与验证性调查研究相结合的方法确定了中小学中层干部执行力要素，在一定程度上弥补了以往关于中层干部及中小学校管理研究的不足之处，为中层干部执行力研究提供了一个新的研究框架，并为中小学校中层干部执行力的提升提供了参考。

通过理论研究和文献分析得出了19个中小学中层干部执行力要素，通过访谈调查及访谈资料的分析得出了14个中小学中层干部执行力要素，通过"头脑风暴法"整合以上两种途径初步确立了20个中小学中层干部执行力要素，最后通过两轮验证性调查确定了17个中小学中层干部执行力要素。

以所确定的17个中小学校中层干部执行力要素为工具，对河北省中小学中层干部执行力进行调查及对调查数据的分析发现，河北省中小学中层干部执行力整体水平一般，有待进一步提升，其中策划能力、激励他人的能力和创新能力相对较弱。

进一步分析发现，河北省中小学中层干部执行力的问题主要是由中小学管理者对"中小

---

① 陈金芳. 知识、素质和能力的辩证关系 [J]. 教育双周刊，2005（10）：15.

学中层干部执行力"这一概念认识不足,对中小学中层干部执行力要素缺乏深刻认识的原因造成的。具体原因包括两方面:一是中小学中层干部忽视了一些执行力要素的培养;二是中小学领导对某些执行力要素的重要性认识不足。

针对河北省中小学中层干部执行力的问题,结合其原因分析,提升河北省中小学中层干部执行力可以从以下两方面努力:第一,中小学中层干部要加强对管理学知识的学习;第二,中小学领导要注重中层干部效能管理的提升。

中小学新教师专业发展模式研究

高圆圆

【提要】 新教师不仅为教师队伍增添了全新的成员,也是整个教师队伍未来发展的力量源泉。一方面,教育改革对奋战在教学一线的教师提出了新的需求。教师,尤其是新教师要不断学习,适应并达到教育改革提出的新需求;另一方面,新教师阶段的专业发展是否良好,直接影响新教师能否长久地坚守在教育岗位上。而新教师在实际的教育教学工作中却又面临许多困境。因此,新教师的专业发展不仅应该在实践层面被予以一定的关注,也值得在理论层面展开相关的研究。本研究采用文献研究与调查研究相结合的研究方法,对新教师专业发展现状进行了分析。首先,目前新教师存在专业发展意识薄弱、教学实践经验缺乏、专业知识不完善、专业能力不健全的问题。其次,专门针对新教师专业发展的手段较为单一,培训促进教师专业发展的效果也并不理想。最后,考虑到构建新教师专业发展模式的重要性以及必要性,本研究在了解新教师专业发展现状的基础上,结合对文献资料和访谈资料的分析,从新教师专业发展的理念、内容、路径三个维度出发构建了新教师专业发展模式。

一、前言

新教师也被称为"初任教师""新手教师"或"新入职教师",指的是持有国家规定的教师资格证书的、刚刚进入普通公立中小学校任职或者转学科任教、从其他学校调职、离开学校一段时间后又返回学校任教的教师。

(一)新教师处于教师专业发展的关键阶段

教师专业发展是指"教师的专业成长或教师的内在结构不断更新、演进和丰富的过程"①。教师专业发展可以分为多个阶段,而且各阶段的相互衔接十分紧密,其中前一阶段的发展会直接影响随后阶段的发展。每个初入教育行业,选择教师岗位的新教师都要经历身份角色转变,即由高等教育的理论学习向教育教学实践转变。新教师在职业初期阶段的专业发展状况对其今后的职业发展影响深远,这不仅关系着新教师自身,还影响着新教师所在学校、整个教师队伍乃至整个教育系统的长远发展。

(二)入职阶段的专业发展状况影响着新教师的去留

新教师是我国教育行业重要的人力资源,直接影响着未来教育发展的质量。新教师在入职阶段需要迅速地完成由学生向教师的身份转变。同时,入职阶段的身份转变情况会影响新

---

① 叶澜,等.教师角色与教师发展新探[M].北京:教育科学出版社,2001:226.

教师接下来的专业发展效果,进而影响新教师的留任率。[1]

新教师如果不能在入职阶段得到有效的指导与帮助、顺利度过适应期、获得专业发展的意识与能力,他们极有可能在职业初期便离开教学岗位。新教师是高等院校通过多年努力培养出来的专业人才,也是教师队伍重要的人力资源,新教师的流失不仅可能会让高等院校的努力付之东流,而且也会给我国的教师队伍造成重大的损失。

(三)新教师在实际的教育教学工作中面临许多困境

新教师刚刚走上教学岗位,教育教学经验相对缺乏、教育教学能力比较薄弱、对课堂情境的认知不足、缺乏敏锐的洞察和判断等使得新教师无法准确地预见教学中可能出现的问题,从而在一系列具体问题面前无所适从,陷入困境。预研究访谈结果表明,新教师有时会无意识地模仿他们中小学时期的教师,即便他们并不完全认同那些教师们的教学方法,但仍会有意或无意地效仿曾经的教师们,并在确认其有效后形成自己的经验,以至于他们无法发展自己的教学理念及有效的个人教学方法,专业发展过程受阻。

初入职场的新教师难免忙于日常的教学工作,少有时间和精力思考自身的专业发展问题,更不用说为了促进自身的专业发展而展开实际行动。此外,目前专门针对新教师专业发展的手段较为单一。

二、新教师专业发展的现状

(一)新教师专业发展水平的现状不容乐观

休伯曼等人提出入职期的新教师对教学环境存有陌生感。同时,面对复杂和不稳定的课堂环境会出现一些失误,进而使得新教师质疑自己是否能够胜任教学工作。[2] 参加教学工作的前3年是一个适应期,处于该时期的新教师往往在适应课程教学方面存在困惑,容易出现自我期待与实际情况之间不符合的矛盾,导致工作压力比较大,甚至对自己是否能够从事教师职业产生怀疑。[3]

美国学者费朗斯·富勒的教师关注阶段论提出处于早期的生存关注这一阶段的教师由于经验不足,通常感到压力很大。[4]

通过对访谈搜集到的文本资料进行编码、整理与解析,目前新教师专业发展水平不容乐

---

[1] 施珺.我国中小学新教师入职教育的现状与模式研究[D].江西师范大学,2009.
[2] 转引自杜春美.关于教师职业生涯周期的探索[J].福建论坛(人文社会科学版),2007(A1):235-236.
[3] 谢安邦.教师教育一体化改革的理论探讨[J].高等师范教育研究,1997(5):5-8.
[4] 费勒斯,克里斯坦森.教师职业生涯周期:教师专业发展指导[M].董丽敏,高耀明,译.北京:中国轻工业出版社,2005:21-22.

观,具体表现为新教师普遍存在着专业发展意识薄弱、教学实践经验缺乏、专业知识不完善、专业能力不健全等方面的现实问题。

1. 专业发展意识薄弱

初入职场的新教师难免忙于日常的教学工作,少有时间和精力思考自身的专业发展问题,更不用说为了促进自身的专业发展而展开实际行动。访谈中发现,每当问及新教师是否考虑过自身作为一名教师的专业发展规划,回答大都集中在"评职称""提成绩"等方面。

把学生成绩提上去,由任课教师向班主任转换、做一个优秀的班主任。(BMZH)

工作一两年之后,努力把职称往上提一提。(BMZL4)

这表明在新教师心中将自身的专业发展等同于了"评职称""提成绩",而对于作为一名教师如何提升个人的专业素养方面涉及较少。虽然有少部分新教师表示对专业发展有所思考,但其对专业发展应包含的具体内容不是很清楚,仅停留在笼统的层面。

把班带好、把课教好、把教学活动搞新颖些,等三五年之后能成为比较优秀的教师,在级部里独当一面。(BMZL5)

此外,绝大多数新教师忙于日常的教学工作,近3年内没有学历进修或者脱产培训的打算。

平常的教学工作比较忙,除了备课、上课也没有时间学习。学校的培训勉强能参加,外面的培训出不去,也没想过再去大学学习一下的问题。(BMZL3)

教师专业发展意识的薄弱会直接地降低新教师专业发展的行动力与主动性。新教师应该积极主动地承担起自身专业发展的任务,做自身专业发展的主人。

2. 教学实践经验缺乏

新教师队伍中既包含了师范毕业生,也包含了相当多一部分的非师范毕业生。一方面,非师范类专业毕业的新教师,基本上没有参加过教育实习,因此没有实际的教学实践经验。另一方面,即使是师范专业毕业的新教师,但限于各个高等院校组织实习的时间比较短,因此参加实习的师范生收获的教学经验也并非十分丰富。

新教师最大的欠缺可能还是在上课的经验方面,在学校练习和面对学生不是一回事,猛然上讲台,好多明明简单的内容也讲不清楚。(SSXZ3)

在讲台上不能跟孩子有效地沟通,很可能想到自己上学时候那些条条框框的东西,而那些东西并不见得能用,有时反而会限制自己的发挥。(HSXS2)

没有什么教学的经验、能力也比较浅,准备一节课会很困难。(HSXM)

对教材的研究还没有熟透,系统的理论知识在资格证考试和入编考试的时候考过,都知道,但是在应用中理论联系实际的方面还是差一些。(HSX2J)

教学实践经验的缺乏是新教师普遍面临的难题,会导致新教师在开展教学工作中花费更多的时间和精力。无形之中,新教师会疲于日常的教学工作,没有时间和精力思考、审视自身的专业发展,因而新教师的专业发展空间受到了极大的限制。

3. 专业知识不完善

新教师的知识体系不完善主要体现在知识的系统性与准确性不够、对教材知识的熟悉程度不足、对教学知识的重难点把握不清等方面。

首先，新教师知识的系统性与准确性不够。

作为新教师，每个阶段的知识都有了，但还是断层的，不够系统，没有自己的知识体系。（BMZJ3）

原先没有教过课，对知识没有一个系统性的安排。（SZXZ）

可能知识上不够精确或者说不够清晰，这方面需要补充的比较多。（BMZL6）

其次，新教师对教材知识的熟悉程度不足。

对教材不是很熟悉，每次备课都要花大量时间，先把课文弄懂，把各种题做一遍，只有这样才能把精华提炼出来讲给学生。（BMZW2）

年轻教师现在不是特别理解教材中的一些意图，这是一个影响发展的特别关键的因素。（SSXW）

最后，新教师对教学知识的重难点把握不清。

讲知识性的东西，给学生概括重难点、考点的时候比较有难度。（BMZH）

刚上班的新教师有激情、有精力，但有时候上课抓不住重点，每个知识点都想提及，最后什么都没抓住。（XWZW2）

专业知识不完善会给新教师带来工作压力和挫败感，还会降低新教师的工作效率。

4. 专业能力不健全

新教师专业能力不健全主要体现教学和管理两方面。

新上班的教师在组织教学和驾驭课堂这一块比较薄弱。（SSXY）

新教师在教学方面的能力不健全主要表现在教学设计和教学实施两个侧面。

新教师欠缺的东西太多，不知道怎么把知识传达给学生，在教学技巧方面需要加强。（BMZJ1）

有的内容可能讲的过于深入，或者有些内容没有讲到位。（SSXY）

在教学设计方面，新教师把握不好学生知识水平与讲授内容之间的衔接。

不知道学生的掌握情况，备课或者上课的时候把握不好学生能够接受的度。（SZXB）

一个班第一名英语能考120，第二名就70、80。讲简单了成绩好的学生有意见，讲太难了成绩差点的学生跟不上，讲课难易度不好把握。（BMZL3）

很多新教师课堂提问的共性就是太碎了，在备课的关键结点上面没有掌握好，没有总结提炼出一到两个重要的问题。（SZXW2）

在教学实施方面，新教师无法在课堂教学方法、课堂关注点、课堂语言、课堂沟通以及学生积极性的调动等方面做到全局把控。

好多东西确实不知道怎么讲，有时候按照自己的方法和思路讲出来，学生不一定能听明白。（SZXZ）

上课的时候关注点都放在了知识本身。尤其在孩子们课堂展示的时候，总是盯着板面看他讲没讲错，没关注孩子展示时的精神状态。（XSZT1）

怎么融入课堂，用什么样的语言、风格与学生进行沟通，怎样调动学生的积极性，怎样有效地展示教学内容都是急需解决的问题。（SZXB）

新教师在管理方面的能力不健全主要表现在班级管理和课堂教学管理两个侧面。

在班级管理方面，新教师首先容易忽视班级管理的重要性，其次对怎样进行班级管理，以及从哪些方面进行班级管理不是很清楚。

不知道怎样创建班级文化、管理学生，在实践中遇到了很多问题。（BMZW1）

最开始把教学重点放在知识内容上，忽略了对学生的管理，导致后来在学生管理这方面非常苦恼。（BMZL4）

在课堂教学管理方面，新教师对课堂秩序的把控处在过于严格或者过于松懈两个极端，由此导致课堂秩序要么紧张到无法调动学生，要么混乱到影响正常教学。

一站到讲台上就想着赶紧讲知识，没有花时间在课堂管理上，导致不能很好地把控课堂秩序。（XSZZ2）

刚工作所以年轻又有活力，课堂上一乱就想发脾气压制学生。但是对于学生的管理应该是严爱有加，这方面有时候结合的不是特别好。（SSXZ3）

专业能力不健全也会给新教师带来工作疲惫感，直接影响新教师的教学效果。

（二）现有的新教师专业发展方法并未取得预期的结果

伴随着教师资格证制度、教师招聘制度的改革，非师范毕业生与师范毕业生一样，都可以通过教师招聘考试进入教育行业，成为一名人民教师。鉴于此，新教师的起始专业水平差距较大，又处于在编、特岗、劳务派遣、代课等多种不同的岗位情况，在真正从事教育工作后，新教师会发现自己在高等院校学习到的理论知识掌握得不是很牢固，甚至没有掌握，或是不知如何运用学习到的理论知识，而现有的新教师专业发展方法并未取得预期的结果，使新教师专业发展面临阻碍，进程迟缓。

1. 专门针对新教师专业发展的手段较为单一

目前，新教师专业发展的手段主要是"师徒制"，也叫作"以老带新"或者"结对帮教"，即中小学校为新教师配备教学经验丰富、教学能力强的指导教师帮助其掌握课堂教学技巧，以解决新教师教学实践中遇到的一系列问题。

在访谈中了解到，许多中小学校为使新教师尽快适应教学工作都使用过或者正在使用"师徒制"的形式。"师徒制"本应该是帮助新教师快速提升的有效手段，但是大部分学校"师徒制"仅仅停留在师父与所带徒弟之间相互听课的层面，而且学校就听课的过程与结果没有监督与检查，对最终师徒结对的效果也没有考察与评价，致使现行的"师徒制"多数为形式大于内容，没有充分发挥其应有的作用，最终效果也差强人意。

2. 培训促进教师专业发展的效果并不理想

新教师专业发展的手段主要是"师徒制"，除此之外，便是普遍的教师培训。一方面，普遍的教师培训不符合新教师独特的发展需求，对新教师来说针对性不足。另一方面，普遍的教师培训效果差强人意。中小学教师专业发展调查问卷[①]的数据分析结果表明，S 市地区是否参加过 H 大学的置换培训的中小学教师在教学专业能力方面无差异（t=1.736，p=0.083），如表 1 所示。

表 1　是否参加过 H 大学的置换培训 - 教学专业能力的独立样本 T 检验

是否参加过 H 大学的置换培训	N	均值	标准差	t	df	p
是	131	89.8244	10.8659	1.736	1604	.083
否	1475	88.2685	9.73236			

（三）构建新教师专业发展模式的重要性与必要性

本研究中，"新教师专业发展模式"指的是为了促进新教师的专业成长或新教师的内在结构不断更新、演进和丰富，同时向人们表明新教师专业发展过程的主要组成部分及其相互关系，在对新教师专业发展的内在机制、发展道路及运行方式进行理论分析后构建出的新教师专业发展的标准样式，是中小学校和新教师能够效仿的模板。

1. 构建新教师专业发展模式的重要性

教师队伍是我国教育发展的坚实后盾，而新教师为教师队伍增添了新的活力，是整个教师队伍未来发展的力量源泉。教育改革对奋战在教学一线的教师提出新的需求。教师，尤其是新教师要不断学习，适应并达到教育改革提出的新需求。此外，教师职业生涯发展周期模型

---

① 2018 年 1 月于河北省 S 市发放"中小学教师专业发展调查问卷"，问卷面向 S 市全体中小学教师，共回收问卷 1606 份。问卷"教师专业能力"分量表共 22 题，分量表的 Cronbach's Alpha 系数为 0.815，信度较好；对分量表进行因素分析，共抽取到 4 个共同因素，其特征值分别为 5.376、3.282、3.175、2.324；解释变异量分别为 24.437%、14.917%、14.433%、10.563%，累计解释变异量为 64.35%，结构效度较好。

指出任教的最初几年是教师在学校系统中的社会化时期[①]。教师生涯发展模式提出新任教师、转任教师、重新任教的教师处于预备生涯阶段,这是教师专业发展的必经阶段,历经三年时间才会进入下一发展阶段[②]。而且新教师阶段的专业发展是否良好,直接影响新教师是否继续坚守在教师岗位。

通过对新教师以及新教师专业发展相关文献的梳理发现,关于对新教师入职不适应的研究,国内外已有研究的结论基本一致:新教师在入职初期的不适应主要表现在课堂教学、学生的管理和人际关系的处理等几个方面,导致新教师不适应的原因也有内部和外部等多方面的因素,而且入职不适应问题会直接影响新教师的教学效果。因此,构建新教师专业发展模式对于新教师的专业发展很重要。

2. 构建新教师专业发展模式的必要性

每个初入教育行业,选择教师岗位的新教师都要经历身份角色的转变,即由高等教育的理论学习向教育教学实践的转变。同时,新教师面临着专业发展意识薄弱、教学实践经验缺乏、专业知识不完善、专业能力不足等现实问题。一方面,初入职场的新教师难免忙于日常的教学工作,少有时间和精力思考自身的专业发展问题,更不用说为了促进自身的专业发展而展开实际行动。另一方面,专门针对新教师专业发展手段较为单一,新教师参与的普遍的教师培训效果又不理想。

与新教师在入职期存在多方面不适应问题的研究相对应,已有的新教师入职培训研究的结果显示新教师入职培训存在形式单一、内容片面、缺乏针对性、效果不佳等多方面的问题。关于新教师专业发展的研究大都单独地关注在新教师专业发展存在的问题、需要包含的内容、发展的途径等某个单一的方面。已有研究虽然提出了师徒制、校本培训等多种新教师专业发展的手段,但缺乏对新教师专业发展现状、发展内容、提升路径等各个方面的系统研究。因此有必要构建一个富有针对性、操作性及实效性的新教师专业发展模式,以此来助力新教师的专业发展。

(四)新教师专业发展模式的构建

通过对新教师专业发展现状的解析,在借鉴"整体建构"模式[③]的基础上,本研究初步概括出"新教师专业发展 3C 模式",如图 1 所示。

---

① Fessler, R.. *A model for teacher professional growth and development Career-long teacher education* [M]. Springfield, IL: Charles C. Thomas, 1985: 183.

② Stetty. Teacher Career Development Pattern. *Teacher Development* [J]. 1990, 12(3): 29.

③ 陈如平."整体建构":学校改进的实践模式 [J]. 中小学管理,2015(4):18-20.

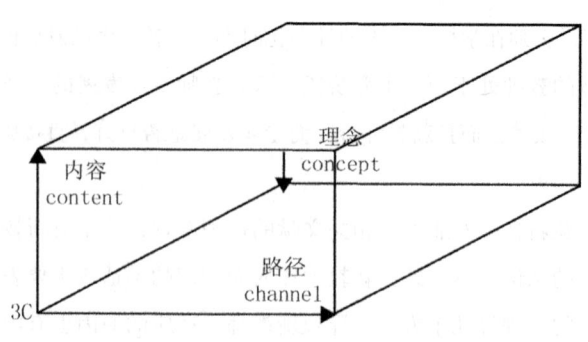

图 1　新教师专业发展 3C 模式

新教师专业发展 3C 模式包含"理念"(concept)、"内容"(content)、"路径"(channel)三个维度。其中,"理念"是核心,指引着新教师专业发展的进程;"内容"是关键,是新教师专业发展的实质;"路径"是保障,提供了新教师专业发展的实现过程。如果将新教师专业发展模式比作一个"旋涡",则理念是"旋涡"的中心,指导着整个"旋涡"的旋转方向;内容是"旋涡"中的层层波纹,丰富着"旋涡"的深度与广度;路径是"旋涡"的不竭动力,推动着"旋涡"的持久转动。

三、新教师专业发展的理念

新教师专业发展理念说明的是新教师专业发展模式构建中的"为什么"的问题,是模式构建的核心。新教师专业发展理念对新教师专业发展模式具有引领作用,确立新教师专业发展理念是构建新教师专业发展模式的重要前提。

(一)理念与新教师专业发展理念的含义

理念是指人们对于某一事物或现象的理性认识、理想追求及其所形成的价值观念体系[①]。它不同于普通的观念或意见,因为它需要系统的理论思考的支撑[②]。"理念"一词应用到教育行业,并与教师发展相结合就有了相对应的教师专业发展理念。新教师专业发展的理念是关于新教师专业发展的理性认识。新教师以及与新教师相关的机构和人员,包括教育行政机构、中小学校和所有教师,都要对新教师专业发展的重要性和发展目标有清楚的认识,以此支撑新教师的专业发展。也就是说,教育行政机构、中小学校、所有教师,还有新教师,都应当具有客观且积极向上的新教师专业发展理念。

---

① 李晓波.教师专业发展[M].南京:南京大学出版社,2016;林瑞钦.师范生任教职志之理应与实证研究[M].台北:复问图书出版社,1990.

② 王有升著.理念的力量:基于教育社会学的思考[M].北京:教育科学出版社,2007:2.

首先,教育行政机构要有对新教师专业发展的理性认识。新教师是教师队伍发展的力量源泉,是影响教育未来发展的重要因素。教育行政机构要把新教师作为重点扶植对象,在政策、制度与经费等方面对新教师专业发展予以支持和帮助,以加快新教师专业发展的进程,提升新教师专业发展的成效。

其次,中小学校和中小学校教师要有对新教师专业发展的理性认识。中小学校是新教师开展教育工作的主阵地,中小学校任职的教师是新教师专业发展过程中的"重要他人",并从各方面直接影响着新教师的专业发展。因此,中小学校一方面要为新教师创建良好的专业发展环境与发展平台,另一方面要鼓励在校教师对新教师进行指导与帮助。

最后,新教师要对自身的专业发展有理性认识。在教育行政机构、中小学校、任职学校的其他教师对自己的专业发展予以重视、支持与帮助的条件下,新教师要肩负起自身专业发展的使命,在完成繁杂的日常教学工作的同时,也要不断探索,深入学习,努力提升自身的专业发展水平。

反观自己的成长,有时候慢了一点,是因为只是不停地旋转,却没有找到维系旋转的一个体系,说通俗一点就是瞎忙,没有努力的方向。(BMZH)

(二)新教师专业发展理念的形成

自20世纪下半叶,伴随着人本主义哲学开始关注个体的需求,社会开始要求人才既要掌握知识和技能、也要有创新能力以及生命关怀意识。在当今信息时代的背景下,教师在掌握必要的教育教学知识与技能、胜任教学工作的同时,也要寻求个人教学工作的意义,并形成自身的教育教学体系和理念。美国心理学家麦克利兰于1973年提出了著名的"冰山模型",这一模型根据不同的表现将每个个体的素质划分为六个层面(见图2);其中显现在海平面以上的冰山包括技能知识,是表面素养;显现在海平面以下的冰山包括角色定位、价值观、自我认知、品质和动机,是深藏素养。[①]

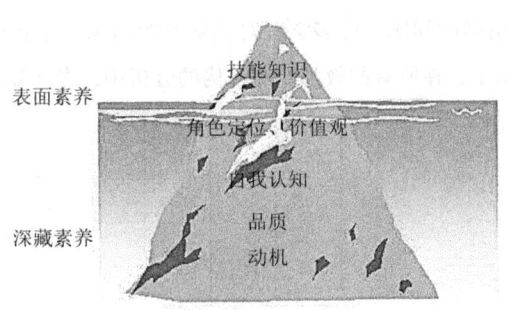

图2 素质体系的冰山模型

---

① 转引自李赛男,颜士刚.基于冰山模型的知能课程目标确定[J].中国电化教育,2012(11):22-26.

长久以来,人们普遍关注新教师专业发展中显现在海平面以上的冰山,如围绕教材的基础学科知识、教学设计与实施能力、班级管理能力等浅在表现,却忽视了显现在海平面以下的冰山,如科学文化知识、教学知识、教育知识、科研能力、沟通能力、评价能力、反思能力以及职业观、学生观、课程与教学观等专业理念。"表面素养"是新教师专业发展的显现在海平面以上的冰山,包括基础的知识与能力,是新教师成为合格教师应具有的基础素养,是浅层的发展内容;"深藏素养"是新教师专业发展显现在海平面以下的冰山,包括深层的知识、能力与专业理念,是新教师成为优秀教师所要不断努力拓展的素养,是深层的发展内容。

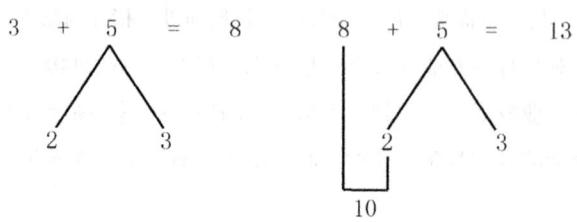

图 3　数学加法板书

"数的分解"是小学数学中一个知识点,使用它是为了凑 10 以内计算进位加法和退位减法。如图 3 所示,显示在 3+5 的计算中,没有必要将 5 进行分解。该教师掌握了"数的分解"这一表面知识(5 可以分解成 2 和 3),却忽略了背后深藏的数学思维(5 在什么情况下要分解为 2 和 3?为什么要进行数的分解?),而数学思维是数学的灵魂,是新教师应该掌握和教授的重要内容。由此,表面素养与深藏素养两者相互融合,其划分也并非绝对。

四、新教师专业发展的内容

新教师专业发展内容,解决的是新教师专业发展模式构建中"是什么"的问题,是新教师专业发展的实质。新教师需要在哪些方面发展,即新教师专业发展的主要内容,是构建新教师专业发展模式必须明确的问题。许多学者对教师专业结构、专业知识结构、专业能力结构进行了划分,如表 2 所示,在所有的教师专业结构的分析中,专业知识结构与专业能力结构是必不可少的两部分。

表2 教师专业结构、知识、能力划分

	研究者	划分方式
教师专业结构	叶澜①	专业理念、知识结构、能力结构
	艾伦②	学科知识、行为技能、人格技能
	林瑞钦③	学科知识、教育专业技能、教育专业精神
	姚念章④	认知系统、情意系统、操作系统
	唐松林⑤	认知结构、专业精神、教育能力
	教育部师范教育司⑥	专业知识、专业技能、专业情意
教室专业知识结构	P. L. Grossman⑦	学科内容知识；学习者与学习的知识；一般性教学法知识；课程知识；情境的知识；自我的知识
	申继亮、辛涛⑧	本体性知识；条件性知识；实践性知识
教师专业能力结构	邵瑞珍等⑨	思维条理性、逻辑性、口头表达能力；组织教学能力
	曾庆捷⑩	信息的组织与转化能力；信息的传递能力；运用多种教学手段的能力；接受信息的能力
	罗树华、李洪珍⑪	基础能力；职业能力；自我完善能力；自学能力
	教育部师范教育司⑫	教学设计能力；教学实施能力；学业检查评价能力

---

① 叶澜.新世纪教师专业素养初探[J].教育研究与实验,1998(01):41-46.

② 艾伦.教师在职培训:一项温和的建议[M]//瞿葆奎.教育学文集:教师.北京:人民教育出版社,1991:494-452.

③ 林瑞钦.师范生任教职志之理应与实证研究[M].台北:复问图书出版社,1990:67.

④ 姚念章.教师职业素质结构与高师课程改革[J].河北师范大学学报(教育科学版),2000(03):63-66.

⑤ 唐松林,徐厚道.教师素质的实然分析与应然探讨[J].高等师范教育研究,2000(06):34-39.

⑥ 教育部师范教育司.教师专业化的理论与实践(修订版)[M].北京:人民教育出版社,2003.

⑦ Grossman, P. L.. Teachers' Knowledge, In T.Husen &T.N.Postlethwaite (Eds.). *The International Encyclopedia of Education* (2nd ed)[M]. New York: Pergamon, 1994: 6117-6112.

⑧ 申继亮,辛涛.论教师素质的构成[J].中小学管理,1996(11):4-7.

⑨ 邵瑞珍.教育心理学:学与教的原理[M].上海教育出版社,1983:265.

⑩ 曾庆捷.浅论教师的知识结构智力结构能力结构[J].教育丛刊,1987

⑪ 罗树华,李洪珍.教师能力学[M].济南:山东教育出版社,1997:27-73.

⑫ 教育部师范教育司.教师专业化的理论与实践(修订版)[M].北京:人民教育出版社,2003.

根据以上研究者有关教师专业结构中必不可少的专业知识结构和专业能力结构两部分的分析，结合访谈中了解到的新教师专业发展水平，在借鉴麦克利兰的"冰山模型"的基础上，本研究概括出了新教师专业发展内容的冰山模型，如图4所示。

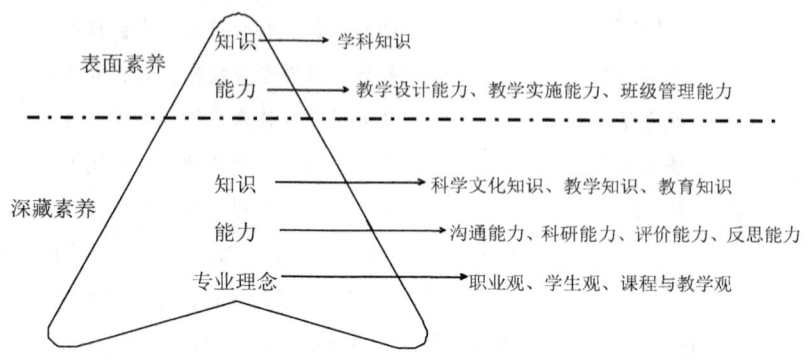

图4 新教师专业发展内容冰山模型

（一）新教师的专业理念

叶澜提出"专业理念为教师的专业行为提供了理性的支点，使得作为专业人员的教师与非专业人员区别开来"[①]。新教师专业理念是隐藏在海平面以下的冰山部分，对新教师学习和接受新观念起到过渡的作用，在职业初期形成正确的专业理念是新教师专业发展的重要内容之一，也是今后发展的基础。

新教师专业理念不同于新教师专业发展理念。一来，两者的认知主体不同，新教师专业发展理念的主体是教育行政机构、中小学校、所有教师，尤其是新教师，新教师专业理念的主体是新教师。二来，两者的认知内容不同，新教师专业发展理念的内容是对新教师专业发展的洞见、理想和信念，以及新教师专业发展的重要性和发展目标的认识，新教师专业理念的内容是新教师对所从事的教育事业的理性认识。

根据教师专业理念的内涵，结合对访谈资料的分析，本研究将新教师的专业理念细化为职业观、学生观、课程与教学观三方面。

1. 新教师的职业观

北京师范大学大同附中校长刘建国在"新教师核心素养的积累与培养"讲座中借用习近平总书记提出的"四有"好教师标准，结合自身的教学经验阐述了新教师所需的基本素养之一就是做好教师，要有理想信念。教师承担着培养学生的重任，教师职业观是新教师从事教师职业的重要保证，也是新教师专业发展的动力。

教师是一个良心行业，跟家长和学生的沟通都要用心去做。（SZXC3）

教师最重要的是一种责任心，要对每个学生报以期望，帮助他成长。（SZXZ）

教师的职业幸福感是别的职业带不来的。（SZXW1）

---

① 叶澜，等. 教师角色与教师发展新探[M]. 北京：教育科学出版社，2001：230.

当初选择教师是因为专业对口，工作了两年当上班主任之后，工作压力大了，身上的担子更重了，班级每个孩子都要了解，每个孩子的事情都要承担责任，我就反思真的是专业对口才来当教师的么，专业对口就要承担这么大的责任么。后来明白了，当教师的动力是学生们给我带来了幸福感。（HSX2W）

新教师要珍惜自己成为一名教师的工作机会，快速完成角色转变。

不能当自己是学生了，接触学生时要以教师的角色对待学生。（SZXC2）

教师有时候需要扮演法官和警察的角色，处理学生出现的一些问题。（HSX2D）

新教师要对所从事的职业有清晰的认知，还应该认同自己从事的教师职业。新教师在投入到教学工作中以后，每天会面对很多的事情，最初对于教师职业的那份崇敬或许会一点点磨灭。但这是一个过渡期，等到教学几年以后再回头看自己的教育故事，新教师才能真正体会到教师职业的价值感。在这个过程中，重要的是要用心去做，绝不能敷衍了事。

以前觉得教师会比较轻松，但其实教师也要不断学习很多东西。教学生不仅只是把自己会的教给他们，学生提出的一些问题我们教师不一定能回答，所以教师要与时俱进，丰富自己。（HSX2J）

当教师之前，我更多的是考虑自己，当教师之后才感到选择教师这个职业，时刻都要面对来自学生、学生家长以及学校的关注，一言一行都要慎重，每件事都要做扎实。（HSX2D）

新教师要把自己从事的工作与社会发展相联系，树立教育理想，把教师工作看作实现个体价值的载体。

教师是一个非常辛苦的职业，但是有的教师可以坚守十几年，甚至几十年，是因为他们的教育理念和理想，这也是支持我们新教师走下去的动力。（BMZW4）

孩子们有不懂的问题来问我，我给讲解完，他们懂了之后眼神会瞬间变得很自信，这让我感受到了自己的价值。（HSX2W）

当教师是一个长期的过程，前期很辛苦，但是等到教过的学生有所成就的时候，自己也会很高兴，这种成功和愉悦的体验会在后期逐渐体现，可以说是先苦后甜。（HSX2J）

2. 新教师的学生观

学生观是指教师对学生的基本看法和态度[1]，它直接影响着教育教学活动的目的、方式和效果[2]。

我希望跟学生之间是朋友的关系，虽然说教师是崇高的职业，但是我不想让学生把我看得跟他们不一样，我就是他们的一个大朋友，可以跟他们零距离地接触。（HSX2W）

学生是我的天使，每天来学校的动力就是要见到他们，我们这一天的故事又要开始了。

---

[1] 徐碧波，卢钰，项耀明. 中小学教师要有正确的学生观 [J]. 决策与信息，2016（1）：159-166.

[2] 饶跃进. 近年来我国学生观研究的述评 [J]. 江西教育学院学报，2010（5）：40-43.

（HSX2Z）

亲其师才能信其道，新教师在传道、授业以及解惑的过程中，需要和学生保持友善的师生关系，对学生怀有一颗爱心，带着这份爱去关心、呵护学生，以爱育爱，培养学生情操。新教师也要适当地以成人的眼光和学生进行交流，他们也都能理解，而且有时候学生的语言，反而会给教师带来一些惊喜。

中小学阶段学生的可塑性非常强，他们的发展有多种可能，教师把学生引领到什么程度，他们基本上都能做到。新教师应该以正确的态度对待学生，将学生视为具有独立人格的"人"和"发展中的人"。

一方面新教师要了解中小学生的学习特点，尊重中小学生的个性差异，避免用统一的标准要求每个学生，时刻观察每个学生身上的特长，相信、热爱、鼓励学生，努力挖掘学生的潜能，提高每个学生的个人价值。

对于学习有困难的学生多辅导、多沟通，对于学习相对轻松一些的学生，一方面要教导他们不要骄傲，另一方面要鼓励他们帮助有困难的同学，在潜移默化的过程中培养孩子的品行。（HSX2J）

在办黑板报的时候，孩子们会画一些特别好看的图画，他们脑子里的，是书上、电视上都没有的，当他们画出来你会觉得很美，然后他们会解释一下是什么，你会有发现另一个新大陆的感觉。（HSX2Z）

当遇到解决不了的难题，我也会向学生示弱，他们马上就会帮助我，所以不要小看他们的能力。（HSX2W）

另一方面，促进学生知识、能力、情感等方面发展的相对完整与和谐。

教学来说，首先理论知识肯定要教，其次是要教会学生一些生活技能和解决问题的能力，再次，是在教学过程中帮助学生建立学习的兴趣，让学生有成功的体验，形成好学的态度。（HSX2J）

教学很重要的一点是要让学生相信自己，建立自信，无论自己是不是最优秀的，都要把自己的能力充分地展现出来。（HSX2W）

基于他们思维的成熟，新教师要多进行一些有效的启发，从多方面培养学生。（HSX2L）

3. 新教师的课程与教学观

课程与教学之间存在着紧密的联系，如果说课程是中小学校对学生发展内容的蓝图，教学就是达成这种蓝图的手段。

教师节的时候看见过一张图片（见图5），把教师这两个字拆成了四个部分，教的左边是"孝"，要教学生品德；右边是"反文"，要教学生文化。师的左边是"丿"，要教学生思辨，右边是"币"，要教学生懂价值。（XSZZ3）

图 5　教师图解

传统的课程观与教学观使教师认为课程是由教育行政部门和专家学者制定的，实际的教学只需根据课程标准和教材内容按图索骥。然而，对实际的教学过程进行分析可知，不同的教学方式会带给学生不同的学习体验，学生最终的学习收获也不同。在促进学生全面发展的教育要求以及学生核心素养急速升温的时代背景下，只是讲解教材上预定的知识内容是远远不够的，班级文化、校园文化、社团活动、社会实践活动都可以作为课程的一种。

分数是目前的教育制度所考核的硬指标，但除此之外，为了学生的全面发展，学生能力与品德的培养也不能忽视。尤其对于中小学生来说，能够在早期的学习生涯打下一个好的学习能力与品德的基础很重要。学生一旦没有了学习兴趣，他的学习就会变成机械式的，为了考试而学习会限制学生的想象力，这对学生今后的成长极为不利。

要让学生自己动手去操作、体验一些事情，虽然说类似的课程刚开始有些幼稚，但这是学生自己在做一些事情，而不是别人安排他们去做，这个过程的学习可以牵动学生一系列素质的提升。（HSX2L）

作为教师的教学内容，教师有权利也有义务对课程和教学的设计与实施提出自己的想法。

除了知识与能力的教授，教会学生为人之道很重要。学生需要一个正确的引导，教师要努力给学生灌输正能量，时刻去提醒学生。（HSX2J）

（二）新教师的专业知识

新教师的专业知识是其从事教育教学工作、展现教学能力、发挥教育智慧的重要基础。根据图4"新教师专业发展内容冰山模型"，本研究将新教师的专业知识分为学科知识、科学文化知识、教学知识和教育知识，其中学科知识是"冰山"位于海平面以上的部分，是新教师专业发展过程中普遍关注的知识，科学文化知识、教学知识和教育知识是"冰山"位于海平面以下的部分，在新教师专业发展过程中常常被忽视，而这部分知识对新教师专业发展有重要的推动作用。

1. 新教师的学科知识

新教师的学科知识的本质是"教什么"，即教授某一学科所需要的本体性知识。扎实的学科知识是新教师开展教学工作的前提，它不仅影响新教师的课堂教学效果与教学成绩，也会影响新教师在学生心中的印象和地位，进而影响新教师能否在学生中树立起威信。

自己掌握120%，给学生可能才讲出80%，知识必须是教师融会贯通的情况下学生才能掌握得更好。（BMZJ2）

新教师的学科知识要有一定的深度。新教师要对本学科的知识有整体的把握和了解，熟知本学科的每个知识点，并了解其在教材中所处的位置。新教师的学科知识还要有一定的广度。

新教师要了解本学科的历史背景和发展趋势，掌握其对社会与人类发展的价值及其外在的表现形式，及时吸收学习本学科的前沿知识。

2. 新教师的科学文化知识

新教师的科学文化知识也是有关"教什么"的问题。

教师的任务包括"教书"和"育人"两方面。教师对学生的影响应该是全面的，不能局限于某一学科知识本身，现在的考题越来越灵活，只把课本吃透是不够的。

作为教师得多读书，多看新闻，开阔眼界非常重要。（BMZL5）

丰富的科学文化知识有利于新教师有效地开展教育教学工作，是新教师专业发展的重要内容。新教师要具有深厚的科学文化知识素养，面对学生的各种问题都能游刃有余地进行解答，以此增进学生知识面的宽度，满足学生全面发展的需求。

刚上班那会儿看了很多的儿童文学作品，到现在都受益。因为跟孩子有共同语言了，他说哪个我也能跟他说出来。（HSXY）

3. 新教师的教学知识

新教师的教学知识的本质是"怎样教"。教学知识强调新教师一方面要深入理解学科知识和科学文化知识，另一方面要懂得怎样将学科知识和科学文化知识按照中小学生容易理解的方式表达出来，即以中小学生的学习特点和所教授学生的现实情况对所要讲授的学科知识进行加工。

作为新教师，现在需要学习的就是如何把自己的知识转化到课堂上，转化成让孩子可以理解和学习的知识。（BMZL4）

对于新教师而言，对学科知识的了解和熟悉或许很容易，但是要把教学内容转变成学生容易接受的知识，并以学生容易理解的方式进行教授却十分困难。

教师自己学会了，能不能给学生讲明白了，讲的方法孩子们能不能理解很重要。（SSXW）

因此，新教师要掌握教学设计与实施、教学策略与方法等相关教学知识。

4. 新教师的教育知识

研究表明，无论职前还是职后教师，掌握最差的是学生身心发展、教与学和学生成绩评价的知识，即教育学与心理学知识[①]。新教师的教育知识是帮助其教的更好的辅助性知识，新教师要掌握一定的教育知识，包括教育学、心理学、教育研究方法等知识。在中小学阶段，了解孩子的心理是很重要的。只想着把教育做好，但是忽略了孩子的心理是不行的，摸透了孩子的心理才能跟孩子更好地沟通。

新教师欠缺的方面是教育学和心理学相关的知识。（SZXW3）

涉及学生心理教育方面的知识，是与课堂教学息息相关的，需要教师不断地深入学习。（HSX2L）

---

① 苏国安，曾涛. 师范生教师专业化进程中的构想与实践：以河北民族师范学院为例 [J]. 河北民族师范学院学报，2013（3）：75-77.

教育学和心理学知识可以帮助新教师了解中小学生身心发展的特点及其学习的规律，教育研究方法知识可以帮助新教师有效地探究教学中遇到的问题，总结规律并解决问题。此外，一些能够启发学生思维，帮助学生产生学习兴趣的知识也是新教师需要不断学习的。

（三）新教师的专业能力

能力与知识相辅相成，同为新教师专业发展的重要内容。依据"新教师专业发展内容冰山模型"，本研究将新教师的专业能力划分为教学设计、教学实施、班级管理、沟通、科研、评价、反思七方面。其中，教学设计、教学实施与班级管理能力是"冰山"位于海平面以上的部分，是新教师专业发展过程中普遍关注的能力；沟通、科研、评价与反思能力是"冰山"位于海平面以下的部分，在新教师专业发展过程中常常被忽视，而这部分能力在新教师专业发展中也是不可或缺的。

1. 新教师的教学设计能力

教学设计是运用系统的方法，将学习理论与教学理论转化成对教学目标、条件、方法、评价等教学环节进行具体计划的系统化过程[①]。新教师要具有一定的教学设计能力，在进行课堂教学前形成相对完善的教学设计。

教过多的东西学生接受起来也不是那么地容易，要在头脑里进行一个过滤，把它转变成学生能够接受的语言去说。（XWZH2）

新教师要研究课程标准、教材和教学对象。

首先，新教师要研读本学科课程标准的框架及其详细内容，并对课程标准进行分析与处理。新教师需要把课程标准规定的各部分教学内容联系起来，明确本学科具体的教学目标、教学要求及教学重难点，形成对本学科教学内容的整体把握，进而合理规划教学内容和教学进度。

新教师要研读教材，刚来的时候肯定需要对教材有一个把握和学习的过程。（SZXW4）

新教师要研读教材，只有参透教材以后才可能对教学把控的比较好，这个特别关键。（SZXW4）

新教师要沿着全册教材、某一册教材、某一单元教材至某一课教材的脉络，分析教材的整体性，把握所教授阶段的教材与全册教材的联系；分析教材的编写体系和特点，把握教材内容和整体教学目标；分析教材的各部分内容与知识点之间的逻辑关系，把握教材内容的重点与难点。

新教师在高等院校学习到的更多的是理论知识，但走到职场上面对的是学生，而学生的学习过程由两方面组成，一是学生学习动机的调动；二是学生学习效率的提升方法。[②]新教师要清楚教学对象的整体情况，在教学中时刻考虑学生对教学的反应及其发展变化。

之前备课只是把知识点罗列起来，备完以后还是不知道这节课怎么上，所以备课不能只

---

① 何克抗，郑永柏，谢幼如. 教学系统设计 [M]. 北京：北京师范大学出版社，2002：5.
② 参见《河北 M 师范学院关于深化教师教育综合改革意见（修订）》。

备知识，还要备学生活动等许多方面。（BMZL3）

小学课本的内容看似简单，其实不然，该阶段的学习是学生以后学习的基础，好多东西需要深挖，探寻学生发展与教材之间的衔接。（HSX2L）

要研学情，根据不同的年级、不同的学生把控自己的教学。（SZXW4）

课堂教学要保持在学生的平均水平能够接受的范围内。（HSX2J）

其次，新教师要依据课程标准、教材与教学对象设计全面、具体且可测量的教学目标。同时，新教师要考虑到每种教学方法的优势与局限，依据自身的素养和个性特征、学生的知识与能力水平，以及学科与教学内容的特点等要素科学地选择教学方法。

最后，新教师应该注重教学反思，课前完成教案，课后修改教案，在反复推敲中挖掘教材，提升自我。

2. 新教师的教学实施能力

教学实施能力是教师依据教学设计在实际的课堂教学中完成课堂教学任务的能力。在教学实施能力方面，新教师要在其教学设计的基础上展开导课、讲授、提问、结课等一系列教学活动。在此过程中，新教师需要系统地调控各个教学环节，从而实现教学活动的有序开展。

首先，新教师要遵循针对性、启发性、整体性的导课原则，采取合适且高效的导课方式，利用短暂的导课时间引起学生的求知欲，激发学生的学习兴趣。

其次，在授课过程中，新教师要鼓励学生参与教学互动，注重培养学生的主观能动性，采用合理的提问方式和策略以增加师生在课堂中的交流与互动。同时，新教师要能够准确、适时、规范地利用板书或课件加深学生对教学内容重点和逻辑的理解与掌握。

最后，新教师在课堂教学的结尾对课堂教学内容的梳理既要全面又要突出重点。

3. 新教师的班级管理能力

作为一名教师，最基本的是能不能上台讲课。尽管有些新教师很努力，课前准备很充分，可就是课上管不住学生，导致课堂教学没办法进行。有效的班级管理有利于教学工作的顺利展开，因此新教师要具备班级管理的能力。

中小学年龄段的小孩特别叛逆，有不写作业、调皮捣蛋等问题，特别影响课堂纪律。（BMZJ2）

新教师要有课堂驾驭、课堂管理的能力，管不住学生，学生不听你的，再有知识都白搭。（SSXF1）

来学校前认为对学生主要是说服教育。现在发现就像国家有法律和道德约束一样，如果没有健全的班级管理体制，管理学生肯定会遇到问题。（BMZL5）

教师的班级管理能力主要体现在对班级以及课堂的掌控与组织等方面。新教师要具有课堂教学管理、班级活动管理、班级制度建设等能力。一方面，新教师要维持课堂秩序，完成教学任务；另一方面，新教师要创建稳定有序的班级环境，并鼓励学生自主地进行班级管理。

4. 新教师的沟通能力

新教师不是一个孤立的存在，因此绝不能闭门造车。一方面，新教师要与其他教师相互沟通、交流教学经验，整合共同的教育资源，集聚教育力量；与任职学校内外的相关人员相互沟通，共同完成教育教学工作。在沟通的过程中，新教师要注意与一些充满负能量的教师保持距离，避免随波逐流。另一方面，跟学生的沟通很重要，新教师要学会走进孩子的心灵世界，与学生多沟通。

跟学生相处是最简单的，因为学生的心思比较简单，老师没必要跟学生太严肃，关系也没必要太紧张。（BMZJ3）

此外，每个家庭不一样，孩子受家庭环境和家长的影响很大。绝大部分家长都需要一个受过专业训练的"家庭教师"来辅助或代替自己管理孩子的学习、成长及各方面能力提升的工作。[①] 所以新教师不仅要和学生沟通，也要和家长沟通，承担起"家庭教师"的职责，指导家长树立正确的教育观和价值观。

5. 新教师的科研能力

教育科研能力指教师运用教育研究方法，研究教学工作中出现的问题，揭示教育的本质，探寻教育规律的能力。

一方面，新教师要具有开展教育科学研究的基础性能力，包括自主学习、收集研究资料、展现研究成果等能力。

另一方面，新教师要具有开展教育科学研究的发展性能力，包括研究的选题、研究资料的加工、动手实践、研究结果质量的分析与评价以及研究成果的推广和应用能力。

6. 新教师的评价能力

评价是具有自觉性与反思性的行为，评价的实质在于不断地完善现状。新教师的评价能力应包括对学生的评价能力以及对自身的评价能力两方面。

一方面，新教师需要具有对所教授学生的学习水平和发展水平进行评价的能力。新教师对学生的评价要展现学生的发展过程，让学生看到自己的成长与进步，从而激发学生的内在学习动力。

另一方面，新教师需要具有对自身的教学和发展水平进行评价的能力，以此为自身的专业发展提供支撑。新教师可以采用 SWOT 分析法（Strength、Weakness、Opportunity、Threat）进行自我评价。

7. 新教师的反思能力

反思是人们不断地审视自身的经历，发现其中的问题，分析问题的原因并解决问题的过程，其最终目标是"从一种不确定、怀疑和困惑的状态过渡到能够掌握问题情境、因发现解决困

---

① 参见《河北 M 师范学院关于深化教师教育综合改革意见（修订）》。

境材料获得满足感"①。教师专业发展需要一个发现教学问题、分析教学问题并解决教学问题的反思过程。反思有助于新教师对有效的教育行为的认知、巩固与发展,有助于新教师及时发现无效的教育行为、分析原因并及时改正。

新教师要分析自己的优点以及不足,及时改进教学策略,明确今后努力的方向。

反思可以帮助我们发现问题,把工作中的问题记下来,汇总到一起,发现了问题下一次就能改正。(BMZW3)

在教学中,要不断思考教学应该达到一个什么程度,自己做到了什么程度,然后通过反思,将这种应然和实然进行对比,帮助自己不断改进。(HSX2L)

新教师专业发展的进程要伴随着不断的反思,而且反思应该涉及各个方面,新教师不仅要进行教学反思,还要进行学习反思、师德反思等。此外,新教师要勤于动笔,将反思落到实处,以案例、叙事、随笔或总结等形式记录反思的过程和结果。

五、新教师专业发展的路径

新教师的专业发展是动态的、长期的、持续不断的过程,因此需要有一定的程序,并伴有相应的制度保障。本研究以中小学校为主体,确立了新教师专业发展程序,具体为设立新教师专业发展管理部门、开展新教师入职培训活动、帮助新教师制定适切的专业发展规划、确立"学徒组"和"导师组"的一一对应、搭建新教师专业发展平台、考核新教师专业发展效果。

(一)设立新教师专业发展管理部门

目前大多数中小学校没有专门的新教师专业发展管理部门,而是将新教师的专业发展分散到了教研处、教务处等相关部门。为落实新教师专业发展的相关政策,有必要设置新教师专业发展的管理部门,专门负责新教师专业发展模式运行的管理工作,具体包括对新教师专业发展三年规划、工具平台、实践活动以及新教师专业发展实际效果的考核等进行管理。

新教师专业发展部门要制定相应的新教师专业发展制度。新教师专业发展制度可以引导新教师积极主动地关注自身的专业发展,提升新教师专业发展的意识,是新教师专业发展的坚实保障。新教师专业发展制度主要包括两方面:第一,参与新教师专业发展实践活动的组织或者个人的职责;第二,新教师专业发展活动实施的具体制度规定和操作程序。如新教师教研制度、培训制度、科研制度以及"师徒制"制度。

(二)开展新教师入职培训活动

职业适应是每个步入工作岗位的人必须解决的一个重要问题。所以选择职业很重要,但就业后是否适应的问题也应予以重视。新教师培训应包括新教师入职培训和职后的长期培训

---

① 胡森,等.教育大百科全书:第8卷(教学、教师教育)[M].张斌贤,等译.重庆:西南师范大学出版社;海口:海南出版社,2006:340.

两部分，其中入职培训应注重实用性。

最初实用性的培训对新教师很有用，比如说班级文化建设。（XSZN）

刚入职的时候，对培训中的一些理论没有深层次的认识，感觉不是很实用。（BMZY）

新入职由于没有实际的工作经验，也不知道实践中会遇到什么问题，培训的理论层次太高对新教师来说不是特别能运用到实际的教学工作中，还是要实用一些。（XSZZ1）

新教师刚到学校，培训更多的应该是关于实际教学的，就是备课、上课这两方面。（XSZZ2）

随着新教师工作时间的延长，逐渐加入培训理论性内容。

入职半年或者一年，总结了一些问题的时候，再去听理论培训比较有指导作用，比刚入职时要有效果。（XSZZ1）

新教师初次踏上工作岗位，对任职学校和教学工作尚未熟悉，入职培训主要是加快新教师对任职学校与教学工作的适应程度。

一方面，通过入职培训使新教师熟悉并适应学校环境、文化、同事、管理方式以及办学理念等基本情况。

新教师入职有一天的培训，这些培训对于快速适应环境有挺大的帮助。（SSXG）

刚入职的教师彼此都不太熟悉，对学校也不太熟悉，通过拓展训练和团结性的游戏或者活动，能够很快熟悉。（BMZL4）

上岗之前都会给新教师培训学校的规章制度、教务教研的各种要求。（XWZB）

学校要向新教师发放学校发展计划、学校手册、师生人员目录、学校规划及时间表等辅助资料帮助新教师更好更快地了解任职学校。

另一方面，通过入职培训使新教师迅速了解学校的教学活动，帮助新教师了解在任职学校未来几年的整体工作情况。

新教师入职培训有两个板块，一是常规教学的管理，二是导学案的制作和使用。（XWZH1）

新教师对于如何上课还没有特别深刻的了解和认识。通过一个多月的入职培训，了解了备课、上课，以及课后的反馈、思考，还有一些问题的解决办法。（XSZT2）

入职培训是新教师进入学校工作的首要任务，是新教师培训的开始。在新教师今后的工作中，仍然要坚持开展长期的培训工作。而且，新教师对培训的效果较为认可，认为培训对新教师的帮助很大。

培训可以让我们了解一些教育理念，给我们提供一个学习的导向。学习之后就应该落实，把培训心得应用到课堂讲授、反思当中，最好能够形成自己的成果。（BMZY2）

培训中一些分析考试方向，教师的必备素养，处理学生问题，维护自己利益方面的内容对我们新教师很有帮助。（XSZC）

培训可以让新教师快速成长，比方说新教师在处理学生打架、跟家长之间的关系的时候没有经验，会产生很大的矛盾，培训强化这方面的能力。（SSXG）

平时工作忙,看书时间比较少。培训可以把知识系统化,把自己的格局打开。(BMZS)

(三)帮助新教师制定适切的专业发展规划

作为一名从事教育工作的专业人员,每一位新教师在踏入教育行业的伊始都要认真地进行专业发展规划,积极推进自身的专业发展。新教师可以从自我分析、目标定位、发展措施三方面进行专业发展规划(见图6)。

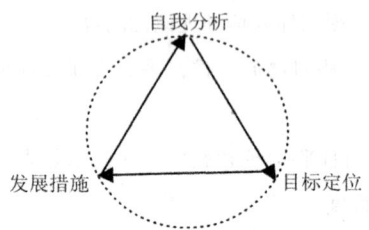

图6 新教师专业发展规划示意图

1. 自我分析

清晰的自我认知是专业发展的基础。新教师应该清楚自身专业发展的实际情况,分析自身的优势与不足,在充分发挥自身优势、开展好教育教学工作的同时不断弥补不足,完善自身专业发展的内容。

很多时候我们看不到自己存在什么样的问题,因此导致问题长久地存在而没有得到改善,我们自己也日复一日地工作着,但是没有什么进步。(XSZC)

一旦我们认识到自己在哪方面需要改进或者学习,我们就有了提升的方向,这个很重要。(XWZH1)

2. 目标定位

现实生活中,有的教师从事教学工作十几年,甚至几十年都只是在原地踏步,没有些许成就,这与他们从教的最初几年的工作相关。新教师只有找准自己的目标,并不断努力,才能有所建树。新教师专业发展目标不仅是新教师自身不断努力和提升的方向,也是新教师专业发展实际效果的考核标准。

第一年把课教好,到一年半或者两三年的时候,能承担一些学校其他的工作,比如能以自己的经验带着新教师教研,参与到学校自主课堂课本的撰写中。(BMZL3)

三年之后捋清专业知识,巩固所有的知识点;再从关注学生、关注课堂入手去提升。(BMZJ2)

职业发展首先是建立知识的系统性。(BMZL5)

提高自己的专业,读些专业方面的书籍,学习心理学和教育学的知识,辅助自己成为一名优秀、合格的教师。(BMZH)

3. 发展措施

完成自我分析与目标定位之后，新教师要就如何实现既定目标制定具体的发展措施。在制定发展措施时，一方面，新教师要充分考虑学校及教育行政部门提供的专业发展平台；另一方面，新教师要担负起自身专业发展的重任，充分利用发达的信息媒体获取自身专业发展所需要的内容。

由于时间和精力的限制，自己的发展也有所迟缓，现在也在思考通过网络这种形式看更多的书，提升一下自己。（HSX2L）

新教师要从多方面出发，制定符合自身实际的专业发展规划，同时保证规划的可操作性。

（四）确立"学徒组"和"导师组"的一一对应

新教师的专业发展过程需要"重要的他人"的指导和帮助。在学校里，"重要的他人"就是有着丰富的教育教学阅历的老教师。老教师的指导与帮助可以帮助新教师加快成长的步伐，缩短教学适应期。

实践中，许多中小学校为使新教师尽快适应教师工作都使用过或者正在使用"师徒制"的形式。

新入职的教师都会有师徒结队，老教师对新教师进行整体全方位的影响，包括听课，批改作业，跟学生交流，跟家长的交流等。（HSXH）

遇到问题就会跟指导教师沟通，他会把很多经验告诉我。有时候他读到一本挺好的书也会推荐给我。（HSXS1）

刚开始上课指着学生说你回答，指导教师说我不应该用手指指学生，学生是一个个体，应该尊敬他，说请他回答，在指导教师的帮助下成长挺快。（SZXW2）

1. 组建新教师"学徒组"

为了提高师徒结对的有效性，本研究认为新教师可以组成"学徒组"，在组内交流彼此教学中遇到的教学上或其他方面的问题，如此不仅可以帮助新教师反思自己已经遇到的问题，还能够帮助新教师预设在今后的教学工作中可能会遇到的问题。

跟老教师的交流可以学习很多经验，用来弥补自身的不足，新教师之间的交流会发现，面对类似的问题大家有各自的解决办法，这源于我们教授的学生有差异。交流的过程会受到很多启发。（HSX2J）

每个新教师都有自己的问题，有时候可能自己感觉不到。同样是刚工作的教师，我们有很多相同的心理，也更容易发现彼此的问题，大家相互指出来的时候就会感到豁然开朗，这是一个取长补短的过程。（HSX2W）

2. 组建老教师"导师组"

目前，各中小学中老教师对新教师的指导大都采用"一对一"的形式。考虑到"一对一"

指导形式的局限性,可采用"一对多"和"多对一"两种形式相结合,具体要根据新教师与老教师以及任职学校教师数量等现实情况选取适合的形式,而不能仅仅局限于"一对一"指导。

现在是师徒结对子,一对一。但是有的时候我们新教师有问题,老教师也不能说没跟着他就不帮我们,只要是有问题我们就应该一起解决。(HSXM)

老教师可以组成"导师组",指导"学徒组"解决遇到的问题。"导师组"中老教师的人员选择,可以采用"申报制"与"选拔制"相结合的双向选择方式。申报的教师要对指导工作有正确的认识,要把担任新教师的指导工作看作是一种荣誉,而不是负担。在申报结束后,学校从专业知识与能力、教育经验、教育科研能力与教育理念等方面对申报的教师进行严格的选拔。同时,"导师组"中老教师人员的选择要考虑新教师自身的意愿,在确定师徒关系前要让新教师对老教师有一定的了解,并根据新教师的学科和学段情况,以及指导教师与新教师各自的性格特点组建师徒关系。

九月份的前三周是新教师自由听课,先听一遍同学科教师的课,然后听不同学科的课。然后新教师觉得哪位教师比较适合自己的风格,就可以跟哪位教师进行沟通,确认师徒关系,这是一个双方的相互选择。(XWZH1)

3. 明确"学徒组"与"导师组"的对应

考虑到老教师与新教师有各自的教学任务,"导师组"可以先相互交流,了解"学徒组"新教师的整体情况以及个体差异,然后指派一名老教师(比如T1)针对性地跟踪帮助"学徒组"的一名新教师(比如A1),由T1定期向"导师组"交流汇报A1的发展情况,并向A1传达"导师组"的指导建议。

一个组的新教师和老教师组成师徒共研,指派其中一个老教师对应一个新教师,但在这个老教师身后有一个团队,被指派的老教师代表团队与新教师一起研课,这是我们目前正在尝试的一种形式。(HSX2W)

"导师组"对"学徒组"的指导方式示意图如图7所示。

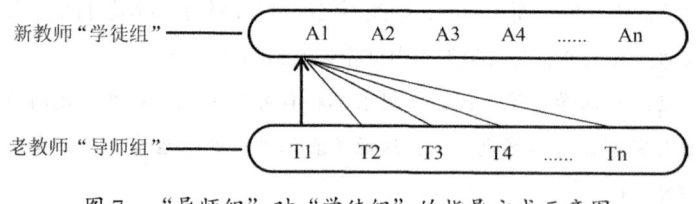

图7 "导师组"对"学徒组"的指导方式示意图

4. 明确"导师组"的指导内容与指导责任

首先在入职初期,新教师需要在短时间内能够上台讲课,指导教师对新教师指导主要聚焦在备课、上课、听课等方面。

天天听师父上课,从留作业、判作业的要求这些很细致东西入手,跟着师父一点点学。(HSXL)

师父带我基本上就是教我怎样备课,怎样组织活动。然后互相听课,有具体问题再处理。(SSXY)

首先让我进班听课,学习讲课、学生管理。然后让我参与他组织的班级活动,学习班会流程。如果我有什么想法或者疑问再相互沟通。(HSXZ2)

跟着他听课,然后指导我准备课,最后我讲课的时候大家都会来听,跟我沟通怎么更好地去完善我的课堂。(HSXM)

一般新教师得先去听指导教师的课,观察指导教师知识点的讲解,教学活动的安排,以及整堂课的条理性。然后老教师去听新教师的课,给出指导意见。(SSXL)

其次,指导教师对其指导应该是全方位的,既要涵盖学校的教育教学管理的方方面面,也要涉及新教师的师德和个人的情感等方面。

研课包括一节课得怎样写教案、怎样讲授,还有怎样留作业,都有涉及。(HSX2W)

许多老教师在师风师德方面做得确实比较好,是一种表率。除了教学,新教师需要向老教师学习,老教师要指导新教师传承好的师风师德。(HSX2D)

最后,要规定指导教师的指导职责,并对指导过程和结果进行监督与考核,一方面要保证师徒双方有足够的沟通与交流,另一方面要保证指导过程与结果的有效性。

师徒结队,积极的新教师就听课多。稍微有惰性的会因为没有硬性的规定听的少。不能光师徒结队,这方面的制度要细化。(SSXF2)

M校长到学校以后,真正的进行过结对子仪式,师徒互赠书籍。明确了年轻教师得向老教师学习,年轻教师不进步,老教师担一定责任,这样指导新教师们的责任心就更强了。(HSXZ1)

(五)搭建新教师专业发展平台

在任何一个专业领域中,对于新入职者来说,不管其最初的训练多么全面,我们都不能期望他们立即百分之百地做出贡献[①]。因此,采用多种方式促进新教师的专业发展十分必要。新教师专业发展管理机构要统筹协调社会、高校、中小学校等各方力量,搭建新教师的教研、科研、长期培训等平台,充分利用新教师专业发展平台开展促进新教师专业发展的教研、科研、长期培训等系列实践活动。

1. 新教师专业发展的教研平台

教研可以改变教师的教学理念、教学行为,增强课堂教学的效果,对于新教师的专业发展帮助巨大。教研可以帮助新教师短时间内建立起知识体系,教会新教师备课和授课的方法等指引性的东西。

教研是一种潜移默化的形式,过了一年、两年或是三年,反观自己积累会很丰富。教研

---

① 迪科勒. 未来之路:新教师入职教育[M]. 朱晓燕,等译. 北京:北京师范大学出版社,2009:149.

针对课程和课堂的把控，还有关于课堂特殊情况的应变能力的讨论。（XSZZ2）

重要的是缺点和改正措施，同事们会指出各自的缺点，也会给一些改进建议，教研完了下节课就能用到。（BMZL1）

教研中老教师会分享些实用的东西，比如怎样处理某些普遍的问题，怎样组织课堂和关注学生。（BMZL3）

在教研过程中收获挺多，比如课堂上遇到的问题，知识点怎么切入各个方面等都可以通过教研获得解决方法。（MZJ2）

新教师在实际的教学过程中会遇到各种问题，教研可以帮助他们解决这些问题。

教研是集体发现问题，集体解决问题，发现问题的时候及时思考如何处理。（BMZL6）

刚到学校需要提升自己，学校教研活动我们都去参加。不管同学科还是不同学科，其中的某些教育原理是相通的。（SZXW4）。

教研具有很强的时效性和实际性，可以帮助新教师快速成长。因此，学校有必要为新教师打造促进其专业发展的教研平台。新教师参加教研的形式主要包括备课、听评课等。

在教研中进行集体备课，可以帮助新教师很快地熟悉教学内容，厘清教学内容的重难点，建立课堂教学的知识体系，以此促进新教师的专业发展。

教研中一起备课，讨论怎么组织课堂内容能够让学生理解的更好、更快，比较有实际性。（SZXZ）

在集体备课中收获很多，特别是知识，像哪些是重难点，课堂上需要拓展什么，哪些可以一笔带过，还有如何掌控课堂节奏。（BMZJ1）

备课过程中可以把知识点细化、系统化，对我们新教师挺有用。（XSZC）

在教研中进行听课活动，作为新教师肯定是要听课的，尤其是课堂流程的把控。一方面是听其他教师的课，借鉴别人的课堂能帮助新教师进步，而且以批判性的思维观察别人课堂，新教师可以发现自身与授课教师共同存在的缺点，有助于新教师对自身的修正与完善。

我希望能有机会多听一听老教师的公开课，因为新教师自己揣摩，在摸索着前进，发展比较慢。（BMZW2）

老教师的课都是实打实的东西，他能抓住重点和难点然后突破，多听一听对年轻教师的成长有帮助。（XWZC3）

另一方面，新教师要主动请其他教师听自己的课。

老教师听我们新教师的课，给我们找一下优点和不足，然后提出不足的解决办法，对新教师来说学到的东西很实用，提升特别快。（XSZT2）

此外，除了要听其他教师的课、请其他教师听自己的课，新教师也要听自己的课。新教师可以将自己的课堂教学过程进行录像，以供自己课后进行审视和反思。

2. 新教师专业发展的科研平台

教育科研可以帮助新教师实现教育实践与教育理论的相互转化。

要写的课题是班级管理方面的，必须先探索怎样更有特色地管理班级，既提升了课题研究能力，也促进了教学实践活动，有利于新教师成长。（XSZZ1）

做科研是新教师专业上成长的一方面，在写的过程中会有一些教学上思考，同时也学会了如何进行小课题研究。（BMZJ3）

通过课题研究能得到多方面的练习，促进自己的专业化。（SSXZ2）

做科研肯定也要翻阅好多论文，这是一种激励我们成长的方式，科研究一个项目后，在这方面能学到很多的东西。（BMZL3）

研究过程可以促进研究者不断地总结与反思。教师面对的教育对象各不相同，想要做好教学工作，仅靠主观判断和教学经验远远不够，还需要借助科学的方法。

把突出的问题以课题的形式更详细地进行分析，可以找到较好的解决措施。（XSZZ1）

新教师驻守在教学的一线，而教学一线本身存在很多值得进行研究的问题，此外，新教师的课题主要源于某一学科或某一范围。考虑到正常教学之外的时间和精力的限制，新教师可以开展教育行动研究。

随着教学实践的积累，一直在接触各种类型的课，慢慢会很认同某种类型的课，认同之后就想去研究，再用到教学实践中，对年轻教师来讲应该有一个这样的过程。（SZXC1）

新教师要对教学实践进行思考和探究，同时洞察国内外及教学实践中的教育热点问题，了解并吸收前沿的科研信息，选择自己感兴趣并且具有价值的教育教学问题开展课题研究，跟随时代发展的步伐，更新自身的知识与能力结构，从而促进自身的专业发展。

新教师目前对科研方面接触的比较浅，但一直也在往这方面挺进，这也是我们今后需要发展的一方面。（HSX2L）

3. 新教师专业发展的长期培训平台

新教师培训工作，一方面要提高新教师的实际教学能力，另一方面也要提高新教师的专业发展意识，帮助新教师从低层次上的"教书先生"转变为更具备个人成长意义的"自我发展型教师"。

培训可以给新教师带来心理、专业和职业规划三方面的主要收获。第一是心理方面，刚入职的教师是迷茫的，对学校、自己的本职工作、学生都不太了解，这时候培训可以从心理上给新教师以指引。第二是专业方面，培训可以帮助新教师找到将内化的知识转化为学生易于吸收的知识的方法。第三是职业规划方面，刚入职的教师大都没有自己的职业规划，培训会帮助新教师制定三年、五年的发展目标，以及达到目标的辅助手段。

培训是高层次的东西，会给人一种长期的精神动力。（BMZL1）

培训带来的不仅是知识，更多的是理念和思想，而思想会让人走得越来越远。（SZXZ）

在培训中与专家或者优秀教师的交流可以帮助我们解决教学和工作中的一些问题。（SZXZ）

学校的培训不单可以提高专业素养，还可以提高综合实力。专业素养方面，培训安排了语文、数学、英语等学科专业内容；综合实力方面，有班主任管理、课堂引入、课堂细化等，相当于是两个分支一样，但是殊途同归。（BMZH）

面对现行培训存在的一些弊端，访谈中也了解到新教师对培训的方式和内容的一些期望与建议，其中较为集中的是新教师普遍认为应该增强培训的实操性，注重学科专业性培训与宏观性培训结合。

希望培训多一点实操性，特别期待教师们多讲，教授进行指导，或者教授进课堂进行现场指点。（BMZL3）

学校的讲座比较宏观，细化到各个学科上的一些问题触及不到，希望进行更有针对性的提升。（XSZT2）

培训中数学名师的讲座，数学老师能收获很多，但是作为英语老师觉得收获比较少，希望培训能有针对各个学科的专业讲座。（BMZG）

因此，学校可以安排在教学实践一线、具有丰富的教育教学实践经验的专家型教师给新教师做专场讲座，以及入职3年以内、发展较好的新教师现身说法，给新教师讲一讲自己三年的成长过程和成绩，包括参加的活动、感悟等。

学校里有经验的教师或者领导给新老教师做的培训很有针对性，也很贴合学校的实际情况。（BMZL2）

每个新教师都要经历从不成熟向成熟的转变，我们的成长轨迹大致相同。刚刚度过入职头几年的年轻教师给新教师讲讲他们一路走来的经历，会给新教师带来一些心理上的触动，帮助新教师缓解初入职场的紧张感，也能增强新教师对今后工作的期待。（XSZT2）

此外，培训开始前，新教师需要做好准备工作——总结自己在工作中遇到的问题，并将问题分类，必要时可以制作培训前问题单；在培训过程中，新教师可以提出问题，认真与专家学者分析讨论，生成解决策略。与此同时，新教师要明白并不是所有的教学问题都可以用理论进行解释，在培训过程中遇到专家学者的观念与自己的教学实践不相符时，新教师也要主动提问，敢于质疑。

（六）考核新教师专业发展效果

新教师专业发展管理机构不仅要监督新教师专业发展实践活动的开展过程，还要依据新教师专业发展目标规划对新教师专业发展实际效果进行考核，了解新教师专业发展的现实状况，不断改善新教师专业发展模式。新教师专业发展评价要从考核目的、考核标准、考核主体等方面做出明确的规定。

对新教师专业发展进行考核的目的在于为新教师提供反馈信息，让新教师对自己的进步与不足有清楚的认识，以此促进新教师的专业发展。

满一年的新教师要上"过关课"，如果一年后没有达标，明年还要进行，就是这样一个过程。（XWZW1）

培养新教师跟培养学生有很多相同的地方，需要给新教师一个反馈来帮助他改进。（XWZC1）

此外，新教师群体内部也存在个体差异，因此对新教师要提出恰如其分的考核标准，要以"新教师为本"开展考核。

考虑到新入职的教师们的性格特点、业务水平的差异，会形成属于个人的能力技巧和教学模式，不能用绝对统一的标准去进行评价。（SSXZ1）

最后，对新教师专业发展进行考核的主体应该包括新教师自身、新教师团体、指导教师、学生、家长和学校六方面。

对新教师的评价，一是看个人素质，然后看在新教师的带动下，学生的学习效果。评分表中有一部分是评委打分，评委是同学、教师，各占一定的比例，再结合新教师的成长发展。（XWZC2）

六、反思新教师专业发展3C模式

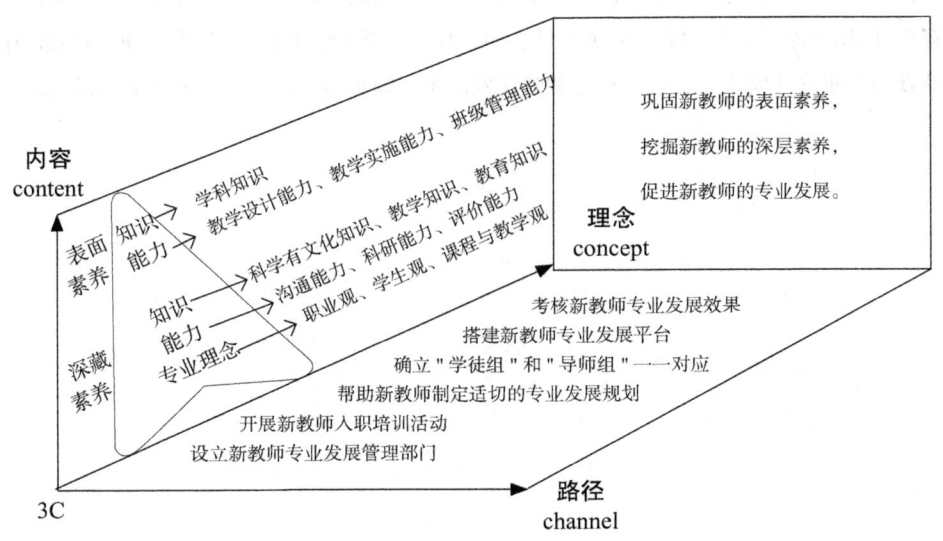

图8 新教师专业发展3C模式图

教师队伍是我国教育发展的坚实后盾，而新教师为教师队伍增添了新的活力，是整个教师队伍未来发展的中流砥柱。人力资源管理理论认为："人力资源是第一种特殊的活性资源，是组织的生存之本。组织的生存与发展,一方面取决于其拥有资源的数量与质量,另一方面有赖于对人力资源的使用和开发的效率。"[1] 新教师是我国教育组织的宝贵资源,构建新教师专业发展模式具有重要性及必要性。本研究通过理论探索与实践分析相结合的研究方法,在对管理学研究视角进行借鉴的基础上,从新教师专业发展的理念、内容、路径三个维度构建了新教师专业发展3C模式,如图8所示。

"理念"是新教师专业发展模式的核心,引领新教师的专业发展。本研究构建的新教师专业发展模式的"理念"维度为"巩固新教师的表面素养,挖掘新教师的深藏素养,促进新教师的专业发展"。

"内容"是新教师专业发展模式的实质,是新教师专业发展的目标。本研究构建的新教师专业发展模式"内容"维度为学科知识、教学设计能力、教学实施能力、班级管理能力等表面素养,以及科学文化知识、教学知识、教育知识、沟通能力、科研能力、评价能力、反思能力、职业观、学生观、课程与教学观等深藏素养。其中,表面素养与深层素养的划分并非绝对,两者紧密相关,是不可分割的整体。

"路径"是新教师专业发展模式的实现途径,对新教师专业发展的最终实现起支持与保障作用。本研究构建的新教师专业发展模式"路径"维度为设立新教师专业发展管理部门、开展新教师入职培训活动、帮助新教师制定适切的专业发展规划、确立"学徒组"和"导师组"的一一对应、搭建新教师专业发展平台、考核新教师专业发展效果。

新教师专业发展是一个动态的、长期的、持续不断的过程。"教师专业发展的方向,可以有相对固定的轨迹,但内容一定要与社会的、时代的要求结合起来。"[2] 本研究构建的中小学新教师专业发展模式也会随着社会和时代发展不断修正与完善,这需要研究者后续的不断研究。

---

[1] 吴勤堂,吴义. 管理学 [M]. 武汉:武汉大学出版社,2010:264.
[2] 叶澜. 新基础教育研究和新型教师的培养 [J]. 教书育人,2011 (16):8-10.

县域义务教育教师交流模式研究

杨 洋

【提要】 自1996年《关于"九五"期间加强中小学教师队伍建设的意见》中提出"要进行教师定期交流"以来,国家立足于优化教师资源,促进义务教育均衡发展,出台了一系列有关教师交流的政策法规,目的在于日益完善、细化教师交流制度。各级地方政府和教育行政部门也逐渐意识到实施教师交流势在必行,纷纷响应国家号召,开始进行教师交流的探索和实践,取得了一定的成效,积累了许多成功的经验。但从整体来看,全国各地开展教师交流活动进展不一,开展情况也不容乐观。如何有效推动教师交流的开展,保证县域内优秀师资的均衡,依旧是各级政府和教育行政部门需要着力破解的难题。本研究以义务教育均衡发展为研究背景,将河北省作为研究基地,试图构建出适合在县域内开展义务教育教师交流的模式,一方面丰富当前"教师交流模式"研究的理论,另一方面促进县域内义务教育教师交流的有效开展。本研究主要采用的是理论研究法和调查研究法。首先对国家和河北省的相关政策分别进行了文本分析,然后在此基础上结合政策文本以及通过访谈法收集到的材料,以理念、方法论、内容、程序、工具、制度为切入点构建出县域义务教育教师交流模式,并对构建出的教师交流模式进行现实检验,深入了解义务教育阶段校长和教师对构建出的教师交流模式有何看法及建议,据此对教师交流模式进行调整和完善。

一、问题的提出

教师交流主要是指县(区)域内的教师在教育系统内部不同学校之间的流动,包括由优质学校到薄弱学校的流动、由薄弱学校到优质学校的流动以及在教育教学质量相当学校间的流动。

(一)实施教师交流制度是实现义务教育均衡发展的政策规定

1996年《关于"九五"期间加强中小学教师队伍建设的意见》中提出中小学教师"要进行教师定期交流",之后我国相继出台了许多有关教师交流的法规和政策,目的在于日益完善、细化教师交流制度。2004年,国家出台的《教育部财政部关于进一步加强农村地区"两基"巩固提高工作的意见》指出为了切实加强师资队伍建设,应建立小学教师短线流动教学的制度。2006年修订的《中华人民共和国义务教育法》提出要在县域内均衡配置教师资源,组织校长和教师的交流和培训;同年《教育部关于大力推进城镇教师支援农村教育工作的意见》进一步指出重点充实边远贫困地区教师资源薄弱学校的师资力量,合理配置城市和农村的教师资源,促进优质教育资源共享。2010年我国首次在其政策文件《国家中长期教育改革和发展规划纲要（2010—2020年）》中提出建立健全义务教育学校校长和教师流动制度。自此，教师交流开始制度化。

2014年国家正式出台了以"教师交流"为主题的政策，即《关于推进县（区）域内义务教育学校校长教师交流轮岗的意见》。这一政策具体阐释了义务教育阶段内教师队伍的管理制度和方法，并提出将教师交流轮岗的经历纳入教师的人事档案中，为教师交流提供有力的制度保障。可见国家对于教师交流的相关规定立足于优化配置师资，促进教育均衡发展，指导性也在不断增强。

（二）实施教师交流制度是实现县域义务教育均衡发展的现实需要

近些年来，我国全力推进城乡一体化建设，农村的基础设施日益完善，农民的物质生活水平显著提高，精神文化生活也越来越丰富，城乡一体化改变了农民的生产、生活方式，教育领域随之也发生了翻天覆地的变化。农村学校的办学条件有了显著的改善，崭新的教学楼、先进的多媒体设备、器械齐全的多功能教室，等等。但是由于各地区经济水平以及地理环境各不相同，义务教育在校际之间、区域之间、城乡之间依然存在较大的差距，教育资源尤其是优质资源的配置十分不均衡，其中非常关键的因素就是师资配置不均衡；长期奉行的城乡二元结构体制，刺激着农村优秀教师纷纷涌向城市，大量优秀师资在城市集中，严重影响了教育公平的实现。

李克强总理说，最重要的教育资源不是楼房，不是课桌，而是教师。教育公平，归根结底是要优秀教师资源的均衡。因此义务教育要实现均衡发展，必然需要城乡教师科学合理的流动。

（三）县域义务教育教师交流开展情况不容乐观

随着国家一系列有关教师交流政策的不断出台，教师交流由起初的"倡导"转变为"强制"，各级地方政府和教育行政部门也逐渐意识到实施教师交流势在必行，因此纷纷响应国家号召，开始进行教师交流的研究和探索。如北京市各区采取优秀教师下乡、薄弱学校教师进京、建立农村教师研修站等多种手段推行教师交流[1]，成都市探索出刚性流动与柔性流动相结合、同级教育行政部门结成互动发展联盟、城市名优教师与郊远县区农村教师手牵手等教师交流模式[2]，江苏省洪泽区实行巡回授课、流动教学、送课（讲座）下乡等方式开展教师交流活动[3]，广东省惠州市破除优秀教师资源一校独有，实行无校籍管理和任课多校的巡教制度以及城乡结对帮扶制度，由制度创新保障教师交流的顺利实施[4]。

---

[1] 田汉族，戚瑜杰，李丹华. 北京市义务教育教师交流的现状、问题与对策建议[J]. 教育科学研究，2014（12）：25.

[2] 庞祯敬，李慧. 成都市中小学教师流动：模式、效应及挑战[J]. 教育理论与实践，2014（29）：13-15.

[3] 韩林. 江苏省洪泽县义务教育教师轮岗交流的调查研究[D]. 江苏：淮北师范大学，2015.

[4] 马天香. 县域内义务教育阶段教师制度化流动研究：以烟台A市为例[D]. 山东：鲁东大学，2014.

其他各地（市）也在积极进行教师交流工作的尝试，均取得了一定的成效，积累了许多成功的经验。但从整体来看，全国各地开展教师交流活动进展不一，开展情况也不容乐观。

首先，教师交流政策有待于进一步细化和完善。从各地下发的政策文件来看，缺少对于流动教师的保障以及评价考核的规定，且没有系统的工作流程。其次，各市区县虽然下发了有关教师交流的文件，但真正落到实处的非常少；教师交流更多是单向交流，双向交流难以开展，即优质学校的教师流动到薄弱学校进行支教，而薄弱学校的教师很难有机会到优质学校学习。再次，教师流动困难多、意愿低。教师一旦流动到其他学校，就会面临"抛家弃子"的局面，交通、住房等问题随之而来。还有一些教师满足于当前得心应手的工作，认为"换一个新的工作环境适应起来会很难，不愿意做新的尝试"。最后，不论是城市学校，还是教师自身，参与交流的主观意愿不强，功利性却很强。从学校层面来说，有些学校担心教学成绩受影响，不让骨干教师和优秀教师参加交流，而是选那些普通教师、甚至是长期脱离教学岗位的教师去交流；从教师层面来说，部分参加流动的教师是为了评更高一级的职称，去了流动校以后很难有归属感，工作积极性不高。

（四）国内关于县域义务教育教师交流模式的系统性研究较少

近年来，教师交流越来越多地受到广大学者的关注，学者们从不同的学科视角展开研究，试图全方位剖析教师交流制度，促进其不断完善，真正使促进义务教育均衡发展的目标落到实处。通过文献梳理可以发现，首先，我国学者对教师交流的研究主要聚焦于教师交流实施的现状、存在的问题以及改进的对策等方面，归根结底主要是教师交流在上层的制度设计上存在问题，如缺乏系统的保障监督制度，且理念不够明确、工具单一、缺少科学的方法论指导。其次，从研究的广度和深度来看，国内学者对于教师交流的研究还不是很成熟，目前依然停留在浅层的实地调研与经验总结，在理论的提升层面比较薄弱。对国外的研究也多是文本翻译，理论分析不够深入，缺乏针对性和推广性。再次，关于县域义务教育教师交流模式的研究较少，在中国知网以"教师交流模式"为主题词进行检索，只有 8 篇相关的文章，均为期刊论文。其中李建辉、童顺平总结出当前我国义务教育阶段城乡教师校际交流的模式主要有[①]：指导式交流、中介式交流、协议式交流和协作式交流等。剩余 7 篇文章分别介绍了重庆市城乡教育帮扶模式[②]，山西省太谷县城乡教育同盟间教师交流模式[③]，滁州市同步课堂与优质教育

---

① 李建辉，童顺平. 论城乡中小学教师校际交流的基本模式 [J]. 集美大学学报（教育科学版），2013（3）：1-4.

② 朱亚丽，宋乃庆. 城乡教育帮扶模式的实践与思考：以重庆市"领雁工程"为例 [J]. 教育研究与实验，2015（1）：46-49.

③ 江丽莉. 城乡教育均衡不是"削峰填谷"，而是携手共赢：山西省太谷县太师附小盟区城乡教育均衡发展新模式 [J]. 中国教师，2015（24）：30-35.

资源城乡校际交流模式[1]，锦州市[2]和盐城市[3]"走校式"教师交流模式，成都市名校集团模式[4]和刚性流动与柔性流动相结合，同级教育行政部门结成互动发展联盟、城市名优教师与郊远县区农村教师手牵手等教师交流模式[5]。这8篇文章均没有对教师交流模式进行概念界定，对于"模式"和"形式"没有清晰的划分，只是对各地教师交流的实践进行了介绍和总结，关于模式的研究不够全面系统，且缺少理论的提升。

基于此，本研究以义务教育均衡发展为研究背景，将河北省作为研究基地，选取河北省内与实施教师交流政策相关的两大利益主体，即义务教育阶段学校的校长和教师为研究对象，试图构建出适合在县域内开展义务教育教师交流的模式，一方面丰富当前"教师交流模式"研究的理论，另一方面促进县域内义务教育教师交流的有效开展。

二、教师交流模式的立论基础

（一）教师交流的现实依据

2000年，我国基本上实现了义务教育在全国的普及。这也成为我国教育领域发展的一个重要转折点，如何提高教育质量，促进教育公平，实现义务教育均衡发展越来越成为国家和社会关注的重要课题。为了促进义务教育均衡发展，国家采取了一系列措施改善薄弱学校、农村学校的办学条件，提高薄弱学校、农村学校的教育教学水平；国家还专门成立了教育督导委员会办公室，对全国各个县（市、区）的义务教育发展情况进行检查评估。目前，我国县（市、区）域内的中小学校办学条件有了翻天覆地的变化，学校严格按照国家规定的标准进行整修或重建，先进的多媒体设备、器械齐全的多功能教室、宽阔整洁的操场……为教师和学生们提供了一个良好的工作和学习环境。

然而，硬件上的均衡并不代表真正意义的教育均衡，义务教育的均衡关键在于师资的均衡，特别是优秀教师资源的均衡配置。由于我国长期奉行二元结构体制，城市的经济发展水平、基础服务设施以及种种隐形的机遇都吸引着农村的优秀教师纷纷涌向城市。调研过程中，许多农村校长也反映了农村学校留不住好老师这一现实问题，农村学校成为新教师的"培养基地"、

---

[1] 林桂平. 同步课堂与优质教育资源城乡校际交流模式的构建初探：以滁州市田家炳中学和定远县拂晓初中为例[J]. 中小学教师培训，2015（5）：23-26.

[2] 李潮海. 走校式：教师交流模式的新探索[J]. 辽宁教育行政学院学报，2014（2）：73-76.

[3] 张淑娟. 走校式：教师交流模式的新探索：以盐城市区中学为例[J]. 中学课程辅导（教师通讯），2015（13）：3.

[4] 刘晓. 名校集团：优质教育均衡覆盖的"成都模式"[J]. 教育与教学研究，2015（10）：15-19.

[5] 庞祯敬，李慧. 成都市中小学教师流动：模式、效应及挑战[J]. 教育理论与实践，2014（29）：13-16.

优秀教师的"跳板",城乡间、校际间优秀师资的不均衡严重制约着薄弱学校、农村学校教育教学水平的提高,影响着义务教育均衡发展的实现。

由此可见,实施教师交流,让优秀师资在城市学校和农村学校、优质学校和薄弱学校之间流动起来,发挥优秀教师的辐射作用,是促进师资均衡的有效途径,更是推进义务教育均衡发展的现实需要。

(二)教师交流的政策支持

1. 国家层面教师交流政策的文本解读

1996年,《关于"九五"期间加强中小学教师队伍建设的意见》中首次提出"要进行教师定期交流"。此后,国家陆续出台了一系列有关"教师交流"的政策(见表1),对于"教师交流"的规定不断细化与完善。

表1 "教师交流"政策概览表

颁发时间	政策名称	政策发布机构	批准文号
1996年	《关于"九五"期间加强中小学教师队伍建设的意见》	教育部	教人〔1996〕89号
1999年	《中共中央、国务院关于深化教育改革全面推进素质教育的决定》	中共中央、国务院	中发〔1999〕9号
2001年	《教育部关于印发<中小学教师队伍建设"十五"计划>的通知》	教育部	教人〔2001〕16号
2003年	《国务院关于进一步加强农村教育工作的决定》	国务院	国发〔2003〕19号
2004年	《教育部财政部关于进一步加强农村地区"两基"巩固提高工作的意见》	教育部、财政部	教基〔2004〕4号
2005年	《教育部关于进一步推进义务教育均衡发展的若干意见》	教育部	教基〔2005〕9号
2006年	《中华人民共和国义务教育法(修订)》	全国人民代表大会常务委员会	主席令10届第52号
2006年	《教育部关于大力推进城镇教师支援农村教育工作的意见》	教育部	教人〔2006〕2号
2010年	《国家中长期教育改革和发展规划纲要(2010—2020年)》	国务院	

续表

颁发时间	政策名称	政策发布机构	批准文号
2012年	《国务院关于加强教师队伍建设的意见》	国务院	国发〔2012〕41号
2012年	《关于深入推进义务教育均衡发展的意见》	国务院	国发〔2012〕48号
2012年	《关于大力推进农村义务教育教师队伍建设的意见》	教育部、中央编办、国家发展改革委、财政部、人力资源和社会保障部	教师〔2012〕9号
2014年	《关于推进县（区）域内义务教育学校校长教师交流轮岗的意见》	教育部、财政部、人力资源和社会保障部	教师〔2014〕4号
2015年	《乡村教师支持计划(2015—2020年)》	国务院	国办发〔2015〕43号
2016年	《国务院关于统筹推进县域内城乡义务教育一体化改革发展的若干意见》	国务院	国发〔2016〕40号

从1996年至2016年间，国家共出台了15份与教师交流相关的政策，这些政策文件从宏观上提出了教师交流的实施要求，在指导全国各地区的教师交流实践的层面上具有非常重要的现实意义和政策价值。

（1）这些政策并没有严格界定"教师交流"的涵义

从国家出台的政策文本来看，有"教师交流""支教""教师任教服务期""教师流动""教师转任交流""轮岗交流""交流轮岗"等多种说法。如

要积极进行**教师定期交流**①……要建立**教师流动**的有效机制。（教育部《关于"九五"期间加强中小学教师队伍建设的意见》）

要建立县（区）域内义务教育学校**教师校长轮岗交流机制**。（国务院《国务院关于加强教师队伍建设的意见》）

虽然各政策对于教师交流行为的表称并不相同，但从具体的政策文本上来看，这些词的内涵大同小异，并没有作明确的涵义区分，可见在政策层面上，对于"教师交流"一词并没有作出严格意义的概念界定。

（2）"教师交流"的政策目标明确

---

① 着重号是研究者为突出内容而加。下同。

政策目标是政府为了解决有关问题而采取行动所要达到的目的、指标和效果，是一项公共政策的根本宗旨[①]。

纵观1996年到2015年间国家出台的教育政策，均直接或间接地指出了"教师交流"的政策目标，并将之归纳总结为"合理配置教师资源，促进义务教育均衡发展"。如

促进教育系统内部人力资源的合理配置，加强薄弱学校的建设和发展，缓解农村边远地区中小学对教师的需求。（教育部《关于"九五"期间加强中小学教师队伍建设的意见》）

促进优质教育资源共享……合理配置城乡教师资源。（教育部《教育部关于大力推进城镇教师支援农村教育工作的意见》）

这种政策上的变动与20世纪90年代之后的教育大背景息息相关。

20世纪90年代以来，我国的教育为了追求发展的规模、数量和速度而呈现出"跨越式发展"的态势。90年代中后期之后，教育逐渐开始追求"教育产业化"的发展目标，过于强调数量上的提高，而在一定程度上忽视了教育公平。当这种发展路径的弊端日益凸显之时，科学发展观和建设和谐社会的口号开始在全国响应，发展农村教育、义务教育均衡发展、教育公平等话题越来越受到社会关注，2013年国家全面深化教育改革，着重强调要均衡配置城乡义务教育的资源，促进教育公平，促进义务教育均衡发展逐渐成为教育公共政策的价值选择。

（3）"教师交流"政策的内容较宏观，且均为原则性规定

首先，政策没有明确规定教师交流的时限。表1中的15份政策文本都没有明确规定具体的交流时间，3份政策提到"定期交流"，1份政策提到"定期化"，1份政策提到"长期稳定"。

建立区域内城乡"校对校"教师*定期交流*制度。（国务院《国务院关于进一步加强农村教育工作的决定》）

有条件的地区，先通过试点，逐步实现教师交流*定期化*、制度化。（教育部《教育部关于印发<中小学教师队伍建设"十五"计划>的通知》）

建立和完善本行政区域内*长期稳定*的"校对校"对口支援关系。（教育部《教育部关于大力推进城镇教师支援农村教育工作的意见》）

其次，对教师交流对象的规定较为明确。这15份政策文本中均指出参加教师交流的主体为中小学教师，自《中华人民共和国义务教育法（修订）》颁布起，教师交流的对象又增加了中小学校长。有些政策对于教师交流的对象规定的较为具体，将中小学教师细化到骨干教师、紧缺专业教师、城镇教师及超编学校的富余教师。

而《国务院关于加强教师队伍建设的意见》及《关于大力推进农村义务教育教师队伍建设的意见》又提出"鼓励、支持退休的特级教师、高级教师到农村学校支教讲学"。这些政策文本对于交流对象的年龄、性别、职称等却没有具体规定。

再次，对教师交流形式的规定较为统一。在这15份政策文本中，只有一份政策提到了东

[①] 郝保伟. 促进教育均衡发展的中小学教师流动研究[M]. 北京：知识产权出版社，2015.

西部教师双向交流，其他13份政策规定的教师交流均为单向交流，即"从城市到农村，从强校到弱校"。从教师交流的地域来看，2006年之前的政策没有明确的规定，《中华人民共和国义务教育法（修订）》开始明确提出教师交流的范围在县（区）域内。之后出台的政策均作此规定。还有一些政策文本提出了具体的教师交流形式，如跨校竞聘、对口支援、教师走教、学校联盟、学区一体化管理等。

最后，教师交流激励措施单一，且多为原则性规定。有7份政策文本明确规定了教师交流的激励措施，均指出城镇中小学教师如果要评聘高级教师的职称，则需要有至少一年在乡村学校或薄弱学校任职任教的经历。从表述上来看，"原则上"出现4次，"应有"出现1次，"要有"出现2次（见表2），可见国家对于教师交流的激励措施比较单一，而且缺乏强制性。

表2 "教师交流激励措施"政策文本一览表

颁发年份	政策名称	政策关键词
1999年	《中共中央、国务院关于深化教育改革全面推进素质教育的决定》	**原则上**要有一年以上在薄弱学校或农村学校任教经历，才可聘为高级教师职务
2001年	《教育部关于印发〈中小学教师队伍建设"十五"计划〉的通知》	**原则上**要有一年以上在农村学校或薄弱学校任教的经历，方可聘任高级教师职务
2003年	《国务院关于进一步加强农村教育工作的决定》	晋升高级教师职称，**应有**在乡村中小学任教一年以上的经历
2010年	《国家中长期教育改革和发展规划纲要（2010—2020年）》	在评聘高级职务（职称）时，**原则上**要有一年以上在农村学校或薄弱学校任教的经历
2012年	《国务院关于加强教师队伍建设的意见》	在评聘高级职务（职称）时，**要有**一年以上在农村学校或薄弱学校任教经历
2012年	《关于深入推进义务教育均衡发展的意见》	评聘高级职称**原则上**要有一年以上在农村学校任教经历
2012年	《关于大力推进农村义务教育教师队伍建设的意见》	评聘高级职务（职称）**要有**一年以上在农村学校或薄弱学校任教的经历

另外，2015年国家开启"乡村教师支持计划"之后，国家对于乡村教师的保障机制愈加完善，从工资待遇、评职评优、交通与住房补贴、教师培训以及其他福利待遇等方面给予大力支持，这样一来，一方面保障了农村教师的生活水平，并为其专业发展提供了机会和条件，使其能

够在农村安心教学；另一方面也提高了农村学校对于城镇教师的吸引力，激励城镇教师向农村流动，一定程度上有利于教师交流的开展。

2. 河北省教师交流相关政策文本解读

（1）省级教师交流相关政策文本解读

河北省积极响应国家号召，从2005年至今陆续出台了5部推动教师交流的相关政策（见表3）。

表3 河北省"教师交流"政策概览表

颁发时间	政策名称	政策颁发机构
2005年	《关于加强教育工作的决定》	河北省委、省政府
2006年	《关于开展农村学区建设试点工作的意见》	河北省教育厅
2008年	《关于推进义务教育均衡发展的实施意见》	河北省政府
2014年	《关于推进县域内义务教育学校教师校长交流工作的指导意见》	河北省委组织部、省教育厅、省财政厅、省人力资源和社会保障厅、省机构编制委员会办公室
2015年	《河北省乡村教师支持计划（2015—2020年）实施办法》	河北省政府
2017年	《河北省人民政府关于统筹推进县域内城乡义务教育一体化改革发展的实施意见》	河北省政府

2005年，《关于加强教育工作的决定》中，提出了教师交流制度，制定了推进义务教育均衡发展的相关措施，明确指出"建立健全县域内教师合理流动制度、城市中小学教师到农村支教制度"。为了全面落实上述《决定》，2006年，河北省教育厅颁布《关于开展农村学区建设试点工作的意见》，在部分县（市）开展农村学区建设试点工作，并"在学区内建立健全义务教育学校校长、教师定期流动制度，以确保学区内每所义务教育学校教师配备基本平衡"。2008年，《关于推进义务教育均衡发展的实施意见》出台，该《意见》对教师交流制度做了详细的规定。2014年，《关于推进县域内义务教育学校教师校长交流工作的指导意见》颁布，这是河北省首次以"教师交流"命名的政策，该政策进一步细化了教师交流的相关内容，对于各地实施教师交流制度提供了可操作性的指导。2015年《河北省乡村教师支持计划（2015—2020年）实施办法》继续要求推行校长、教师交流制度，并提出了未来要实现教师（校长）交流的制度化和常态化的发展目标。同时也提到为了破除教师交流的制度障碍，要推进"县管校聘"管理改革，此外，该《办法》还强调"实施优秀退休教师乡村支教讲学计划"，这与2012年之后国家提出的"鼓励、支持退休的特级教师、高级教师到农村学校支教讲学"

政策相呼应。

表4　河北省教师交流制度政策文本简要分析

项目类别		《关于推进义务教育均衡发展的实施意见》	《关于推进县域内义务教育学校教师校长交流工作的指导意见》
颁布时间		2008年	2014年
交流对象		中小学校长、教师	中小学校长、教师
交流时间		1年以上	不少于3年
交流地域		县域内	县域内
交流对象需符合的条件	年龄	男教师不超过50周岁、女教师不超过45周岁	男教师不超过50周岁、女教师不超过45周岁（具有高级职称且选择延迟退休的女教师不超过50周岁）
	任职或任教时间	原则上校长在同一学校任职一般不超过两届（8年）	校长在同一学校任职不超过两届（8年），教师在同一学校任教最长不超过9年
可不参与交流的条件		无	承担学校特色课程的领衔教师、承担学校重大教科研项目的教师，经县级教育行政部门同意，可暂不纳入交流，但延长时间一般至多不得超过3年
交流方向		双向交流	双向交流
交流方式		省级骨干教师对口支援；特级教师巡回讲学；支教；农村学校教师到城镇学校跟岗学习	校级领导挂职指导或学习提高；农村学校间、学校间教师定期交流；优质学校与薄弱学校间，采取联合校、办学共同体等方式对口协作交流
激励措施		城市市区和县镇中小学教师申请晋升专业技术职务和申报参评特级教师的，必须在农村学校工作或支教1年以上	中小学教师和校长，在任职、评选特级教师、市级以上优秀教师、优秀教育工作者以及骨干教师时，必须具有异校交流的工作经历

通过表4可以看出，2014年河北省出台的关于教师交流的政策对于教师交流的规定较2008年的政策更为具体、指导性更强。在交流对象的选择上，增加了教师任教的时间，且规定了可以不参与教师交流的条件。但在交流时间上都没有作明确的规定，激励措施也比较单一。

总体上来看，河北省规定的教师交流制度与国家保持了高度一致。

（2）地市级教师交流相关政策文本解读

表5 河北省各市教师交流政策概览表

颁发时间	颁发城市	政策名称	政策颁发机构
2013年	秦皇岛市	《关于推进中小学校长教师交流工作的实施意见》	秦皇岛市教育局
2014年	承德市	《关于扎实推进县域义务教育均衡发展的实施意见》	承德市政府
2014年	保定市	《关于进一步加强山区义务教育阶段教师队伍建设的实施意见》	保定市教育局、市编委办、市人力资源和社会保障局、市财政局
2015年	石家庄市	《关于推进县域内义务教育学校校长教师交流轮岗工作的实施意见》	中共石家庄市委组织部、石家庄市教育局、石家庄市财政局、石家庄市人力资源和社会保障局、石家庄市机构编制委员会办公室
2015年	邯郸市	《关于优化配置教师资源全面提升教育质量的意见》	邯郸市教育局
2015年	13市	《乡村教师支持计划（2015—2020年）实施办法》	—

从表5可以看出，河北省13个地级市中只有5个市出台了有关教师交流的政策，且时间集中在2012年至2015年之间，其中只有石家庄市和秦皇岛市出台的政策是专门以"校长教师交流"为主题的。2015年河北省13市相继出台了《乡村教师支持计划（2015—2020年）实施办法》，均提到了教师交流的相关内容，但仅是一概而过，并没有作出明确规定。这说明河北省教师交流仍处于起步阶段，各市虽有不同程度的探索和实践，但大部分地区缺乏相应的规章制度和政策支持。

通过对搜集到的政策文本进行梳理，归纳出河北省教师交流的基本内容，包括教师交流的地域、交流对象、交流时间、交流比例、交流形式、管理措施等多个方面。

教师交流的地域和对象

各地政策文本中都明确规定教师交流在县（区）域内开展，参加交流的对象为义务教育阶段中小学校长和教师，其中秦皇岛市和石家庄市规定了交流对象的具体条件。

在同一所学校任教满6年的教师以及在同一所学校连续任职满6年的校长……男50周岁以下，女45周岁以下。（秦皇岛市《关于推进中小学校长教师交流工作的实施意见》）

校长在同一所学校任期一般不超过10年,教师连续任教一般不超过9年……男50周岁以下、女45周岁以下原则上应进行轮岗交流。(石家庄市《关于推进县域内义务教育学校校长教师交流轮岗工作的实施意见》)

教师交流的时间

对于教师交流的时间各地规定不一,其中承德市和石家庄市规定为3年以上,邯郸市规定"教师交流期限原则上为每期一年",秦皇岛规定"乡镇间教师流动支教,服务期至少为一学年""城镇中小学教师到农村学校或薄弱学校任教应在一年以上",保定市没有明确提出教师交流的时间,只是提到在"区域内定期轮换交流"。

教师交流的比例

对于教师交流的比例,只有秦皇岛市和保定市做了明确的规定:

每学年各县区教师交流比例应不低于应交流教师总数的5%。(秦皇岛市《关于推进中小学校长教师交流工作的实施意见》)

按照普通教师不低于5%、骨干教师不低于15%的比例,进行县域内支教和交流。(保定市《关于进一步加强山区义务教育阶段教师队伍建设的实施意见》)

教师交流的形式

各市关于教师交流方式的规定丰富多样(见表6),总结起来主要有校级领导挂职指导或学习提高、农村学校间及学区间教师交流、城区学校(含县城)对口协作交流、城镇学校教师到农村学校支教、农村中小学教师到城镇学校学习交流等。

表6 教师交流的方式

教师交流方式	所在城市
城区在优质学校与薄弱学校之间、县镇在学区内或学区间进行交流轮岗	石家庄市
校级领导交流、校级领导挂职指导或学习提高、农村学校间及学区间教师交流、城区学校(含县城)对口协作交流、城镇学校教师到农村学校支教、农村中小学教师到城镇学校学习交流	秦皇岛市
重点实行优秀管理干部和骨干教师向农村学校和薄弱学校流动,超编学校教师向空编学校流动	承德市
城镇学校教师到农村挂职指导,农村学校教师到省、市培训基地挂职学习,城乡间对口协作交流,农村学校间、学区间交流,城乡教师交流任教	保定市
优质学校与薄弱学校互派教师到对方学校工作	邯郸市

教师交流的管理措施

对于参加交流的教师管理,石家庄市采取刚性流动和柔性流动相结合的方法,除此之外各地市均采取人事关系不动,仍旧保留在原单位的办法。如

续表

教师在农村学校任教、支教期间,人事关系不转、待遇不变。(保定市《关于进一步加强山区义务教育阶段教师队伍建设的实施意见》)

从民办学校撤出的公办教师和其他学校派出的交流教师,按照编制隶属不变、人事关系不变、工资待遇不变、职称等级不变的"四不变"原则,保留在原公办学校。(邯郸市《关于优化配置教师资源全面提升教育质量的意见》)

邯郸市还规定了对交流教师的考核办法:

教师交流期满由接收学校对其进行考核。考核采取学年考核制,期限为交流当年九月至次年六月。接收学校依据交流教师所承担的工作量、教育教学成绩、学生评教、学校领导及教师评价等方面,进行综合实绩测评,考核结果分为优秀、良好、合格和不合格四个等次。其中,优秀等次不超过本单位交流教师数量的20%,考核结果提交原单位,由原单位统一使用,作为原单位年度考核的重要参考依据。(邯郸市《关于优化配置教师资源全面提升教育质量的意见》)

教师交流的激励和保障措施

各地都非常重视对参加交流的校长、教师进行激励,制定了相关的激励措施,各地都提出"城镇中小学教师晋升高级教师职务一般应有在农村学校或薄弱学校任教一年以上的经历",这与国家和河北省的政策相一致,说明各地均落实了这一规定,也说明了各地对交流教师的激励措施比较单一。

对于教师交流的保障措施,主要有津贴补偿、奖金、建周转房等。如

划拨专项经费用于教师的交流工作。相关学校要安排一定的资金用于教师交流的表彰、奖励。(邯郸市《关于优化配置教师资源全面提升教育质量的意见》)

要安排专项资金,加快农村、边远地区周转房建设……积极改善农村中小学教师居住条件。(保定市《关于进一步加强山区义务教育阶段教师队伍建设的实施意见》)

(三)构建教师交流模式的现实需求

为了响应国家号召,落实国家教师交流的相关政策,全国各地相继开展教师交流的探索和实践,取得了一定的成效,也积累了很多经验,一些地市甚至形成了独具特色的教师交流模式,如北京市、成都市、山西省太谷县、重庆市等,但是各地在教师交流实施过程中也暴露出各种各样的问题。究其原因,首先是国家出台的教师交流政策多为宏观上的要求,概括性强,各地在制定政策及开展教师交流实践时缺少操作性的指导,只能摸索着前行;其次,学者们对于教师交流模式的系统性研究较少,对"模式"和"形式"没有做严格的意义区分,对各地的教师交流活动更多的是现状描述及经验总结,没有提升出一套可供模仿的操作标准和方法。

综上所述,实施教师交流是促进师资均衡的有效途径,是实现义务教育均衡发展必不可少的选择。国家出台了一系列相关政策支持教师交流的开展,河北省各地制定的教师交流相关政策很大程度上落实了国家和河北省对于教师交流的规定,并在此基础上进行了细化,详细规定了教师交流的地域、交流对象、交流时间、交流方式、管理措施、激励及保障措施等。

但整体上来说，国家及河北省各地的政策依然多为原则性要求，概括性强而操作性不高，这从政策文本中多次出现"原则上""一般""鼓励"等词可以看出来；而且从整体上看来河北省各地的政策内容非常相似，缺少地方特色。政策上指导的缺失导致教师交流在实施过程中困难重重，县域内教师交流的开展急需一个可供模仿或借鉴的系统性的模式。

三、教师交流模式的理论构建

学校是一个统一的整体，教师是这个整体中不可或缺的一部分，根据马克思主义哲学观点，整体处于支配地位，整体的变化影响部分的变化，部分也制约着整体，因此要树立全局观念，立足于整体，统筹规划全局，最终达到整体最优化的目标。"教师交流"是义务教育均衡发展过程中促进师资均衡的一项措施，当然也是促进学校发展的一项重要举措。

本研究借鉴陈如平教授提出的"整体建构"[①]模式构建了"教师交流整体建构模式"。该模式共包括6个要素：理念、方法论、内容、工具、程序、制度，其中，"理念"是前提，"方法论"是关键，"内容、工具、程序、制度"则提供了实践路径。这6个要素相互联系，相互交融，理念贯穿于教师交流的始终，方法论为教师交流的实践做全局指导，教师交流的内容、工具、程序与制度则在理念和方法论的指导下相辅相成，共同构成不可分割的"教师交流整体建构模式"（见图1）。

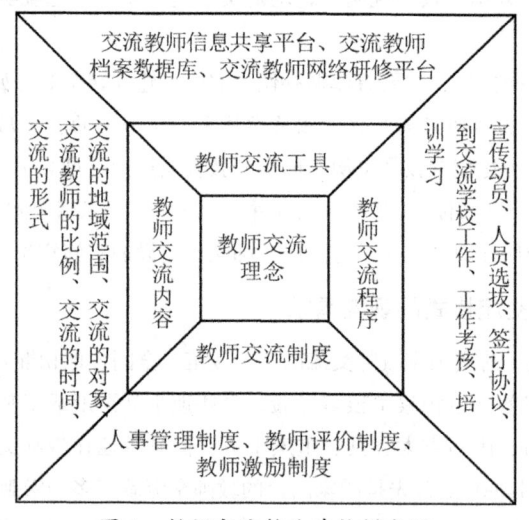

图1 教师交流整体建构模式图

（一）确定教师交流的理念

在当今这个快速变化的社会中，"理念"发挥着至关重要的引领作用，赋予人们行动的方向与力量[②]。

---

① 陈如平."整体建构"：学校改进的实践模式[J]. 中小学管理，2015（4）：18-20.
② 王有升. 理念的力量：基于教育社会学的思考[M]. 北京：教育科学出版社，2007.

理念的确立是构建教师交流模式的前提，也是教师交流模式的核心。它要回答"什么是教师交流""教师交流的主体是谁""教师交流要达到什么目标"等一系列问题。系统梳理自 1996 年到 2016 年间国家出台的教育政策，均直接或间接地指出了"教师交流"的政策目标。这些文字表述各异的目标，可以归纳总结为"合理配置教师资源，促进义务教育均衡发展"。这一政策目标直观体现了国家大力推进教师交流的意图与理念。

教师交流，主要是指县（区）域内的教师（校长）在义务教育系统内部不同学校之间的流动，既包括城市学校向农村学校、优质学校向薄弱学校的教师单向流动，也包括城市学校与农村学校间、优质学校与薄弱学校间教师的双向流动。教师交流的目的是通过均衡区域内的师资来带动义务教育的均衡发展，让农村的学生也能享受到和城市学生同样的优秀教师、优质课程，因此教师交流最终的落脚点还是促进学生的发展。

在访谈过程中，校长们无一例外地都提到了师资的数量与质量问题、当前城乡中小学校普遍存在的教师结构性缺编、教师专业发展缓慢、优秀师资匮乏等问题，尤其是农村学校，骨干教师、优秀教师寥寥无几，教师培训形式单一、外出学习机会少，传统的师带徒模式往往只是传授经验，难有创新，甚至有时候一些错误经验和知识也被一代代传下来，这些均严重阻碍了教师的专业发展。

其实，教师要不流动的话，都是本地人教本地人，也就是师父教徒弟，徒弟再教徒弟。你比如说新教师来到这个学校，给他指派一位师父，他的师爷也在（同）一个学校。有一次我去听这个新教师的课，我发现这个新教师有一个字写错了，过了几天，我恰好听他老师的课，我就发现，他的老师那个字写的也不对，我再听他老师的老师的课，师爷写的那字，还不对……我说那就叫"近亲结婚"，最终产生了畸形。（承德市 L 县 S 校长）

我们学校本来教师就不太够，这下子二胎政策一放开，好几个女教师都怀孕了，有三个教师为了保胎已经请了长假，不来学校了，还好我们学校来了几个实习生，不然现在我们的课都开不齐了，所以我是非常希望教师们能交流交流的，均衡一下师资是吧。（石家庄 X 区 T 校长）

也有一些校长提出农村学校留不住优秀的教师，这些教师为了自身的发展，一有机会就都去县城或市里的好学校了，有的是通过教师招聘考试考走的，也有的是被城市的学校挖走的。

我们学校可以说是优秀教师的培养基地，为什么这么说呢？我们学校在村里，每年会进一批特岗教师，这些教师来了以后我们学校会对他们进行培训，通过师带徒、结对子、听评课、教研等各种活动促使新教师快速成长，基本上两到三年，他们就能独当一面，甚至还会出现一些特别优秀的教师。我们县规定特岗教师工作满三年可以参加教师招聘考试，人家这些优秀教师就考走了，去县城啊、市里啊那些好学校，然后我们再来新教师，再这么培养，没办法。（承德市 K 县 Z 校长）

关于教师交流，教师们也表达了自己的看法和建议，认为教师交流的主体就是中小学教师，所以要想调动广大教师参与教师交流的积极性，必须要保障教师们的利益，尊重教师们的意愿，不能一刀切。

教师交流（对义务教育均衡发展）有一定的意义与作用，但前提是要保证教师有更好的待遇，保证教师有良好的教学环境，而且还要保证教师回到原单位之后岗位的稳定。（石家庄市X区S老师）

因此为了缓解当前农村学校存在的种种师资匮乏的问题，要通过教师交流先让整个县（区）域内的教师队伍动起来，均衡优秀教师资源，发挥优秀教师的辐射带头作用，以强带弱，提升教师队伍的整体素质，继而再扩大教师流动的范围，由县到市，由市到省，由省到全国，甚至达到国际间的教师交流。

基于此，教师交流的理念应体现在对当前教育领域存在的师资问题的基本态度和思考，对教育未来发展的新设想和新思路，并集合教育行政人员、校长、教师、学生等利益主体的共识。

因此，本研究将教师交流的理念确定为：以义务教育均衡发展为目标，以学生全面发展为核心，兼顾教师的需求与利益[1]。各县（区）可根据本区域内的教育现状拟定教师交流理念，在实施过程中不断补充、完善和提升。

（二）确定教师交流的方法论指导

方法论是人们认识世界、改造世界的根本方法，它反映了人们观察事物和处理问题的方式、方法。

"教师交流整体建构模式"追求整体效益，通过促进师资的均衡，带动整个县（区）域内义务教育的均衡发展，从而实现学校、教师、学生的全面发展。这就要求采用系统性和整体性的思维方法，树立全局观念，建立起各要素之间的内在逻辑关系，形成整体框架[2]。

"教师交流整体建构模式"由六个要素构成：理念、方法论、内容、工具、程序、制度。首先，教师交流理念是整个模式的核心，贯穿教师交流实施过程的始终，然后在方法论的指导下构建教师交流的内容、工具、程序和制度，并由方法论指导教师交流实践过程中的各个环节。各要素之间相互联系，相互融合，共同构成一个统一的整体（如图1所示）。

（三）构建教师交流的内容体系

教师交流的内容体系包括：交流的地域范围、交流的对象、交流的时间、交流的比例、交流的形式等5个方面。

1. 教师交流的地域范围

《中华人民共和国义务教育法（修订）》颁布实施之后，国家制定的有关教师交流的政策均明确指出教师交流的地域范围在县（区）域内，这与"初步实现县域内义务教育均衡发展"的目标相一致。河北省各地出台的教师交流政策也明确规定在县（区）域内开展教师交流活动。

---

[1] 杨洋，闫聪. 河北省基础教育教师交流状况研究 [J]. 河北民族师范学院学报，2016（4）：95-105.

[2] 陈如平."整体建构"：学校改进的实践模式 [J]. 中小学管理，2015（4）：18-20.

当然,在县(区)域内也有小范围的教师交流,如联合校之间、学区内、中心校与教学点之间等。

我们现在不是联合校吗,现在是我们学校和外国语学校,还有良乡的学校组成联合校,联合校之间教师进行交流。(石家庄市 Q 区 W 校长)

我们现在就是农村校点的条件比较差,(教学点)的教师没有补充。教学点老师不够用怎么办,我就让中心校的老师轮岗,比如说特岗老师们来了,我先跟这些特岗老师说好了需要他们去教学点轮岗,让他们做好心理准备。假如我分了 8 个特岗老师,今天我让某个老师上教学点去,一年之后回来,然后再派另一个老师去。(承德市 K 县 S 校长)

为了促进教育均衡发展,近年来全国各地纷纷探索教育集团发展模式,强校带弱校,寻求教育共赢,教育集团内的教师可以统一调配,实现教师资源的最优化。如杭州采荷第二小学教育集团,采用"名校+弱校"的办学模式,将名校先进的管理方法、教学理念等引入弱校,促进弱校的提升和发展[①]。

石家庄市也在尝试通过分片建学区、名校带弱校、名校办分校、组建教育集团等方式,让更多的学生享受到基本均等的教育服务。县(区)域内多种形式的教师交流可以有效地均衡优秀教师资源,促进学校的共同提升。

因此,本研究首先将教师交流的地域范围定在县(区)域内,当县(区)域内义务教育实现均衡发展之后再逐步扩大教师交流的范围。在县(区)域内实施教师交流,可以遵照由近及远、由小及大的原则,先在学区、联盟校、教育集团、中心校等小区域内的学校之间进行,然后逐步扩大范围,最终实现县(区)域内的教师流动。

2. 教师交流的对象

按照国家有关教师交流政策的规定,交流的对象应为义务教育阶段内的中小学校长、教师。具体需要满足的条件如下。

(1)在同一所学校连续任职(或任教)期限及年龄限制

管理界普遍认为,组织像任何有机体一样,存在生命周期。20 世纪 70 年代中期,美国的金伯利教授和米勒斯教授首次正式提出"组织生命周期"的概念,认为"组织要经历产生、成长和衰退,其后要么复苏,要么消失"[②]。组织的管理者都希望找到一种方法使自己的组织永葆生机,美国学者卡兹对此进行了研究,他通过对科研组织的寿命进行研究,结果发现组织寿命的长短与组织内的信息沟通情况以及获得成果的情况紧密相关。由此从保持企业活力的角度建立了企业组织寿命学说,并绘制出了卡兹曲线(见图 2)来表示组织的寿命变化趋势。卡兹曲线表明,在 1.5 年—5 年期间里,同一组织一起工作的科研人员,信息沟通水平最高,获

---

① 徐一超,施光明. 名校集团化:教育均衡发展的实践演绎 [M]. 杭州:浙江大学出版社,2012.

② 王薇. 学校发展阶段评价解释模型的建立及应用:基于组织生命周期理论 [J]. 教育教学研究,2012(3):36.

得的成果也最多。而少于1.5年,组织内的成员由于相处时间太短,还不够熟悉和了解,相反超过5年,组织成员就会过于熟悉而导致认识趋同化,形成思维定式,使组织失去活力[①]。

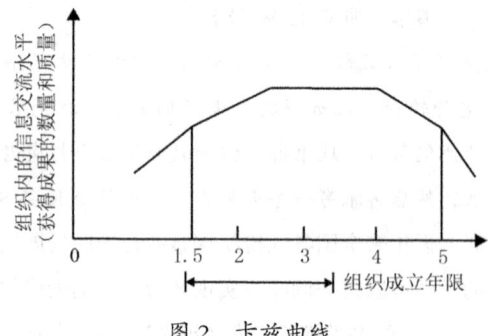

图2 卡兹曲线

学校也是一个组织,同样存在生命周期。而教师作为学校的主体,其专业发展情况直接关乎着学校能否长久保持发展活力。我国学者钟祖荣、张莉娜通过对北京骨干教师就教师专业发展阶段的划分及特点进行调查研究,提出了教师专业发展阶段的划分依据:素质、能力表现、教龄,并据此将教师专业发展划分为5个阶段[②](见图3)。

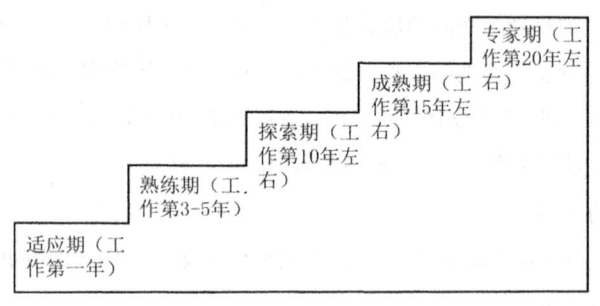

图3 教师专业发展阶段图

教师专业发展进入熟练期以后,对教学活动驾轻就熟,对教学环境了如指掌,他们渴望对教育教学工作进入更深层的探索,不断尝试新的教学理念、教学方法等。

根据组织生命周期理论提出的"1.5年—5年"组织成员最佳相处期以及教师专业发展阶段理论提到的"教师在工作3—5年后进入熟练期",可以看出在同一单位工作5年之后最好换一个环境工作,以此保持组织的活力。而学校又是一个不同于企业的组织,学校以育人为目标,必须考虑到学生的健康发展,结合我国义务教育阶段小学六年、中学三年的学制,教师流动应遵循小学6年、中学3年的整轮循环,避免学生由于换教师而产生不适应所带来的种种问题。

---

① 张德,等. 人力资源管理(第二版)[M]. 北京:中国发展出版社,2007.

② 钟祖荣,张莉娜. 教师专业发展阶段的调查研究及其对职后教师教育的启示[J]. 教师教育研究,2012(6):25.

对于参加交流的教师年龄，河北省有关教师交流的政策规定，男教师 50 周岁以下，女教师 45 周岁以下都要纳入交流范围。年龄太大的话，教师的身体素质会大大降低，不适合长期远距离奔波，而且在教学上也会显得力不从心。

访谈过程中一些校长和教师也表示，年龄大的教师在教学工作中效率大大降低，不适合参加教师交流，选派中青年教师为宜。如

我们学校有几个 50 多岁的老师，有两个由于身体问题已经不能上课了，剩下的三位老师还能勉强坚守在工作岗位上，眼也花了，耳朵也不好使，不会用电脑，教案什么的还是得手写，你说让这样的老师出去交流能行吗？不给人家学校添乱就不错了，万一身体上有个什么不适啊，还得麻烦人家给送医院。你说是吧？（承德市 K 县 M 校长）

我认为年轻教师、特别是骨干教师应该多参与教师流动，促进教育的发展。（邢台市 J 县 E 老师）

因此，本研究认为参加教师交流的对象包括 3 类：（1）在同一所学校连续任职 5 年以上，最长不超过 10 年的校长；（2）在同一所小学连续任教 6 年，最长不超过 12 年的小学教师；（3）在同一所中学连续任教 3 年，最长不超过 6 年的中学教师。

年龄上，男教师不大于 50 周岁，女教师不大于 45 周岁。

（2）教育教学水平

当被问及"您认为哪些人应该交流"时，大部分校长和教师都提出应该让优秀教师、骨干教师、学科带头人等去参加教师交流，发挥他们的引领作用。如

我觉得应该让学科带头人啊、市级名师、县级名师这些老师去交流，因为他们可以说是自己所教学科的"代言人"啊，他们的教育理念、教学方法是值得推广的，应该让广大的普通教师们都能跟他们学习学习，这样才能达到你说的那种师资均衡，我觉得是这样。（石家庄市 G 区 S 老师）

教师交流应选推年轻的、优秀的老师进行交流，并在交流时充分发挥这些教师的模范带头作用，不要流于形式。（衡水市 R 县 Z 老师）

我认为年轻教师、特别是骨干教师应该多参与教师流动，促进教育的发展。（邢台市 J 县 E 老师）

实施教师交流的目的是发挥优秀师资的辐射作用，提高薄弱学校和农村学校的教育教学水平，因此参与交流的教师中骨干教师、优秀教师、特级教师、学科带头人等应占有一定比例。这些教师教育教学经验都比较丰富，能够对薄弱学校和农村学校的教师进行引领和指导，切实发挥其辐射作用。

（3）其他条件

教师交流的实施也应考虑到教师的实际情况，对于身体状况不佳、家里有必须照顾的老人或孩子、怀孕或刚生产不久的女教师等，可以不参与交流或延期参与交流。而那些工作不积极、

教学成绩落后的教师，不允许参与交流。

以上条件各县级教育行政部门可根据本地区学校和教师队伍的现状，灵活把握。

3. 教师交流的时间

对于教师交流的时间，校长和教师们提出了不同的看法：

我认为教师交流的时间不能太长，一两年的时间还是可以接受的，如果长时间两地奔波，肯定好多教师都不愿意去，你看我吧，我孩子才刚上小学，平时跟着我上下学，如果让我去别的学校了，这接送孩子上学就是一个问题，所以我觉得最好是一年。（保定市G市W老师）

为促进均衡发展而采用行政命令推行为期一年的教师交流，实际效果是无法保证的，因为教师在一年的时间里很难把交流学校当成自己的"家"来对待，往往应付了事，有个别的教师非但不能提高接收学校教师的教育水平，反而还不如接收学校的教师教学成绩好。所以我觉得至少应该交流3年，让教师们有足够的时间适应新环境，找到归属感。（石家庄市X区T校长）

基于校长和教师们的意见，并结合组织生命周期理论——卡兹曲线和教师专业发展阶段理论，综合考虑我国中小学的学制，将教师交流的时间定为3—6年比较合适。我国义务教育阶段的学制，小学为6年，初中为3年，小学1—3年级为低年级学段，4—6年级为高年级学段，这样每个学段也是3年一个循环。3—6年的时间里交流的教师可以完成一个到两个的教学循环，教学过程相对来说比较完整，且教师有足够的时间适应新环境。时间少于3年，教师来不及适应新环境或是刚刚适应就要走了；时间太长的话，超过6年，一方面教师会不愿意参与交流，另一方面新鲜感消失，交流教师可能会产生新的职业倦怠，影响教师交流的效果。

4. 教师交流的比例

正所谓"流水不腐，户枢不蠹"，只有动起来，生命力才能持久，才有旺盛的活力。企业人力资源管理研究表明，一个企业的人力资源流动率达到8%，将会影响企业的稳定[①]。也有人认为，企业的员工流动率保持在每年10%左右是合理的[②]。学校也是如此，一定比例的教师流动有助于激发学校的活力，促进学校教育教学水平的提高，但比例过大，则会影响学校的稳定，不利于学校的长远发展。

合理确定教师交流的比例必须兼顾派出学校和接收学校双方的利益，教师交流既要促进接收学校的教育教学水平，提高其教育质量，又要保证派出学校能够开展正常的教学活动，不影响派出学校的稳定发展。

国务院（2016）及河北省政府（2017）的相关政策对教师交流的比例也做了规定，指出学校每年流动的教师不低于符合交流条件的教师总数的10%，骨干教师不低于交流教师总数的20%。

---

① 郝保伟. 促进教育均衡发展的中小学教师流动研究[M]. 北京：知识产权出版社，2015.
② 吕明，陈树文. 基于人力资源战略的员工流动率管控模式设计[J]. 中国人力资源开发，2007（1）：34.

基于以上考虑，各县（区）可根据国家和当地政策并结合本行政区域内各学校教师的实际情况自行确定参加教师交流的教师比例，以8%—10%为宜。

5. 教师交流的形式

教师交流首先应为双向交流，即优质学校、城市学校的教师到薄弱学校、农村学校进行指导和引领，薄弱学校、农村学校的教师到优质学校、城市学校进行学习和锻炼。

从人事关系来看，教师的人事关系直属于县（区）教育局，不归属于任何一所学校，由县（区）教育局统一调配师资，这样一来可以在一定程度上缓解教师缺乏归属感、不愿意交流的问题。

具体的教师交流的形式丰富多样：从交流的区域来看，有教育集团内学校之间的教师流动、学区内学校之间的教师流动、办学联合体校际之间的教师流动等；从交流的方式来看，有校级领导挂职指导或学习提高、支教、走教、送教下乡、对口协作、联片教研、一对一帮扶等。

以上这些形式在调研过程中，各地均有体现，但形式不一。因此各县级教育行政部门可根据本地区实际情况综合选择多种交流形式，有计划分步骤地进行，逐步实现县（区）内师资的均衡。

（四）打造教师交流的实施工具

教师交流的实施工具即教师交流的实施载体，指在教师交流过程中可采用的操作平台。在当今"互联网+"的信息社会，各种网络平台层出不穷。利用信息技术，建立交流教师信息共享平台，如QQ群、微信群、微博等，随时随地交流教学过程中遇到的困惑和问题，集思广益，提出解决问题的最佳方案，或是分享一下优秀的教案、课件等资料；建立交流教师档案数据库，统计交流教师的姓名年龄、性别、职称、学历、所在学校、流动意愿等信息；建立交流教师网络研修平台，教师们可以在平台上共享教案、课件、教研活动等资源，以供教师们交流合作、互相学习、共同进步。

访谈中发现当前河北省中小学校用得最多的工具还是QQ群和微信群，没有使用专门的教师交流信息平台。

我们有一个微信群，现在老师们基本上都玩微信，所以在微信群里老师们都很活跃，比如发个通知啊，分享一些教案、课件什么的，我们学习起来都特别方便。（唐山市L区B老师）

（五）设计教师交流的实施程序

关于教师交流的实施程序，河北省相关政策中并没有明确的规定，因此各地在实施过程中也没有一套相对完善的程序，基本上都是学校接到教育行政部门下达的教师交流任务之后，就按要求选派教师去交流即可。

我们学校之前派过几位教师去村里的学校交流，都是学校选派的，有的教师不愿意去，最后一直决定不了让谁去，就让老师们抓阄，谁抓到谁就去，去一年就回来了，也不知道情况怎么样，回来以后也没有进行过交流。（保定市G市W老师）

我们这边交流就是先是教育局给我们下发交流的任务，然后我们就根据上边的要求，到哪个学校的去，去多少老师，去多长时间等等，给老师们开个会通知一下，鼓励老师们自愿报名，再根据报名的老师的实际情况学校决定让哪些老师去，把名单上报给教育局，剩下的事就是教育局统一安排。（石家庄市 X 区 T 校长）

没有一套指导性的、具有可操作性的程序，教师交流很难真正落地，而且实施的效果也不能保证，因此编订一套完善的程序势在必行。基于此，本研究认为教师交流的程序应包括宣传动员、人员选拔、签订协议、到交流学校工作、工作考核、培训学习等六个步骤，如图 4 所示。

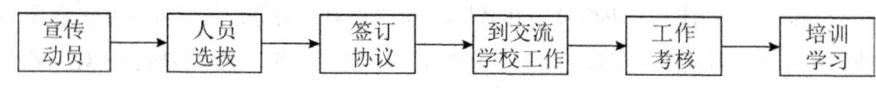

图 4　教师交流实施程序图

1. 宣传动员

一项政策出台以后，如果想使该政策尽快落地，必须要通过各种手段进行宣传，让广大人民群众了解政策内容，进而配合政府开展各项活动。政策宣传是政策在执行过程中的首要环节，政策宣传包括政策的公布和政策的解释及说明[①]。县级教育行政部门要广泛利用电视、网络、报纸、期刊、杂志等大众传媒大力宣传国家、河北省以及本地区制定的教师交流相关政策并对政策进行全面解读，让教师交流相关的各利益主体包括教育行政人员、教师、学生以及家长等初步认识和了解教师交流政策，然后针对教育行政人员、全县（区）所有校长、各校骨干教师召开县级动员大会，进一步对教师交流政策进行宣传和解读，详细阐明教师交流实施的目标、意义、具体要求及实施流程，着重鼓励校长和骨干教师积极投身教师交流，发挥引领和带动作用。接着各个学校召开全校会议，向全体教师传达上级意见，帮助教师们对教师交流政策进行更加深入的了解，调动教师们的积极性。最后由班主任开班会，向学生和家长解释教师交流政策，最大限度地争取学生和家长的理解和支持。

对于教师交流的宣传动员，调研中发现多数教师表示没有听说过教师交流政策，还有一部分教师和校长通过网络、新闻对教师交流政策有所了解，只有少数教师和校长表示见到过教育行政部门下发的有关教师交流的政策文件。

2. 人员选拔

将所有符合交流条件的教师信息（包括性别、年龄、家庭住址、所在学校、所教年级和学科、职称、学历等）录入交流教师档案数据库，数据库要动态更新，保证数据库内的教师都能参加流动。每年 5 月份县级教育行政部门向各个学校下达交流教师的比例和具体学科要求，符合条件且愿意参加教师交流的教师向学校提交交流申请，学校审核申请人的条件，按本校规定

---

① 郝保伟. 促进教育均衡发展的中小学教师流动研究[M]. 北京：知识产权出版社，2015.

的交流比例择优向县级有关部门推荐，县级有关部门通过比对交流教师档案数据库，再次对推荐教师进行审核，最终确定交流教师名单。教师交流的人员选拔要遵循公开透明、自愿平等的原则，同时要兼顾教师的流动意愿。该项工作在每年6月底前完成。

3. 签订协议

人员确定以后，县级有关部门发布交流人员名单及流动安排，召开教师交流会议，所有参加交流的教师及交流学校的校长参加会议，会议重申教师交流的目标、意义、具体工作要求等，会议的一个重要环节为派出学校、交流教师、接收学校三方签订教师交流协议，确保各方在交流期间按照协议履行自己的责任和义务，从而保证交流期间各方工作都能顺利开展。该项工作在每年7月底前完成。

4. 到交流学校工作

交流教师在完成协议的签订之后，于9月份到岗。9月份正好是新学年的开始，交流教师到新学校之后，先用大概半个月的时间了解学校的基本环境，包括学校建筑布局、校园历史文化、学校规章制度、教育教学情况等，多和同事进行沟通交流，可以通过听课了解学生的基本情况，通过参加教研活动了解教学方式和教学进展等。之后进入正常的教育教学工作，参与学校的一切教育教学活动。需要特别指出的是，骨干教师要积极发挥引领辐射作用，传授自己的教学经验、教学方法等，带领教师们进行教研活动。

5. 工作考核

参加交流的教师，有两种形式的考核。第一种考核形式与接收学校的教师完全相同，这种考核在每个学期的学期末进行。第二种考核形式为交流教师特有的考核，即按照交流教师的考核标准进行单独考核，该项考核每学年一次。对交流教师的考核，评价主体应多元化，包括接收学校的校长、教师、学生以及交流教师本人。

考核结果要上报县级有关部门及派出学校，并将考核结果存入交流教师档案数据库，对表现优异的教师进行表彰和奖励。

6. 培训学习

教师的交流工作结束之后，县（区）教育行政部门要组织本行政区域内所有参加交流活动的教师进行总结与交流，分享教师交流的经历和心得、在交流过程中积累的经验、存在的问题以及思考和建议等，完善教师交流的相关政策，为后续教师交流的开展提供宝贵的指导和借鉴。然后交流教师回到原学校以后再向本校教师分享交流经验，并对本校教师进行相关培训和指导，此外原学校也要对交流教师进行培训，培训内容包括学校当前的制度规定、教学进度、学生情况等，以便交流教师能在短时间内熟悉工作，保证教育教学活动顺利地开展。

（六）制定教师交流的保障制度

在调研过程中，大部分校长和教师都表示教师交流是优秀教师资源在区域内的重组，对于促进教育公平有着非常重要的现实意义,但前提是要有一套完备的制度来保障学校、教师、学生等各方面的利益,尤其是交流教师的利益,解决交流教师的后顾之忧,使他们能够全身心地投入到教育教学之中。

我认为教师交流应该制定更加正规完备的制度,尤其是后续(教师交流之后)的考核与评价制度,保证考核与评价的公开、公正、公平。(衡水市R县G校长)

我们学校每年都有来交流的教师,是从市里、县里的好学校来的教师,期限是两年,派出学校会给这些教师安排校车,让教师们往返。刚开始这些交流过来的老师都是由我们学校管理,但教师们觉得反正自己也不是这个学校的,对于学校给安排的一些任务敷衍了事,领导对于他们没有什么威慑,所以比较难管理。后来就让这些交流教师们带一个领导过来,但是依旧不好管理,现在就又让我们学校的领导管理了,效果反正就是挺不好的。(保定市G市W老师)

根据校长和教师们提出的现实问题,并结合教师交流相关政策,制定教师交流的保障制度。教师交流的保障制度包括人事管理制度、教师评价制度和教师激励制度等。

1. 人事管理制度

"教师的人事关系受到学校的约束,成为校际之间人才保护的壁垒,这是区域教师流动的制度障碍"①,因此要全面推行"县管校聘"教师人事管理体制改革,打破校际人才保护壁垒,将县(区)域内的教师统一收归地方教育行政部门管理。

"县管校聘"管理体制是指全体公办义务教育学校的教师和校长全部实行县级政府统一管理。从而将校长和教师从过去的"学校人"变为县(区)义务教育系统的"系统人"。

目前我国不少学校普遍存在"超编缺教师""超编学校养闲人,缺编学校无人用"等问题,实施"县管校聘"管理制度恰恰可以有效避免这样的情况,县(区)域内教育行政部门统筹管理本区域内的教师队伍,根据各校实际情况统一调配师资。因此全面推进"县管校聘"管理体制改革有利于教师交流有效实施,打破教师交流的管理体制障碍,真正促使教师交流落到实处。

2. 教师评价制度

在访谈中研究者发现,各地教师交流的评价制度都不是很完善,大多数县(区)没有制定专门的教师交流评价制度,只是按照接收学校对教师们的考核规定来对交流教师进行评价,甚至有的学校对交流教师不评价,教师交流期满直接回原单位。

我们邯郸市规定的对交流教师由接收学校进行考核,根据交流教师所承担的工作量、教育教学成绩、学生评教、学校领导及教师评价等方面,进行综合测评,测评成绩分为优秀、良好、合格和不合格四个等次,供原单位作为参考。(邯郸市T县B校长)

对我们交流来的教师的评价和考核跟学校里其他教师一样,就是看考勤、工作量、教学成绩这些方面,没有什么特别的。(石家庄市Q区L老师)

我之前是去村里的一所小学支教了一年,结束后我就回来了,没有人对我进行考核,所

---

① 宋时春. 在流动中寻求均衡[N]. 中国教育报, 2009-12-04.

以我也不知道什么样的评价制度比较好。（保定市 A 县 L 老师）

针对上述情况，县（区）教育行政部门应根据国家及河北省教师交流相关政策并结合本区域的实际情况，制定本县（区）范围内教师交流的管理及考核办法。派出学校和接收学校都要对交流教师进行管理，但要以接收学校为主。

本研究认为对交流教师的评价应采用过程评价与结果评价相结合的方式，考核内容要涉及交流教师的职业道德（10 分）、教学工作（40 分，包括教学设计、讲课、作业布置与批改、辅导学生、教学质量、教研情况等）、教育工作（22 分，包括班级常规管理、班队会工作、班级文化建设、学校活动、家校联系等）、科研工作（18 分，包括参与课题研究、撰写论文等）、人际交往（10 分，包括同事关系、师生关系等）5 个大方面。考核采用百分制，考核结果分为优秀（90 分以上）、良好（76—90 分）、合格（60—75 分）、不合格（60 分以下）4 个等级，考核结果上报县（区）教育行政部门及派出学校，并存入交流教师档案数据库，对于不合格的教师 5 年内不得评优、晋职、晋级。具体的评价项目及分值参见表 7。

表 7 交流教师评价考核表

项目		分值
教师职业道德		10
教学工作	教学设计	6
	讲课	8
	作业布置与批改	5
	辅导学生	5
	教学质量	10
	教研情况	6
教育工作	班级常规管理	5
	班队会工作	4
	班级文化建设	4
	学校活动	5
	家校联系	4
科研工作	参与课题研究	10
	撰写论文	8
人际交往	同事关系	5
	师生关系	5

3. 教师激励制度

对于教师交流的激励措施，河北省主要有发放生活补贴、评职评优、建设教师周转宿舍等。

我们学校原来交流的时候有双倍的课时费，原来的学校给300，交流之后的学校再给300，但是后来这个政策取消了，具体什么原因我也不太清楚，反正就是没有了，取消之后，对教师们的激励就小了，好多教师就不愿意去交流了。（石家庄市Q区G老师）

对于交流教师的激励措施，我们学校暂时没有什么特别的规定，就是按照咱们河北省政策规定的来，教师要想评高级职称，就要参加教师交流，好多教师因为要评职称，也都愿意去交流。（邢台市J县H校长）

我们县有乡村教师补贴政策，离县城越远补贴的越多，最远的一个学校比县城的教师工资高一千多，所以有些村里的教师反而不愿意出来，她挣得多啊。这对教师们其实是一个挺大的吸引力。（承德市L县F校长）

从某种程度上来说，教师交流提高了对教师们的要求，使教师原本的生活和工作都受到了影响，增加了教师们的负担，同时也给他们带来了很多不便，这就要求广大教师树立大教育观，充分发扬奉献精神，为义务教育均衡发展贡献自己的一份力量。同时县（区）政府和教育行政部门也要统筹兼顾，尽可能地协调好教师交流实施的过程中涉及诸如学校、教师、学生、家长等方方面面的利益，尊重教师们的流动意愿，解决他们在工作、生活中遇到的问题与困难。建立有效的激励补偿制度，设立专项资金，将物质奖励与精神奖励相结合，一方面解决教师们的后顾之忧，让教师们能够安下心来开展教学工作，另一方面提高教师交流的吸引力，让教师交流成为学校和教师自愿自发的活动。

因此对于交流教师的激励，要建立专项资金，并且要保证资金的充裕，保证能按时按量发给交流教师。专项资金主要用于（1）交流教师的岗位补贴。由于接受学校的地理位置、环境和条件各异，有些学校的条件相当艰苦，因此要根据接收学校所在地区的艰苦程度和工作量多少将岗位津贴划分成不同的层级，对交流教师进行不同程度的经济补贴。（2）解决交流教师的住宿问题。考虑到有些教师交流之后离家太远，不能每天在家和学校之间往返，因此需要为其解决住宿的问题。接收学校可申请专项资金为交流教师建设周转房，为教师在生活上提供便利条件。（3）解决交流教师的交通问题。派出学校和接收学校可进行协商，如果交通便利的情况下，可以为交流教师开通专门的校车，接送教师往返，如果交通不便利的话，就根据接收学校所在地区的远近为交流教师发放交通补贴。（4）给予交流教师奖励。对于在交流过程中表现优秀的教师，要适当给予精神奖励和物质奖励，如发放荣誉证书和奖金，并在评优、评职称等方面予以倾斜。

四、教师交流模式的现实检验

研究者曾对河北省义务教育教师交流的实施现状进行调查研究[①]，研究结果显示河北省内参加过教师交流的教师人数非常少，这表明河北省义务教育教师交流政策虽然在执行，但仍处于试点阶段，还没有全面展开。研究还发现了河北省教师交流实施过程中存在的一些问题，

---

① 杨洋，闫聪. 河北省基础教育教师交流状况研究[J]. 河北民族师范学院学报，2016（4）：95-105.

如：交流教师的人事管理问题矛盾重重，教师专业发展受到影响，交流教师的编制问题难以解决，交流教师在新环境下的适应性问题突出，优质学校参与流动的动力不足，等等。这些问题同样反映出河北省义务教育教师交流还没有形成规范、稳定的制度，且教师交流制度缺乏明确的政策指导和规范的激励措施，制度的短缺使得教师交流在实施过程中频频陷入困境，开展的效果也不尽人意。因此构建一种有效的县域义务教育教师交流的模式对于改善当前义务教育教师交流现状，促进优质师资的均衡，从而促进义务教育均衡发展具有十分重要的意义。

本研究在调查研究的基础上构建了河北省"教师交流的整体建构模式"，并针对该模式对河北省内义务教育阶段部分校长、教师进行了访谈，对该模式进行现实检验。

（一）教师交流理念的检验

当被问及教师交流的理念时，被访谈校长和教师均表示没有思考过这个问题，大多数校长和教师都非常赞成这一措施，认为实施教师交流对于促进义务教育均衡发展十分有价值。

我觉得（教师交流）很有价值很有作用……你说不交流，学校怎么去改变，教师怎么去提升，所以说交流是非常有必要的。我认为交流和学习，它对教师这个成长会有一个正向的影响，我们农村的教师能力提高了，对咱们学生的发展也有利，当然也有利于你说的这个教育均衡发展。虽然交流有些困难，但是这些困难一定要想办法克服。（承德市L县S校长）

我是这么认为的，就是学校之间这样的教师交流，可能对整个大的环境都有好处。因为一个人要是在一个地方待的时间长了以后，他就有惰性了，我是这么理解的……怎么说呢，就是这样的情况，拿出一个名师过来能带动一片，这个（教师交流）对城乡教育都有利。（承德市L县B校长）

教师交流不就是为了教育均衡发展嘛，是吧？所以应该派骨干教师去交流效果更好，把他们好的教学方法啊、理念啊、经验啊给我们普通教师传授传授，我们也学习学习，这样对学生也好，对吧。（保定市Z市W老师）

也有的校长和老师提出教师交流在实施过程中，应该结合学校的实际情况，并尊重教师们的意愿，考虑到教师们的难处，帮助教师们解决生活和工作中的困难。

这个教师交流吧怎么说呢，其实我挺支持这个政策的，我觉得换个工作环境也不错，挺有挑战性的。但是我现在的情况不太允许，生活上有些困难，我要照顾我父母，我父母身体不太好，家里就我一个孩子，所以要是让我交流到离家特别远的学校，那我肯定去不了。（石家庄G区S老师）

我觉得应该是教师自愿参加交流，然后再根据条件选一个比较合适的人，根据当时的情况，并不是说一概而论，我觉得每个人和每个时期的情况不太一样。如果说自己感觉这个机会挺好，挺合适，自己自身也没有什么问题，那就可以去。如果说强制性的，比如说这个教师正在哺乳期或是家里有困难，你要非得让她去，我觉得这也太不人性化了。（石家庄Q区L老师）

你比如说派人，你怎么派？派什么样的老师？局（教育局）里得有一个流动的方案，你不能硬派，好多教师可能不愿意去，当地的很多教师肯定不愿意走，那么就得有一些举措，得有个方案，要考虑到教师们的实际情况，有的教师确实有难处是吧，所以不能一刀切，然后再通过一些鼓励、激励的措施，你比如补贴啊，评优啊什么的，让教师有交流的动力。（承德市 L 县 Y 校长）

虽然被访谈校长和教师没有直接回答关于"教师交流的理念"问题，但是从以上校长和教师们对教师交流的看法中可以看出，他们认为教师交流对于促进义务教育均衡发展、提升教师专业水平和能力以及促进学生的发展都是十分有价值的，但在教师交流实施过程中也要尊重骄教师们的意愿，体现对教师的关怀和鼓励。这与研究者提出的"以义务教育均衡发展为目标，以学生全面发展为核心，兼顾教师的需求与利益"这一教师交流理念基本吻合。

（二）教师交流内容的检验

1. 教师交流的地域范围和对象

访谈多次问及被访谈校长对于教师交流的地域范围的看法：

我的想法就是把我这个学校作为一个基地，辐射整个县，把我这个学校真正的搞成一个名校，然后请全国的专家，给我们学校的教师们进行培训，然后再让教师们下去带动村里的教师，共同学习和提高，这样我们整个县的教师队伍都会有提升，那教育水平肯定也会显著提高。（承德市 L 县 C 校长）

假如要是说有一些这样官方的（教师培训）或者是有一些让我们的教师到市里的名校去学习的机会，应该是比较好。然后我也打听到，比方说石家庄市教研室，好像是每一个月都有学习沙龙什么的，我就想让我们的教师，每个月都能去参加一次，去学习一下那些骨干教师的教学经验，比如说这一段时间要怎样讲课、要怎样复习、备课是怎样的思路。但是我们缺少这些机会，我们不知道怎样才能参加，怎样跟他们建立这种合作关系，我们没有政策支持。如果教育局给我们这样的机会，即使每周去一次，我们都能派教师去，到时候我们租车去，租一个大客车，把教师们拉去，参加活动，参加活动以后回来。（辛集市 J 镇 Z 校长）

关于教师交流的对象方面，在访谈过程中，校长和教师们着重强调了优秀教师在交流过程中的重要作用。

这个交流得看交流什么样的教师，你要是城市跟农村交流，还能换换不同素质的教师，你要是农村跟农村的交流，教师们的水平应该差不多，就没什么意义了。（辛集市 J 镇 W 老师）

按学科把好教师集中起来，然后到某个学校去，集中地让他们给教师做培训，这种交流我感觉比较有效。其实就是把教研室的功能放大，把这个优秀教师集中起来，发挥他们的辐射作用。我想这个面会比较大，效果会好一点。（承德市 L 县 A 校长）

还有的人提到了交流教师学科的问题，认为在安排交流教师的时候要考虑接收学校需要哪个学科的教师，不能随机安排。

交流的时候要考虑，一个是交流的教师对等，那边学校来一个教师，我们这也去一个教师；

再一个就是交流教师所教的科目,看看学校需要哪个学科的教师,比如人家缺一个美术老师,你给安排一个音乐老师过去,这就没什么意义了。(邢台市J县G校长)

关于教师交流的地域范围和对象,被访谈者比较赞同本研究构建的教师交流模式中关于交流的地域范围和对象的规定,即,教师交流在县(区)域内展开,遵循由近及远、由小及大的原则,先在学区、联盟校、教育集团、中心校等小区域内的学校之间进行,然后逐步扩大范围,最终实现县(区)域内的教师流动。也有个别校长提出教师交流不应该仅仅局限于县(区)域内,而应该扩大范围,将全市、全省、甚至全国的优秀教师都流动起来,请他们到薄弱学校、农村学校对教师进行指导。薄弱学校、农村学校的教师也要走出去,去各地的名校参观学习。

2. 教师交流的时间

在调研过程中,校长和教师们对交流的时间看法不一,有的人认为一年左右比较好,时间太长的话生活不方便;有的人认为要按照学制来安排交流的时间,小学教师交流时间为6年,中学为3年;也有的教师采取无所谓的态度。

我感觉3年的话,是不是时间有点长,因为小学整个就6年,然后一半的时间去别的学校工作,这样不是很好。所以我的想法是,可以去别的学校学习一段时间,一年或是一年多,3年有点时间长,然后回来以后把自己学到的比较好的方法啊、经验啊,运用到自己这个班里,然后边实践边改进,如果说能适合自己学生的那就拿来用,不适合的再进行调整和改进,我觉得这样会比较好一点。(石家庄市Q区W老师)

我们的教师流动,在小学这块,基本上是这样,小学一个周期是6年。所以我们一般情况下掌握在6年一轮换,也有特殊的;中学一个周期是3年,所以中学一般是3年一轮,但也不是绝对的。要是按照一届的话,校长聘期一届是3年,原则上不超过两届,所以教师交流,我们这儿是严格卡着6年。(承德市L县B校长)

我听从学校的安排,学校让我去几年我就去几年,现在我孩子也大了,没有什么后顾之忧,我愿意去交流,换个工作环境,出去学习学习。(保定市Z市W老师)

访谈中,还有一些校长和教师提出了短期教师交流的形式比较好,如送教下乡、联片教研、名师工程等。这样既能实现优秀教师的辐射作用,又能避免长时间交流给教师带来的各种困难与不便。

"送教下乡"就是将各学科骨干教师、名师集中起来送到农村去,为农村学校的教师进行教学指导和培训。

这个均衡管理就是发挥优秀教师的辐射作用,我们这每年都会请一些骨干教师、名师来学校给我们的教师做培训。我们县教育局也会组织这个,比如说县城里有一些好教师,他们成立了教研室,每年都会来我们学校给我们的教师进行指导,我们这(把这种形式)叫送教下乡。(承德市K县G校长)

"联片教研"即以校区为单位,各学科教师集中到一起进行教研活动。

联片教研我们有几种形式，你比方说教师们集中听一轮课，如果有公开课的话，教师们会进行评课；还有就是通过座谈的形式针对某一个问题让教师们进行讨论；或者是有教师外出培训回来了，叫他给教师们进行二级培训；再有一个就是观摩名师的课，看录像。或者是把外面的名师请进来，和我们的教师一起联手进行教研，这个学期我们已经搞过两回了。（邢台市J县C老师）

"名师工程"即成立名师工作室，将名师、骨干教师集中在一起进行教研活动，定期为教师们进行培训和指导。

咱们县里有"名师工程"。像我们学校你说是市级名师也好，市级学科代表也好，县级学科代表也好，他们都要带几名教师，每位名师一个学期带几位教师，指导他们如何备课、如何上课、如何教学等，我们县有这么一个骨干教师的培养计划，我们都是按照这个计划这么走。（承德市L县B老师）

短期的教师交流形式实施起来更加容易，且可以多次进行，在人员选择和时间安排上非常灵活，可以在较短的时间内解决某些教师当前存在的教育教学问题、改革教学方法、提升教学水平。各县（区）内的学校可以根据实际需求灵活安排短期的教师交流，这也是均衡优秀教师资源的一个有效手段。因此教师交流在时间安排上可采取"长短结合"的方式，因地制宜。

3. 教师交流的形式

我们交流之后人事关系还是在原来的学校的，没听说过有带着人事关系进行教师交流的，要是人事关系都带走了，那我们还能回来吗？我个人觉得还是不带人事关系比较好，这样比较有安全感。（石家庄市Q区F老师）

我们这还有一个特殊情况，就是支小，支援小学，因为周边这些个小学都缺老师，而我们学校可能规模稍微小一点，正好有些学科的老师余出来了。然后我就叫这些余出来的老师们去支援周边的小学去，现在我们学校有14个老师在外面支教。（石家庄市G区J校长）

其实咱们做交流，我再说几句，就当一个探讨，那就是推动干部交流，城乡干部交流，跨学区之间的干部交流，我们县在这块做得力度很大，已经基本形成3批了……首先是抓校长，县城的校长和农村的校长，但是农村向县城交流的目前还很少，主要是县城的校长到农村来。所以下一步还要把农村的校长交流到县城里边，即使他当不了校长，他可以当主任，这样也可以接受县城学校的管理理念。如果年龄允许的话，就让校长们交流，通过这种干部的交流，来促进整个县的均衡发展。（承德市L县F校长）

可见，教师的交流形式可以多样化：从是否带人事关系流动来看，可以是柔性流动，即不带人事关系流动，可以是刚性流动，即带着人事（管理）关系流动；从流动方向来看，有单向流动，如支教，也有双向流动，如双方学校互派教师到对方学校去工作；从流动的对象来看，义务教育阶段内全体教师（校长）都可以参与教师交流，特别鼓励优秀教师、骨干教师、学科带头人积极参与交流；从流动的区域来看，可以是县（区）域内的流动，包括城乡间、学区间、中心校与教学点之间、联合校之间……教师的相互交流，条件成熟的情况下，教师流动也可以扩展到省域、甚至全国范围内。

（三）教师交流工具的检验

对于研究者构建的教师交流实施的操作平台，被访谈对象均表示赞成，各地也在不同程度的进行探索。当前QQ群、微信群已经广泛应用于教育教学活动中，除研究者提到的建立交流教师信息共享平台、交流教师档案数据库、交流教师网络研修平台，邢台市J县还建立了无校籍名师库，在县域内打造了一支学习型、研究型、创新型、结构合理、专兼结合、富有活力的优秀教师队伍。

表8 邢台市J县无校籍名师库（片段）[①]

10	王秀彦	音乐	育红小学
11	高丽芳	音乐	育红小学
12	陈智爽	美术	育红小学
13	邢雪贞	品德	育红小学
14	绳彦丹	体育	育红小学
15	孙会云	语文	育英小学
16	胡平宁	数学	育英小学
17	王晓玲	音乐	育英小学
18	李彩会	语文	育英小学
19	陈秀梅	数学	育英小学
20	牛秀兰	数学	育英小学
21	胡瑞娜	语文	育英小学
22	王雪芳	语文	育新小学
23	孟丽芳	数学	育蕾小学
24	姚敬民	语文	育蕾小学
25	王　云	语文	育蕾小学
26	彭伟伟	综合实践	曹辛庄明德
27	牛秀云	综合实践	曹辛庄明德
28	刘兰格	综合实践	曹辛庄明德

因此，在当前飞速发展的互联网时代，各地要充分利用先进的信息技术手段，结合本区域内的实际情况，搭建实用、高效的操作平台，为教师交流的顺利开展提供强有力的支撑。

（四）教师交流程序的检验

在访谈的过程中，校长和教师们均比较赞成研究者编定的教师交流程序，认为该程序操

---

① 第四栏为该教师目前所在学校。

作性比较强，还有一些校长和教师反映出教师交流缺少一个专门的机构来指导教师交流的实施工作，导致教师交流过程中出现问题不知道向谁反映、不清楚如何解决。

你比如说咱们说到义务教育均衡发展实施意见中，说校长在一个学校任职六年必须交流，但是在实施过程中总会有许多这样那样的问题，导致这个政策不能落实。所以这个规定现在就缺一个部门来执行。如果成立一个部门专门来负责这个事情，真正要落实我认为是可以做到的。（承德市Q区L校长）

这个事必须是教育主管部门才能做的事，学校是没权力的，你假如说我们县城的四中，他那就语文教师多，我校恰恰语文教师少，我们两个学校的语文教师正好可以交流交流，但是我们两个学校之间是没办法做这个事的，只有通过人事部门行政调动的方式才能给安排。而人事调动又是非常复杂的一件事，办起来相当困难，如果能有一个机构专门安排教师交流，可能会容易得多。（承德市K县M校长）

由此可见，应该成立专门的教师交流工作小组，负责教师交流的全部工作。教师交流工作小组包括组长1名，由县（区）教育局局长担任；副组长2名，由教育局内1名主管基础教育工作和1名主管人事工作的人员担任；成员若干，由当年不参与交流的校长担任，动态轮换。该工作小组负责制定教师交流具体的工作细则、指导并监督教师交流各环节的工作实施、定期到交流学校考察交流教师的工作情况、对交流教师进行最终的评价考核鉴定等。

基于此，最终将教师交流的实施程序调整为：

图6　教师交流实施程序图

（五）教师交流制度的检验

21世纪教育研究院院长杨东平分析，教师交流最大的障碍是制度，教师资源归学校所有，导致学校和教师流动意愿都不强，强制性推行教师交流困难重重，且效果不尽人意[①]。制定一套行之有效的教师交流制度才能推动教师交流的顺利开展。

1. 人事管理制度

对于"县管校聘"这一管理制度，在访谈中，校长和教师们基本上持观望态度，没有明确表明自己的观点，也有的被访谈者提出了对教师归属感的担忧。

这样（县管校聘）可能有利于教师的统一分配，但是产生的问题就是教师的归属感啊。我就没有归属感，老觉得自己心吊着，今天在这个学校，明天在那个学校。（保定市A县Y老师）

因此，实施"县管校聘"管理体制，将全体公办义务教育学校的教师和校长全部收归县级政府统一管理，使校长和教师从过去的"学校人"变为县（区）义务教育系统的"系统人"。

---

① 　梁好. 师资流动需顺应城乡一体化大局（J）. 中国教工，2017（3）：28.

同时提高教师的社会地位，将教师职业确立为国家公务员，享受和公务员同等的待遇，让教师们从心理上产生一种荣誉感和国家归属感，这样一来教师们就更加愿意接受教育行政部门的派遣，积极参加教师交流。此外，考虑到当前中小学学校教师结构性缺编的问题，县（区）教育行政部门可组建一支"教师预备队"，将本行政区域内有代课经验的优秀教师统一登记，组建档案，当某个学校由于教师培训、教师请假、教师交流等原因出现教师不足的情况时，就从"教师预备队"中挑选教师及时补充进去，保证学校能够正常开展教育教学活动，同时也避免了部分学校自己招聘代课教师所带来的种种麻烦。教师队伍稳定了，才能保证教师交流顺利地开展。

2. 教师评价制度

对于研究者提出的教师评价制度，被访谈校长和教师都比较赞成，认为该评价方法比较公正、合理，如果各个学校能保证实施该方法，效果应该很不错。

我们现在就是缺少一个比较系统的评价方法，有的文件中倒是也提到了对交流教师应该如何考核，如何评价，但真正落实的比较少，每个教师交流完之后都是合格，不像你这个评价方法设计得这么细致，所以要真的实施的话应该是比较好的。（承德市L县E校长）

3. 教师激励制度

访谈中关于对交流教师激励的这个问题，被访谈者都赞成本研究构建的教师交流模式中提到的评职评优、岗位津贴、解决住宿和交通问题、奖金和荣誉等激励措施。

现在来说的话还是都比较愿意去的，因为有了经历以后评职称就……它是跟评职称挂钩的。如果安排我们交流到村里的学校的话，我们要想评职称就必须得去。（石家庄市Q区Z老师）

我们县的政策是以县城为中心，离得越远教师补贴越多，我这就200一个月，TDH(镇)那的教师500一个月。（承德市K县Z校长）

现在我们有这种农村教师补贴这个政策，好多教师也愿意上农村去，家里没什么负担，孩子也上大学了，有的都工作了，她在县城，还不如上山里的学校去，还能多挣工资，而且评职评优的话也优先。（承德市L县D校长）

但也有的教师表示即使有这些激励措施，如果交流到特别偏远的地区，也还是不愿意去。

我们县有些农村基础设施非常不健全，都是土路，交通不方便，卫生条件也差，连个医院、银行什么的都没有，要让我在那工作个三五年，我肯定不愿意去。（保定市X县L老师）

因此，我们不得不深思：为什么教师流动不起来？为什么城里的教师不愿意到农村来？究其根本原因还是城乡二元经济结构导致城乡经济、教育、卫生、医疗等差距巨大。因此要全面推进教师交流，不仅需要政策支持，更需要从根本上改变农村的现状，加大对农村建设的经济投入，推动城乡一体化发展，积极响应国家号召，建设美丽乡村，完善农村基础服务设施，解决教师们在生活上的顾虑，让交流教师能够放心的投身农村教育，在此基础上再实施诸如评职评优、岗位津贴、奖金和荣誉等激励措施。

（六）教师交流方法论的检验

根据上述教师交流理念、内容、工具、程序、制度的现实检验，研究者将构建的教师交流方法论进一步补充、完善，方法论的检验不是一朝一夕能完成的，需要在实践中长时间的贯彻与执行，才能总结出其优点与不足。

通过现实检验，研究者构建的"教师交流整体建构模式"在一定程度上得到了校长和教师们的认可，具有一定的操作性和适应性，其推广尚需要在长期的实践中不断检验和完善，最终促进教师交流在县域内的实施常态化、制度化。

教育大计，教师为本，教师是学校的第一资源。在当前我国全面推进义务教育均衡发展的大背景下，城乡校际之间硬件的差距已大大缩小，质量和效率兼顾成为义务教育均衡发展的最高追求。大力推行教师交流，发挥优秀教师资源的辐射作用，保障义务教育师资队伍的均衡，成为各级教育行政部门面临的亟待解决的重大难题。

教师交流是一项系统的工程，涉及方方面面的利益，包括教育行政部门、学校、教师、学生、家长等。各县区由于经济、政治、文化背景等方面存在巨大差异，学校、教师、学生的情况更是显著不同，因此教师交流的开展没有一个现成的、统一的模式可套，各地在推行教师交流的过程中依旧存在各种各样的困难和问题，教师交流常态化、制度化的实施仍需要进一步探索，在实践中不断完善和提升。

河北省大学新生核心素养状况研究

张思婧

【提要】 核心素养是学生应对未来社会生活和个人发展的挑战而必须具备的关键素养，具体体现为学生在知识、技能以及情感、态度、价值观等多方面的综合表现。当前，核心素养的理念与体系在国内外逐步兴起与完善，不仅引领着我国21世纪教育改革的方向，还对于大学生的培育具有现实意义。本研究旨在以"中国学生发展核心素养"为分析框架，通过调查研究，发现当前河北省大学新生核心素养的具备情况并不乐观。整体看来，学生的核心素养各维度发展不平衡，学生的核心素养欠缺实践转化；本文从明确核心素养理念的引领和学生的主体性作用、学生在核心素养各维度发展中的重点及问题、健全高校管理体制三个方面提出了大学生核心素养培育及提升的具体路径。

一、问题的提出

核心素养是学生应对未来社会生活和个人发展的挑战而必须具备关键的、不可或缺的共同素养，涵盖了新世纪对人才培养的具体指向；核心素养的提出，目的是促进教育能够培育出更适应社会进步和时代要求的人，使人们能够满足终身发展的需要和时代发展的需要，其最终指向是培养什么样的人。

（一）核心素养的理念与体系在国内外逐步兴起与完善

面对21世纪发展的新格局，各国际组织积极研制符合新世纪要求和本国特色的育人目标。如1996年，联合国教科文组织在发布的教育报告《学习：内在的财富》中提出了核心素养概念的雏形——教育的4大支柱。1997年国际经济合作与发展组织（以下简称"国际经合组织"）正式启动核心素养研究，并针对学生的必备素养建立了一个概念框架。构建了学生必备素养的概念框架。2002年，欧盟第一次使用"核心素养"这一概念。继各大国际组织率先提出培育人才的核心素养之后，部分西方国家也相继研究和完善"核心素养"体系，不断落实推进本国新世纪人才核心素养的培育，如美国提出的"21世纪素养"具有明确的指向性和操作性，且覆盖范围广。

2014年，教育部根据中国共产党的十八大关于"立德树人"的指导方针，在文件《教育部关于全面深化课程改革 落实立德树人根本任务的意见》中指出核心素养体系的制定是"立德树人"任务中的首要环节。这是中国首次在官方文件中使用"核心素养"一词。

我国的《中国学生发展核心素养》总体框架于2016年9月正式发布。

从国际视野来看，中国对21世纪人才必备素质指标的研究起步较晚，理念还缺乏实践的验证，具体的落实措施仍亟须完善，这一主题值得我们继续不断探讨和研究。

（二）核心素养引领我国 21 世纪教育改革的方向

教育的根本目的是育人。"培养什么样的人"从古至今都是教育者们寻求解决的基本问题。随着时代的进步，育人目标也随之发生积极的变化，以使得教育培育出来的人更能适应新时代的要求与挑战。

为我国教育能够应对新世纪发展的需求，国家出台了一系列教育改革政策。1999 年国务院颁发了《关于深化教育改革 全面推进素质教育的决定》、2001 年颁发的《关于基础教育改革与发展的决定》中强调了要扎实推进素质教育。素质教育是应对应试教育产生的弊端而提出的，它以学生的全面发展为重点，但归其根本在于培养什么样的人和如何培养人。而"核心素养"是针对新世纪人才培养的方向而提出的，其落脚点同样对人的培育应制定什么样的培养目标以及在培育过程中应该用什么样的培养方式。由此可见，核心素养与素质教育的归宿是统一的，而且核心素养是对素质教育的丰富和升华，是素质教育的升级版和聚焦版，有利于推进素质教育工程、解决素质教育改革中的问题、深入推进素质教育改革。

教育部于 2001 年印发《基础教育课程改革纲要（试行）》，该文件中规定了课程改革目标，明确指出课程改革要关注学生兴趣、适应学生需求、培养学生能力、体现当今时代的特色和所需。直到 2010 年，在《国家中长期教育改革和发展教育规划纲要（2010—2020 年）》中的战略主题也提到要坚持以人为本、坚持德育为先、坚持能力为重、坚持全面发展。从政策方向来看，教育改革要满足个体需求，而核心素养正是为人的需求和社会需要而量身定做的，满足个体和社会的双重需求，全面落实并体现了我国教育改革的要求和目标。

教育部于 2014 年的政策文件中曾明确提出"研制各阶段学生的核心素养体系"；2016 年 9 月，《中国学生发展核心素养》正式出炉，标志着教育领域、教育改革将以核心素养为纲。

核心素养的提出不仅回应了教育改革以来的重点，巩固发展已有成果，还成为教育改革新阶段的坐标，推动教育领域进行更深层次的改革。

综上来看，核心素养将引领我国 21 世纪教育改革的方向，因此当前迫切需要在各教育领域研究并推进核心素养。

（三）核心素养对于大学生的培育具有现实意义

在 21 世纪机遇与挑战并存的大背景下，高等教育作为向社会、国家输送人才的重要基地，承担着如何培育具备核心素养的大学生这一工作重点。目前我国的高等教育已实现由精英化向大众化的转变，但是由于起步较晚、基础薄弱，加之招生规模持续扩张，使得社会对高等教育的质量产生了质疑，例如经常被社会所诟病及新闻媒体所报道的当今大学生"生活方式欠佳""责任意识薄弱""创新创业能力不足"等问题，甚至在大学毕业生群体中出现"啃老族""毕业即失业""月光族"等怪象。从表面上看来，以上现象是因为大学生自身能力无法适应社会需求而产生的，但究其根本，是由于目前我国的高等教育仍无法满足社会和学生的需要。

高等教育的目的除了使学生习得知识，还应当使大学生获得应对未来挑战的技术与能力，以及使大学生的情感、态度、价值观向正面积极的轨道上发展。通过教育的影响来提高大学生的核心素养，进而帮助大学生具备社会需求和时代要求的素养，这也是当前高等教育在培养能适应未来社会需要的高素质人才过程中需要解决的大问题。

目前，我国的高等教育仍存在着课程设置不适应社会的发展、培养目标与用人单位需求不匹配，培养的大学生在择业时适应范围小而失去宝贵就业机会等问题，这些问题和现象必须加以调整。而核心素养正是应对时代和社会的需要而提出的，包含了使大学生能够适应未来社会快速发展和满足自身终身发展的必备指标。高等教育可以依据核心素养的指标和当前大学生核心素养具备现况，找到大学生管理的重点和着力点，使大学生明确自身发展方向，实现高等教育能够满足学生自身发展和社会要求的双重需要。

二、奠基之石：核心素养概述

（一）核心素养的内涵与外延

关于"核心素养"的内涵各学者的观点不一，2014年教育部关于"立德树人"的政策文件中对于"核心素养"的界定是"学生应当具备的必备品格和关键能力，能够使学生适应个人的终身发展，能够使学生适应社会发展需要"，这是我国目前对于"核心素养"较为官方内涵界定。

本研究综合国内外学者以及政策文件有关"核心素养"的定义，将"核心素养"的内涵归纳为是学生应对未来社会生活和个人发展的挑战而必须具备的关键素养，具体体现为学生在知识、技能以及情感、态度、价值观等多方面的综合表现，是被普遍需要、不可或缺的共同素养，能够使每一名学生获得成功生活、适应个人终身发展和社会发展。

"核心素养"既包含必备品格也包含必备能力，既反映个体需求也反映社会需求，既要具备全球性也要具备本土性。

国际上关于核心素养外延的遴选大致可分为"人与工具、人与自己、人与社会"三大方面，既注重语言的发展和使用，也关注创新能力、独立能力、组织能力等方面的素养。

我国教育部发布的关于学生发展核心素养框架的遴选包括文化基础、自主发展、社会参与三个方面，综合表现为人文底蕴、科学精神、学会学习、健康生活、责任担当、实践创新六大素养，具体细化为国家认同的十八个基本要点。

综上来看，我国学者对于核心素养遴选的建议以及目前的核心素养框架不仅符合我国的育人目标、教育政策还契合国际关于核心素养的理念。

（二）国内外关于核心素养框架内容的建构

从20世纪90年代末开始，各国际组织和国家（地区）为了提高本国国际竞争力，以应对全球化经济发展的需要，促进本国人民提升自身素养以适应全球化社会的需要，纷纷开展了关于核心素养的研究，并先后着手学生核心素养框架的构建。

1. 国际经合组织的学生核心素养框架

1997年，国际经合组织在"素养的界定与遴选：理论和概念基础"项目中确定的学生核心素养框架包括3个维度9项素养（见表1）。

表1 国际经合组织的学生核心素养框架

维度	素养
能互动地使用工具	互动地使用语言、符号和文本
	互动地使用知识和信息
	互动地使用（新）技术
能自律自主地行动	在复杂的大环境中行动
	形成并执行个人计划或生活规划
	知道自己的权利和义务，能保护及维护权利、利益，也知道自己的局限与不足
能在社会异质群体中互动	与他人建立良好的关系
	团队合作
	管理与解决冲突

国际经合组织关于学生必备素养框架的界定强调的是人与技术、人与社会、人与自身相处的能力，经合组织的核心素养框架是为了推动成员国经济和社会的发展而提出的诉求，希望培养出来的人才能够理性成熟的思考问题，对自身、对他人、对社会都产生价值，具备能够把个人的想法转化成实际和行动的能力，既能满足个人需要，也能满足社会发展的需要。该框架的特点在于：具有宏观性，注重对学生理性思维的培养；强调"反思性"，包括反思性思考和反思性行动[①]；强调个体的行动力。

2. 欧盟的学生核心素养框架

2016年12月，欧盟通过了《以核心素养促进终身学习》这一有关核心素养的建议案，确定了8大核心素养（见表2），这8大领域核心素养由知识、态度和技能三方面构成。

表2 欧盟的学生核心素养框架

8大核心素养	母语沟通
	外语沟通
	数学素养及科技基本素养
	数位素养
	学习如何学习
	人际跨文化与社会素养
	创新应变的企业家精神
	文化表达

---

① 黄志军. 经合组织和欧盟对人才规格的期待：政策文本分析的视角[J]. 湖北教育（教育教学），2017（2）：6.

欧盟关于学生核心素养的框架制定之初的目的是提升组织在世界的整体竞争力,该框架是在经合组织的框架基础上发展而来的,涵盖了经合组织提出的框架中所涉及的领域,并且还对这些素养的概念和内容进行了具体阐释,比经合组织的框架更加微观具体,更加注重素养与学科的结合,注重跨文化的交流。

3. 联合国教科文组织的学生核心素养框架

2013年2月,联合国教科文组织发布基于人本主义思想的报告《走向终身学习——每位儿童应该学什么》,强调在基础教育阶段应该重视身体健康、社会情绪、文化艺术、文字沟通、学习方法与认知、数字与数学、科学与技术等7个等维度的素养。①

联合国教科文组织对21世纪人类必备素养的界定从全人类生存的角度出发,希望每个人都能具备在21世纪过上自己想要的生活并助推实现社会良好运行的素养,该框架与经合组织和欧盟关于核心素养内容的定位基本一致,但更加强调时代性和人道精神、人本主义,其中终身学习的思想是其框架内容的指导思想并贯穿始终。

4. 美国的"21世纪素养"彩虹图

2002年,21世纪技能伙伴协会(Partnership for 21st Century Skills,简称P21)发表了《21世纪的学习与技能》报告,构建了"21世纪素养"彩虹图,并在2007年更新了该框架图(见图1)。

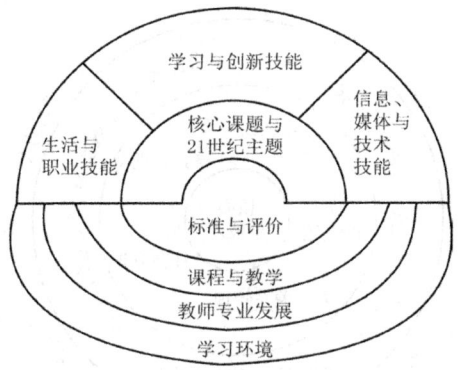

图1 美国的"21世纪素养"彩虹图

框架图里面包含三大领域,每个领域下又包含了若干要求(见表3)。

表3 美国"21世纪素养"的技能领域和素养要求

领域	要求
学习与创新技能	批判性思维和问题解决能力
	创造性和创新能力
	交流与合作能力
信息、媒体与技术技能	信息素养
	媒体素养
	信息交流和科技素养

---

① 褚宏启,张咏梅,田一. 我国学生的核心素养及其培育[J]. 中小学管理,2015(9):4-7.

续表

领域	要求
生活与职业技能	灵活性和适应性 主动性和自我指导 社会和跨文化技能 工作效率和胜任工作的能力 领导能力和责任能力

美国的"21世纪素养"较国际经合组织、欧盟、联合国教科文组织提出的核心素养框架更为全面、具体，可操作性和指向性更强，其内容面对的目标群体包含商业团体、教育者以及政策制定者，涵盖的范围广而全面。美国P21组织还强调核心素养落实的重点在教育领域，并辅以测评系统、课程和教学、教师的专业发展和全社会的学习环境加以配合支撑。美国通过联合社会各方力量，全面系统而具体推进"21世纪素养"落实的方式为世界各国将人才培养目标转化成现实提供了借鉴。

5. 新加坡的"21世纪素养"框架

新加坡在2010年3月公布了新加坡学生的"21世纪素养"框架（见图2）。

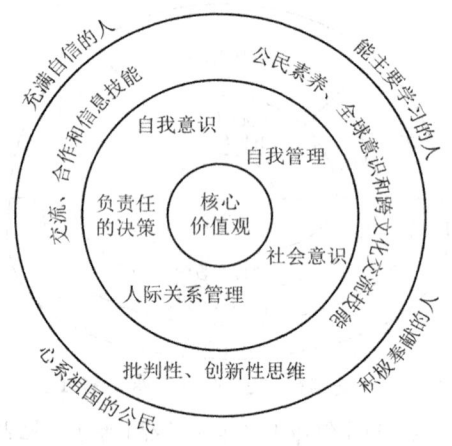

图2 新加坡的"21世纪素养"框架

新加坡的"21世纪素养"框架将核心素养分为3个层次：第一个层次，是居于框架中心的核心价值观；第二个层次，社交与情绪管理技能；第三个层次，是关于成为怎样的人的定义。新加坡的"21世纪素养"除了细化核心素养至各个学科以及建立可操作的评价标准，其框架内容更倾向于国家取向和民族取向，<u>塑造具备符合国家提倡的核心价值观的人，培养热爱民族团结、心系祖国的公民</u>。

6. 我国的学生发展核心素养框架

中国学生发展核心素养研究成果于2016年9月发布，这一总体框架将培养"全面发展的人"

作为核心，分为文化基础、自主发展、社会参与三个方面，综合表现为六大素养（见图3）。

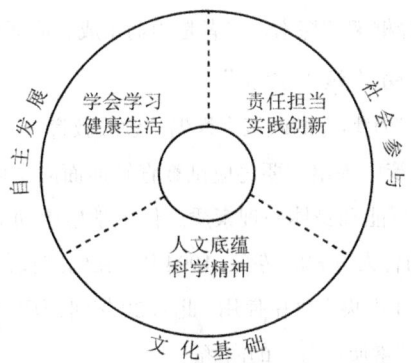

图3 中国学生发展核心素养框架

图4是"中国学生发展核心素养"的6大素养18个要点具体指向。

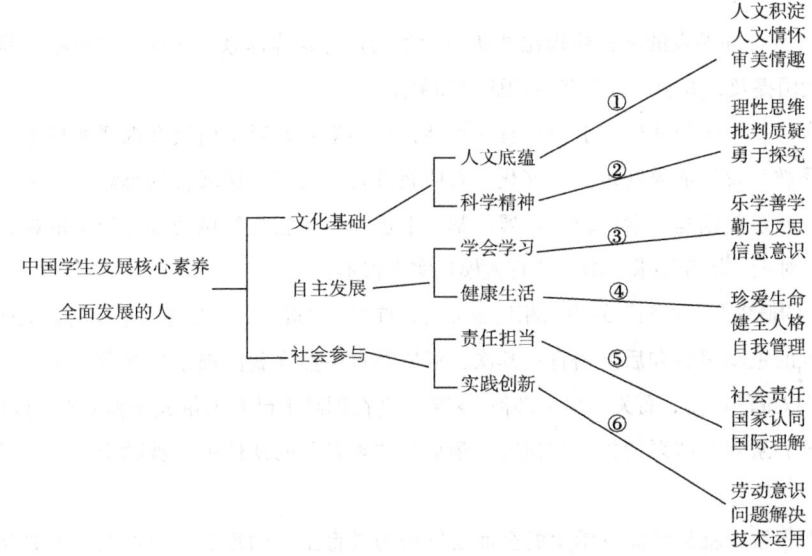

图4 中国学生发展核心素养的18个要点

我国学生的核心素养框架充分地体现了马克思主义所说的人的社会性等本质属性，与中国国情发展和我国学生发展特点相结合，围绕立德树人的基本要求，回应时代的要求，更加强调对中国传统文化的传承与发展，根植于中国文化土壤，价值定位符合中国特色。

整体来看，我国的学生核心素养框架与国际经合组织、欧盟、联合国以及美国、新加坡等国际组织和国家所制定的核心素养框架虽然在取向指标上各有不同，但在核心指向上基本一致，都是为了培养全面发展的人，且都重视个人的自主发展、重视个人与社会相处的能力、重视个人的文化知识素养，与国家进步和社会发展相统一。

（三）我国"核心素养"的相关政策规定

政策的制定与对核心素养框架的探索，二者是相辅相成、应运而生且相互促进的。

1. 从"素质教育"转向"核心素养"

2014年以前，我国关于学生培育的政策多提倡"素质教育"。

1993年，我国在教育政策中提出"要将应试教育转向面向全体学生的、全面的，以提升思想道德、文化科学、劳动技能和身体心理素质、促进学生生动活泼地发展为重点的，提高国民素质的轨道上来"，推动育人方式的转变。1994年，在国家教育委员会颁布的政策文件中，"素质教育"这一概念被正式在中央文件中使用。此后20年间，国家陆续出台了一系列有关"素质教育"的政策，不断丰富"素质教育"的内涵。

素质教育被认为是"面向受教育者及社会长远发展的要求，以全面提高全体学生的基本素质为根本宗旨，注重培养受教育者的态度、能力，促进受教育者在德智体等方面发展为基本特征的教育"。

2014年，教育部颁发的文件中提出要研制学生的核心素养体系。届此，"核心素养"一词被正式在我国提及，并引起社会各界的研讨和关注。

素质教育与核心素养从根本上说具有一致性，核心素养是对素质教育内涵的精进，是在新时期对素质教育发展成果的进一步深化。素质教育旨在改变应试教育的弊病，促进育人模式的转变。核心素养则是在素质教育发展的基础上进一步在教育领域明确教育质量观念，阐明国家和社会对人才培养要求，竭力使育人模式实现根本转型。

"素养"的概念与"素质"的提法相比较而言，首先，"素质"含有先天禀赋的含义而"素养"更强调人的主动习得和后天培育；其次，素质教育虽然在我国被不断提及和丰富，但仍未形成系统、权威的体系，而关于学生必备"素养"则在国际上已有大量成果和多种权威体系，利于我国"核心素养"体系的构建与研究；最后，"素养"的使用更易被赋予新内涵，利于政策的推进。

总之，素质教育就是将促进学生的全面发展作为教育工作的重点，归根在学生综合素质的提高上。核心素养是在素质教育的基础上更加明确育人目的和育人目标，含义更具有科学性、时代性和主动性，既面向学校培育也面向学生的自我发展。素质教育和核心素养所代表的教育观在根本上是一致的，具体体现在所规定的教育目的和人才培养目标上的一致。核心素养是对素质教育的延续和完善。

2. "核心素养"与"素质教育"的关联

（1）关于"培养什么样的人"的回答

自1994年至2014年间，我国出台的教育政策中有关"培养什么样的人"的问题，均围绕"素质教育"一词来阐明。

1994年，《中共中央关于进一步加强和改进学校德育工作的若干意见》中指出应重视培养学生"开拓进取、自强自立、艰苦创业"等实践创新精神,并对学生进行"社会公德和职业道德教育",提出要开设艺术课程和心理健康课程进而培养具有艺术欣赏修养和良好心理素质的学生;1996年,《中华人民共和国国民经济和社会发展"九五"计划和2010年远景目标纲要》中提出的教育现代化、提升国民素质的主张,即要求教育要培养与社会发展相一致的人;1997年,《关于当前积极推进中小学实施素质教育的若干意见》中更加具体明确地提出了素质教育的育人目标;"学会做人、学会求知、学会劳动、学会生活、学会健体和学会审美""有理想、有道德、有文化、有纪律的社会主义公民";1997年,党的十五大中指出要"培养德智体等全面发展的社会主义事业的建设者和接班人"。自此,我国的教育政策中关于"培养什么样的人"的规定基本围绕"德、智、体、美、劳"五育和"全面发展的人"来回答的,之后还提出了"一个灵魂、两个重点""德育为先""能力为重"和"因材施教",以及培养学生"服务国家服务人民的社会责任感、勇于探索的创新精神和善于解决问题的实践能力"等育人观点。2014年,《关于全面深化课程改革落实立德树人根本任务的意见》公布,其中提出要制定学生发展核心素养体系,我国对"培养什么样的人"的回答自此由"素质教育"逐渐落脚到"核心素养"上来。

虽然我国政策对育人方向词语的使用由"素质教育"转变为"核心素养",但"素质教育"与"核心素养"并不是两个毫无关联的概念,而是继承与发展的关系。从"素质教育"和"核心素养"的内涵来看:"素质教育"的内涵是根据社会和时代的要求而发展的,针对教育实践中出现的问题不断补充完善。"核心素养"则是根据我国的教育方针、世界教育改革发展趋势和全面推进素质教育、深化教育改革的需要而从宏观层面制定的。所以,"核心素养"是在"素质教育"已有发展的基础上而提出的,而且比"素质教育"更具有全局性、针对性,更符合时代发展潮流。从生理和心理的层面上来看"素质"与"素养"的表达:"素质"的表达更侧重于先天具备的能力,更强调本源性和稳定性;"素养"则更偏向于能够通过后天的培养而获得,具有可塑性、养成性。教育强调对人的塑造培养、强调人的发展进步,对于育人问题的回答,"素养"比"素质"更贴切。总之,"核心素养"是在"素质教育"发展的基础上对"培养什么样的人"更精进、更科学的解释。

(2)关于"怎样培养人"的问题

关于"怎样培养人"的问题即"核心素养"的实施问题。

我国的教育政策基本围绕着落实立德树人的宗旨,依据学段和学科的特点,与课程、教材、评价和考试等要素相融合而提出实施要求。如1999年《面向21世纪教育振兴行动计划》提出"课程教材的制定要以全面提高学生素质为目标"以及"建立应对素质教育实施的督导评估体系、改革考试和评价方法",《关于深化教育改革全面推进素质教育的决定》中还更加强调了实施"素质教育"的全面性,即要面向全体学生、面向各个阶段和各个环节,同时也强调了高质量的教师队伍对于推进"素质教育"的重要作用;2001年《关于基础教育改革与发展的决定》中针对课程体系更细化地提出了要"实行国家、地方、学校三级课程管理";2006年《义务教育法》

针对教育方法的使用提到"鼓励学校和教师采用启发式教育等教育教学方法，提高教育教学质量"；2010年，《国家中长期教育改革和发展规划纲要（2010—2020年）》针对高等教育中人才的培养提出"实行弹性学制，促进文理交融""支持学生参与科学研究""创立高等院校与科研院所、行业、企业联合培养人才的新机制"以及在人才培养模式方面要注重"学思结合""知行统一""因材施教"；2014年《关于全面深化课程改革落实立德树人根本任务的意见》对各级各类学校提出"要从实际情况和学生特点出发，把核心素养和学业质量要求落实到各学科教学中"，"依据学生发展核心素养体系，完善高等院校和中小学课程教学有关标准"。2016年《关于深化人才发展体制机制改革的意见》中提出可以通过"建立高等院校学科专业、类型、层次和区域布局动态调整机制""统筹产业发展和人才培养开发规划"来保障对人才的培养；2017年《关于深化教育体制机制改革的意见》针对高等教育的人才培养工作指出"把创新创业教育贯穿人才培养全过程，完善课程体系，鼓励教师创新教学方法，促进协同培养人才制度化"。

综上所述，关于"怎样培养学生的核心素养"的问题可以围绕以下几个方面实施：依据核心素养体系研制相关课程体系；根据核心素养体系的指导，转变教育观念、创新教育教学方法；提升教师素质，建设高质量的教师队伍；建立健全教育评价体系，探寻多元化的教育评价方法；将人才培养与社会实践、社会需求相结合，注重创新创业，推进产学合作协同育人；通过建立完善的学分制和灵活的学习制度促进学生的核心素养。

（四）核心素养的价值

核心素养的价值取向既包含个人取向又包含社会取向，二者是统一的、相互融合的。通过核心素养的培养可以提升人才质量，进而满足社会发展需求、促进社会发展。但是，这并不意味着个人发展的需求受到剥削。核心素养培育的主体是人，目的是要促进个人的终身发展。只有每个个体得到发展，才能影响社会的发展进步；社会发展了，才能为个人发展创造更好的条件，推动个人发展。

1. 促进个人的终身发展

当前世界已经进入知识时代，传媒手段日益丰富，信息网络技术被普遍使用，在全球化和信息化的时代需要我们每个人掌握应对新时代发展所必备的技能和技术，需要我们对教育和学习的目的作出全新的回应。要想实现新时期的教育目标，就必须培养具备交流合作能力、掌握丰富知识和必备技能、能够自我规划和自我管理等素养的个体，而这些正是核心素养对个人发展提出的要求，同时也为人的发展提供了指向。核心素养可以帮助每个人满足必要需求，这些需求是可以来自各个生活领域的，有助于个体获得自我满意的成功生活[①]；学生只有具备了核心素养，才能成功地适应社会，实现个人终身发展，满足自我实现的需要。总之，核心素养引导了学生的发展方向，学生可以依据核心素养生成适应未来挑战的品格和能力；核心

---

① 辛涛，等.论学生发展核心素养的内涵特征及框架定位[J].中国教育学刊，2016（6）：3-7.

素养也为学生的发展提供了支撑，核心素养的培养，使学生具备走向成功生活、实现终身发展的关键素养。①

2. 促进社会的健全进步

学生核心素养的达成必然会促进人类思想的进步，进而会引发人们对人类社会命运、人类自身命运更为深刻的思考，人们将越来越渴望社会的平等、自由、民主、进步、和谐，这就必将促成社会运行规则和制度的完善与进步，使我们的社会向着良性运转的方向发展。核心素养"可以帮助个体具备进行社会参与的能力和与社会异质性群体积极互动的能力，以达成社会的共同目标，促成社会经济繁荣、政治民主、尊重人权与世界和平、生态持续性发展等人类理想的实现"②；而培养具备核心素养的学生是回应中国特色社会主义建设需要，有助于促进中国现代化建设③。因此，就中国的社会发展而言，培养和发展学生的核心素养，是实现国家发展战略、深化教育改革领域的主要体现和具体要求，有助于培育我国公民践行社会主义核心价值观、实现美好幸福生活，有助于国家发展、民族复兴。

三、调查探究：河北省大学新生核心素养现状描述及问题提炼

本研究关于核心素养的定义参照国内外核心素养与核心素养教育的相关理论，从人文底蕴、科学精神、学会学习、健康生活、责任担当、实践创新六个方面对当前大学新生的核心素养状况进行考察和描述。④

（一）河北省大学新生核心素养水平表现

1. 人文底蕴素养得分一般

人文底蕴素养包括人文积淀、审美情趣两个因素。

河北省大学新生人文底蕴素养得分 3.195 分，略高于理论平均分 3 分 [(1+2+3+4+5)/5]。

---

① 褚宏启. 核心素养的概念与本质 [J]. 华东师范大学学报（教育科学版），2016（1）：1-3.
② 辛涛，等. 论学生发展核心素养的内涵特征及框架定位 [J]. 中国教育学刊，2016（6）：4-7.
③ 成尚荣. 核心素养的中国表达 [N]. 中国教育报，2016-9-19-(3).
④ 本研究以河北省各生源地为单位，采用随机抽样的方法，对 11 个生源地，共计 406 名大学新生进行问卷调查，回收有效问卷 406 份，有效率 100%，符合样本量的要求。研究使用自编问卷"大学新生核心素养现状调查问卷"，对问卷进行因素分析，共抽取到 6 个共同因素，特征值分别为：9.273、5.53、5.41、5.26、2.595、2.117，其解释变异量分别为 19.731%、11.765%、11.511%、11.192%、5.521%、4.505%，累计的解释变异量为 64.225%，说明问卷的结构效度较好。问卷中总量表的 Cronbach's Alpha 系数为 0.975，Guttman Split-Half 系数为 0.956、0.956，均大于 0.8；以总量表中的 6 个分量表来看，除分量表 6 的信度稍低外，其余 5 个分量表的系数均在 0.8 以上，说明问卷的信度较高，可靠性和稳定性较好。

其中，子维度"人文积淀"得分 2.973 分、"审美情趣"得分 3.712 分。这表明目前河北省大学新生人文底蕴素养得分处于中等水平，大学新生具有不错的审美倾向和审美能力，在人文知识和方法的积累和运用方面较弱（见表4）。

表4 河北省大学新生人文底蕴素养得分

维度	平均数	标准差	题项	每题平均分
人文积淀	20.81	5.57	7	2.973
审美情趣	11.14	2.59	3	3.712
人文底蕴	31.95	7.18	10	3.195

人文底蕴与其两个子维度之间及其两个子维度之间均呈现显著的中高度正相关，相关系数均高于 0.4，p 值均小于 0.001（具体见表5）。这表明，随着人文底蕴的提升，人文积淀和审美情趣水平也随之提升，反之亦然；随着人文积淀水平的提升，审美情趣的水平也随之提升，反之亦然；其中"人文积淀"这一子维度与"人文底蕴"二者间的皮尔逊相关系数为 0.948，p 值小于 0.001，呈高度正相关，说明学生的人文积淀对于人文底蕴整体水平的提升具有重要意义。

表5 人文底蕴及其子维度间的相关

维度	人文积淀	审美情趣
人文积淀	1	
审美情趣	0.476**	1
人文底蕴	0.948**	0.731**

2. 科学精神素养得分良好

科学精神素养包括批判质疑、勇于探究两个因素。

从问卷调查结果来看（见表6），河北省大学新生科学精神素养得分 3.822 分，高于理论平均分。其中，子维度"批判质疑"得分 3.775 分、"勇于探究"得分 3.853 分，均高于理论平均分。这表明目前河北省大学新生在运用和学习科学技术及知识时具备较为正确的价值标准、思维方式和行为表现，学生们具有一定的批判质疑能力以及面对问题勇于探究的精神，接近理想水平，具有较大的提升潜力。

表6 河北省大学新生科学精神素养得分

维度	平均数	标准差	题项	每题平均分
批判质疑	7.55	1.68	2	3.775
勇于探究	11.56	2.39	3	3.853
科学精神	19.11	3.77	5	3.822

科学精神与其两个子维度之间及其两个子维度之间均呈现显著的高度正相关，相关系数

均高于0.7，p值均小于0.001（具体见表7）。这表明，随着批判质疑和勇于探究水平的提升，科学精神水平也随之提升，反之亦然；随着批判质疑水平的提升，勇于探究的水平也随之提升，反之亦然。其中，"勇于探究"这一子维度与"科学精神"，二者间的皮尔逊相关系数为0.949，p值小于0.001，呈高度正相关；另一子维度"批判质疑"与"科学精神"二者间的皮尔逊相关系数为0.894，p值小于0.001，也呈高度正相关。说明学生的批判质疑能力和勇于探究精神对于他们科学精神整体水平整体的提升均有显著影响，其中"勇于探究"的影响尤其明显。

表7 科学精神及其子维度间的相关

维度	批判质疑	勇于探究
批判质疑	1	
勇于探究	0.709**	1
科学精神	0.894**	.949**

3. 学会学习素养得分一般

学会学习素养包括乐学善学、勤于反思、信息意识三个因素。

通过对问卷结果的分析（见表8），河北省大学新生科学精神素养得分3.498分，稍高于理论平均分。其中，子维度"乐学善学"得分最高为3.591分，"勤于反思"得分第二为3.493分，"信息意识"得分最低为3.411分，三个子维度均高于理论平均分，且得分差距不明显。综上可知，目前河北省大学新生学会学习素养处于中等水平，学生们具有较为端正的学习态度，比较热爱学习并具有一定自主学习的方法和能力；学生们在学习过程中有自我总结、自我反思的意识；学生们具备较为不错的信息意识和信息处理能力。虽然学会学习素养高于平均水平，却未达到学生们自我满意的程度，尤其是"信息意识"这一维度得分最低，说明学生们在学会学习素养方面仍有较大的提升空间。

表8 河北省大学新生学会学习素养得分

维度	平均数	标准差	题项	每题平均分
乐学善学	7.18	1.78	2	3.591
勤于反思	10.48	2.67	3	3.493
信息意识	6.82	1.81	2	3.411
学会学习	24.49	5.70	7	3.498

学会学习与其三个子维度之间及其三个子维度之间均呈现显著的高度正相关，相关系数均高于0.6，p值均小于0.001（具体见表9）。这表明，随着乐学善学、勤于反思以及信息意识水平的提升，或任一子维度水平的提升，科学精神的整体水平也随之提升，反之亦然；三个子维度间也存在着高度显著相关的影响，即三个子维度中任一水平提升，其他两个维度的水平也会随之提升，反之亦然。其中，"乐学善学"这一子维度与"学会学习"二者间的皮尔逊相关系数为0.883，p值小于0.001，呈高度正相关；子维度"勤于反思"与"学会学习"二者间的皮尔逊相关系数为0.945，p值小于0.001，呈非常显著的高度正相关；"信息意识"

与"学会学习"二者间的皮尔逊相关系数为0.882，p值小于0.001，呈显著的高度正相关。说明学生的乐学善学意识的增强、勤于反思习惯的养成以及信息意识的提升，对于他们学会学习素养整体水平整体的提升均有明显影响，其中"勤于反思"的影响尤其明显。

表9　学会学习及其子维度间的相关

维度	乐学善学	勤于反思	信息意识
乐学善学	1		
勤于反思	0.757**	1	
信息意识	0.678**	0.751**	1
学会学习	0.883**	0.945**	.882**

4. 健康生活素养得分良好

健康生活素养包括珍爱生命、健全人格两个因素。

通过对问卷结果的分析（见表10），河北省大学新生健康生活素养得分3.781分，高于理论平均分。其中，子维度"健全人格"得分最高为3.931分，"珍爱生命"得分为3.631分，两个子维度均高于理论平均分。综上可知，目前河北省大学新生大部分能够正确地认识自我、会有意识地规划人生，在健康生活方面的表现较好，接近良好水平。

表10　河北省大学新生健康生活素养得分

维度	平均数	标准差	题项	每题平均分
珍爱生命	10.89	2.59	3	3.631
健全人格	11.79	2.39	3	3.931
健康生活	22.68	4.39	6	3.781

健康生活与其两个子维度之间及其两个子维度之间均呈现显著的高度正相关，相关系数均高于0.5，p值均小于0.001（具体见表11）。这表明，随着珍爱生命、健全人格两个子维度水平的提升，或任一子维度水平的提升，健康生活方面的整体水平也随之提升，且上升幅度较大，反之亦然。其中，"珍爱生命"这一子维度与"健康生活"二者间的皮尔逊相关系数为0.889，p值小于0.001，呈高度正相关；子维度"健全人格"与"健康生活"二者间的皮尔逊相关系数为0.869，p值小于0.001，也呈高度正相关。综上可知，学生们随着珍爱生命意识的进步和健全人格的塑造，有利于他们实现健康生活。

表 11 健康生活及其子维度间的相关

维度	珍爱生命	健全人格
珍爱生命	1	
健全人格	0.547**	1
健康生活	0.889**	.869**

5. 责任担当素养得分优秀

责任担当素养包括社会责任、国家认同、国际理解三个因素。

通过对问卷结果的分析（见表 12），河北省大学新生责任担当素养得分 4.171 分，明显高于理论平均分，处于优秀水平。其中，子维度"国家认同"得分最高为 4.279 分，"社会责任"得分为 4.128 分，"国际理解"得分相对较低为 4.025 分，三个子维度均高于理论平均分且拥有较高的表现水平。综上可知，目前河北省大学新生有较为强烈的国家意识，拥护国家主权和民族团结，认可社会主义核心价值观，能够在处理与社会、国家、国际关系时形成正确的情感态度、价值取向和行为方式。

表 12 河北省大学新生责任担当素养得分

维度	平均数	标准差	题项	每题平均分
社会责任	24.77	4.06	6	4.128
国家认同	21.39	3.69	5	4.279
国际理解	8.05	1.76	2	4.025
责任担当	54.22	8.53	13	4.171

责任担当与其三个子维度之间及其三个子维度之间均呈现显著的高度正相关，相关系数均高于 0.6，p 值均小于 0.001（具体见表 13）。其中，"社会责任"和"国家认同"这两个子维度与"责任担当"间的皮尔逊相关系数分别达 0.926 和 0.922，p 值小于 0.001，呈高度正相关，说明"社会责任"和"国家认同"这两个子维度会对"责任担当"的表现产生非常明显的影响。总之，随着社会责任、国家认同以及国际理解三个子维度水平的提升，或任一子维度水平的提升，责任担当方面的整体水平也随之提升，且上升幅度较大，尤其是"社会责任"和"国家认同"的影响，反之亦然。综上可知，学生们担当应有的社会责任、形成积极的国家观和民族观以及对国际关系理解的提升，有助于他们形成对社会、国家、国际关系的正确情感态度、价值取向和行为方式。

表 13　责任担当及其子维度间的相关

维度	社会责任	国家认同	国际理解
社会责任	1		
国家认同	0.748**	1	
国际理解	0.613**	0.644**	1
责任担当	0.926**	0.922**	0.777**

6. 实践创新素养得分良好

实践创新素养包括劳动意识和技术运用两个因素。

通过对问卷结果的分析（见表14），河北省大学新生实践创新素养得分3.909分，高于理论平均分，接近良好水平。其中，子维度"劳动意识"得分最高为4.217分，"技术运用"得分最低为3.294分，两个子维度均高于理论平均分，但得分差距明显，"劳动意识"已经达到良好以上水平，而"技术运用"则只刚刚达到一般水平。综上可知，目前河北省大学新生实践创新素养整体情况较好，接近良好，但更偏重于劳动意识层面。学生们热爱劳动，并具备一定的劳动技能，普遍参加过劳动实践。学生们在技术运用层面上则表现相对较弱，今后仍需继续提升和进步。

表 14　河北省大学新生实践创新素养得分

维度	平均数	标准差	题项	每题平均分
劳动意识	16.87	3.08	4	4.217
技术运用	6.59	2.12	2	3.294
实践创新	23.46	4.48	6	3.909

实践创新与其两个子维度之间相关系数均高于0.4，p值均小于0.001（具体见表15），"劳动意识"和"技术运用"与"实践创新"间的皮尔逊相关系数分别达0.908和0.792，p值小于0.001，呈高度正相关，说明"劳动意识"和"技术运用"这两个子维度会对"实践创新"的表现产生非常明显的影响。而"劳动意识"和"技术运用"之间的相关系数为0.462，相关程度中等，说明两个子维度间有相关但相互影响幅度不大。总之，随着劳动意识和技术运用两个子维度水平的提升，或任一子维度水平的提升，实践创新方面的整体水平也随之提升，且上升幅度较大。综合来看，应当培养学生的劳动意识和对现代社会必备技术的熟练运用能力，进而提升学生的实践创新素养。

表 15　实践创新及其子维度间的相关

维度	劳动意识	技术运用
劳动意识	1	
技术运用	0.462**	1
实践创新	0.908**	0.792**

（二）河北省大学新生核心素养表现乐观但仍须精进

1. 核心素养各内部维度发展不平衡

由表16可知，河北省大学新生核心素养整体状况高于一般水平、接近良好状态，有很大的进步潜力和提升空间，值得河北省高等教育领域未来对学生核心素养的进一步关注。河北省大学新生核心素养的6个维度层面得分虽都高于理论平均分3分，但各层面间得分差距悬殊。得分最高的"责任担当"维度为4.171分，已达到良好状态。得分最低的"人文底蕴"维度为3.195分，略超理论平均分，仍处于较低得分水平，与得分最高的维度有一定差距。在6个维度层面中，只有"责任担当"维度达到了良好得分水平，其余维度都在该得分水平以下。由此可知，河北省大学新生核心素养状况虽整体呈现乐观状态，但内部素养发展不均衡，普遍水平不高，仍需加大力度培养和提升各方面必备素养。

表16 河北省大学新生核心素养及各维度的得分及排序

维度	平均数	标准差	题项	每题平均分	排序
人文底蕴	31.95	7.18	10	3.195	6
科学精神	19.11	3.77	5	3.822	3
学会学习	24.49	5.70	7	3.498	5
健康生活	22.68	4.39	6	3.781	4
责任担当	54.22	8.53	13	4.171	1
实践创新	23.46	4.48	6	3.909	2
核心素养	175.89	28.71	47	3.743	

2. 核心素养欠缺实践转化

当前河北省大学生对核心素养的具备情况以意识层面的素养较多，对于实践创新层面素养的掌握情况仍需改善，说明学生较为缺乏将意识思想转化成实践行动的能力和相应的培养机会。例如，在学生核心素养中"审美情趣"这一要点中，依据调查回答发现：学生们的审美倾向普遍呈乐观积极的态度，如在回答"我热爱明丽、健康、积极、向上并洋溢时代精神和涵寓思想力量的艺术作品"题目时，选择"完全符合"和"基本符合"的比例达75.61%，只有近4.68%的学生选择"不太符合"和"完全不符合"；而在回答"我会演奏乐器或是会进行相关音乐创作"时，有较高比例（28.57%）的学生选择"不太符合"和"完全不符合"（见表17）。这种学生有较强的思想意识，而自身相应的技术和能力欠缺的结果在本次调查回答中并不罕见。而将学生的思维意识转化成实践行动也是落实学生核心素养所需要突破的一大瓶颈。

表 17 子维度"审美情趣"相关题项

题目\选项	完全符合	基本符合	较符合	不太符合	完全不符合
我会演奏乐器或是会进行相关音乐创作	91（22.41%）	95（23.4%）	104（25.62%）	91（22.41%）	25（6.16%）
我热爱明丽、健康、积极、向上并洋溢时代精神和涵寓思想力量的艺术作品	175（43.1%）	132（32.51%）	80（19.7%）	15（3.69%）	4（0.99%）

3. 文化基础领域的表现

（1）基本人文素养匮乏

人文素养的培育在于使学生们能够涵养内在精神，追求真善美的统一，有助于他们发展成为有宽厚文化基础、有更高精神追求的人。由表18可知，学生们在回答有关"人文底蕴"层面的题目内容时所反映的结果并不乐观，存在较大比例选择"不太符合"和"完全不符合"的状态。如在回答"我知道哲学和宗教的基本知识"一题时，有40.64%的学生选择"不太符合"，另有11.82%的学生选择"完全不符合"，从答题结果来看，至少学生们自我认为自身的人文素养是极其欠缺的。

表 18 "人文底蕴"相关题项

题目\选项	完全符合	基本符合	较符合	不太符合	完全不符合
我经常阅读文学作品，并积累了一定的文学知识	34（8.37%）	85（20.94%）	154（37.93%）	118（29.06%）	15（3.69%）
我具备基本的政治法律常识	36（8.87%）	96（23.65%）	180（44.33%）	82（20.2%）	12（2.96%）
我了解古今中外的历史	28（6.9%）	76（18.72%）	166（40.89%）	124（30.54%）	12（2.96%）
我知道哲学和宗教的基本知识	22（5.42%）	53（13.05%）	118（29.06%）	165（40.64%）	48（11.82%）
我具有基本的艺术鉴赏能力	26（6.4%）	94（23.15%）	155（38.18%）	111（27.34%）	20（4.93%）
我了解语音、词汇、语法、功能等方面的语言知识，并具备听、说、读、写、译等言语技能	38（9.36%）	116（28.57%）	164（40.39%）	76（18.72%）	12（2.96%）

续表

题目\选项	完全符合	基本符合	较符合	不太符合	完全不符合
我知道什么是"人道主义"和"人文主义",并赞同其中所蕴含的观点	38（9.36%）	74（18.23%）	130（32.02%）	128（31.53%）	36（8.87%）

（2）具有良好的审美判断但欠缺审美运用能力

审美情趣的提升有利于学生们获得丰富的情感体验,培养乐观向上的心理情绪,激发创造力,促进文化修养的提升,等等。由表19分析学生们的答题情况可知,学生们的审美倾向普遍积极,对于是否"热爱明丽、健康、积极、向上并洋溢时代精神和涵寓思想力量的艺术作品"的回答有43.1%选择"完全符合"以及32.51%选择"基本符合"。然而在审美技术运用以及审美创造方面,如对于是否会演奏乐器以及是否会用艺术方式记录日常生活等问题的回答存在一定比例的"不符合"的情况,说明学生们的审美运用和审美创造能力仍需进一步发展。

表19 子维度"审美情趣"相关题项

题目\选项	完全符合	基本符合	较符合	不太符合	完全不符合
我会演奏乐器或是会进行相关音乐创作	91（22.41%）	95（23.4%）	104（25.62%）	91（22.41%）	25（6.16%）
我热爱明丽、健康、积极、向上并洋溢时代精神和涵寓思想力量的艺术作品	175（43.1%）	132（32.51%）	80（19.7%）	15（3.69%）	4（0.99%）
我善于发现并用艺术方式记录社会、自然、人性的美,在日常生活中注重审美价值的培养	106（26.11%）	128（31.53%）	115（28.33%）	46（11.33%）	11（2.71%）

（3）富有科学精神但批判性思维不足

河北省大学新生在科学精神素养方面的得分较高,与其他维度相比排名第3位,但是通过对子维度的得分比较以及答案内容的具体分析可发现,学生在"勇于探究"子维度的得分要高于"批判质疑",而且学生对于自我"批判质疑"能力的判断中,选择"完全符合"和"基本符合"的比例相较于该维度其他题目来说是最小的（见表20）,不足60%,说明学生们批判质疑能力未达到使其普遍满意的水平。

表20　子维度"批判质疑"相关题项

题目\选项	完全符合	基本符合	较符合	不太符合	完全不符合
我注重培养自己批判质疑的意识和能力	92（22.66%）	151（37.19%）	117（28.82%）	42（10.34%）	4（0.99%）

4. 自主发展领域的表现

（1）学习态度较为积极，具备一定的反思能力

在"学会学习"维度中，其子维度"勤于反思""乐学善学"的得分高于理论平均分，说明学生们具有较为积极的学习态度和浓厚的学习兴趣以及良好的学习习惯，同时能够有对自己的学习状态进行审视的意识。如表21所示，超过90%被调查的学生能够有意识地锻炼自己从不同角度辩证地分析问题，能够自己分析解决问题，所以说学生们具备一定的反思能力，但由于"勤于反思"这一子维度的得分只略高于平均分，学生们的反思能力是有待进一步提升的。

表21　子维度"勤于反思"相关题项

题目\选项	完全符合	基本符合	较符合	不太符合	完全不符合
我有意识地锻炼自己从不同角度辩证地分析问题	97（23.89%）	155（38.18%）	119（29.31%）	33（8.13%）	2（0.49%）
我能够自己分析解决问题	101（24.88%）	165（40.64%）	118（29.06%）	21（5.17%）	1（0.25%）

（2）存在学习功利化的思想误区

通过对表22问题的调查可知，近60%的被调查学生认为学习是为了考大学和找工作。这表明被调查大学生大多数认为学习的价值在于以个人当前利益的实现，存在明显的功利意识。而我们所提倡的学习的目的在于实现人的全面、协调、可持续发展，目光长远，将个人价值与社会价值的实现相统一，倡导终身学习，而不是为了眼前一时的利益。因此在今后对学生的培养过程中要注重引导学生塑造正确的学习观。

表22　子维度"乐学善学"相关题项

题目\选项	完全符合	基本符合	较符合	不太符合	完全不符合
为了考大学和找工作我才学习	43（10.59%）	72（17.73%）	109（26.85%）	150（36.95%）	32（7.88%）

（3）信息工具的利用能力相对较弱

从对"信息意识"维度调查的结果来看，学生们对于信息安全意识和信息鉴别能力较强，近80%被调查的学生都明白要防范网络病毒和抵制不健康的网络信息。通过对问卷答案的统

计发现,学生们普遍会利用掌握的信息资源解决问题,如表23中对"我会对老师布置的问题,自己查找资料,并分析解决这个问题"这一题的统计发现,问题陈述的情况符合近90%的被调查学生;但在"我能够与其他同学一起建立公众号或者博客来发布交流信息"这一题的统计情况并不乐观,只有37.2%("完全符合"和"基本符合")的被调查学生基本具备对题中涉及的信息工具进行使用的能力,公众号或博客等作为目前较为普及的信息工具,在被调查大学新生中的使用情况并不乐观,由此可见学生们对于信息工具的利用能力在目前来看相对较弱。

表23 子维度"信息意识"相关题项

题目\选项	完全符合	基本符合	较符合	不太符合	完全不符合
我会对老师布置的问题,自己查找资料,并分析解决这个问题	86(21.18%)	124(30.54%)	151(37.19%)	44(10.84%)	1(0.25%)
我能够与其他同学一起建立公众号或者博客来发布交流信息	69(17%)	82(20.2%)	139(34.24%)	96(23.65%)	20(4.93%)

5. 社会参与领域的表现

(1)能够正确看待和处理社会、国家关系,对国际关系理解相对不够

河北省大学新生在"责任担当"维度中子维度"社会责任""国家认同""国际理解"的得分均达到良好水平,说明学生们对于社会、国家关系、国际关系能有正确的看法,通过得分比较以及问卷答案分析,学生们在"国际理解"子维度的得分与其他两个维度相比稍有差距,如表24所示,在题目"我了解其他国家和我国的交流合作关系"的选择中,与在其他两个子维度选择"完全符合"和"基本符合"均大于60%的比例相比,学生中了解"国际关系"的比例仅够50%,所以在培养学生责任担当素养时可以稍加注重培养学生对国际关系方面的理解。

表24 子维度"国际理解"相关题项

题目\选项	完全符合	基本符合	较符合	不太符合	完全不符合
我了解其他国家和我国的交流合作关系	98(24.14%)	107(26.35%)	131(32.27%)	64(15.76%)	6(1.48%)

(2)劳动实践意识强烈,但创新实践能力弱

通过上述分析可知,在实践创新层面中,子维度"劳动意识"和"技术运用"的得分差距较大,"劳动意识"的得分已达到良好水平而"技术运用"的得分只达到了一般水平,学生在该素养方面内部发展不均衡,学生自身的技术运用能力与进步的思想意识不匹配,也间接反映了学生们的创新实践能力较弱。对学生今后的培养过程中要逐渐拉平技术应用能力、创新能力与思想意识间的差距,否则差距的扩大也必将造成实践创新素养整体水平的下降。

河北省大学新生的核心素养得分整体较乐观,在人文底蕴、科学精神、学会学习、健康生活、责任担当、实践创新6个维度的得分均高于平均水平,尤其在健康生活和责任担当维度达到满意水平。虽然河北省大学新生的核心素养得分整体情况较好,但通过各维度和题项分析以及与现实情况对比发现,河北省大学新生的核心素养内部发展不均衡,存在短板,且水平较好的维度多为意识层面,少有实践层面达到满意程度,说明大学生的素养缺乏实践转化,仍需进一步突破提升。如在人文底蕴维度方面,整体得分高于平均分,但其子维度人文积淀素养刚及平均分,属于该素养方面的短板,人文积淀素养涉及人文知识和人文方法的积累、运用,现得分情况说明大学生自身不具备足够的人文知识和方法且运用能力一般,而人文积淀的提升需要学生日常做到对人文知识和方法的积累,例如阅读、理解、背诵相关知识且能够熟练运用,虽然大学生知道如何去做但现实中少有做到。

四、总结反思:河北省大学生核心素养培养路径探究

面对河北省大学新生核心素养现状中存在的不足和问题,以高等院校学生管理视角来审视河北省大学生核心素养落实与提升所需要的内驱动因和外部条件,本研究建议大学生核心素养的落实与提升着重从以下三方面进行探索。

(一)明确核心素养培育理念,充分发挥大学生的主体作用

教育的践行离不开先进理念的指导,核心素养是当今世界各国教育改革的风向标和主基调,代表着新时代的育人蓝图,高等院校在大学生的培育过程中,首先要明确核心素养的培育理念,具体来说就是要培育出适应社会进步和时代要求的学生,使学生具备适应终身发展需要和时代发展需要的能力。高等院校要结合学校特点和学生特点制定大学生核心素养的发展目标、要求和规划,可依据理念要求和学生需要开发核心素养的相关培养课程,侧面激发大学生的核心素养发展需求。高等院校还可通过提倡培育大学生核心素养,强调落实核心素养的必要性和意义,在全校范围内营造大学生核心素养培育的氛围。

我还不太清楚什么是核心素养……目前对未来的学习生活还没有太详细的规划,就是希望在大学四年把专业课学好,再通过参加学校和学院的学生组织锻炼自己的实践能力。(X01张同学)

大学生核心素养落实的重心在大学生自身,高等院校在培育过程中需要调动学生的主体性和能动性。首先要把握大学生提升意识的最佳阶段,结合大学新生的特点可知,大学新生正处于刚刚成年的年龄,在上大学以前多是为了实现高考目标而奋斗,很少有学生对自己未来的发展做过系统的规划,他们中的大多数会对之后四年的大学生活以及自身未来的发展感到迷茫。因此,高等院校在新生入学之初这一重要教育时机,加强大学生核心素养自我发展的指导,可聘请相关教授、学者以及高年级优秀学生,有规划、成系统地为新生开设核心素养教育的

系列讲座等，强化大学生的自我发展与规划意识。

总之，高等院校必须在整个学生核心素养教育教学过程中，明确核心素养教育理念，营造培育氛围，加强对大学生核心素养自我发展的指导，使大学生明确自我发展方向，完善对核心素养的认识。

（二）把握大学生核心素养现状，促进其核心素养的提升

1. 注重人文积淀，提升人文底蕴素养

人文底蕴素养是一个内涵非常丰富的概念，其培育的重点在于学生基本人文能力、品质和价值取向的形成。具体来说就是使学生具备一定的文学修养，通过人文积累沉淀，获得积极理性的情感、乐观向上的精神意志等多个方面的品质。

经上述研究分析，子维度人文积淀对人文底蕴素养的提升有显著影响。由调查结果可知，当前大学生人文积淀情况并不乐观，存在普遍的人文知识贫乏的情况。

在进一步的访谈中发现，大学生更注重与考试相关的专业课的学习，分配给人文知识学习的时间少之又少。

我这学期的课程安排很满，一周内剩下的课余时间会忙在课后作业、班级活动或是学生组织活动中，自己平时会有意识地看一些课外书，但是阅读时间断断续续，有时候要很久才能读完一本书，有时候读到一半就会放弃一段时间。……高中时期更是会把时间放在高考专业上，也没有专门时间积累更多的人文知识。（X04 宋同学）

宋同学所表述的情况在大学生现实生活中并不少见，可见，大学生重视专业学科的学习而忽视人文积淀是其人文修养匮乏的原因之一，高等院校在培育过程中要积极更新教育理念，提高对人文素养的认识，重视人文素养教育，可增加人文学科课程的设置，推进高等院校人文素养教育体系的建设。

有时候给我们上课的部分老师会在课上穿插一些有趣的小故事和小知识，我觉得这样既能调节上课气氛又能开阔我们的视野。（X06 宋同学）

学校和学院的学生组织和社团可以定期举办一些相关活动，比如读书活动、讲座、电影这些都可以或多或少的培养我们的人文底蕴，不过我也发现身边大部分同学对这些不涉及成绩的活动积极性不高，还是需要学校整个氛围的感染吧。（X01 张同学）

通过总结学生建议和已有实践经验，高等院校在提升学生人文素养方面还可以综合以下途径：提升教师队伍的人文素养；举办丰富多彩的文化活动，促使大学生获取到的文化知识不断内化为其自身的人文精神；建设人文风气浓厚的大学环境文化，使大学生身处其中，在环境潜移默化的影响中提升和加强人文素养。

2. 夯实批判质疑能力和勇于探究精神，提升科学精神素养

科学精神素养是核心素养文化基础领域中的重心，也是在当今科学技术迅猛发展时代中

必不可少的素养。其中，批判质疑能力和勇于探究精神是培育学生科学精神素养两个重要方面，经相关分析，批判质疑能力和勇于探究精神对科学精神整体素养的提升均有重要影响，有利于大学生思维发展水平和质量的提升，形成独立的个性发展。

培育大学生的批判质疑能力和勇于探究精神就是要让大学生具有问题意识，能够独立思考和判断，能多角度、用辩证的方法分析问题；保持好奇心和想象力，有坚持不懈的探索精神，能大胆尝试和寻求多样有效的问题解决方法。

问卷调查发现学生们的批判质疑能力和勇于探究精神表现水平良好，但通过进一步访谈发现仍存在现实中的问题。

在课堂上基本就是听老师在讲，自己在不断地记笔记，上完课后除非有作业，其实是很少在课后拿出笔记进行反思总结的。（X10 郭同学）

我们有实验课，实验课上的互动交流比较多，会在实验过程中独立的分析出一些结论，虽然有时候得不到想要的实验结论，但是过程比较有意思，我就会非常乐意多试验几次，找出其中原因再得出结论。但在其他理论性比较强的课程中，自己愿意去积极探索的动力就差些。（X11 蔡同学）

目前上过的课中没有觉得哪些是老师讲得不对的地方，自己比较容易赞同接受老师的观点。如果有分歧的话，我会去找老师探讨一下，但还是会以老师给出的结论为准。（X05 申同学）

可知，当前大学生虽然有一定批判质疑和勇于探究的意识，但在现实表现中仍存在差强人意的情况，亟须落实到素质提升的实质上来。

总结访谈结果，研究认为高等院校可以通过改变传统课堂形式，尽量拓展与理论课程相关的实践课程，引导以学生为中心的主动学习，运用小组合作学习的方式促进学生间的思维交流。同时教师要在课堂中注意，尽可能给每个学生提供更多展示想法的机会和平台，保护和发展学生的批判思维能力和探究精神。另外，"核心素养"的出现，要求我们寻求一种新型评价模式，使学生的批判性思维可视化，可以收集学生在学习过程中的学习成果、学习表现，收集学生在学习结束后的最终作品，将学习过程中和学习结束后的记录结合起来，进行批判性思维的评价①。

3. 培育学会学习素养，注重信息意识的提升

在调查结论的分析中，本研究发现大学生具有较浓厚的学习意识和尚佳的学习能力，但存在明显功利化的思想误区。除在问卷回答结果反映出这种现状，在处理访谈结果中也存在相似问题，如

我当时选专业是按照父母的意见来的，我自己也认为小学教育这个专业以后还是比较容易找工作的。（X10 郭同学）

选选修课前我向学长学姐们打听哪门课比较容易得学分就优先选择哪个。（X07 胡同学）

---

① 李金露. 核心素养视域下批判性思维培养的问题及对策[J]. 教学与管理，2017（30）：17.

因此，高等院校在培养大学生学会学习素养方面的重点是让大学生正确认识和理解学习的价值，可通过重视学风建设，加强思想道德教育，使学生具有终身学习的意识和能力。

此外，研究还发现大学生具有一定的信息意识和基本能力但信息技术利用较差。

我会根据自身所需要的资料信息去网上或图书馆等查找资料……我上网大多数时间用在娱乐或聊天。……有作业或者论文的时候我去图书馆查资料比较频繁，平时的利用就很少了。（X09 刘同学）

高等院校可为大学生设置信息语言课程，扩充其获取信息的渠道，增强大学生的信息意识和需求，进而影响信息利用和管理能力。

4. 培育爱生命、全人格的学生，提升健康生活素养

健康生活素养包含珍爱生命和健全人格两个维度，在问卷调查和访谈中，大学生们的健康生活素养是接近良好程度的，说明大学生们普遍具有正确的人生态度，以及良好的适应性和自我调控能力。

然而，在新闻报道和日常生活中，也偶有出现因个人认知或心理原因而做出极端行为的案例。为防患于未然，高校需要在平时做好培养学生健康生活素养教育，如培养大学生正确的认知能力，使其学会客观认识自我，形成积极的人生观、世界观；另外，高校还可以通过建立完善规章制度，构建系统的大学生心理健康危机干预机制。

5. 深化国际理解，巩固责任担当素养

问卷调查结果显示，大学生的责任担当素养达到优秀水平，说明当前大学生责任意识主流是积极、健康的，在进一步分析过程中发现大学生们在国际理解方面相对不足。

初中以前放学回家会看些新闻联播，还记得曾经老师留过摘抄新闻的作业，当时还是对一些国际新闻略有了解的，上了高中因为学业相对紧张，除非是比较重要的国际新闻才会去了解。（X08 邢同学）

目前还没有有意地去了解其他国家民族和文化的意识，但是对这些小知识还是比较感兴趣的。（X12 郝同学）

以上说明，大学生在国际理解素养方面同样存在兴趣和意识与实际落实情况存在反差的问题，大学生们的学习意识和兴趣较浓，却甚少做到真正的国际理解。

国际理解教育注重的是培养学生以全人类利益、全球观点出发来考虑问题，能够理解国际社会，关注异域文化的学习交流。高等学校可以通过开展如特色学生社团活动等方式创设国际理解教育校园氛围；还可以丰富国际理解教学活动，如开设本土文化和世界文化有机融合的特色课程或其他多元文化课程等；另外，也可以搭建国际教育合作平台，吸引与国际学校的合作，开设创新国际教育相关合作渠道，拓宽教育合作领域等。

6. 强调技术运用意识与能力，迫切加强实践创新素养

在以高新技术产业为支柱的知识经济时代，创新技术运用能力是衡量创新型人才的重要标志之一。经相关性分析，实践创新素养对于核心素养的整体提升具有显著影响，相关系数达 0.862，高等院校要意识到培养大学生创新实践素养的重要性。

我目前还没有什么创新实践或是创业经验，刚入学的时候有听过学长学姐介绍学校参加科创获得省级或是国家级奖励的优秀同学的经验，自己也有计划在下学期参加学校的科创活动，长长经验。（X03 张同学）

现在还没掌握到比较拿手的技术能力，在高中的时候粗略学习过一些编程的知识，也比较感兴趣，希望之后能找到学校的一些相关组织社团加入进去，培养下自己在这方面的技术能力吧。（X02 孙同学）

在调查研究中发现，大学生的实践创新素养整体得分非常接近优秀水平，但是内部维度发展不均衡，学生们的劳动意识维度水平已达到优秀，而技术运用维度水平则刚达到一般水平，说明当前大学生的创新实践和技术运用能力还相对较弱，高等院校对于学生实践创新素养的培养要重点落在创新技术运用的提升上来。

高等院校在巩固大学生创新意识的同时，也要积极营造良好的校园创新创造氛围，建设创新教育环境，利用多种信息渠道，如建设科技训练平台，扩大学生视野，激发学生的创造力；高等院校要进行创新型教师队伍建设，创新精神和创新能力的培养最终需要依靠教师的创造性劳动，依靠创新型教师队伍来实施和完成对于创新型科技人才的培养[①]。

（三）健全高等院校管理体制，保障大学生核心素养的落实

1. 改进高等院校教学模式

传统的教学方法存在诸多弊端，已经很难满足高等教育目标中对当代大学生的综合能力的培养要求，高等院校亟须通过一系列教育改革措施，全面提升教学的质量水平。

首先，为适应核心素养培养要求，高等院校相关领导和高等院校教师必须改进传统的教学模式，积极响应教育改革的要求，对学生进行符合我国育人要求的科学的、先进的教学方法和教学模式。

其次，高等院校领导和高等院校教师应总结传统教育中存在的不足，结合自身教育经验和教学环境，结合现实选择最适合当代大学生的教学方法，充分结合信息技术手段，增强学生学习兴趣，创造适合当代高等教育的教学环境，以做到学生素养和综合技能全面开发和高效提升。

最后，我国的核心素养发展基础较薄弱，还未形成系统的教学体制和具体的核心素养管理手段，因此要积极学习国际上已有的核心素养实践成果，可以通过聘请国际上研究核心素养的专家来学校进行指导交流，还可通过海外交流学习使我国高等院校教师得到关于核心素

---

① 廖志豪. 基于素质模型的高校创新型科技人才培养研究 [D]. 上海：华东师范大学，2012.

养落实相关经验的近距离的交流传授,以此来保证先进的教学模式和教学方法在高等院校教育中开展。

2. 塑造校园民主氛围

校园民主能够为大学生核心素养的发展创造广阔的平台和便利的条件,经调查显示,曾经担任过主要班干部的学生当前的核心素养整体表现要比从未担任过的学生的表现要好,这是因为学生干部的身份能锻炼学生学会自我服务和管理,培养其发现和解决问题的意识与能力。然而学校中学生干部的职位有限,这就需要通过校园民主氛围的实现,最大限度地让所有学生参与到学校的管理中来。学生在参与学校民主管理的过程中,培养了不盲从权威、辩证的思考问题的责任意识。因此,必须使高等院校民主管理贯穿于高等院校管理的全过程,渗透于学校工作的各个方面,加强高等院校民主管理,有助于大学生核心素养的培育。

3. 与社会、家庭形成合力,提供多元化发展平台

现代教育倡导在空间上将对学生的教育影响扩展到全社会和学生家庭,在这种趋势下,学校、家庭乃至社会需要紧密联系,充分发挥各自在大学生培育过程中的作用,创造有利于大学生核心素养发展的环境。

高等院校要搭建家校互动的"立交桥",把学校对学生进行核心素养培育的目标、内容及要求及时通报给家长,促使家庭调整教育目标和内容,保证学校和家庭教育形成有效合力。要积极创造有利条件以最大程度地缩小学校与家庭、社会较为封闭隔离现象所带来的消极影响,借鉴经验、创新思路开拓学校与家庭、学校与社会相互交流沟通的便利渠道。如学校要及时开设便利平台,在平台上提供给家长学生核心素养培育的全面而详尽的信息,使家长能够及时对学校的培育提出反馈和建议;联合多样的、覆盖各种功能的社会机构,寻求支持、服务与合作,为大学生核心素养的培育和发展营造健康环境;学校教师要注重培养学生学习能力、实践创新能力和塑造学生良好的人生观、世界观、价值观等一系列核心素养所要求的内容,把学生的全面发展作为重点。学校、家庭、社会形成有效合力,共同营造当代大学生核心素养落实的环境。